통계분석 이해

제2판

권용만·장인홍·이동수·송광윤 지음

SPSS를 활용한 실전 데이터분석

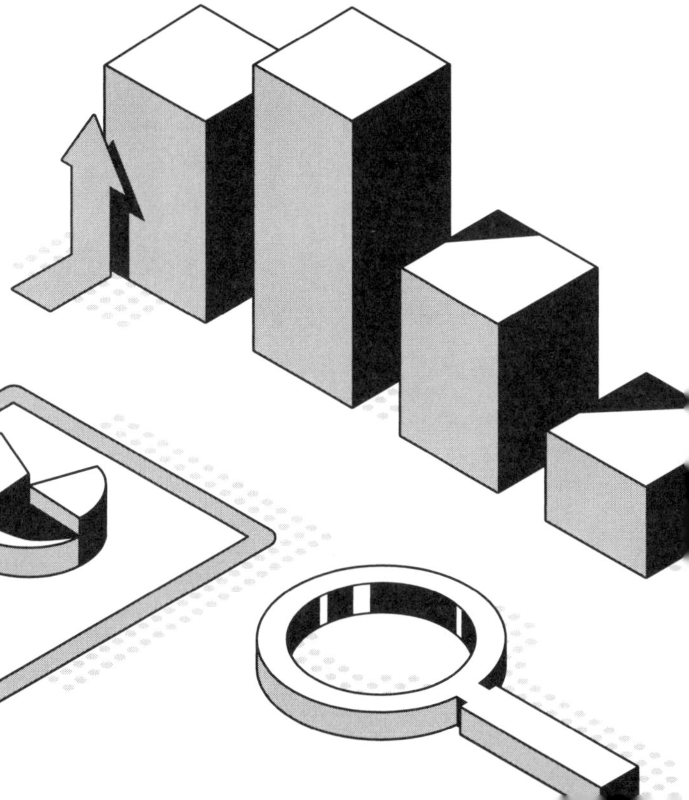

자유아카데미

개정판을 내면서

초판을 출간한 지 여러 해가 지나면서 통계소프트웨어의 버전이 바뀌어 개정이 필요해졌다. 이번 개정판에서는 통계데이터 분석을 위해 SPSS 최신 버전을 사용하여 분석내용을 해설하였다. 본문의 내용으로는 통계 데이터분석을 위한 가장 기본적인 내용들로서 간단한 자료 요약, 통계기초이론, T-검정, 분산분석, 상관분석, 선형회귀분석, 범주형자료분석 등의 내용을 담고 있다.

본 교재는 통계학 전공자나 비전공자들이 통계소트프웨어를 여러 학문분야에 응용할 때 통계학적 용어나 분석 및 결과해석 등을 용이하게 활용할 수 있도록 돕기 위해 집필되었다. 따라서 통계학을 처음 접하는 대학생이나 통계학을 각자의 전공분야에 활용하고자 하는 비전공자들이 통계의 기초부터 자료를 입력하고 처리 해석 및 보고서를 작성하는 과정까지 학습할 수 있도록 구성하였다.

특히 통계적 문제와 관련된 예제에 대하여 통계이론뿐만 아니라 통계소프트웨어 SPSS를 이용하여 실제 데이터를 분석함으로써 통계학을 자연스럽게 적용하여 활용할 수 있고 더 나아가 각자의 전공영역에서 얻어진 설문자료 및 실험 데이터의 통계, 처리 및 해석능력을 배양할 수 있게 정리하였다. 또한 마지막 단원에 실전 예제 분석을 통해 교과내용 전체를 담아 실전에 활용하는 실습 내용을 담고 있다.

본 교재에 이용되는 예제데이터는 각 장별로 정리하여 자유아카데미 홈페이지(www.freeaca.com) 자료실에서 내려받아 분석할 수 있다.

본 교재의 부족한 부분을 보완하고 수정하기 위해 노력하고 있으니 여러분의 계속적인 조언과 충고를 바란다. 출간 후에 나올 수 있는 수정사항 역시 홈페이지 자료실에 제공할 예정이니 많은 도움이 되기를 바란다.

마지막으로 편집과 출판을 위해 노력해 주신 자유아카데미에도 감사드린다.

2024년 초봄

저자 드림

차례

제7장 연구방법 및 통계분석 기법

제8장 T-검정 평균비교

제12장 범주형 자료 분석

제13장 타당도 분석

제14장 신뢰도 분석

제15장 실전 분석(대학생 창업의지)

부록

제1장

통계분석 개요

1.1 통계분석의 중요성
1.2 통계학 의의
1.3 용어 정의
1.4 통계분석 과정

1.1 통계분석의 중요성

코로나 사태 이후의 세상이 어떻게 바뀔지는 누구에게나 불확실성의 구름에 가려져 있는 문제이다. 특히, 경제분야나 일자리 분야의 경우 글로벌 경제의 사건, 사고 및 국내 정치적 변수와 산업구조의 변화에 따른 경기지표와 산업별 고용률 변화는 마치 롤러코스터와 같다고 해도 과언이 아니다. 이처럼 어려운 환경 속에서 시민들의 체감 경기를 회복하고 일자리를 만드는 아이디어를 얻게 해주며 이를 구체적으로 기획하는 초석이자 성공적인 열쇠가 되는 것은 바로 가장 최근의 정확한 통계와 세밀화된 통계분석의 활용이다.

최근 몇 년간 통계학적 개념이나 방법 등을 아는 것은 컴퓨터의 확산과 더불어 여러 분야에서 더욱 요구되고 있다. 첫째, 쉽게 다룰 수 없는 만큼의 많은 양의 데이터가 수집되고 처리되어 공공으로 보급, 전달되기 때문에 통계인들에게는 자료의 수집 분석뿐만 아니라 사전계획 및 설계 등에도 적극적으로 참여할 필요성이 대두되었다. 둘째, 모든 과학분야 특히 경영이나 행정 등의 사회과학 분야에서도 최근 급진적으로 계량적인 방법으로 문제에 접근하고 있다. 그 대표적인 예로 회사의 경영, 교통실태분석, 치료목적의 효과분석, 교육방법의 평가 등이 있다.

실제로 어떤 사실이 파악되어 있고 그 사실에 대한 자료도 정리되어 있지만 사람들에게 설득력 있게 형태로 표현할 수 없는 경우가 대부분이다. 이러한 경우 통계적으로 처리하면 훨씬 뚜렷한 형태로 보일 수 있다. 단편적으로 보기에는 무엇인지 잘 알 수 없는 현상이라도 그것을 어떤 성질이나 요소별로 측정, 조사하고 분류하여 정리하면 그 현상 전체를 공통적인 법칙이나 규칙성을 찾아낼 수있다. 사회학, 인구학, 심리학, 과학 등 모든 분야는 통계 없이 존재할 수 없다. 정보화 시대에 접어들고 IT-SW, AI, 빅데이터 등 4차 산업 혁명이 시작되면서 통계에 대한 중요성과 가치는 더욱더 부각되고 있다.

1.2 통계학 의의

1.2.1 통계학 개념

통계학(statistics)이란 우리의 일상생활과 관련한 사회적 현상 또는 다양한 실험의 결과를 일정한 규모나 크기로 계량화 시켜나갈 수 있는 것을 의미한다. 즉 사회, 경제, 문화, 과학, 교육, 체육 등의 다양한 분야에서 자주 접하는 현상을 수치적 표현으로 표현한 것이다. 지식을 기반으로 한 정보화 사회에서 통계학은 중요한 학문이다. 급격한 사회 변화나 경제적 변화는 수많은 정보와 자료를 요구하고 이것을 적합하게 요약하고 분석하는 방법이 요구되기 때문이다. 우리 사회가 관심의 대상으로 하는 사회적 현상을 연구하기 위해 필요한 자료와 정보를 최적의 방법으로 수집한다. 수집된 자료를 과학적으로 분석하여 사회가 필요로 하는 최적의 대안을 제시하는 것이다. 요약하면 통계학이란 관심의 대상에 대한 자료를 수집하고 정리 요약하여 정보화하고 제한된 자료나 정보를 바탕으로 논리적이고 과학적인 접근방법을 적용함으로써 합리적인 의사결정을 내릴 수 있도록 그 방법을 제시한 학문이다.

통계학은 자연과학, 공학, 사회과학 등 모든 분야에서 광범위하게 적용하고 있으며, 경제학통계, 의학통계, 생물통계, 교육 및 심리학통계 등 다양한 분야에서 독자적인 학문을 형성하고 있다. 오늘날은 컴퓨터의 발달로 자료의 대용량화, 자료처리의 신속화, 자료의 다양성, 자료의 복잡성 등에 적합한 빅데이터 분석이 증가하고 있는 추세이다.

1.2.2 통계학 분류

통계학은 연구 방법에 따라 기술통계학과 추측통계학으로 분류한다. 먼저 기술통계학(descriptive statistics)은 통계집단의 특성을 특성치로 나타내는 방법을 주로 다루는 학문을 말한다. 특성치(characteristics)란 관찰대상에 관한 통계집단의 특성을 수량화하여 나타낸 것을 의미한다. 통계집단의 특성을 나타내는 방법은 평균, 중앙값, 최빈값 등의 대푯값이나, 각종도표, 첨도, 왜도, 분산, 표준편차 등이 있다. 즉 기술통계학은 통계자료를 수집하여 이를 분류 또는 정리하는 일련의 자료처리 기능을 한다고 볼 수 있다. 예를 들면 인구증가율, 노인 인구증가율, 주택 증가율, 교통사고건수, 임금 인상률, 축제행사의 방문객 수, 운동장의 관중 수 등이다.

추측통계학(inferential statistics)은 추리통계학 또는 추정통계학이라고도 한다. 추측통계학은 연구하고자하는 전체 집단에서 일부 추출된 자료의 정보를 분석하여 전체 집단의 특성을 예측하거나 추론을 하는 분야이다. 예를 들면 대학교 재학생의 학교생활만족도를 알고자 할 때 전체 재학생 중에서 학년별로 100명씩 추출한 400명의 학생에 대한 학교생활만족도의 정도로 전체 재학생의 학교생활만족도를 추론할 수 있다. 추측통계학은 모집단에서 표본을 추출하여 표본을 바탕으로 자료를 분석함으로써 모집단에 대한 불확실한 사실을 추측하는 통계방법이다. 즉 추측통계학은 주어진 표본 자료를 분석하여 새로운 정보를 도출하고, 도출된 정보를 토대로 미래의 현상을 예측하는 의사결정방법의 통계학이다. 다시 말해 표본으로부터 도출된 새로운 정보를 활용하여 모집단에 대한 예측과 의사결정을 하는 과정을 통계적 추론(statistical inference)이라고 한다. 통계적 추론에 의해 도출된 예측이나 의사결정은 일부 불확실성을 포함하고 있다. 따라서 추측통계학은 확률이론(probability theory)의 기본적인 배경이 되고 있다.

최근의 통계학은 기술통계학과 추측통계학을 명확히 구별하여 이용하지 않는다. 추측통계학에서도 표본 집단의 특성을 기술하기 위하여 기술통계학적 방법을 이용해야 한다. 또한 기술통계학과 추측통계학의 경계를 구분하기도 어렵다. 하지만 기술통계학보다는 추측통계학 분야가 중점적으로 다루어지고 있다.

1.2.3 통계분석 개념

통계분석의 일반적 의미는 자료수집과 기술통계, 통계분석 기법 선택, 자료처리 및 자료 분석, 분석결과를 통한 문제 정의에 대한 대안을 제시하는 것을 의미한다. [그림 1.1]에서와 같이 통계분석은 모집단으로부터 자료를 추출하여 정보를 산출하고, 문제해결을 위한 적절한 대안을 제시하는 일련의 과정을 의미한다.

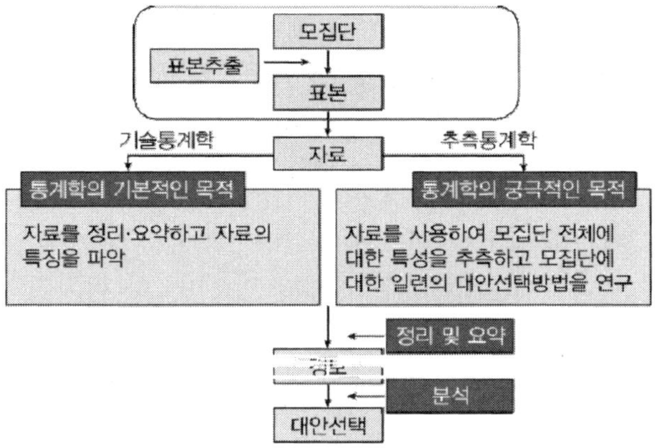

그림 1.1 통계분석 개념도

통계분석은 첫째, 모집단으로부터 표본을 추출한다. 둘째, 추출된 표본 자료를 이용하여 통계학의 기본적인 목적인 자료를 정리하고 요약하여 자료의 특성을 파악한다. 이를 기술통계학이라고 한다. 통계학의 궁극적인 목적으로 표본자료를 이용하여 모집단 전체에 대한 특성을 추론하고, 모집단에 대한 일련의 대안선택 방법을 연구하는 것을 추측통계학(추정통계학, 추론통계학)이라고 한다. 셋째, 표본자료의 기술통계학과 추측통계학의 분석결과를 정리하고 요약한다. 넷째, 정리하고 요약된 결과를 이용하여 모집단에 대한 적절한 대안이나 해결책을 제시한다.

1.3 용어 정의

1.3.1 모집단과 표본

모집단(population)이란 연구의 대상이 되는 집단으로서 연구자가 전수조사를 통해 직접 자료를 수집하거나 표본조사에 의한 통계적 추정에 의해 자료를 얻으려는 관심의 대상이 되는 모든 개체들의 집합을 의미한다. 모집단을 구성하는 기본 단위의 수가 유한한가 무한한가에 따라 모집단은 유한모집단과 무한모집단으로 구분될 수 있다. 예를 들어 '대한민국 국민'을 모집단으로 선정할 때 모집단의 내용, 기본단위, 범위, 시간 등을 명확하게 규정하지 않는다면 무한모집단이 될 수 있다.

표본조사에서는 일반적으로 유한모집단을 다루기 때문에 2017년 현재 대한민국에 거주하는 사람들 전체로 모집단을 규정하여 유한모집단화할 필요가 있다.

표본(sample)이란 모집단의 특성치를 알아보기 위해 모집단의 기본 단위 중에서 추출된 부분 집단으로 모집단에서 추출된 관측값이나 측정값의 집합이며, 표본을 선택하는 과정을 표본추출(sampling)이라고 한다.

통계자료를 얻는 방법에는 크게 두 가지가 있으며, 하나는 전수조사(complete survey)이고 다른 하나는 표본조사(sampling survey)이다. 전수조사는 통계집단에 속하는 통계단위를 빠짐없이 조사하는 것이고, 표본조사는 그 일부만을 뽑아서 조사하는 것이다.

1.3.2 모수와 통계량

모집단의 특성을 나타내는 값을 모수(parameter)라고 하며, 모집단의 특성을 나타내는 모평균, 모분산, 모비율 등을 모집단의 모수라고 한다. 즉 모수란 한 변수의 성격이 모집단에서 어떻게 나타나는지를 가리키는 값이다. 측정하려는 변수가 소득 수준이라면, 표본에서 구한 통계치인 평균 소득 수준에 대응해서 전체 모집단에서 기대되는 평균 소득 수준이 모수이다.

통계량(statistic)이란 쉽지 않은 모집단의 모수를 추정하기 위해 모집단에서 추출된 표본에 근거해서 알아낸 모집단이 갖는 속성의 추정치로, 즉 표본의 특성을 나타내는 값이다. 표본평균, 표본분산, 표본비율 등의 표본의 특성치를 통계량이라고 한다. 모집단의 모수는 대부분 통계량에 의해 추정한다. 그런데 모집단을 완벽하게 반영하는 표본 명단을 찾는 것은 거의 불가능하다. 연구자는 선택한 표본 명단을 연구 대상 모집단과 비교해 관련이 없는 개체가 포함되었는지, 중요한 개체들이 빠져 있는지를 세심하게 검토해야 한다.

1.3.3 척도와 변수

수집된 자료라도 유형과 성격을 파악하는 것이 필수이다. 자료는 측정 척도에 따라 명목(nominal), 서열(odinal), 등간(interval), 비율(ratio) 척도로 구분된다.

① 측정이란 관심의 대상이 되는 것의 성질이나 특성을 나타내기 위하여 일정한

값을 부여하는 것이다.

② 측정대상의 특성(properties)에는 양적 방법과 질적 방법이 있다.

③ 일반적으로 양적 측정방법이 질적 측정방법보다 더 높은 수준의 측정이 가능하다.

1) 측정 척도

(1) 명목척도(nominal scale) - 분류를 위해 사용되는 척도

명목 수준의 측정(nominal level measurement)이란 측정대상의 특성을 종류별로 구분하는 것으로, 특성 간의 순서나 크고 작은 것의 대소 등을 구분할 수는 없다. 명목 수준의 측정에서는 변수 값을 숫자로 나타낸다고 하더라도 그 값이 크고 작음을 나타내지는 않고 분류만을 구분한다. 즉, 사람의 성별이나 직업, 종교 등을 나타낼 때 사용하는 측정 방법이다. 일반적으로 성별, 직업, 결혼 여부, 거주 지역 등 응답자의 특성에 대한 정보나 상표의 구분, 판매지역의 구분, 상표의 인지여부 등이 명목 수준의 측정이다. 명목 수준의 측정에서는 양의 많고 적음이나 크기의 대소를 구별하지 못하고 단지 숫자나 기호로써 측정대상을 명목적으로 나타낸다. 예를 들어 성별에서 남자는 '1'로 시작하고 여자는 '2'로 시작할 경우 이는 분류적인 의미만 갖는다. 이러한 규칙을 통해 산출된 측정값들은 어떠한 연산 조작도 허용되지 않는다. 예를 들어, 여성과 남성에게 부여된 수치를 가감하는 일은 전혀 의미를 갖지 않는다. 분류란 요인들을 어떤 등급(class)에 할당하거나 쉽게 식별할 수 있도록 이들 요인들에 숫자를 부여하는 것을 말한다. 명목척도는 주로 최빈값, 이항분포검증, 교차분석 등에서 많이 사용되는 측정척도이다. 명목척도는 가장 낮은 수준의 척도이다.

(2) 서열척도(ordinal scale) - 서열 결정과 대소(大小)의 의미를 부여하는 척도

서열 수준의 측정(ordinal level measurement)이란 측정대상을 그 속성에 따라 분류하여 측정대상 간의 상대적 순서 또는 서열을 부여하는 것이다. 즉, 서열 수준의 측정은 명목척도가 갖은 속성 이외에 크기의 크고 작은 순서나 양의 많고 적은 순서에 따라 여러 개의 범주로 나누어 이들을 서열화할 수 있다. 서열측정은 정확하게 정량하기 어려운 응답자의 태도, 상표에 대한 선호도, 석차 등의 측정에 이용된다. 서열 수준의 측정에서는 한 집단이 다른 집단보다 '더 좋다', '더 바람직하다' 등으로 표시될 수 있으나, 서열 간의 간격을 알 수 없으며 그 간격이 일정하지 않다. 예를 들어 학생의 학업성적 수준의 자료인 상, 중, 하에서 중 수준의 학생이 하 수준의 학생보다 학업성적이 높고 상 수준의 학생보다는 낮다고 할 수 있지만 상, 중, 하 간 학업성적의 간격이 동일하다고 볼 수는 없다. 서열 수준의 측정값들은 숫자들의 간격이 같지 않다. 순위척도는 주로 중앙값, 서열 상관관계, 서열 간의 차이분석 등에서 많이 사용되는 측정척도이다. 서열 수준은 명목척도보다 높은 수준의 척도이다.

(3) 등간척도(interval scale) – 측정대상 간 간격의 동등성을 부여하는 척도

등간 수준의 측정(interval level measurement)은 측정대상을 속성에 따라 서열화하며, 서열 간의 간격이 동일하도록 수치를 부여하는 것이다. 등간척도의 예로는 섭씨나 화씨온도, IQ, 서기 연도, 물가 지수, 생산성지수 등의 지수측정이 있다.

등간 수준의 측정은 명목 측도와 서열척도의 의미를 포함하며 숫자 간의 간격이 산술적 의미를 가진다. 등간 수준의 측정에서는 '절대적 의미의 0'이 존재하지 않는다. 등간 수준으로 측정된 측정값들은 각 수치 간의 차이가 동등하다. 서열척도와 등간척도의 가장 기본적인 차이는 서열척도로 측정한 것은 Y=a+bX 형태로 선형전환이 불가능한데 구간척도의 경우는 온도를 측정한 경우 섭씨온도를 화씨온도로 전환할 수 있는 선형전환이 가능하다는 데 있다. 등간척도는 주로 범위의 계산, 평균값, 표준편차, 상관계수 등에서 많이 사용되는 측정척도이다. 서열척도보다 높은 수준의 척도이다.

(4) 비율척도(ratio scale) – 측정값 사이의 비율 계산이 가능한 척도

비율 수준의 측정(ratio level measurement)은 사물이나 현상을 분류하고(명목 수준), 서열을 정할 수 있으며(서열 수준), 측정요인 간의 간격을 측정(등간 수준)할 수 있을 뿐만 아니라 현실과 일치하는 절대적인 '0'을 측정할 수 있다. 절대적 '0'의 존재로 인해 비율 수준의 측정에서는 하나의 값이 다른 값보다 몇 배 더 큰가를 표시할 수 있다. 비율측정의 예로는 소득액, 교육 수준, TV시청률, 투표율, 가격, 저축액, 생산원가, 매출액 등을 들 수 있다. 비율척도는 비율측정으로 얻어진 자료는 모든 통계분석방법이 가능한 측정척도이다. 비율척도는 가장 높은 수준의 척도이다.

표 1.1 측정 수준별 특성 및 자료 적용

	척도점에 내포된 가정				비교 방법	평균 측정
	분류	순위	등간격	절대0점		
명목 수준	O	X	X	X	확인, 분류	최빈값 상관관계
서열 수준	O	O	X	X	순위 비교	중앙값 (median)
등간 수준	O	O	O	X	간격 비교	산술평균 (mean)
비율 수준	O	O	O	O	절대 크기	기하평균 조화평균

2) 변수

자료를 분석하는 처음 단계는 원하는 자료를 준비하는 것이다. 그러기 위해서 분석자는 분석하고자 하는 자료가 어떠한 형태로 구성되어야 하는지 우선 파악하여야 한다.

자료는 크게 질적 자료와 양적 자료로 나뉜다. 질적 자료(qualitative data)는 범주형 자료(categorical data)라고도 하는데 원칙적으로 숫자로 표시될 수 없는 자료를 가리킨다. 예를 들어, 성별 자료를 '남=1, 여=2'라고 입력하였다고 하자. 이때 남녀를 나타내는 수는 구분을 위하여 명목상 입력하는 것으로 숫자적인 의미는 없다. 이에 반해 양적 자료(quantitative data)는 자료 자체가 숫자로 표현되어 있으며 질적 자료와는 달리 자료의 속성을 그대로 반영한다. 양적 자료의 예로는 몸무게, 키 등이 있다. 양적 자료에서 셀 수 있는 자료를 이산형 자료(discrete data), 셀 수 없는 자료를 연속형 자료(continuous data)라고 한다.

수집된 자료는 관심의 대상이 되는 특성을 측정한 결과로, 이와 같이 측정결과와 조사대상에 따라 다른 값으로 나타날 수 있는 특성 혹은 속성을 말한다. 속성에 따라 여러 수준으로 분류할 수 있거나 다양한 값을 취할 수 있는 사건, 사물, 현상을 나타내는 개념을 변수(variable)라고 한다. 예를 들어, 설문조사의 각 문항내용이 변수가 될 수 있고 질문에 대한 답변항목들은 관측값(observation)이 된다. 즉, 예를 들어 성별이라는 변수는 남자는 1, 여자는 2의 관측값을 갖고 몸무게라는 변수는 각 조사대상자의 몸무게 수치를 관측값으로 갖게 된다. 성별과 같이 질적 자료값을 갖는 변수를 질적 변수라고 하고 키와 몸무게와 같이 양적 자료값을 갖는 변수를 양적 변수라고 한다.

주어진 범위 내에서 어떠한 값이라도 취할 수 있는지 아니면 단지 몇 개의 유목으로만 구분되는지에 따라 연속, 비연속변수로 구분한다. 그리고 한 연구에서 변수 상호 간의 관계양상에 따라 독립, 종속변수로 구분한다.

첫째, 양적 변수(quantitative variable)는 수치로 표현 가능한 변수를 말하고 양적 변수를 관찰, 측정한 자료이다. 질적 변수(qualitative variable)는 수치로 표현 불가능한 변수를 말하며 질적 변수를 관찰한 자료를 말한다.

둘째, 이산적 변수(discrete variable)란 셀 수 있는 이산적인 특정한 수치만을 사용할 수 있는 변수이며, 연속적 변수(continuous variable)란 셀 수 없는 연속적인 실수값으로 나타낼 수 있는 변수이다.

셋째, 독립변수(independent variable)는 원인으로 생각되는 변수이다. 그리고 종속변수에 영향을 미칠 수 있는 나머지 변수들이 독립변수가 된다. 종속변수(dependent variable)는 결과로 생각되는 변수를 말한다. 그리고 관심을 갖고 있는 변수 중 가장 중요하게 여기는 변수가 종속변수가 된다. 보통 종속변수는 Y로 나타내고, 독립변수는 X로 나타낸다.

표 1.2 변수 구분

유형	수량적 특성에 의한 구분	척도에 따른 변수
범주형 변수	질적 변수	명목변수 서열변수
수치형 변수	양적 변수	등간변수 비율변수

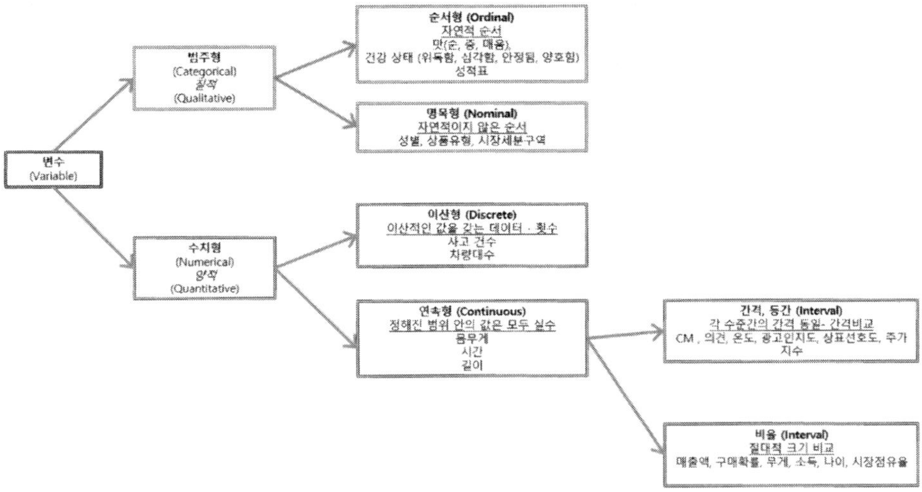

그림 1.2 변수 구분

1.4 통계분석 과정

1) 문제 인지 및 정의

통계분석 과정에서 첫 번째는 관심 있는 주제나 이슈에 대한 문제를 선택하여 인지하고 정의하는 과정이다. 즉 적절한 문제 인지 후에 문제에 대한 정의를 통하여 통계분석에 대한 전반적인 방향을 제시한다.

통계분석가나 조사자가 어떤 주제를 문제로 인식할 것인가는 그들의 개인적 선택에 달렸다. 즉 개인의 경험이나 흥미, 관심, 타인과의 상호작용, 기존이론, 실제적인 문제 상황의 발생 등에 의해 결정된다. 하지만 조사자가 문제의식을 가졌다고 해서 분석대상의 문제로 형성되는 것은 아니다. 분석과정에서 방법론의 적용이나 분석결과의 유용성에 대한 다른 분석가나 조사자의 공감이 형성되어야 한다. 조사자는 분석 대상 문제에 대한 정의를 통해 분석의 영역과 방법 및 결과 활용에 대한 전반적인 계획을 수립하기 때문이다. 문제에 대한 정의는 분석결과의 목적을 달성하기 위해 요구되는 구체적인 정보가 무엇인지를 파악하는 것이다.

통계분석가나 조사자는 문제에 대한 정의를 통해 분석하고자 하는 것이 정확히 무엇이며, 분석이 수행되어야 하는 이유, 설정된 분석대상의 문제가 분석의 목적을 명확히 제시할 수 있는지에 대한 논의가 있어야 한다.

2) 이론적 검토

문제 정의에 대한 이론적 검토와 선행연구자료를 검토한다. 문제 정의에 따른 변수를 선정하고 개념화시킨다.

첫째, 분석이나 조사대상 문제를 좀 더 구체적으로 정의하고 확인하기 위한 접근 방법에 예비조사(pilot study)가 있다. 예비조사를 통해 분석이나 조사대상 문제의 의의, 실행가능성, 실행방법 등을 좀 더 구체화할 수 있다. 탐색적 조사방법이 예비조사에 해당된다. 즉 예비조사의 방법으로는 문헌 조사, 전문가 의견 조사, 사례연구 등이 있다. 이러한 예비조사 과정을 통해 통계분석가나 조사자는 분석이나 조사대상 주제에 대한 다른 통계분석가나 조사자들의 견해, 관련된 선행연구의 내용, 분석이나 조사를 좀 더 효율적으로 수행하기 위한 방안, 본격적인 조사를 시행하는 데 관련된 정보 입수 등에 관한 정보를 수집할 수 있다.

둘째, 문제를 구체적으로 특정화할 때 필요로 하는 다양한 대안을 미리 고려할 필요가 있다. 즉, 통계분석가나 조사자는 문제를 해결하는 대안을 광범위하게 탐색하고 개발해야 한다. 대안을 이끌어내는 방법으로는 과거의 연구결과, 관련된 이론, 주관적 · 직관적 방법으로 대안을 이끌어내는 델파이 방법, 집단 토론, 예비조사 등이 있다.

3) 조사방법 선택

조사방법으로 실험, 서베이조사, 현장조사, 내용분석, 기존 자료분석, 비교연구, 평가연구, 메타분석 등이 있다.

조사방법이란 자료수집의 방법을 결정하는 것을 의미한다. 자료수집의 방법을 결정하기 위해서는 분석이나 조사대상의 범위, 자료의 질적 수준, 조사대상 집단의 성격이나 규모, 조사의 비용과 시간, 조사의 용이성 등을 종합적으로 고려할 필요가 있다.

자료의 유형으로는 1차 자료와 2차 자료가 있다. 1차 자료(primary data)는 현재의 조사목적에 따라 조사자가 직접 창출하는 자료이다. 2차 자료(secondary data)는 다른 조사자가 다른 조사목적으로 이미 수집, 정리하여 문헌으로 제시한 자료를 의미하며, 내부 자료, 정부기관의 발행물, 연구기관 보고서, 전문 조사기관에 의한 상업 서비스 자료 등이 이에 포함된다. 2차 자료는 시간과 비용을 절약할 수 있는 장점이 있어, 통계분석가나 조사자가 2차 자료의 적합성 여부를 평가해서 이를 활용할 수 있다. 하지만 현재의 연구를 위한 2차 자료가 충분하지 않거나 부적합할 경우에는 통계분석가나 조사자가 직접 1차 자료를 수집하게 된다. 즉, 통계분석가나 조사자가 조사목적을 달성하기 위해 직접 수집한 자료인 1차 자료수집만을 고려한다. [그림 1.3]과 같이 1차 자료의 수집 방법으로는 관찰, 서베이, 전문가집단 심층면접법(FGI), 패널(panel) 조사법, 실험(experiment)설계 등의 다양한 방법이 있다.

서베이(survey) 조사방법은 모든 분야의 연구에서 가장 보편적으로 사용하는 자료 수집 방법이다. 서베이 조사방법은 설문지를 이용해 조사 대상자들로부터 자료를 수집하는 방법으로 대인(對人) 면접법, 전화면접법, 우편면접법, 인터넷 면접법 등으로 구분된다.

그림 1.3 1차 자료 수집 방법

4) 분석대상과 분석모델 방법

첫째, 분석이나 조사대상 문제를 설정한 다음에는 문제 정의와 관련된 가설을 설정 한다. 즉 가설의 설정은 분석이나 조사대상 목적에 적합한 변수들을 선택하고,

그들 간의 관계를 설정해 분석이나 조사대상 문제에 대한 가능한 대안을 찾을 수 있도록 하는 것이다. 가설이란 '분석이나 조사를 통해 검정하고자 하는 둘 또는 그 이상의 변수들 간의 관계에 관한 가정적인 명제'이다. 가설은 기존 이론으로부터 연역적 접근을 통해 구성할 수도 있고, 경험적 사실들에 대한 관찰로부터 귀납적 방법으로 구성할 수도 있다.

모든 분석이나 조사가 가설을 필요로 하는 것은 아니다. 분석이나 조사대상의 목적이 탐색적이거나 분석이나 조사대상에 대한 기술통계학적 특성이 필요하다면 가설을 설정할 필요는 없다. 다만 분석이나 조사대상에 대한 인과관계가 형성되어 추론통계가 필요로 하는 경우에는 가설을 설정할 필요가 있다. [그림 1.4]는 가설의 수립절차로 조사목적에 대한 규명, 조사문제에 대한 정의, 탐색적 예비조사, 조사문제에 대한 검증을 위한 가설설정, 조사설계 순으로 전개된다.

그림 1.4 가설 수립절차

가설설정 후에 가설의 주요 개념들을 명확히 정의하고, 가설에 대해 측정 가능하도록 개념화시켜야 한다. 개념화란 가설을 검증하기 위한 변인들에 대한 일반적인 사전적 개념과는 다르다. 특정한 대상에 대해 분석하거나 조사하고자 할 때 변인에 대해 측정할 수 있도록 개념을 새롭게 정의하는 것을 의미한다. 개념이 정의되면 이를 측정할 수 있도록 조작화를 통해 개념을 직접 관찰하여 검정할 수 있도록 위해 개념을 구체적이고 경험적으로 변화시키는 것이다.

둘째, 설문지 설계란 1차 자료의 획득을 목적으로 한다. 통계분석가나 조사자는 조사목적에 필요한 자료를 얻기 위해 설문지(questionnaire)라는 자료수집 도구를 사용하여 질문을 실시한다. 즉, 분석이나 조사대상의 설계 과정을 통해 조사의 목적에 해당하는 항목들이 결정되면 이를 설문지로 표현하는 것이다. 설문지 작성에서 무엇보다 중요한 것은 측정항목에 대해 조사대상자의 의견이 반영되어야 한다는 점이다.

셋째, 조사방법과 설문지 구성이 완료되면 통계분석가나 조사자는 조사대상자를 상대로 측정을 시행한다. 조사대상에 대한 특성을 파악하기 위해서는 전체 조사대상자에 대해 측정을 실시해야 한다. 하지만 실제로는 표본을 선정하여 조사를 수행한다. 전수조사는 표본조사에 비해 시간과 비용이 더 많이 소요될 뿐만 아니라, 특정한 경우에는 전수조사의 결과가 표본조사보다 항상 정확하다고 볼 수 있는 것은 아니다. 따라서 표본설계를 통해 어떠한 사람들을 대상으로 하여 분석이나 조사를 실시할 것인가와 대상 집단을 어떻게 선정할 것인가를 결정한다.

표본설계의 과정은 먼저 모집단을 규정하고, 표본의 성격을 결정한다. 두 번째로 모집단으로부터 표본추출방법을 선택하고, 표본의 크기를 결정한다. 마지막으로 자료를 수집한다.

5) 자료수집과 기술통계

조사설계를 통해 조사방법을 결정한 후 설문지 작성과 표본설계를 한 후에 자료수집을 해야 한다. 자료수집이 조사설계에 적합하게 실행하기 위해서 다음과 같은 경우를 검토한다.

먼저 설문지의 내용이 적절한가를 확인하기 위해 설문지 검토를 위한 사전조사(pre-test)를 실시하고, 설문지를 보완 · 수정해야 한다. 또한 분석이나 조사대상의 목적상 면접원이 필요할 경우에는 적절한 면접원을 선발하여 교육한다.

둘째, 자료수집의 절차가 끝나면 수집된 자료에 대한 타당성, 정확성, 일관성 및 객관성 검정이 이루어져야 한다. 수집된 자료에 대한 이러한 검정 작업은 조사의 질을 높이는 중요한 사안이다. 관찰, 면접, 설문지 등의 방법에 의해 수집된 자료에서 빠진 부분이 없는지, 잘못된 기록이 없는지 등을 검토하고 분류화 · 부호화(coding) 등의 편집 작업을 해나가야 한다.

셋째, 수집된 자료에 대한 검정 작업이 끝나면 자료의 특성을 분석한다. 즉 자료의 기술통계를 실시한다. 자료에 대한 평균, 중위수, 최빈수, 비대칭도 등과 빈도분석과 교차분석 등을 통해 자료의 전체적인 구조를 파악한다.

6) 자료 처리 및 분석

자료분석이란 자료의 통계적 분포를 정리하고, 변수 간의 통계적 관계를 분석하는 것을 의미한다. 자료를 분석할 때는 자료의 특성에 맞는 분석방법을 적용해야 한다.

변수 간의 통계적인 분석을 위해 사용되는 방법에는 비모수 검정, 일변량 분석,

다변량분석, 상관관계, 회귀분석, 다변량회귀분석 등이 있다. 자료의 변수에 대한 척도 수준에 따라 통계적 기법을 선택해야 한다.

자료분석결과를 해석할 때 분석결과가 가설을 지지하는지 또는 기각하는지를 밝히고, 그것이 어떻게 이론으로 연계되는지를 연구한다.

7) 대안 제시

분석이나 조사방법 설계는 통계분석 결과보고서의 작성으로 종결된다. 통계분석 결과보고서는 객관적 기준에 의해 분석이나 조사대상의 목적에 적합하게 중요한 사안들을 중심으로 작성되어야 한다. 또한 기본적으로 통계분석 결과보고서는 정확성, 명료성, 논리성, 체계성을 가져야 한다.

통계분석 결과보고서의 작성은 조사 결과를 타인에게 전달하는 데 그 주된 목적이 있다. 따라서 전달되는 대상에 따라 분석결과 방법이나 내용이 다르게 적용되어야 한다. 예를 들어 분석이나 조사대상의 결과를 공공행정에 반영해야 하는 경우 통계분석가나 조사자가 전문용어나 복잡한 통계기법을 사용한다면 이를 이용하는 공공행정의 관계자는 이해하기가 어렵고, 활용의 가치는 낮아질 것이다. 따라서 통계분석 결과의 이용 서비스가 용이하도록 통계분석 결과를 요약정리하는 것이 필요하다. 통계분석 결과보고서를 작성할 때는 간결하고 짧은 문장과 직설적인 표현을 사용하고, 표나 그림을 활용하여 분석결과를 쉽고 명확하게 제시해야 한다.

제2장

SPSS 개요

2.1 SPSS 29.0 버전

SPSS(Statistical Package for Social Science; 사회과학 통계 패키지)는 컴퓨터를 사용하여 복잡한 자료를 편리하고 쉽게 처리 · 분석할 수 있도록 만들어진 통계분석 전용 소프트웨어이다. SPSS는 DOS 버전에서 시작하여 Windows의 운영체제에 맞게 만들어진 Windows 버전으로 발전하였다. Windows 버전에서는 아이콘을 클릭하여 여러 가지 통계적 분석을 손쉽게 처리할 수 있는 시스템으로 보완되었다. SPSS는 SAS(Statistical Analysis System)와 더불어 연구자들에 의해서 널리 사용되고 있는 프로그램으로 특히 사회과학 분야에서 탁월한 통계분석 패키지로 알려져 있다.

SPSS 패키지를 적절하게 잘 이용하면 원하는 분석결과를 손쉽게 얻을 수 있다. 단순한 통계치부터 복잡한 통계결과를 구체적인 수치, 표 그리고 그래프로 만들 수 있으며, 이것을 통하여 다른 사람들이 쉽게 이해할 수 있는 보고서를 작성할 수 있다. 또한, 여타의 데이터베이스에서 작성된 자료를 직접 불러와 사용할 수도 있고, 분석 자료를 다른 프로그램에서 사용할 수 있어 그 활용 범위가 상당히 넓다.

최근에는 합리적이고 객관적인 의사결정의 중요성이 강조되고 있는 컴퓨터가 널리 보급되면서 통계 패키지를 사용한 통계분석이 정부기관, 연구소, 기업체와 같은 다양한 분야에서 많이 사용되고 있다. 이외에도 학문적 연구에서 경험적 데이터를 분석 · 처리하여 연구결과를 얻는 데에도 매우 유용한 도구가 될 수 있다.

2.2 SPSS 29.0 설치

한글 SPSS 29.0을 설치하려면 다음과 같은 시스템 사양이 필요하다.

- 메모리(RAM) : 4GB, 8GB(64bit)
- 하드디스크 공간 : 4GB 이상
- 중앙처리장치(CPU) : 프로세서 1.6GHz 이상

• 운영체제 : Window 10, 11
• 해상도 : 1024*768 이상

이상과 같은 환경에서 SPSS 프로그램을 다음과 같이 설치한다.

① SPSSStatistics.exe 파일을 실행한다. 압축해제 후 [그림 2.1]과 같은 화면이 나타난다.

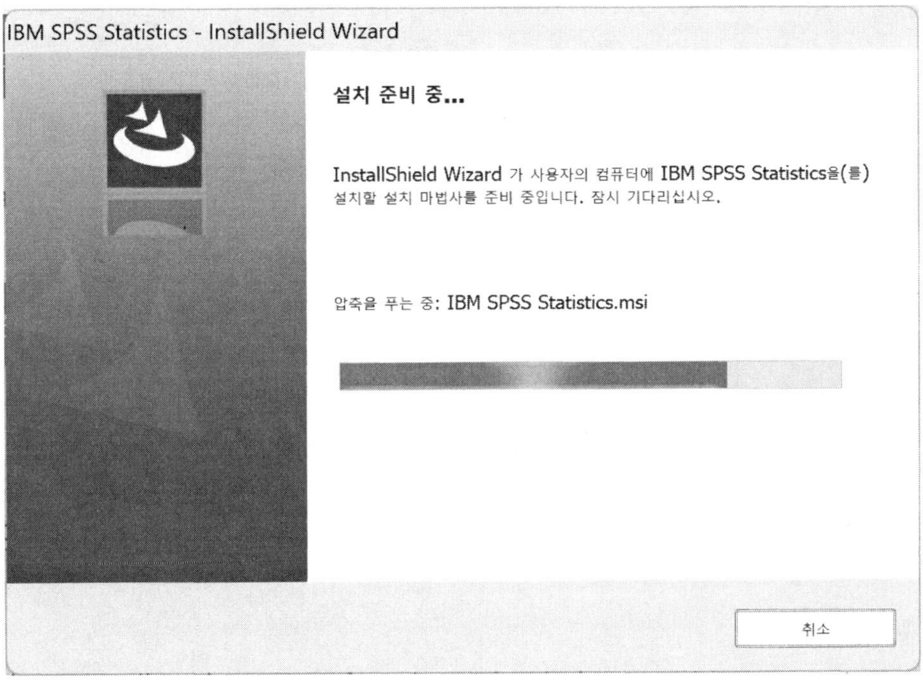

그림 2.1 SPSS 29.0 초기 설치화면

② 『SPSS Statistics 29.0 설치』를 마우스로 지정하고 순서에 따라 진행하면 프로그램 설치가 완료된다.

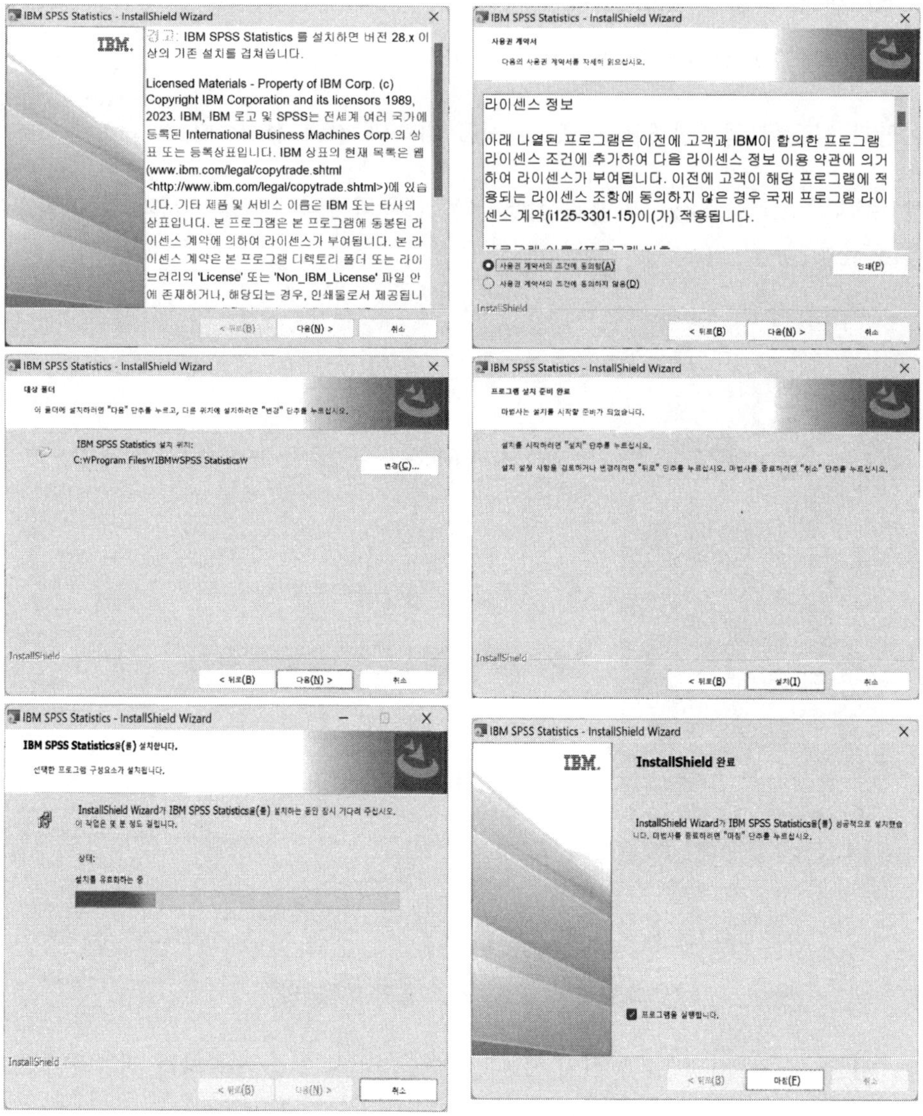

그림 2.2 SPSS 29.0 설치 과정

2.3 SPSS 29.0 기본구성

SPSS 29.0은 기본적으로 [표 2.1]과 같이 데이터 편집기 – 데이터 보기, 데이터 편집기 - 뷰어, 피벗 테이블 편집기, 차트 편집기, 텍스트 결과 편집기, 구문 편집기 등과 같은 6가지 유형의 창으로 구성되어 있다. 그리고 각 창에는 해당 창의 운영에 필요한 메뉴가 있어 이를 통해 필요한 작업을 실행시킬 수 있다.

표 2.1 SPSS 편집기 창 유형

창 유 형	설 명
데이터 편집기	데이터 편집기는 데이터 파일의 내용을 표시한다. 데이터 편집기를 사용하여 새 데이터 파일을 작성하거나 기존의 데이터 파일을 수정할 수 있다. 여러 개의 데이터 파일을 열어둔 경우 각각의 데이터 파일에 대해 별도의 데이터 편집기 창이 열린다.
뷰어	모든 통계분석 결과, 테이블 및 차트가 뷰어에 표시된다. 이러한 결과를 편집하고 저장하여 나중에 다시 사용할 수 있다. 뷰어 창은 결과를 생성하는 프로시저를 처음 실행할 때 자동으로 열린다.
피벗 테이블 편집기	피벗 테이블에 표시된 결과는 피벗 테이블 편집기를 사용하여 여러 가지 방법으로 수정된다. 텍스트를 편집하고, 행과 열의 데이터를 전환하고, 색상을 추가하고, 다항표를 작성하고, 선택적으로 결과를 감추거나 표시할 수 있다.
차트 편집기	도표 창에서 고해상도 차트를 수정할 수 있다. 색상을 바꾸거나 다른 글꼴 유형이나 크기를 선택할 수 있으며, 수평축과 수직축을 바꾸거나 3차원 산점도를 회전하고 차트 유형 자체를 바꿀 수 있다.
텍스트 결과 편집기	피벗 테이블에 나타나지 않는 텍스트 결과는 텍스트 결과 편집기를 사용하여 수정할 수 있다. 결과를 편집하고 글꼴 특성(유형, 스타일, 색상, 크기)을 바꿀 수 있다.
구문 편집기	대화상자의 선택을 구문 창에 붙여넣어 선택을 명령 구문 형식으로 표시할 수 있다. 이러한 명령을 파일로 저장하여 다음 세션 때 사용할 수 있다.

2.4 SPSS 도구

SPSS 프로그램을 시작하면 [그림 2.3]과 같은 데이터 편집기 창이 나타난다. 맨 위쪽에 제목 표시줄이 있다. 이 제목 표시줄은 현재 작업 중인 파일의 제목을 나타내준다. 바로 밑에 있는 '메뉴'는 대부분의 다른 윈도우 프로그램과 비슷한 구조를 가지고 있으며, 11개의 메뉴로 구성되어 있다.

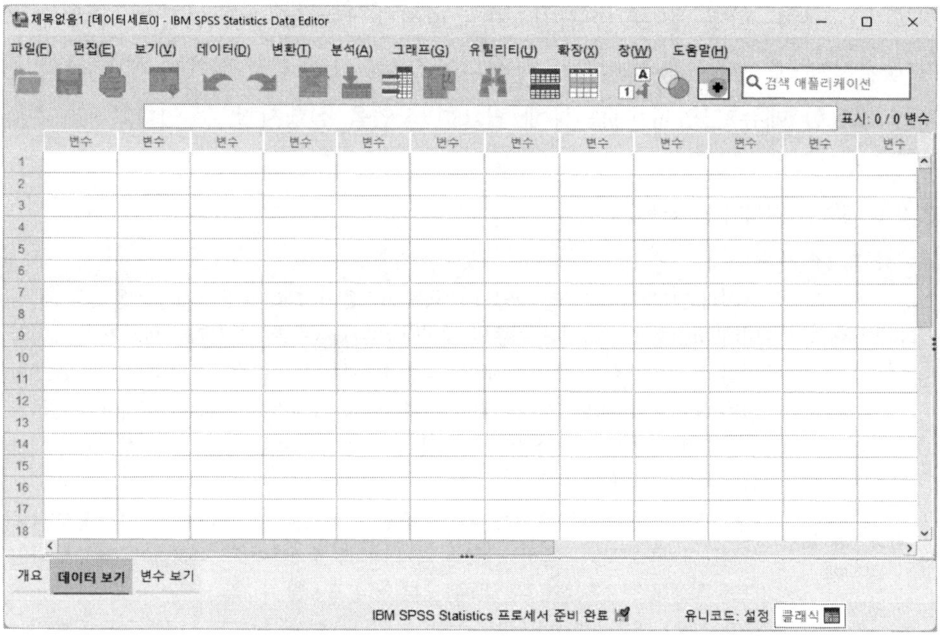

그림 2.3 SPSS 초기화면

표 2.2 SPSS 메뉴

메 뉴	설 명
파일(F)	파일 메뉴로 새로운 파일을 만들거나 데이터 파일을 열고 저장하며 기타 응용프로그램에서 작성된 파일을 변형하고 인쇄하는 기능을 수행한다.
편집(E)	편집 메뉴로 기존 자료로 편집하여 통계분석에 알맞도록 변환을 수행한다.
보기(V)	보기 메뉴로 도구모음의 표시, 상태표시줄의 설정과 해제, 변수값 설명이나 데이터 설명에 대한 출력 등을 제어한다.
데이터(D)	데이터 메뉴로 변수 정의, 변수와 케이스 삽입, 파일합치기 등과 같이 자료파일에 변화를 가져오는 기능을 한다.
변환(T)	변화 메뉴로 데이터 파일에서 작성된 자료와 변수를 변경하여 새로운 수식을 가지는 자료와 변수를 만든다.
분석(A)	분석 메뉴로 작성된 자료를 가지고 기술통계, 빈도분석, 분산분석 등 실질적인 통계분석을 다룬다.
다이렉트 마케팅(M)	인구학적 특성, 구매이력, 그리고 다른 특성들을 이용하여 다이렉트 마케팅 캠페인 결과를 향상시키기 위한 분석들을 제공한다.
그래프(G)	그래프 메뉴로 막대형 차트, 원차트, 산점도와 같은 그래프를 작성하여 분석결과를 보다 용이하게 볼 수 있도록 한다.
유틸리티(U)	데이터 파일의 변수정보와 변수목록을 제어한다.
창(W)	SPSS창 간에 활동창을 변경하거나 열려있는 SPSS창을 아이콘으로 표시할 수 있도록 한다.
도움말(H)	도움말 메뉴로 SPSS 주요기능에 대한 도움말을 제공한다.

2.5 SPSS 실습

2.5.1 자료입력

SPSS를 이용하여 통계분석을 하기 위해서는 우선 수집된 자료를 입력해야 한다. 아래의 자료를 이용하여 자료를 입력하는 방법에 대해 알아보기로 한다. 다음 표는 C대학교 통계학과 1학년 학생 5명의 중간고사 성적에 대한 자료이다.

예제데이터 2.1 중간고사 성적

학 생	성 별	컴퓨터활용	교양영어	미적분학	확률과통계
철 수	남 자	68	57	73	61
미 애	여 자	83	94	91	86
영 희	여 자	72	81	63	59
영 철	남 자	55	73	77	66
태 훈	남 자	92	68	75	87

(1) 데이터 편집기 창에 직접 입력하기

① 위의 데이터를 SPSS 프로그램의 초기화면인 데이터 편집기 창에서 [그림 2.4]에서와 같이 직접 입력한다.

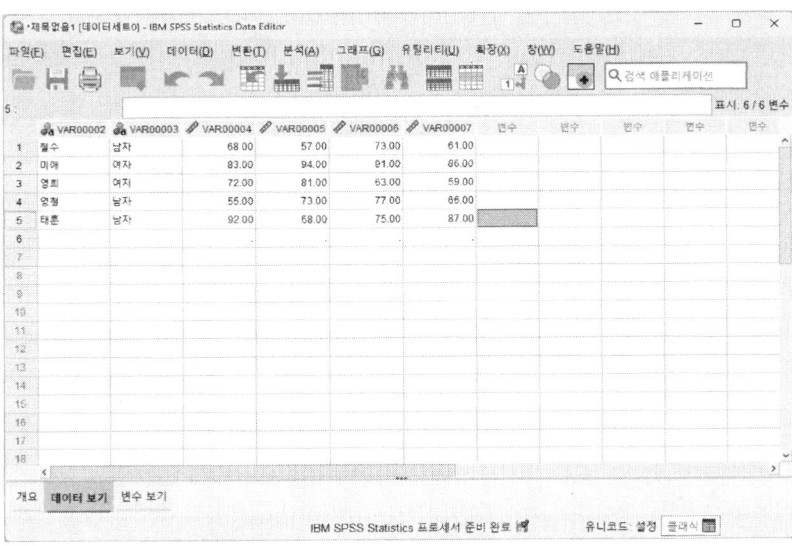

그림 2.4 입력자료-편집기 데이터 보기창

② 데이터를 모두 입력하였으면 변수의 이름을 지정하고 소수점 이하 자릿수를 지정하는 것과 같은 변수를 정의하는 작업을 해야 한다. 불러온 초기화면의 하단에 있는 [변수 보기]를 클릭하면 [그림 2.5]와 같은 화면이 나타난다.

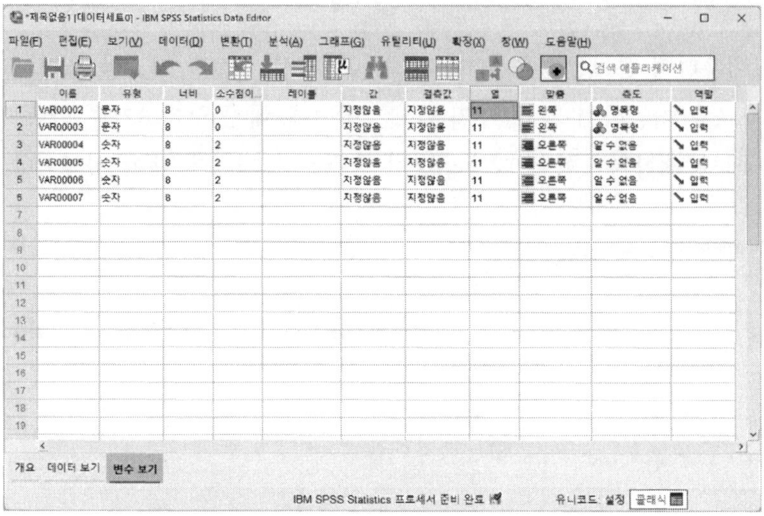

그림 2.5 입력자료 – 편집기 변수 보기 창

③ 이 [변수보기]의 창에서 각각의 변수의 [이름], [유형], [너비], [소수점이하자리], [레이블], [값], [결측값], [열], [맞춤], [측도]를 지정할 수 있도록 되어 있다.

④ 각각의 변수명은 [그림 2.6]에서와 같이 [이름]란에 해당 변수명을 기입하면 된다.

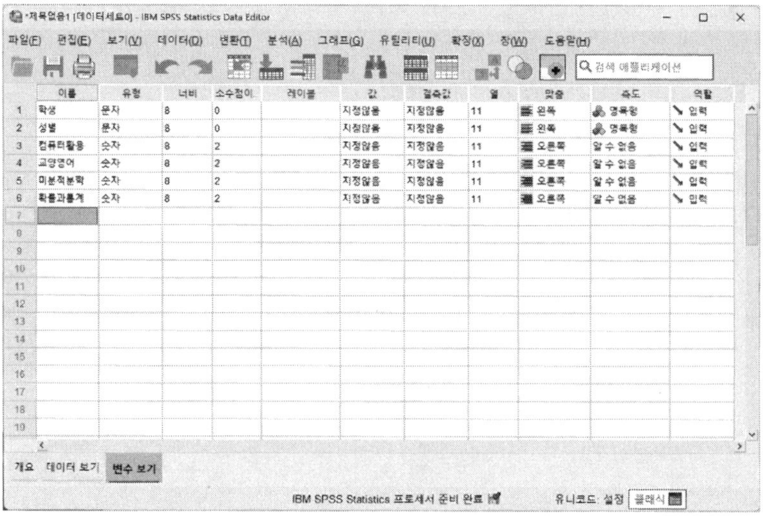

그림 2.6 입력자료 – 편집기 변수 보기 창

⑤ [유형]은 변수의 유형을 지정하는 곳으로 해당 셀을 클릭하면 콤보박스가 나타나고 이를 누르면 [그림 2.7]과 같은 대화상자가 나타난다. 변수값이 수치로 주어진 경우에는 숫자를 지정해 주고, 문자로 주어진 경우에는 문자열을 지정해 주어야 한다. 너비란은 입력자료의 너비를 지정하는 곳으로 여기서는 8자리로 되어 있다. 너비를 임의로 조정하고자 할 경우는 해당 셀을 클릭하여 화살표가 나타나면 원하는 너비만큼 변경을 할 수 있다. 그리고 디폴트 값으로 되어 있는 [소수점이하자리]를 변경시킬 수 있다.

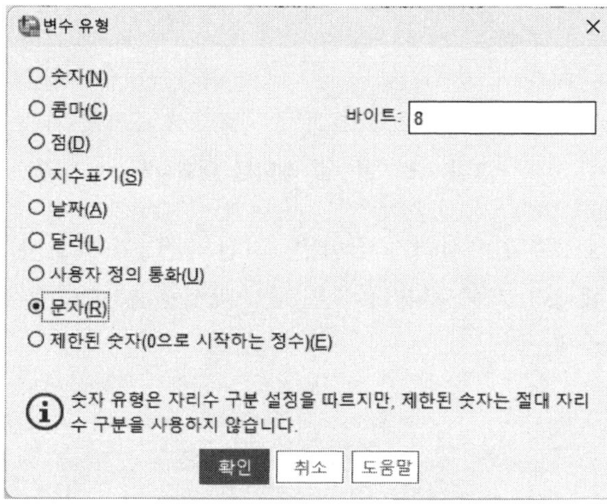

그림 2.7 변수유형 대화상자

⑥ [레이블]란은 변수에 대한 구체적인 설명을 덧붙일 필요가 있는 경우 사용된다. 그 다음의 [값]란에는 범주의 변수값을 나타내기 위하여 변수값이 수치로 주어진 경우 이를 설명할 때 사용된다. 예를 들어 위 데이터에서 성별의 변수값이 남자는 1로 여자는 2로 입력되었다고 가정하면(이런 방식이 더욱 일반적이다) [그림 2.8]과 같이 변수값 설명을 지정할 수 있다. [결측값]란은 분석에서 제외되는 데이터 값을 지정할 때 사용되고, [맞춤]란은 자료의 정렬방식을 지정할 때 사용된다. 또한 [측도]란은 자료의 척도종류들을 나타내주면 된다.

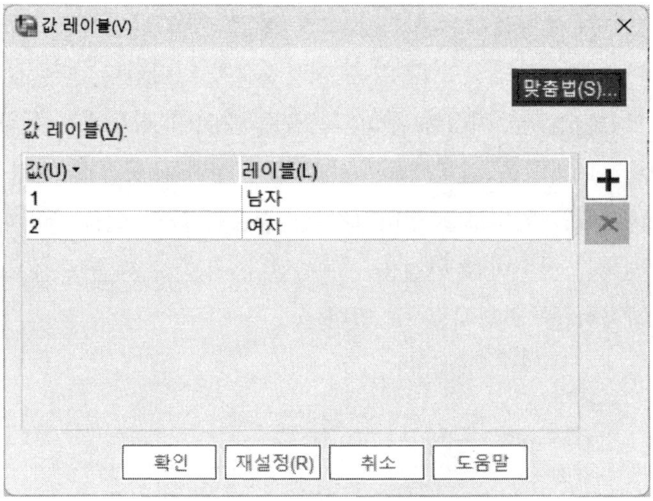

그림 2.8 변수값 레이블 대화상자

⑦ 이와 같은 방식으로 변수정의가 끝나면, 하단의 [데이터 보기]를 누른다. 그러면 [그림 2.9]에서와 같이 사용자가 원하는 방식으로 보기 좋게 정리된 입력데이터를 얻을 수 있다.

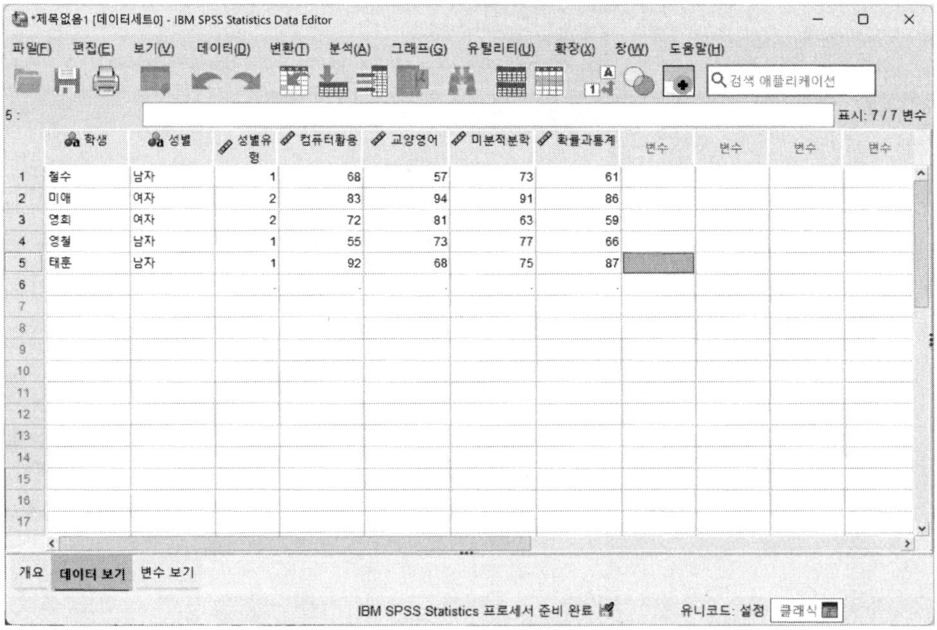

그림 2.9 입력자료 – 편집기 데이터 보기 창

(2) Microsoft Excel에서 작성된 데이터를 SPSS로 불러오기

① SPSS 프로그램은 다른 응용프로그램에서 작성된 데이터 파일을 불러와서 통계 분석을 할 수 있다. 위의 데이터를 [그림 2.10]에서와 같이 Excel에서 작업을 한 후, Excel 프로그램에서 입력된 데이터에 경로를 지정하여 '예제데이터 2.1'로 저장한다.

그림 2.10 데이터 작업

② Excel 파일을 SPSS 프로그램에서 불러오기 위해서 [그림 2.11]에서와 같이 지정한다.

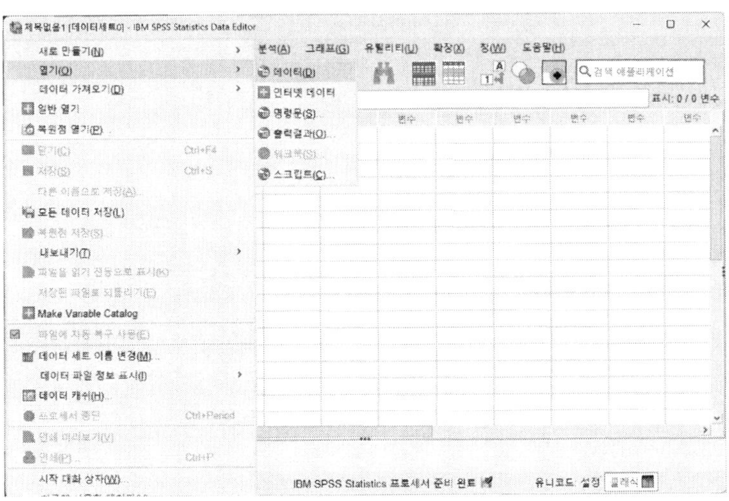

그림 2.11 데이터 파일 지정

③ [그림 2.12]의 데이터 열기 대화상자에서 파일 유형을 Excel로 변경한 후 Excel에서 저장된 경로를 지정해준다.

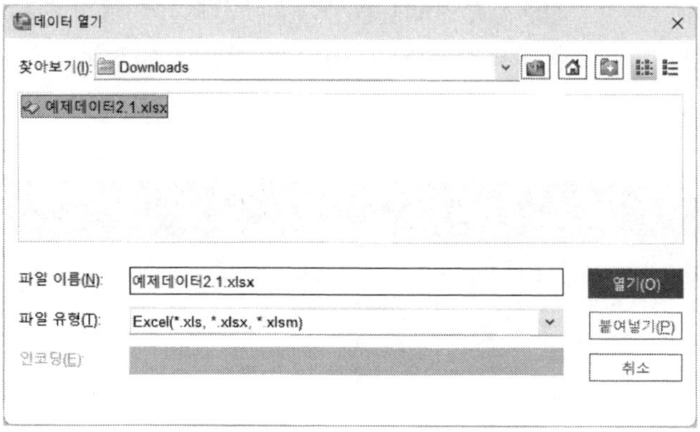

그림 2.12 데이터 경로지정

④ 그 다음에 [그림 2.13]에서와 같이 파일옵션 열기 대화상자가 나타나면 [변수이름 읽어오기]를 지정하고 확인을 클릭하면 [그림 2.14]에서와 같이 SPSS 데이터 편집기 창에 데이터가 나타난다.

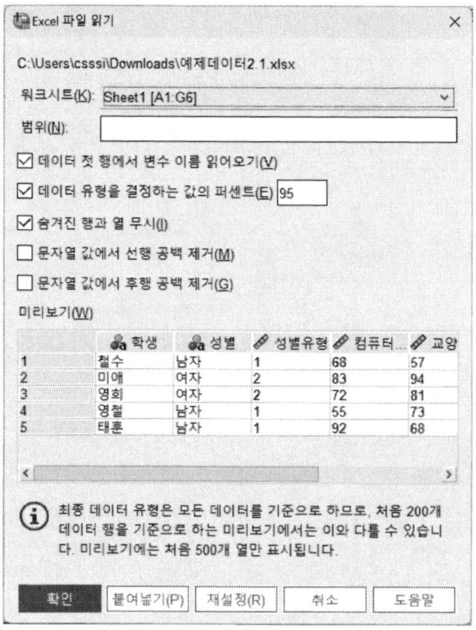

그림 2.13 데이터 파일 열기

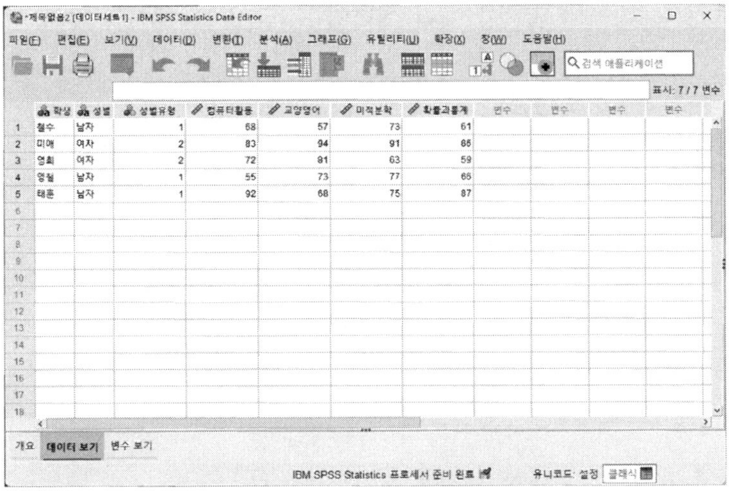

그림 2.14 데이터 편집기 창

2.5.2 SPSS를 이용한 변수계산 실습

기존의 변수를 이용하여 새로운 변수를 만들고, 이들 새로운 변수값을 변환하는 과정을 살펴보기로 한다. 예를 들어 위에서 사용한 중간고사 성적에 대하여 각 학생별 전체적인 성적을 알아보기 위하여 합계성적 또는 평균성적을 계산할 필요가 있다.

앞에서 사용한 예제를 이용하여 중간고사 성적의 합계와 평균을 분석한다.

① [그림 2.15]에서와 같이 입력 자료를 불러온다.

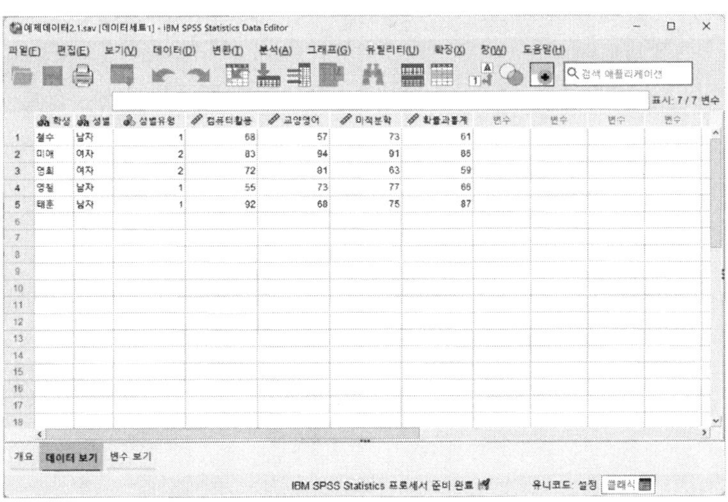

그림 2.15 입력

② 이 자료에서 4과목의 합계를 내기 위하여 [그림 2.16]에서와 같이 지정해준다.

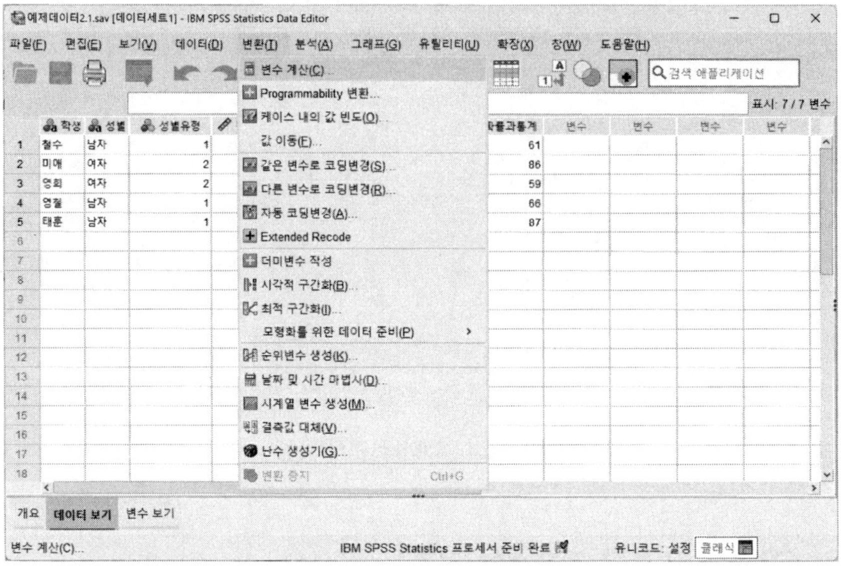

그림 2.16 수행명령 지정

③ [그림 2.17]에서와 같이 변수계산 대화 상자가 나타나면 [대상변수(T)]를 지정해주고, [숫자표현식(E)]에 4과목 성적을 더해주고, [확인]을 클릭한다.

그림 2.17 변수 계산 대화상자

④ [그림 2.18]에서와 같이 입력 자료의 마지막 열(column)에 새로운 변수 '합계성적'이 새로 생겨난다.

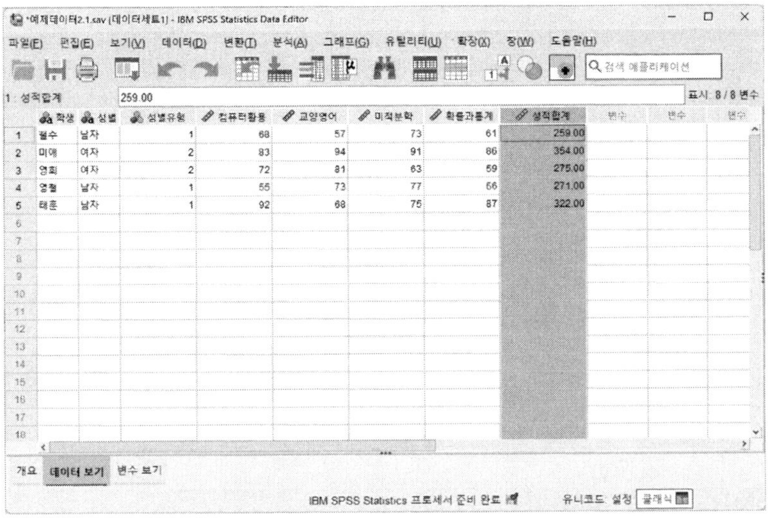

그림 2.18 새로운 변수의 생성

⑤ 평균의 경우 [그림 2.19]에서와 같이 [숫자표현식(E)]에 모두 더한 4과목 성적을 과목수인 4로 나누어주면 평균값을 계산할 수 있다. 그러면 [그림 2.20]에서와 같이 새로운 변수 '평균성적'이 생겨난다.

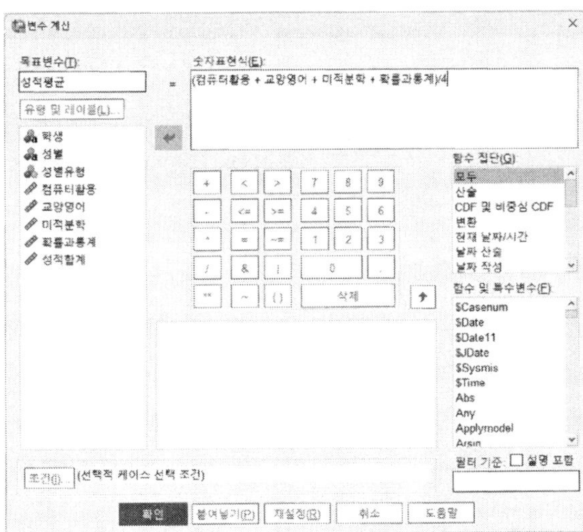

그림 2.19 변수 계산 대화상자

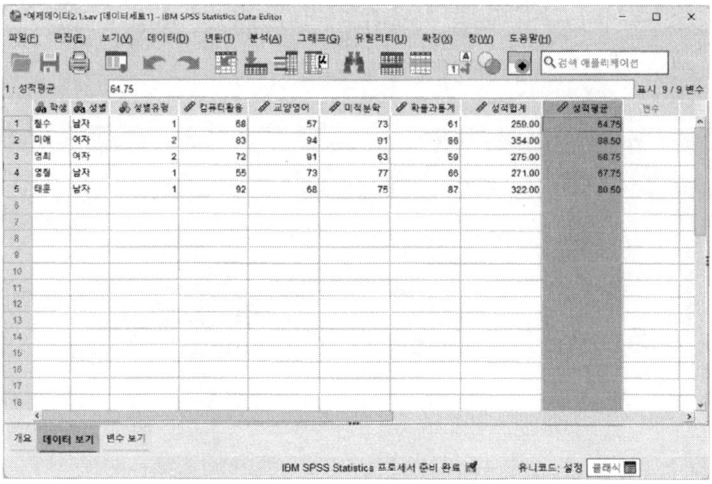

그림 2.20 새로운 변수의 생성

2.5.3 케이스 선택 실습

통계분석을 하다보면 일정한 조건에 해당하는 변수만을 선택해서 분석해야 할 때가 있다. 예를 들어 중간고사 성적 중에서 남자만 선택하여 분석하고 싶을 경우 케이스 선택의 기능(Select Case)을 사용한다. 위에서 사용한 중간고사 성적예제를 이용하여 케이스 선택을 한다.

① 데이터에서 케이스 선택을 하기 위하여 [그림 2.21]에서와 같이 지정한다.

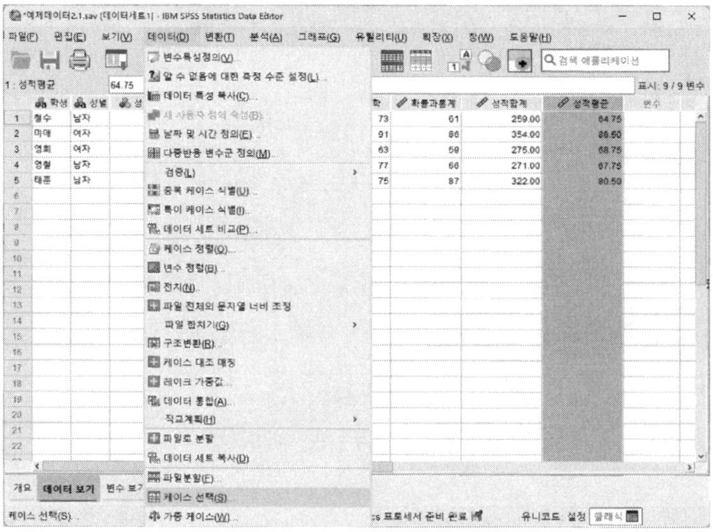

그림 2.21 실행명령 지정

② 그러면 [그림 2.22]에서와 같이 케이스 선택 대화상자가 나타난다.

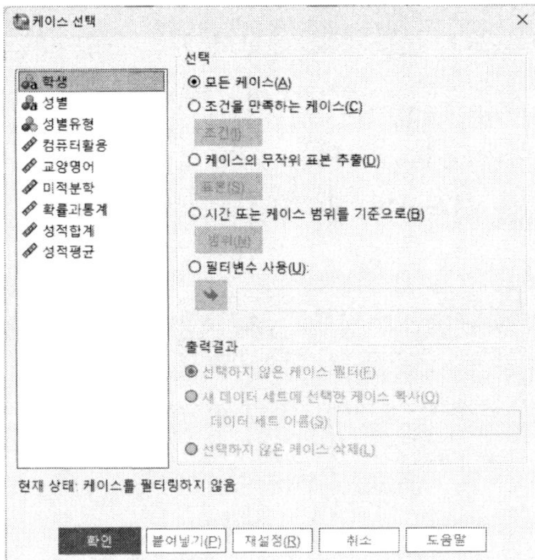

그림 2.22 케이스 선택 대화상자

③ [조건을 만족하는 케이스(C)]를 지정하고 [조건(I)]를 클릭하면 [그림 2.23]에서와 같은 대화상자가 나타난다. 예를 들어 남자(변수값=1)만을 선택하여 분석하고자 하는 경우 변수 [성별유형]을 오른쪽으로 이동시키고 [성별유형=1]이라는 조건식을 만들어준다.

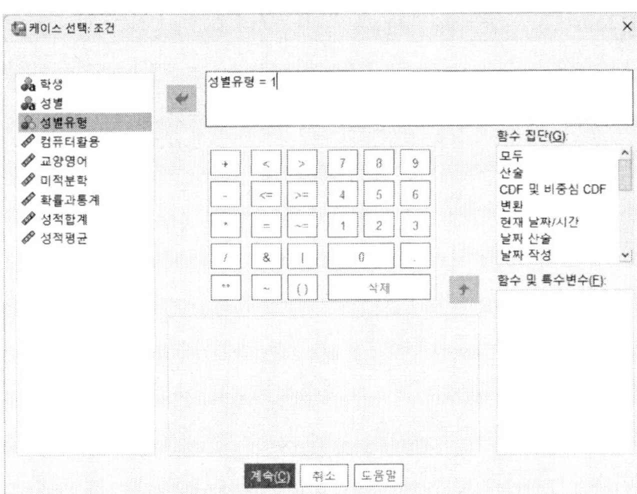

그림 2.23 케이스 선택 조건 대화상자

④ [그림 2.24]와 같이 데이터 편집창의 좌측 case를 나타내는 곳에 선택되지 않은 case에서 사선이 그려져 있는 것을 확인할 수 있다. 이는 사선이 그려진 case(여기서는 변수값이 2인 여자)는 분석에서 제외된다는 것을 의미한다. 이 상태에서 분석을 할 경우 선택된 남자의 사례만을 대상으로 분석하게 된다. 케이스 선택을 해제하고자 할 경우에는 [그림 2.23]의 케이스 선택 대화상자에서 [전체 케이스 (A)]를 선택하면 된다.

그림 2.24 케이스가 선택된 입력자료

제3장

자료 요약

3.1 자료요약 방법

3.1.1 자료요약 종류

이 장에서는 그림, 도표 등을 이용하여 자료를 요약하는 방법에 대하여 살펴본다. 연속형 자료에 대해서는 줄기-잎-그림, 히스토그램, 상자그림을 통하여 자료를 요약할 수 있고, 범주형 혹은 이산형 자료에 대해서는 원차트, 막대그래프, 도수분포표를 이용하여 자료를 요약할 수 있다. 연속형 자료를 범주화하여 도수분포표로서 자료를 요약하기도 한다.

위에서 언급한 도표나 그래프를 설명하기 위해서 예제데이터 3.1를 사용한다. [그림 3.1]은 예제데이터 3.1을 데이터 편집기 창에 자료를 불러온 것이다. 예제데이터 3.1은 한 학급의 30명을 대상으로 측정한 성적에 대한 자료와 학년에 대한 자료이다. 성적은 연속형 자료이고, 학년은 범주형 자료이다. 범주형 자료에서 1학년은 1, 2학년은 2, 3학년은 3, 4학년은 4로 입력할 수 있지만 이 숫자들은 의미를 가지지 않는다.

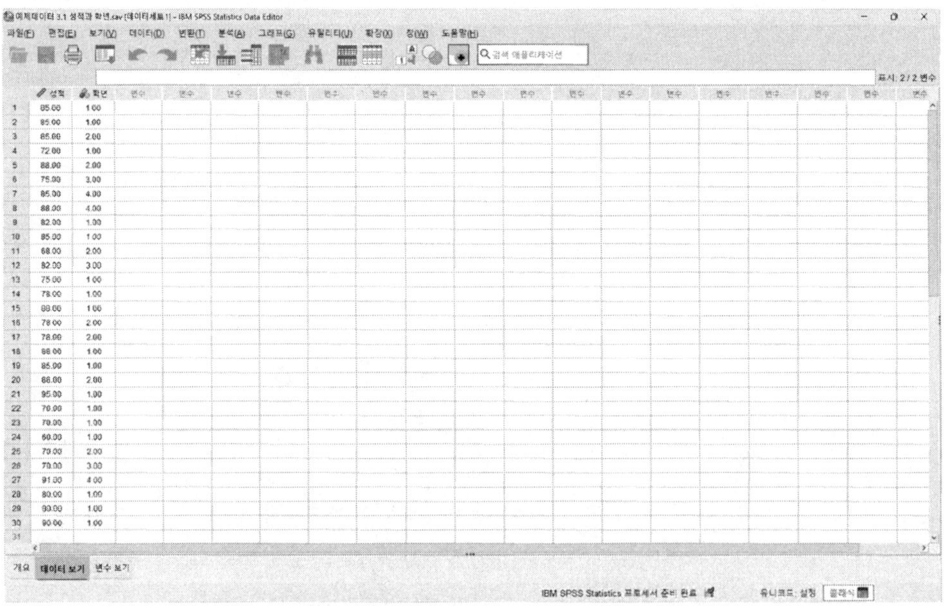

그림 3.1 예제데이터 3.1 성적과 학년 자료 입력

3.1.2 줄기-잎-그림(Stem-and-leaf plot)

줄기-잎-그림(stem-leaf-plot)은 자료의 큰 단위를 줄기로 하고 작은 단위를 잎으로 하여, 모든 자료를 해당 줄기 옆에 잎을 늘려가며 그리는 그림이다. 줄기-잎-그림을 그리기 위해서는 먼저 자료의 줄기와 잎을 정해야 한다. 줄기-잎 그림을 그리는 순서는 다음과 같다.

분석 → 기술통계량 → 데이터 탐색 → 도표 → 줄기와 잎 그림 체크

[그림 3.2 a~c]는 성적을 이용하여 그린 줄기-잎-그림이다. 예제에서는 십의 자리 이상을 줄기로 정하고 일의 자리를 잎으로 정하였다. 그리는 요령은 먼저 줄기값을 크기순으로 나열한 뒤, 각 줄기에 해당되는 각 자료의 잎의 값을 해당 줄기값의 오른쪽에 가로로 적는다. 줄기의 왼쪽은 각 줄기에 해당되는 잎의 수를 나타낸다. [그림 3.2 c]에서 줄기의 단위는 10이고 각 잎은 일의 자리를, 하나의 잎은 한 개의 자료를 나타내고 있다.

그림 3.2 a 줄기-잎 그림 설정

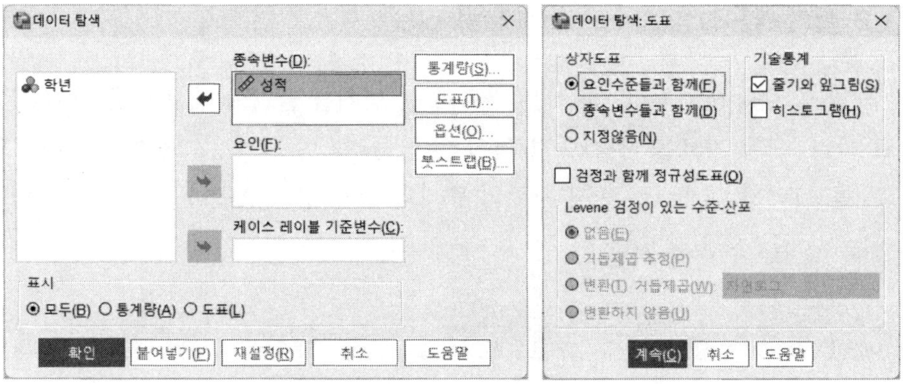

그림 3.2 b 데이터 탐색 대화상자 및 도표 설정

```
성적 줄기와 잎그림 도표

     1.00        6 .  0
     1.00        6 .  8
     5.00        7 .  00002
     5.00        7 .  55888
     4.00        8 .  0022
    11.00        8 .  55555588888
     2.00        9 .  01
     1.00        9 .  5

 줄기 너비:      10.00
 각 잎:         1 케이스
```

그림 3.2 c 성적 줄기-잎 그림

3.1.3 히스토그램

히스토그램은 줄기-잎-그림의 축을 바꾼 형태로, 자료에 대한 대략적 분포를 알 수 있다. 히스토그램을 그리는 순서는 다음과 같다.

그래프 → 히스토그램(변수 선택) → 제목 등 설정 → 확인

[그림 3.3 a~c]는 성적을 이용하여 그린 히스토그램이다. [그림 3.3 c]를 통해서 오른쪽 상단에는 자료의 표준편차와 평균, 그리고 자료의 수(N)를 알 수 있다. 30명의 성적 자료는 평균이 80.47이고, 표준편차는 8.278이다. 이 수치들에 대한 해석은 다음 장에서 자세히 다룰 것이다.

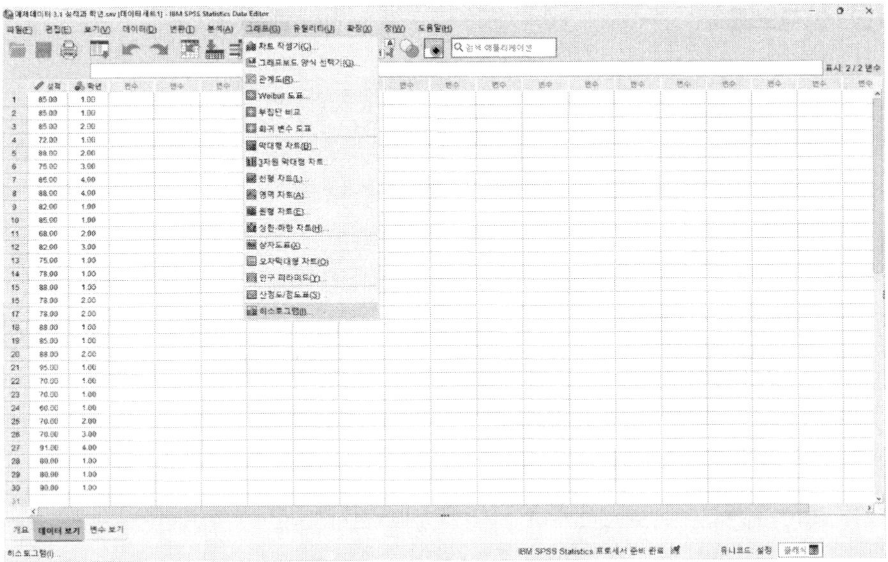

그림 3.3 a 히스토그램 그림 설정

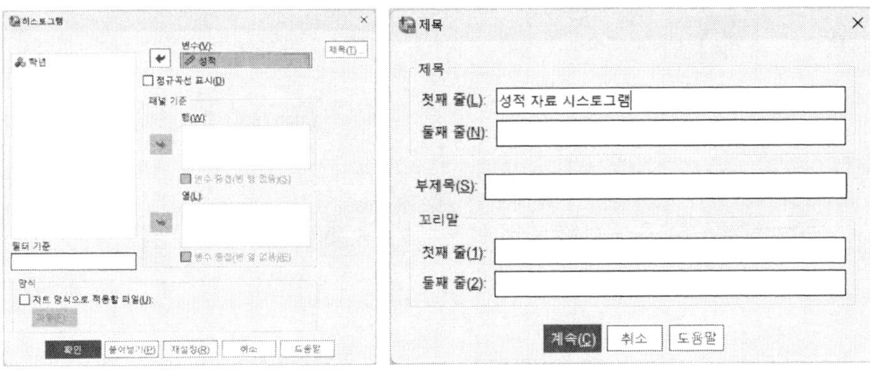

그림 3.3 b 히스토그램 대화상자 및 제목 설정

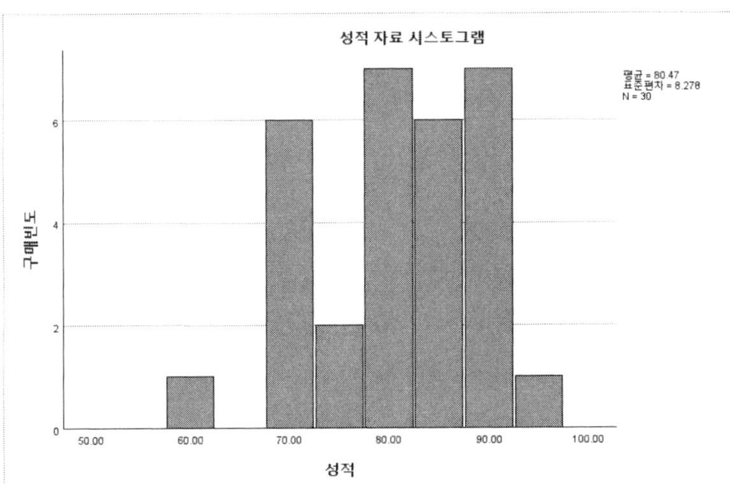

그림 3.3 c 성적 히스토그램

3.1.4 상자도표

상자도표(box plot)는 연속형 자료에 대해서 수집된 자료의 최댓값 및 최솟값과 3.3절에서 설명될 사분위수를 표현한 그림이다. 분포의 치우침 등을 상자도표를 통해서 파악할 수 있다. 예제데이터 3.1의 성적변수를 사용하여 상자도표를 분석한다. 상자도표를 그리는 순서는 다음과 같다.

그래프 → 상자도표 (변수 선택) → 확인

[그림 3.4 a~c]는 상자도표를 그리는 순서이며, 각 변수에 대한 상자도표를 그리기 위해서 도표에 표시할 데이터를 「개별 변수의 요약값」으로 선택한다. 「도표에 표시할 데이터」는 상자 도표 1개를 하나의 변수로서 표현(개별변수의 요약값)할 것인지, 여러 개 범주로 이루어진 1개 변수를 가지고 상자도표 1개를 한 범주로서 표현(케이스 집단들의 요약값)할 것인지를 결정하는 것이다. 「단순」은 하나 이상의 개별 변수나 1개의 변수 내에서 2개 이상의 범주로 이루어졌을 경우에 선택한다. 「수평배열」은 2개 이상의 변수가 제 3의 변수에 의해서 공통적으로 범주화되어 있

그림 3.5 a 상자도표 설정

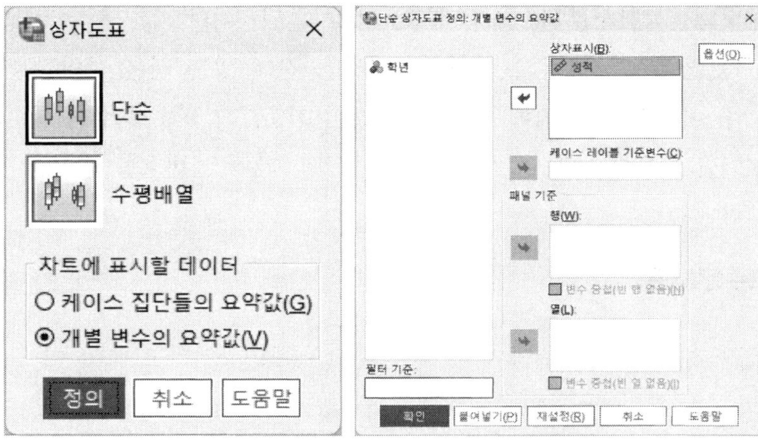

그림 3.5 b 상자도표 대화상자 및 설정

거나, 1개의 변수 내에서 다른 2개의 변수에 의해 범주화가 이루어질 경우에 사용된다. 만일 한 변수가 성별 변수이고 다른 변수가 키를 나타내는 변수일 때, 남녀별 키에 관한 상자도표를 그리고 싶으면 「단순」으로 선택하고 「케이스 집단들의 요약값」으로 설정하여 「정의」한 후, 「범주축」을 성별 변수로 설정하면 된다. 여기서는 단순히 개별 변수의 요약에 대해서만 설명하고 있다.

[그림 3.5 c]의 상자그림의 구성은 다음과 같다. 상자를 구성하는 것으로는 사분

케이스 처리 요약(O)

	케이스(S)					
	유효		결측값		총계	
	N(C)	퍼센트(C)	N(C)	퍼센트(C)	N(C)	퍼센트(C)
성적	30	100.0%	0	0.0%	30	100.0%

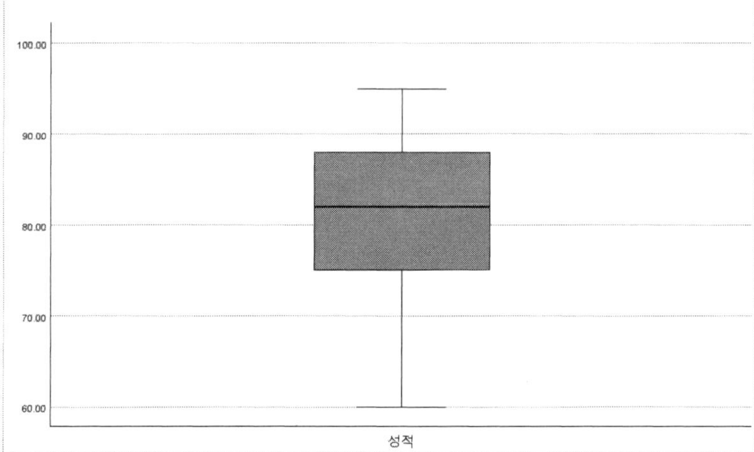

그림 3.5 c 성적 케이스 처리 요약 및 막대형 차트

위수에 해당되는 제1사분위수와 중위값, 제3사분위수이다. 상자의 아랫변은 제1사분위수, 윗변의 제3사분위수, 그리고 상자 중간에 있는 선은 중앙값을 의미한다. 상자 위, 아래의 긴 꼬리에 붙어 있는 것이 최댓값과 최솟값이다. 최솟값과 최댓값을 벗어난 범위에 나타나는 자료는 이상점과 케이스 번호를 표시한다.

3.1.5 도수분포표

질적 자료인 경우에 각 범주의 빈도수를 도수(frequency)라고 하며 이 도수를 전체 자료의 숫자로 나눈 것이 상대도수(relative frequency)이다. 도수분포표(frequency table)는 각 자료값에 대하여 도수(빈도)나 상대도수(퍼센트) 및 누적상대도수 등을 나열해 놓은 도표이다. 도수분포표를 그리는 순서는 다음과 같다.

분석 → 기술통계량 → 빈도분석 → 빈도표 표시

[그림 3.6 a~b]는 도수분포표를 그리는 순서이며, 〈표 3.1〉은 학년을 이용하여 도수분포표를 나타낸 것이다. 〈표 3.1〉에서 전체 30명 중에 1학년(17명, 56.7%)이 가장 높게 나타났고, 2학년(7명, 23.3%), 3학년(3명, 10%), 4학년(3명, 10%) 순으로 나타났다.

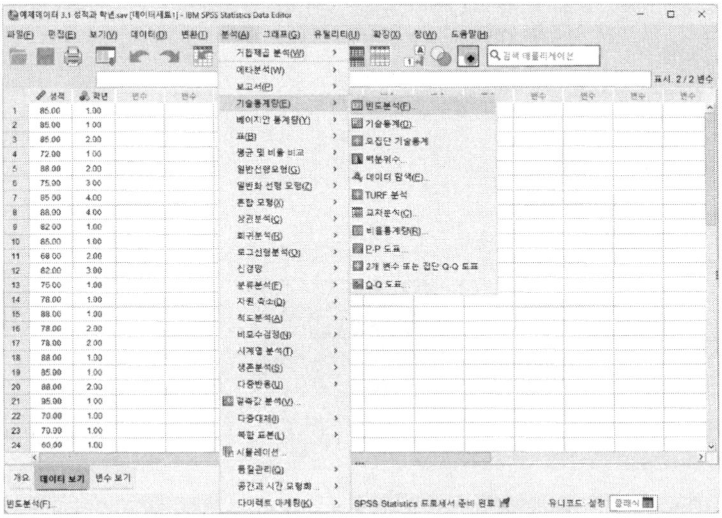

그림 3.6 a 도수분포표 설정

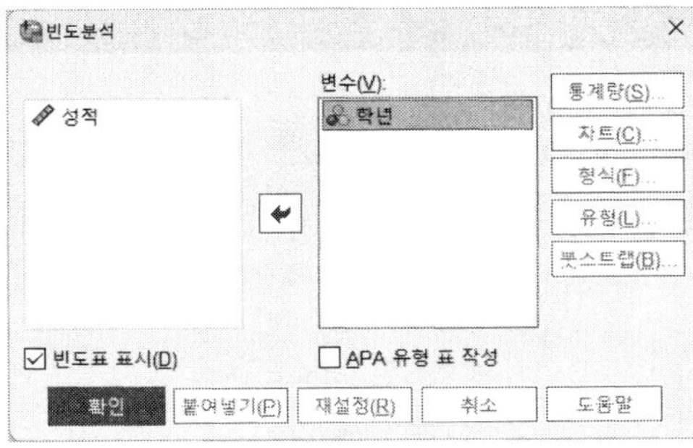

그림 3.6 b 빈도분석 대화상자 및 빈도표 표시 설정

표 3.1 학년에 대한 도수분포표

학년					
		빈도	퍼센트	유효 퍼센트	누적 퍼센트
유효	1학년	17	56.7	56.7	56.7
	2학년	7	23.3	23.3	80.0
	3학년	3	10.0	10.0	90.0
	4학년	3	10.0	10.0	100.0
	전체	30	100.0	100.0	

3.1.6 막대형 차트

막대형 차트(bar chart)는 각 자료값의 빈도나 상대도수 혹은 도수를 같은 폭의 막대로 나타내며, 하나의 막대는 하나의 범주를 의미한다. 예제데이터 3.1의 학년 변수를 사용하여 막대형 차트를 분석한다. 막대형 차트를 그리는 순서는 다음과 같다.

그래프 → 막대형 차트→ 정의

[그림 3.7 a~c]는 막대형 차트를 그리는 순서이며, 막대형 차트는 각 범주에 해당되는 빈도나 퍼센트를 표시하는 것이므로 도표에 표시되는 데이터는「케이스 집단들의 요약값」이 된다.「도표에 표시할 데이터」나 도표 종류를 선택하는 방법은 [그림 3.5]의 상자도표에서 설명된 바와 같다. 즉 변수들이 하나인 경우는 단순막대형 차트를 그리고, 그룹을 비교할 경우는 수평누적이나 수직누적 막대형 차트를

이용한다. 학년변수는 4개 범주에 대한 빈도를 나타내므로 도표의 데이터를 「케이스 집단들의 요약값」으로 설정한다.

그림 3.7 a 막대형 차트 설정

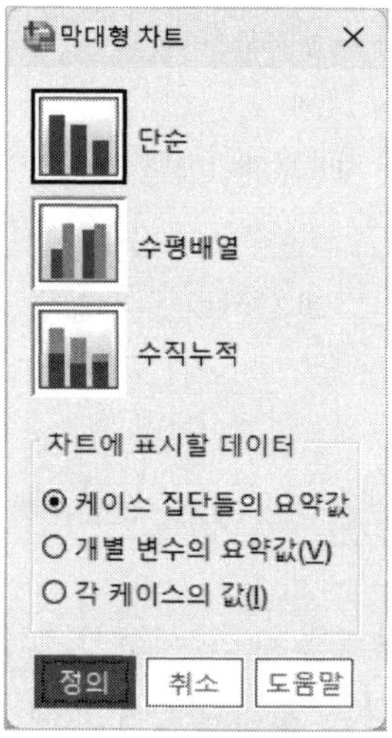

그림 3.7 b 막대형 차트 설정

그림 3.7 c 단순 막대 정의 대화상자 및 설정

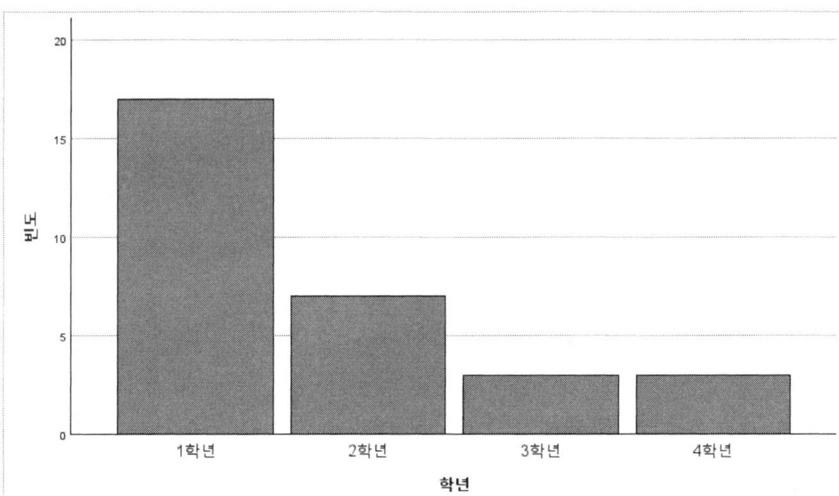

그림 3.7 d 학년 막대형 차트

3.1.7 원형 차트

그림을 통하여 질적 자료를 정리하는 또 다른 방법에는 원형 차트(pie chart)가 있다. 먼저 완전한 원을 그린 다음, 그것을 자료값의 가지 수만큼 몇 개의 조각으로 나누는데, 각 조각의 크기는 해당하는 자료값의 상대도수에 비례하게 된다. 각 조각에는 해당 자료값과 상대도수를 기입할 수 있다. 예제데이터 3.1의 학년변수를 사용하여 원차트를 분석한다. 원차트를 그리는 순서는 다음과 같다.

그래프 → 원형 차트→ 정의

[그림 3.8 a~c]는 원차트를 그리는 순서이며, 막대형 차트는 각 범주에 해당되는 빈도나 퍼센트를 표시하는 것이므로 도표에 표시되는 데이터는 「케이스 집단들의 요약값」이 된다. 「도표에 표시할 데이터」나 도표 종류를 선택하는 방법은 [그림 3.5]의 상자도표에서 설명된 바와 같다. 즉 변수들이 하나인 경우는 단순막대형 차트를 그리고, 그룹을 비교할 경우는 수평누적이나 수직누적 막대형 차트를 이용한다. 학년변수는 4개 범주에 대한 빈도를 나타내므로 도표의 데이터를 「케이스 집단들의 요약값」으로 설정한다.

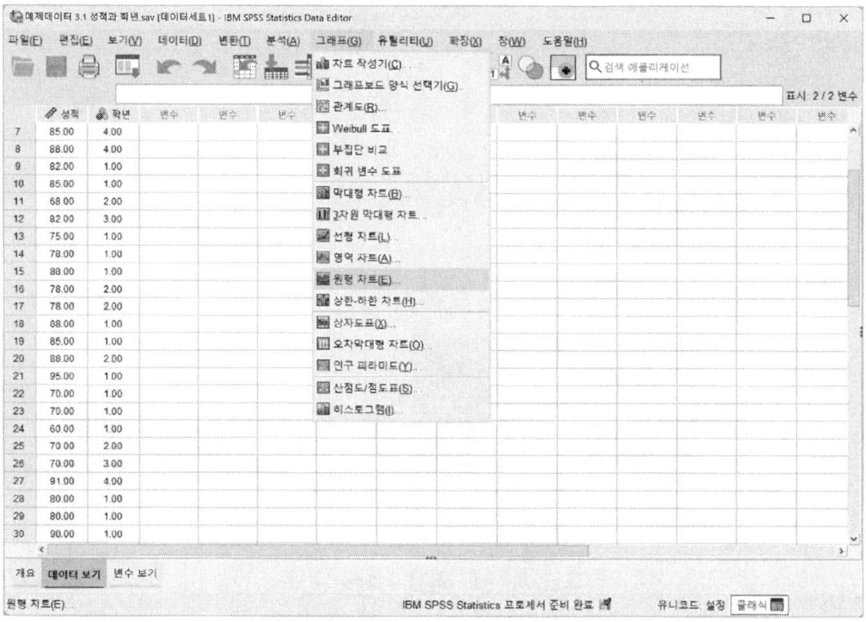

그림 3.8 a 원형차트 설정

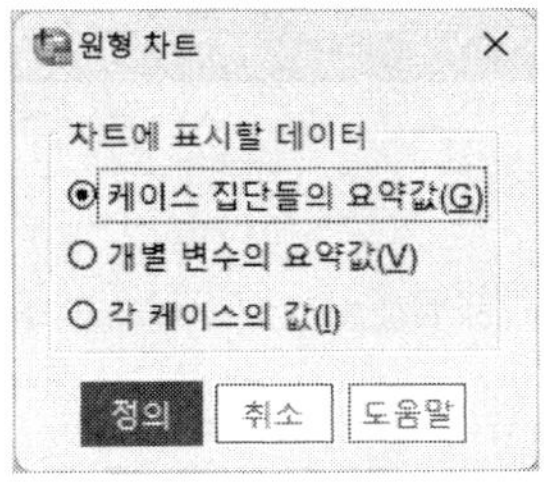

그림 3.8 b 원형 차트 설정

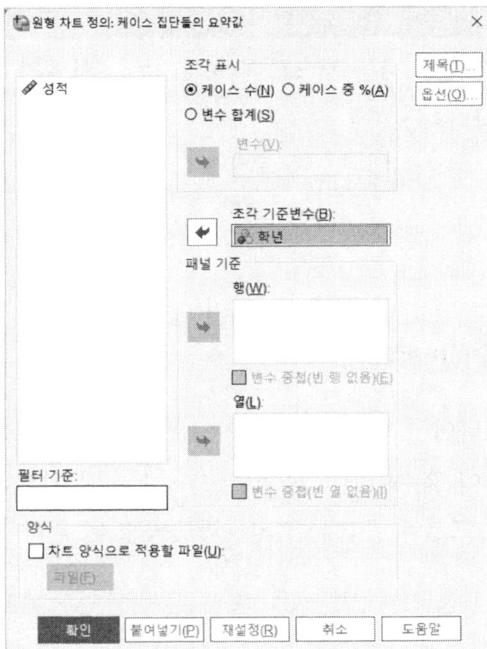

그림 3.8 c 원형 차트 정의 대화상자 및 설정

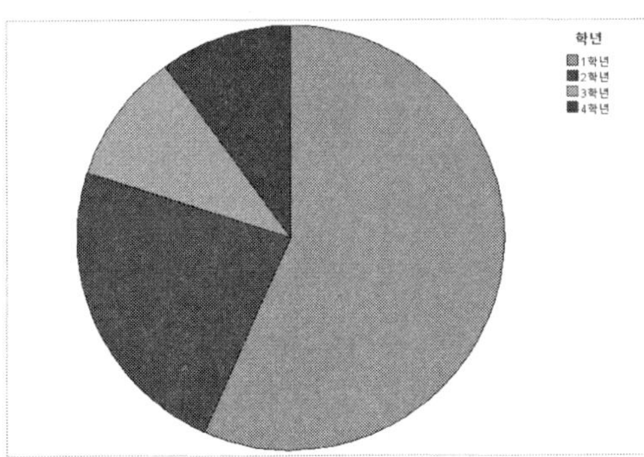

그림 3.8 d 원형 차트

3.2 대푯값

자료요약 방법 중 자료 중심의 방법은 대푯값(representative value, 대표치[代表値])이다. 대푯값의 예로는 산술평균, 중앙값, 최빈값 등이 있다.

3.2.1 산술평균(arithmetic mean, 평균 mean)

자료의 합을 자료의 개수로 나눈 값으로 자료의 수 n, 자료의 값 x_1, $x_2, \cdots$, x_n일 때, 평균은 다음과 같다.

$$\bar{x} = \sum_{i=1}^{n} x_i / n$$

3.2.2 중앙값(중위수, median)

자료를 크기 순서로 나열할 때 중앙에 위치하는 자료의 값이다.

자료수 n일 때, n이 홀수이면 $(n+1)/2$번째 크기의 자료값, 짝수이면 $n/2$번째와 $(n/2)+1$번째 크기의 중간값이 자료의 중앙값이 된다.

※ 중위수 = (n+1)*(0.5)번째 수이며, 중위수 = 제2사분위수 = 제50백분위수 = 제5십분위수

3.2.3 최빈값(mode)

자료들 중에서 가장 많은 자료의 값을 말한다. 최빈수는 1개 이상이 존재할 수도, 존재하지 않을 수도 있다.

3.2.4 대푯값의 성질

이상값(이상점, 극단[extreme]값)은 다른 자료들과 비교했을 때 아주 크거나 작은 값을 갖는 자료이다. 평균은 이상값에 크게 영향을 받으나 중앙값은 이상값에 별

로 영향을 받지 않는다(∵ 중앙값은 순서를 통해서 위치를 찾기 때문에 이상값에 대한 영향을 평균에 비해 덜 받는다). 경우에 따라서는 중앙값이 평균보다 자료의 중심을 파악하기에 보다 합리적인 방법일 수 있다. 평균은 이상값에 영향을 많이 받는다는 단점이 있지만 수리적으로 편리한 점이 많고, 특히 모집단에서 평균의 추정치로서 바람직한 성질을 가지고 있어 많이 사용된다.

중앙값과 최빈수는 이상값에 영향을 별로 받지 않는다는 장점이 있지만 수리적으로 다루기 불편하여 이상값의 영향을 피해야 하는 등 특수한 경우에 사용한다.

절사평균(절삭평균, trimmed mean): $0 \le \alpha \le 0.5$일 때 관측값의 양쪽 비율 α의 극단값(바깥쪽의 관측값)을 버린 나머지 관측값들의 평균($100\alpha\%$ 절사평균)이다. 이상값이 있을 때 좋은 대푯값이다.

예 어떤 마을 12가구의 가구별 1년 총수입(단위: 천만 원)이 7, 1110(부자), 7, 5, 8, 12, 0(실업), 5, 2, 2, 46, 7과 같다. $\alpha = 0.1$인 10% 절사평균은 얼마인가?

크기순 ⇒ 0, 2, 2, 5, 5, 7, 7, 7, 8, 12, 46, 1110 (12개 자료)

n=12, $[n\alpha]$=[1.2]=1 ⇒ 양쪽 1개(최솟값 0, 최댓값 1110)를 제외한 평균

여기서, $[x]$ = x 이하의 가장 큰 정수이다.

- α=0.1인 10% 절사평균

  $$\bar{x}_{0.1} = (2+2+5+5+7+7+7+8+12+46)/10 = 10.1$$

- 평균 $\bar{x}$ = 1010
- 중앙값 = 7

3.3 산포도

산포도(dispersion)는 흩어진 정도를 나타내는 측도이다. 분산, 표준편차, 평균편차, 범위, 변동계수 등이 있다.

3.3.1 분산(variance), 표준편차(standard deviation)

- 평균으로부터의 편차 ⇔ 편차=측정치−평균
- 편차의 합 = 0 ⇔ $\sum_{i=1}^{n}\left(x_i - \overline{x}\right) = 0$: 편차의 합은 언제나 0

  ⇔ 의미가 없으므로 변이의 측도로 사용할 수 없다.

1) 분산(variance)

분산(variance)은 편차 제곱의 합(제곱합; sum of squares)의 평균으로, 편차 제곱의 합을 자유도로 나눈 값(∵ 편차의 평균은 0이 되므로 측도로서 의미가 없으므로)이다.

- 모집단 자료의 수가 N일 때, 자료의 값 $x_1, x_2, \cdots, x_N$에 대한 모분산은

$$\sigma^2 = \frac{1}{N}\sum_{i=1}^{N}(x_i - \mu)^2 = \frac{\sum_{i=1}^{N} {x_i}^2}{N} - \mu^2$$

  이다.
- 표본자료의 수가 n일 때 자료의 값 $x_1, x_2, \cdots, x_n$에 대한 표본분산은

$$s^2 = \frac{1}{n-1}\sum_{i=1}^{n}(x_i - \overline{x})^2 = \frac{1}{n-1}\left(\sum_{i=1}^{n} {x_i}^2 - n\overline{x}^2\right) = \frac{1}{n-1}\sum_{i=1}^{n}\left({x_i}^2 - \overline{x}^2\right)$$

  ⇔ 제곱합(변동)을 자유도(degree of freedom)로 나눈 것이다.

2) 표준편차(standard deviation)

표준편차는 원 자료의 단위와 같이 하기 위해서 분산의 양의 제곱근에 의해 계산된다. 표본 표준편차(sample standard deviation) s: $\sqrt{s^2}$ 이다.

자유도(degrees of freedom; df)는 주어진 조건하에 자유롭게 변화할 수 있는 수이다.

자유도 일반공식 df = N(사례수) - k(통계적 제한조건 수)

- 제곱합 $\sum_{i=1}^{n}(x_i - \overline{x})^2$ 자유도는 얼마인가?

  : (제곱한 편차 개수) - (편차들의 선형제약조건 개수) = $n-1$.
- 제곱한 편차, $(x_i - \overline{x})^2$ 의 개수 $\Rightarrow n$
- 편차들의 선형제약조건, $\sum_{i=1}^{n}(x_i - \overline{x}) = 0$ 개수 $\Rightarrow$ 1.

표준편차는 가장 좋은 변이의 측도이다. 그러나 측정 단위가 같고, 평균이 비슷한 두 개 이상의 자료를 비교할 때만 의미가 있다. 표준편차가 작으면 대부분 자료들이 평균 근방에 가깝게 모여 있다고 볼 수 있다. 표준편차가 크면 변화상태가 큰 것을 나타내며, 관찰값이 평균에서 더 멀리 퍼져 있다고 볼 수 있다.

3.3.2 범위(range)

범위란 자료 가운데서 가장 큰 값과 가장 작은 값의 차이($R = x_{\max} - x_{\min}$)이다. 범위는 구하기가 가장 쉽고, 자료의 값이 비슷하며, 크기가 작은 표본을 다룰 때 많이 사용한다. 범위는 이상값들이 있는 경우 두 극단값의 차이만을 나타내기 때문에 올바른 산포도를 측정할 수 없다는 단점이 있다. 단점을 보완하기 위해 자료의 일정 비율을 제거하여 산포도를 구하는 방법을 사분위편차라고 한다.

3.3.3 사분위편차

사분위수(quartile)는 크기순으로 나열할 때 4등분하는 수이다. 자료수 n일 때, 자료를 크기 순서로 나열하면

- 제1사분위수(Q_1): $(n+1)*1/4(=0.25)$번째 수
- 제2사분위수(Q_2): $(n+1)*2/4(=0.50)$번째 수, 중앙값에 해당
- 제3사분위수(Q_3): $(n+1)*3/4(=0.75)$번째 수

예 ① **자료**: 2, 4, 7, 9, 10, 14, 19

Q_1: $(7+1)*(0.25)$번째 = 2번째. $Q_1=4$

Q_2: $(7+1)*(0.50)$번째 = 4번째. $Q_2=9$

Q_3: $(7+1)*(0.75)$번째 = 6번째. $Q_3=14$

※ 소수가 나오는 $(k.yz)$번째 수는 보간법을 사용하여 계산한다.
{$(n+1)*$상대위치$(q/4, p/100)$}번째 수 = $(k.yz)$번째 수라면
$(k.yz)$번째 수 = k번째 수 + {$(k+1)$번째 수 − k번째 수} × $0.yz$
여기서, n = 자료수; q = 사분위수; p = 백분위수

예 ② **자료**: 2, 4, 7, 9, 14, 15, 19, 25

Q_1: $(8+1)*(0.25)$번째 = 2.25번째. $Q_1 = 4+(7-4)*0.25 = 4.75$

Q_2: $(8+1)*(0.50)$번째 = 4.5번째. $Q_2 = 9+(14-9)*0.5 = 11.5$

Q_3: $(8+1)*(0.75)$번째 = 6.75번째. $Q_3 = 15+(19-15)*0.75 = 18$

사분위 편차(quatile deviation)는 데이터를 오름차순으로 정리한 뒤 25%, 50%, 75%, 100% 지점을 찾고, 이때 순서대로 Q_1, Q_2, Q_3, Q_4라 하며, 사분위 범위(interquartile range, IQR)은 $Q_3 - Q_1$의 값을 의미한다. 즉, 사분위편차는 사분위범위를 2로 나눈 것이다.

$$Q = \frac{Q_3 - Q_1}{2}$$

어떤 분포가 그 밀도 도수의 1/2을 그 구간에 가지는 범위이다. 다른 산포 측도에 비해 극단치의 영향을 덜 받는다.

3.4 상대적 위치 측도

특정 자료값이 주어진 자료의 어떤 위치에 있는지 알 수 있다. 사분위수, 백분위수, 표준화 값(Z−값) 등이 있다.

100분위수(percentiles)는 크기순으로 나열할 때 100등분하는 수이다.

- 제25백분위수 = 제1사분위수(Q_1)
- 제50백분위수 = 제2사분위수(Q_2) = 중앙값 = 제5십분위수
- 제75백분위수 = 제3사분위수(Q_3)

예를 들어, 자료 60개를 순서대로 나열할 때, 60백분위수는 다음과 같다.
(60+1)*0.6번째 = 36.6번째 수, 36번째 수=72, 37번째 수=75라면
제60백분위수 = 72+(75−72)*0.6 = 73.8 = 제6십분위수이다.

3.4.1 표준화 값

표준화 값(standardized data, Z−값[Z−score])이란 특정한 자료값이 평균으로부터 표준편차의 몇 배만큼 떨어져 있는가를 측정한 것이다.

$$z = \frac{x - \mu}{\sigma} \quad (x: \text{원데이터}, \ \mu: \text{모평균}, \ \sigma: \text{모표준편차})$$

예를 들어, 철수의 한 학기간의 성적이 화학은 82점이고 경제학은 89점이라면, 화학보다는 경제학에서 우수하다고 할 수 있는가?

수강생 전체 화학은 평균 68, 표준편차 8, 경제학은 평균 80, 표준편차 6이라면, A: 철수의 성적이 전체 학생의 성적분포에서 어느 위치에 있는가?

$$\text{화학}: \ \frac{82-68}{8} = 1.75, \quad \text{경제학}: \ \frac{89-80}{6} = 1.50$$

결론적으로 철수의 화학 성적은 전체 평균 점수보다 표준편차의 1.75배만큼 높다. 경제학 성적은 전체 평균보다 표준편차의 1.50배만큼 높다. 따라서 상대적으로 볼 때 화학 성적의 성취도가 더 높다.

3.5 왜도 및 첨도

최빈수(Mo) = 최대점, 중앙값(Me) = 넓이의 2등분점이며, 평균은 $\overline{x}$(이상값의 영향을 받는다)이다.

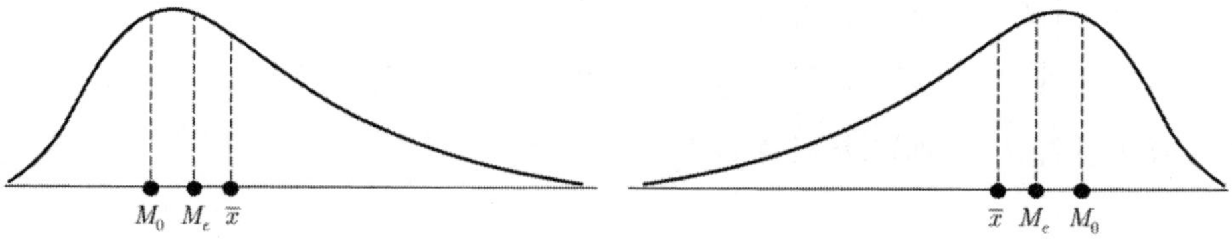

Right-Skewed $M_o < M_e < \bar{x}$　　　　Left-Skewed $\bar{x} < M_e < M_o$

중위수는 평균과 최빈수 사이에 위치한다. 좌우대칭이면 $Me \approx \bar{x}$, Right-Skewed이면 $\bar{x}$는 M_e보다 우측의 큰 값의 영향을 많이 받아서 $Mo < Me < \bar{x}$, Left-Skewed이면 $\bar{x}$는 M_e보다 좌측의 작은 값의 영향으로 $\bar{x} < Me < Mo$이다. Right-Skewed는 오른쪽으로 비스듬하거나 오른쪽 꼬리가 긴 분포이고, Left-Skewed는 왼쪽으로 비스듬하거나 왼쪽 꼬리가 긴 분포이다.

3.5.1 왜도

왜도(Skewness)는 분포의 비대칭성에 대한 측도이다. 정규분포는 대칭이므로 왜도값이 0이다. 양의 왜도가 많은 분포는 오른쪽이 길다. 유의한 음의 왜도를 가지는 분포에는 왼쪽으로 긴 꼬리가 나타난다. 왜도값이 표준오차의 두 배를 넘는 것은 대칭에서 벗어난 정도를 나타난다.

$$\text{왜도} = \sum_{i=1}^{n} (x_i - \bar{x})^3 / (n-1)s^3$$

- 왜도 = 0 : 자료의 분포가 대칭인 경우. symmetric data
- 왜도 〉 0 : 오른쪽 꼬리가 긴 분포. skewed right
- 왜도 〈 0 : 왼쪽 꼬리가 긴 분포. skewed left

3.5.2 첨도

첨도(Kurtosis)는 관측값이 중심에 군집하는 정도이다. 정규분포의 경우 첨도 통계값은 0이다. 양의 첨도는 정규분포에 비해 관측값이 분포 중심에 더 많이 군집되어 있고 분포 극단값까지의 꼬리가 더 얇다는 의미이다. 즉, 정규분포에 비해 급첨 분포의 꼬리가 더 두껍다. 음의 첨도는 정규분포에 비해 관측값이 분포 중심에 덜 군집되어 있고 분포 극단값까지의 꼬리가 더 두껍다는 의미이다. 즉, 정규분포에 비해 평첨 분포의 꼬리가 더 얇다. 왜도나 첨도가 -2보다 작거나 +2보다 큰 경우 정규성을 기각할 수 있다.

$$첨도= [\sum_{i=1}^{n}(x_i-\overline{x})^4/(n-1)s^4]-3$$

- kurtosis = 0: 표준정규분포(standard normal distribution)
- kurtosis 〉 0: “peaked” distribution
- kurtosis 〈 0: “flat” distribution

3.6 SPSS 기술통계 분석

SPSS를 활용하여 자료의 요약을 나타내는 측도, 즉 통계값을 살펴본다.

SPSS에서 자료의 요약을 나타내는 통계값을 나타내는 방법은 다음과 같은 3가지 방법을 사용할 수 있다.

① 분석 〉 기술통계량 〉 빈도분석
② 분석 〉 기술통계량 〉 기술통계
③ 분석 〉 기술통계량 〉 데이터 탐색

3.6.1 빈도분석

질적 자료(이산형 자료 또는 범주형 자료 경우)와 양적 자료(연속형 자료)등을 분석 한다(예제데이터 3.2 기술통계 분석). 데이터의 구조는 다음과 같다. [그림 3.9 예제데이터 3.2]는 대학생의 자원봉사와 관련된 응답자는 99명에 대한 데이터이고, [그림 3.10]은 대학생의 자원봉사와 관련된 변수이다.

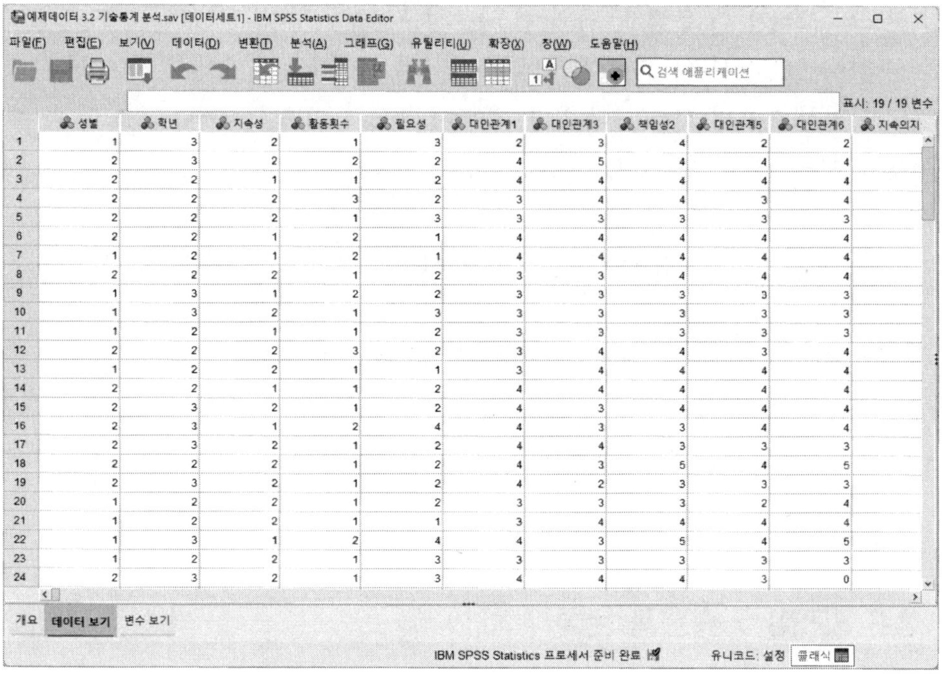

그림 3.9 예제데이터 3.2 - 데이터 보기

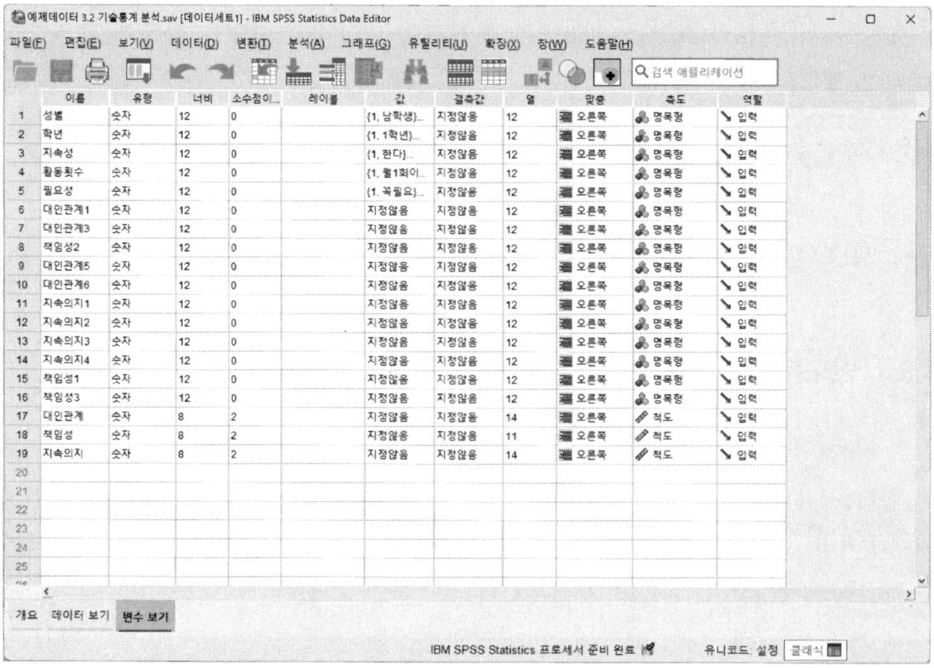

그림 3.10 예제데이터 3.2 - 변수 보기

1) 질적 자료(이산형 자료 또는 범주형 자료)

대학생의 자원봉사자의 성별과 학년별 빈도를 분석한다.

• 분석 → 기술통계량 → 빈도분석: 변수 선택(성별, 학년)

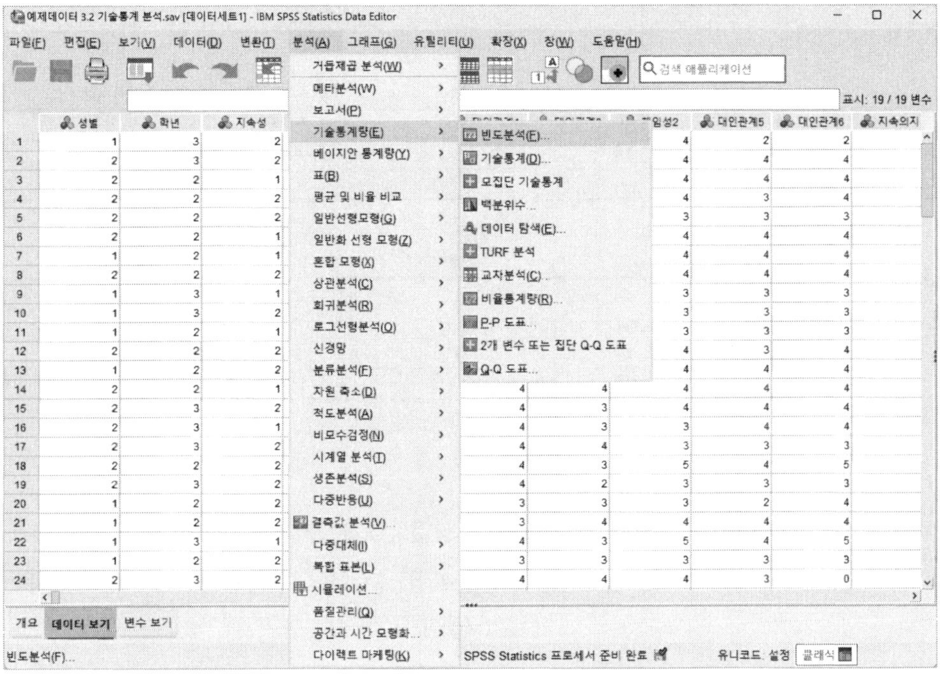

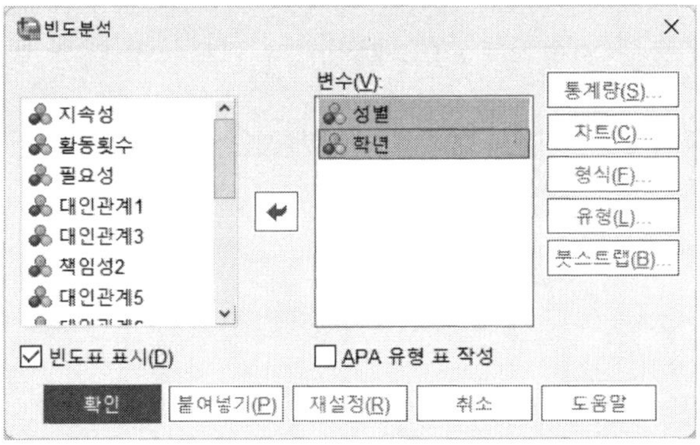

• 분석결과

빈도

통계량		성별	학년
N	유효	99	99
	결측	0	0

빈도표

성별		빈도	퍼센트	유효 퍼센트	누적 퍼센트
유효	남학생	55	55.6	55.6	55.6
	여학생	44	44.4	44.4	100.0
	전체	99	100.0	100.0	

학년		빈도	퍼센트	유효 퍼센트	누적 퍼센트
유효	1학년	33	33.3	33.3	33.3
	2학년	47	47.5	47.5	80.8
	3학년	19	19.2	19.2	100.0
	전체	99	100.0	100.0	

• 결과 해석

전체 99명에서 성별 구분에서 남학생은 55명(55.6%), 여학생은 44명(44.4%)이다. 학년 구분에서 1학년 33명(33.3%), 2학년 47명(47.5%), 3학년 19명(19.2%)이다.

2) 양적 자료(연속형 자료)

① 대학생의 자원봉사 지속의지 정도에 있어서 필요성에 대한 빈도를 분석한다.

• 분석 → 기술통계량 → 빈도분석: 변수 선택(필요성)

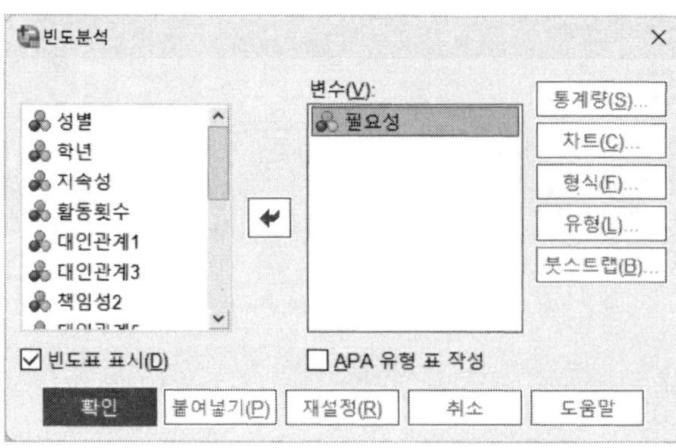

- 대화상자: 통계량 선택(필요한 통계량에 체크)

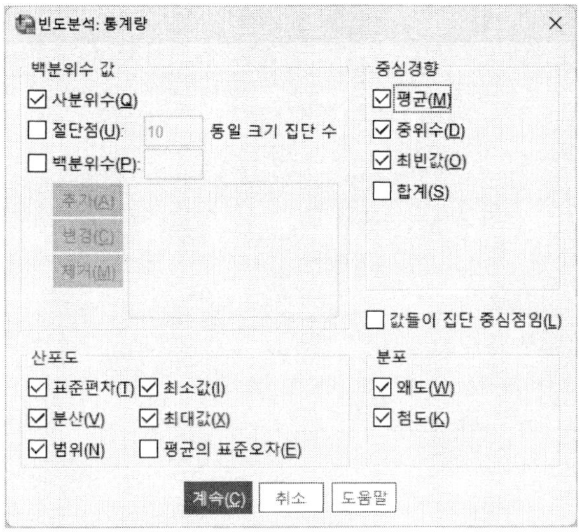

- 대화상자: 차트 선택(필요한 차트에 체크)

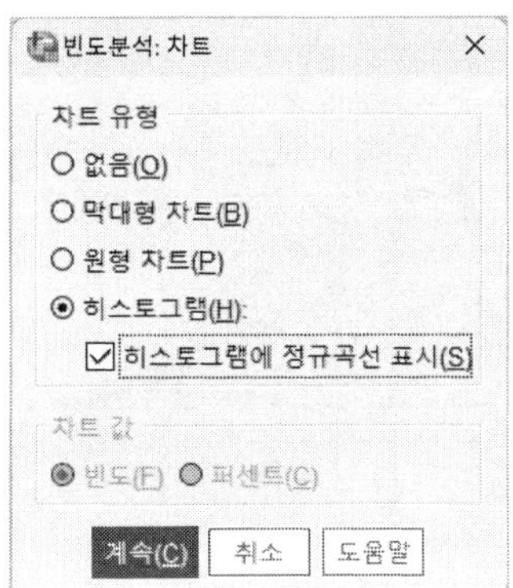

- 실행결과

통계량

필요성

N	유효	99
	결측	0
평균		2.15
중위수		2.00

최빈값		2
표준화 편차		.787
분산		.620
왜도		.748
표준화 왜도 오차		.243
첨도		1.238
표준화 첨도 오차		.481
범위		4
최소값		1
최대값		5
백분위수	25	2.00
	50	2.00
	75	3.00

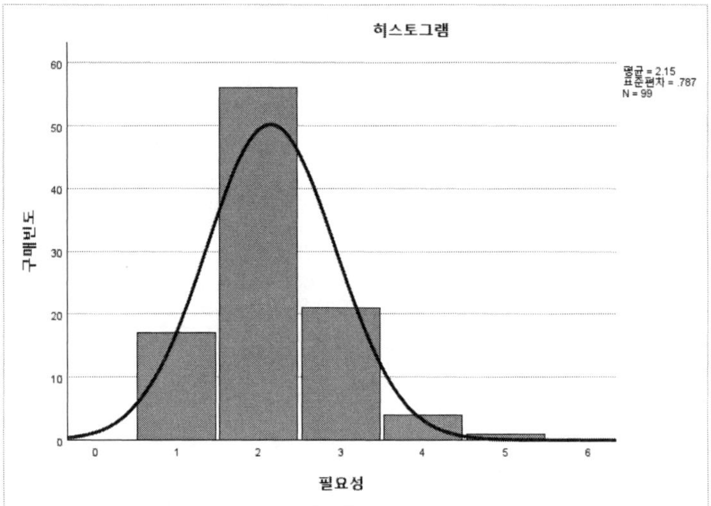

• 결과해석

대학생의 자원봉사 지속의지 정도에 대한 필요성의 통계량은 다음과 같다. 평균 2.15, 중위수 2, 표준편차 0.787, 최솟값 1, 최댓값 5, 왜도 0.748(오른쪽 꼬리가 긴 분포), 첨도 1.238(양의 첨도는 정규분포에 비해 관측값이 분포 중심에 더 많이 군집되어 있고, 분포 극단값까지의 꼬리가 더 얇다는 의미)로 나타났다.

② 대학생의 자원봉사 지속의지 정도의 데이터에서 필요성 변수의 상위 3%에 해

당하는 값을 분석한다.

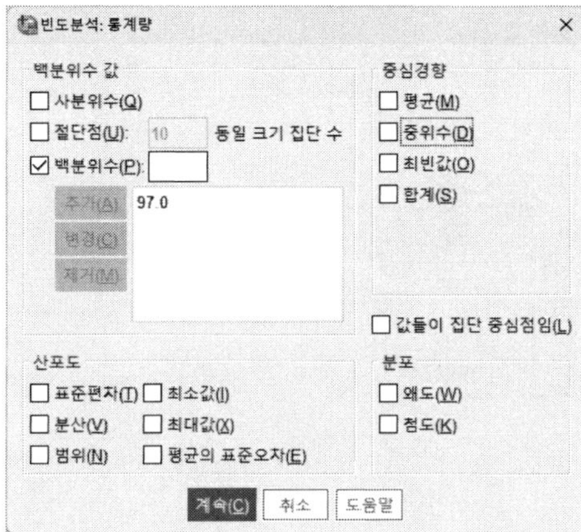

• 실행결과

통계량

필요성

N	유효	99
	결측	0
백분위수	97	4.00

③ 대학생의 자원봉사 지속의지 정도의 데이터에서 필요성 변수를 동일 크기로 그룹을 4개로 나눌 때 경계값을 분석한다.

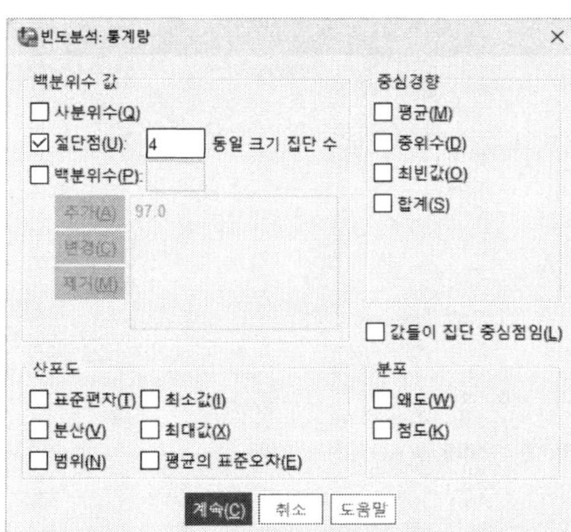

• 실행결과

⇒ 사분위수와 일치함을 확인하였다.

통계량

필요성

N	유효	99
	결측	0
백분위수	25	2.00
	50	2.00
	75	3.00

3.6.2 기술통계

기술통계는 질적 자료(이산형 자료 또는 범주형 자료)형태의 데이터를 분석하는 것은 부적절하다. 즉, 기술통계는 양적 자료형태의 데이터를 분석한다.

• 분석 → 기술통계량 → 기술통계

변수선택(지속의지), 옵션(통계값) 선택, 표준화 값 check.

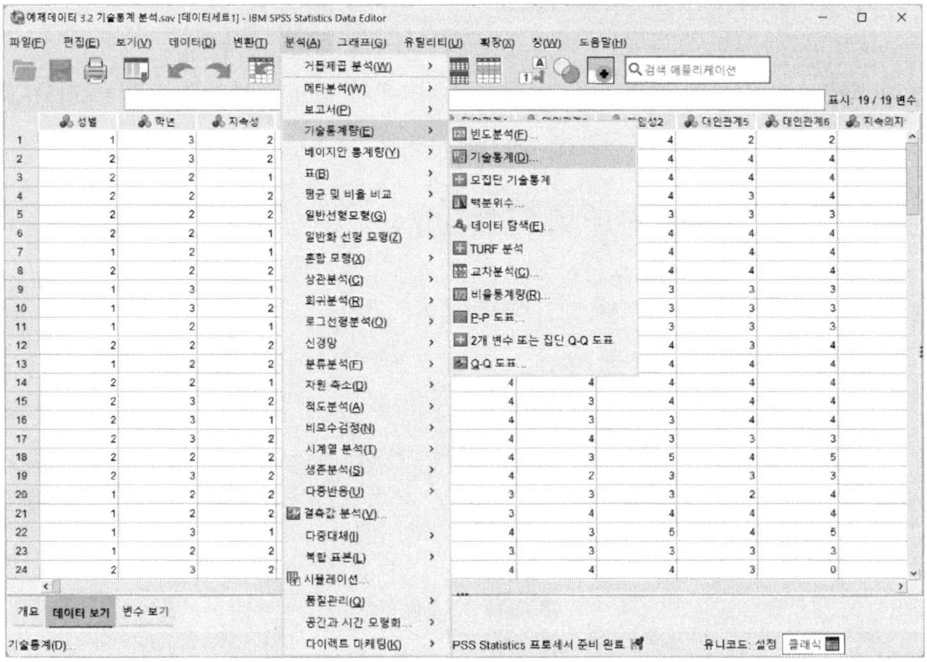

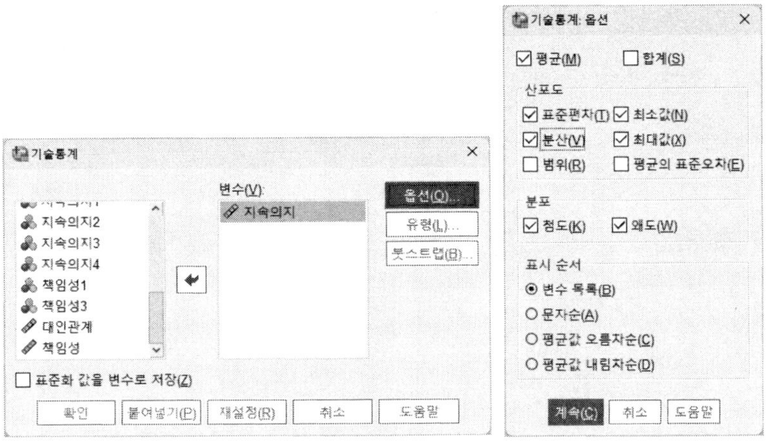

- 실행결과

기술통계량

	N	최솟값	최댓값	평균	표준편차
	통계량	통계량	통계량	통계량	통계량
지속의지	99	1.00	5.00	2.9520	.99404
유효 N(목록별)	99				

기술통계량

	분산	왜도		첨도	
	통계량	통계량	표준오차	통계량	표준오차
지속의지	.988	.073	.243	-.147	.481
유효 N(목록별)					

- 결과해석

  대학생의 자원봉사 지속의지에 대한 통계량은 다음과 같다. 최솟값 1, 최댓값 5, 평균 2.952, 표준편차 0.994, 왜도 0.073, 첨도 -0.147로 나타났다.

3.6.3 데이터 탐색

데이터 탐색의 목적은 양적 자료에 대한 변수를 설정하여 정규성 검정 여부를 확인하기 위해서이다.

대학생의 자원봉사 지속의지 정도의 데이터에서 지속의지 변수의 데이터 탐색을 분석한다.

• 분석 → 기술통계량 → 데이터 탐색

종속변수, 요인선택, 통계량, 도표, 옵션 선택

① 종속변수(지속의지 경우)

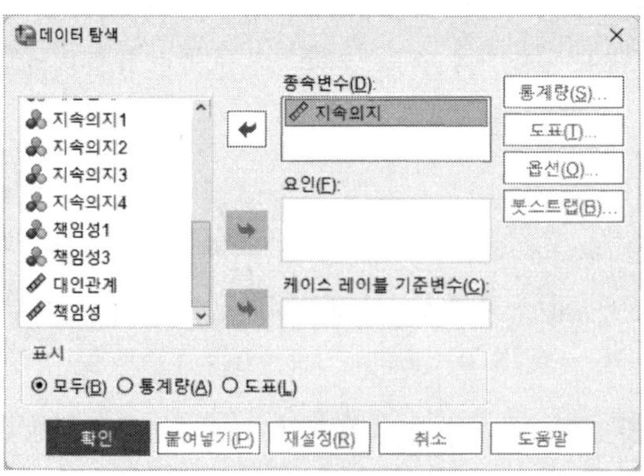

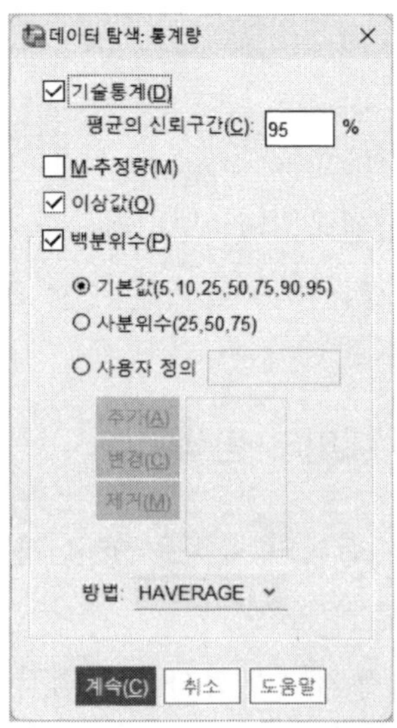

SPSS에서 이상값은 가장 큰 값과 가장 작은 값을 각각 5개씩 나타난다.

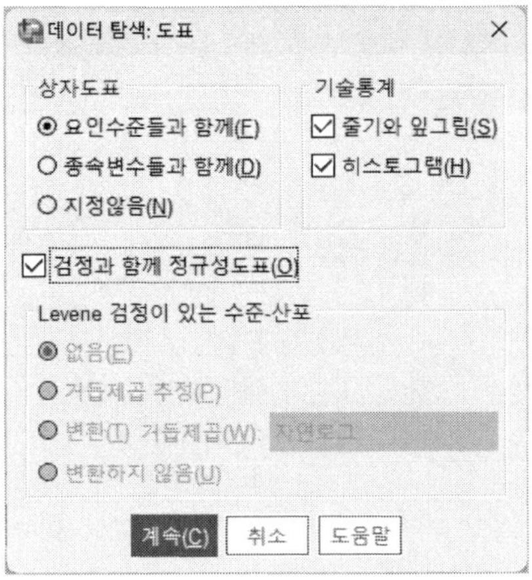

• 실행결과

기술통계

			통계	표준화 오차
지속의지	평균 순위		2.9520	.09990
	평균의 95% 신뢰구간	하한	2.7538	
		상한	3.1503	
	5% 절사평균		2.9494	
	중위수(D)		3.0000	
	분산(V)		.988	
	표준화 편차		.99404	
	최솟값(U)		1.00	
	최댓값(X)		5.00	
	범위(R)		4.00	
	사분위수 범위		1.00	
	왜도(W)		.073	.243
	첨도(K)		-.147	.481

백분위수(P)

		백분위수(P)						
		5	10	25	50	75	90	95
가중평균(정의 1)	지속의지	1.0000	1.5000	2.5000	3.0000	3.5000	4.5000	4.7500
Tukey의 Hinges	지속의지			2.5000	3.0000	3.5000		

극단값

			케이스 번호(C)	변수값
지속의지	최고	1	43	5.00
		2	44	5.00
		3	69	5.00
		4	75	5.00
		5	38	4.75[a]
	최저	1	93	1.00
		2	76	1.00
		3	65	1.00
		4	48	1.00
		5	40	1.00

a. 값 4.75을(를) 가지는 케이스의 부분 목록만 상한 극단값 표에 표시된다.

지속의지

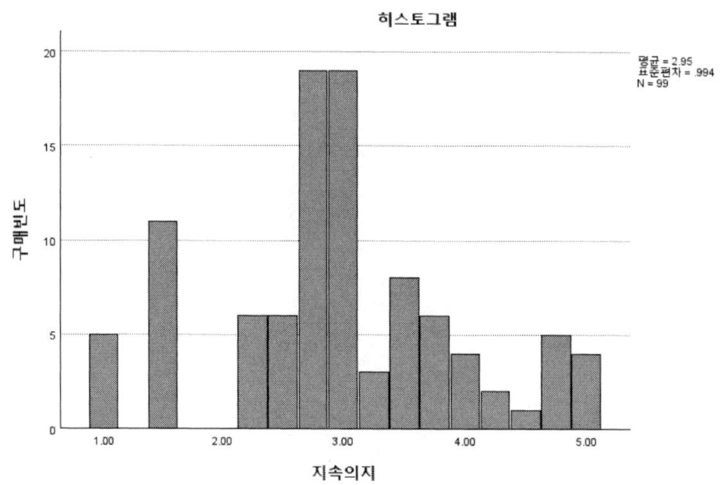

지속의지 줄기와 잎그림 도표

```
구매빈도 Stem &  Undefined error #60544 - not found in file "C:₩PROGRA~1₩DATASO~1₩KOREAP~1₩STATIS~1₩29₩lang₩ko₩spss.err"

    5.00        1 .  00000
   11.00        1 .  55555555555
    6.00        2 .  222222
   25.00        2 .  5555557777777777777777777
   22.00        3 .  0000000000000000000222
   14.00        3 .  55555555777777
    6.00        4 .  000022
    6.00        4 .  577777
    4.00        5 .  0000

줄기 너비:      1.00
각 잎:        1 케이스
```

지속의지에 대한 정규성검정 분석결과 Kolmogorov-Smirnov의 유의확률이 0.000, Shapiro-Wilk의 유의확률이 0.001로 지속의지 변수는 정규성이 가정되지 않는 것으로 나타났다. 즉, 지속의지는 정규분포를 이루지 않는다.

정규성 검정

	Kolmogorov-Smirnova			Shapiro-Wilk		
	통계	자유도	CTT 유의확률	통계	자유도	CTT 유의확률
지속의지	.147	99	<.001	.953	99	.001

a. Lilliefors 유의확률 수정

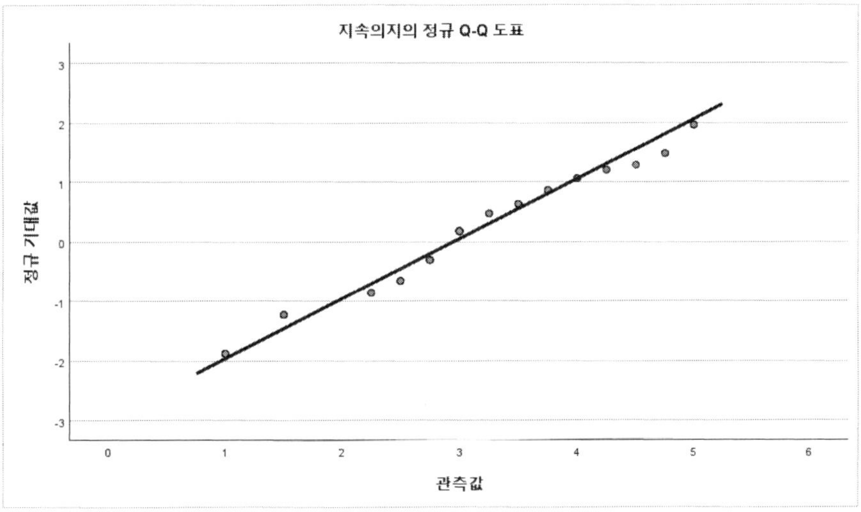

제4장

표본추출 및 설문작성

4.1 표본추출

4.1.1 표본조사와 추출방법

1) 표본 조사 의의

연구방법과 자료수집 도구를 결정한 다음 자료를 수집할 대상을 결정한다. 자료수집의 방법에는 전수 조사와 표본 조사가 있다. 조사자가 모집단의 특성을 알기 위해서는 모집단에 속해 있는 전체 대상에 대한 측정을 실시해야 하지만 조사자가 관찰해야 할 대상은 그 규모가 너무 크고 수도 많다. 따라서 [그림 4.1]과 같이 자료 수집에서 실제로 중요한 것은 무엇을 관찰할 것이며, 무엇을 관찰하지 않을 것인가를 판단하는 것이다. 표본추출은 관찰해야 할 대상을 선정하는 과정이며, 표본 조사의 궁극적인 목표는 표본을 통해 모집단을 추정하려는 것이다.

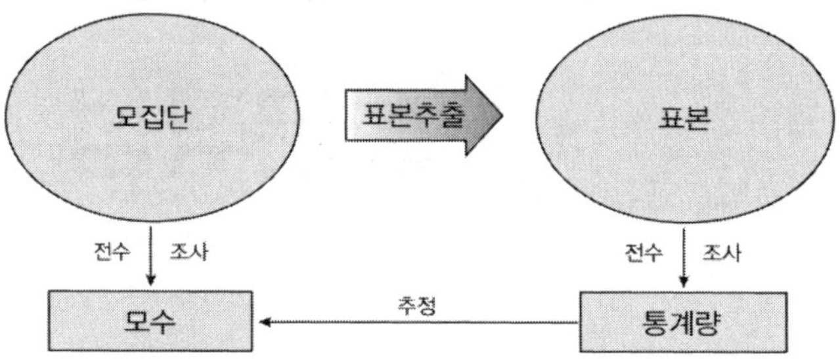

그림 4.1 표본추출과정

2) 표본추출

전수조사란 모집단의 대상 전체를 빠짐없이 조사하는 것을 말한다. 전수조사를 하는 것은 현실적으로 어려움이 많다. 따라서 표본을 추출해서 이 표본의 특성치를 보고 모집단의 특성치를 유추하는 방법이 있다. 표본을 추출하는 몇 가지 중요한 이유를 살펴본다.

첫째, 무한모집단인 경우로 모집단 자체가 무한한(infinite) 경우를 들 수 있다.
둘째, 조사불가능한 모집단인 경우로 모집단이 유한하더라도 대상단위를 모두 식별하여 조사하기는 불가능한 경우도 있다.

셋째, 형질의 변경 가능한 경우로 조사과정에서 대상의 형질이 변경되는 경우도 있다.

넷째, 경비와 시간의 제약인 경우 전수조사를 시행하는 것에 경비와 시간이 부족하다.

다섯째, 정확한 조사에서 인적·물적 자원이 부족한 상황에서는 모집단 전체를 조사하는 것보다 표본을 조사하는 것이 더 정확하게 조사할 수 있다.

3) 표본추출법 분류

표본 조사의 기본적 목적은 표본의 자료로부터 모집단의 모수 값을 가능한 한 정확히 추정하는 데 있다. 따라서 표본추출 방법의 선택은 모집단의 모수 값 추정에 매우 큰 영향을 미친다. 그런데 표본추출 방법의 설계 시에는 활용 가능한 시간, 비용, 인원 등의 사항과 모집단의 크기와 모집단에 대한 지식의 정도를 고려할 필요가 있다. [표 4.1]과 같이 표본추출의 방법은 일반적으로 확률표본추출법과 비확률표본추출법으로 구분된다.

첫째, 확률표본추출법은 모집단의 모든 요소의 추출 확률을 파악할 수 있다는 특징을 지닌다. 그리고 확률표본추출은 조사자나 면접자의 주관적인 판단이 전혀 개입되지 않는 무작위 추출을 전제로 하므로 모집단을 구성하고 있는 개별 요소가 표본에 포함될 확률이 동일하다.

둘째, 비확률표본추출법은 모집단의 구성단위가 추출될 확률을 모르거나 동일하게 하는 것이 필요하지 않을 경우에 사용하는 표본추출 방법이다. 즉, 비확률 표본추출에서는 조사자나 면접자의 주관적인 판단에 의해 표본이 추출되므로 표본이 모집단을 어떻게 대표하는지를 확실할 수 없다. 따라서 비확률표본추출법은 표본으로부터 얻어낸 자료로써 표본 오차를 추정할 수 없기 때문에 추정치의 편차를 계산할 수 없다. 추출된 표본으로부터 도출된 결론을 일반화할 수 있는 가능성이 낮다.

확률표본추출법의 장점에도 불구하고 실제 조사에서는 비확률표본추출법도 종종 사용된다. 표본이 모집단을 대표할 필요가 없는 경우에는 비확률 표본추출법이 더 편리하기 때문이다. 또한 비확률 표본추출법은 시간이나 비용의 제약이 큰 경우에도 자주 활용된다.

표 4.1 표본추출법

확률표본추출법	비확률표본추출법
◎ 연구 대상이 표본으로 추출될 확률이 알려져 있을 때	◎ 연구 대상이 표본을 추출될 확률이 알려져 있지 않을 때
◎ 무작위 표본추출	◎ 인위적 표본추출
◎ 모수 추정에 편향(bias) ※ 없음	◎ 모수 추정에 편향(bias) 존재
◎ 표본 분석 결과의 일반화 기능	◎ 표본 분석 결과의 일반화 제약
◎ 표본 오차의 추정 가능	◎ 표본 오차 추정 불가능
◎ 시간과 비용 많이 소요	◎ 시간과 비용 절약

※ 편향(bias) : 모수 추정에 사용된 통계량의 기댓값과 모수 참값의 차이

4.1.2 확률 표본추출방법

1) 단순 무작위 표본추출

단순 무작위 표본추출법(simple random sampling, SRS)은 모집단을 구성하는 각 요소가 표본으로 선택될 확률을 동등하게 부여하여 표본을 선정하는 방법이다. 즉 모집단의 크기가 N이고 표본의 크기가 n이면 각 구성 요소가 표본에 뽑힐 확률은 n/N이 되는 것이다.

단순 무작위 추출법은 다음과 같은 특징을 지닌다.

첫째, 가장 단순한 방법의 확률추출방법으로 다른 표본추출방법의 이론적 기초가 된다.
둘째, 소규모 조사나 예비조사에서 주로 사용된다.
셋째, 모집단의 어느 부분도 과대하게 또는 과소하게 반영하지 않는다.

단순 무작위 표본추출을 위해서는 우선 모집단과 표본추출의 틀(sampling frame)을 작성하고, 각 구성 요소에 고유 번호를 부여한다. 표본의 크기를 결정한 후, 무작위로 규정된 표본의 수만큼 표본추출 단위를 선정한다.

단순 무작위 표본추출법의 장점은 다음과 같다.

첫째, 모집단에 대한 사전지식을 필요로 하지 않는다.

둘째, 모집단이 모든 요소가 동일하고 독립적인 추출 기회를 가지므로 추출된 표본이 모집단을 잘 대표할 수 있다.

그러나 단순 무작위 표본추출법은 다음과 같은 단점을 지닌다.

첫째, 연구자가 모집단에 대해 가지고 있는 지식을 활용할 수 없다.

둘째, 모집단에서 그 표본의 수가 적은 구성 요소는 표본으로 추출될 가능성이 상대적으로 매우 낮다. 따라서 비교적 표본의 규모가 커야 한다.

셋째, 표본추출의 틀 작성이 어렵다. 그리고 불완전한 표본추출의 틀에 의한 표본추출은 결과적으로 비확률 표본추출이 될 수도 있다.

2) 체계적 표본추출

단순 무작위 표본추출은 매우 우수한 확률 표본추출법임이 분명하나 실제적으로 활용하기에는 표본추출의 틀 작성과 같은 여러 가지 어려움이 있다. 따라서 단순 무작위 표본추출법의 한계를 보충하기 위한 대안적 방법으로 제시된 것이 체계적 표본추출(systematic sampling)이다. 체계적 표본추출법이란 모집단을 구성하는 구성 요소들의 자연적 순서 또는 일정한 배열 내의 매 N번째 단위를 추출해낸다. 체계적 표본추출법의 장점은 다음과 같다.

첫째, 난수표 등을 사용해야 하는 단순 무작위 표본추출에 비해 비용과 자원 및 노력을 절약할 수 있다.

둘째, 표본 선정이 쉬워 표본 조사에 대한 전문적인 지식이 없는 경우에도 사용이 용이하다.

체계적 표본추출법의 단점은 아래와 같다.

첫째, 모집단의 배열이 일정한 주기성과 특정 경향성을 보일 때 편견이 개입되어 표본 대표성의 문제가 발생할 수 있다.

둘째, 모집단의 구성 배열에 지나치게 신경 쓰면 층화표본과 같은 결과를 초래하게 되므로 오차 개입 가능성이 높아진다.

3) 층화 표본추출

층화 표본추출(stratified sampling)은 모집단을 상호 독립적인 동질적인 하위집단으로 나누고, 각 집단별로 단순 무작위 추출을 적용하는 방법이다. 층화 표본추출은 동질적인 모집단일수록, 이질적인 모집단일수록 이질적인 모집단보다 표본오차가 적다는 논리에 기초를 두고 있다. 따라서 층화 표본추출은 모집단의 구성에 대한 사전 지식을 활용해 각 부분에 속한 요소들의 일정 수를 반드시 추출해 표본의 대표성을 높이는 데 그 의의가 있다. 모집단을 동질적인 부분 집단으로 나눌 때 특히 유의할 점은 층화의 기준은 분석 대상이 되는 변수와 밀접한 관계를 갖고 있어야 한다는 점이다.

층화 표본추출법은 각 소집단에서 뽑는 표본의 수에 따라 비례 층화 추출법과 불비례 층화 추출법으로 나뉜다. 비례 층화 표출(proportional stratified sampling)은 모집단에서 각 층이 정하는 크기에 비례해 각 층에서 추출되는 표본의 크기를 할당하여 추출하는 방법이다. 불비례 층화 표출(disproportional stratified sampling)은 표본추출을 더욱 능률적으로 하기 위해 각 층에 상이한 가중치를 주어서 추출하는 방법이다. 즉 불비례 층화 표본은 특정한 층을 더 많이 또는 적게 표본에 포함시킴으로써 통계적 효율성을 개선하거나 조사비용을 절감할 수 있다.

층화 표본추출법의 장점은 다음과 같다.

첫째, 중요 집단은 빼놓지 않고 표본에 포함시킬 수 있다. 특히 층화 표본추출은 모집단에서 조그마한 비율을 차지하는 중요한 구성원 집단이 있을 때 특히 효과적이다.

둘째, 모집단을 동질적인 소집단으로 구분하게 되면 표본의 수를 줄이더라도 표본의 대표성을 높일 수 있다. 따라서 시간, 노력, 비용을 절약할 수 있다.

셋째, 모집단을 효과적으로 층화할 경우 층화 표본추출에 의해 구해지는 추정량의 정확도가 높다.

그러나 층화 표본추출법은 다음과 같은 단점도 지니고 있다.

첫째, 층화 표본추출은 무엇보다 조사자의 모집단에 대한 정확한 정보를 필요로 한다. 만약 조사자가 모집단에 대한 정확한 정보가 없을 경우에는 효과적인 층화가 이루어지지 못하고 표본의 대표성이 낮아질 위험이 있다.

둘째, 층화 시 근거가 되는 표본추출의 틀이 필요하다. 만약 이러한 명부나 목록이 없을 경우 그것을 만드는 데 많은 시간과 노력이 소요된다.

셋째, 층화 시 모집단에 대한 심도 있는 지식이 요구된다. 왜냐하면 층화 표본추출의 성공 여부는 결국 변수와 밀접한 관련이 있는 층화의 기준이 과연 무엇인가에 달려 있기 때문이다.

4) 군집 표본추출

단순 무작위 표본추출법, 체계적 표본추출법, 층화 표본추출법은 대부분 모집단에 대한 조사 단위의 완전한 표본추출의 틀을 작성하고 그 틀에서 각 단위를 직접 표본으로 뽑는 방법이다. 군집 표본추출법(cluster sampling)은 모집단을 상호 배타적인 집단(군집, 집락)으로 구분한 후, 분류된 집단 중에서 일부를 무작위로 추출하고, 이를 표본으로 추출된 집단에 대해 그 구성단위를 전수 조사하는 방법이다. 즉 군집 표본추출은 매 면접 단위당 비용을 절약하기 위해 광범위한 지역 전체에서 표본추출을 하기보다는 몇 개의 지역을 추출하여 그 지역 내에서만 표본을 선정하게 된다. 군집 표본추출법은 집락 표본추출이라고도 한다.

군집 표본추출을 층화 표본추출과 비교해 보면 표본추출의 단위에서 층화 표본추출은 모든 부분 집단에서 표본이 선정되는 반면, 군집 표본추출은 추출된 집단에서만 표본이 선정된다. 또한 층화 표본추출에서는 부분 집단은 이질적이고 집단 내는 동질적이나, 군집 표본추출에서는 부분집단은 동질적이고 집단 내에서는 이질적이다.

군집 표본추출법의 장점은 다음과 같다.

첫째, 모집단의 목록이 없을 때 이용 가능하다. 즉 추출된 집단으로부터 개인들을 추출하므로 최종 집단의 목록만 있으면 된다.

둘째, 시간과 비용을 절약할 수 있다. 즉 모집단 속의 개별적 표본이 아닌 집단을 먼저 추출한 후 규모가 작아진 집단으로부터 개별적 표본을 추출하게 되므로 시간과 비용이 경감된다.

군집 표본추출법의 단점은 다음과 같다.

첫째, 각 집단의 이질성을 확보하기 위한 분류의 기준 설정이 어렵다.
둘째, 집단이 동질적이면 오차의 개입 가능성이 높고, 표본추출 오류를 측정하기가 어렵다.

4.1.3 비확률 표본추출방법

1) 편의 표본추출

편의 표본추출법(convenience sampling)은 조사자의 편의에 따라 표본 구성원을 선정하는 방법으로 우연적 표본추출법(accidental sampling)이라고도 한다. 편의 표본추출법은 모집단에 대한 정보가 전혀 없는 경우나 모집단의 구성 요소들 간의 차이가 별로 없다고 판단될 때 표본 선정의 편리성에 기준을 두고 조사자가 마음대로 표본을 선정하는 방식이라 할 수 있다. 즉 표본 구성원은 주로 표본 선정의 편의성을 이유로 선택된다.

첫째, 표본추출이 편리하고 경제적이다.
둘째, 조사 결과를 신속히 획득할 수 있다.

편의 표본추출 방식의 단점은 다음과 같다.

첫째, 접근이 용이한 조사 대상을 선정해 표본이 편중되기 쉬우므로 일반화가 어렵다.
둘째, 오차의 개입을 방지하거나 평가하는 방법이 없다.

2) 판단 표본추출

판단 표본추출법(judgemental sampling)은 모집단을 전형적으로 대표하는 것으로 판단되는 사례를 연구자가 의도적으로 표본으로 선정하는 방법이다. 판단 표본추출법은 연구자가 연구 목적 달성에 도움이 될 수 있는 구성요소를 의도적으로 표출하기 때문에 의도적 표본추출법(purposive sampling)이라고도 한다.

판단 표본추출법은 연구자가 모집단 및 구성요소에 대한 풍부한 사전 지식을 가지고 있을 때 특히 유용하다.

판단 표본추출법의 장점은 다음과 같다.

첫째, 표본추출을 하는 데 비용이 적게 든다.
둘째, 모집단에 대한 일정한 지식이 있는 경우 표본추출이 편리하고 정확도가 높다.
셋째, 예비조사로서 특정 지역을 추출하여 모수와 유사한 수치를 얻을 필요가 있을 때 사용한다.

한편 판단 표본추출법의 단점은 다음과 같다.

첫째, 모집단에 대해 충분한 지식을 가져야 한다.
둘째, 표본추출을 할 때 오차 계산이 곤란하다.
셋째, 연구자가 특정의 요소가 대표성이 있다고 믿는다고 해서 실제 그렇다는 보장이 없다.

3) 할당 표본추출

할당 표본추출법(quota sampling)은 비확률 표본추출법 중에서 가장 정교한 방법이다. 할당 표본추출법을 사용하기 위해서는 모집단에 대한 사전 지식을 가지고 있어야 하나, 표본을 추출하기 전에 개별적인 조사 대상에 대한 정보를 필요로 하지 않기 때문에 명확한 표본추출의 틀은 없어도 된다.

할당 표본추출법은 세 가지 단계를 거친다.

첫째, 연구자는 모집단을 구성하고 있는 요소를 파악하고 각 구성 요소(각 집단)의 일정한 범주나 할당량을 찾아낸다.
둘째, 모집단의 특성이 반영된 최종적인 표본을 추출하기 위해 범주별 표본 할당표를 작성한다.
셋째, 최종적인 표본 구성 요소의 추출은 조사자의 재량에 의해 이루어진다. 즉 각 집단에 속할 표본 구성원의 선정은 확률적으로 이루어지는 것이 아니라, 조사자의 판단에 의지하기 때문에 비확률적으로 이루어진다. 따라서 할당 표본추출법은 모집단을 일정한 기준에 따라 분류한다는 점에서 층화 표본추출과 유사하나, 하위 집단별 표본의 선정은 임의적으로 이루어진다는 점에서 층화 표본추출법과 차별화된다.

할당 표본추출법의 장점은 아래와 같다.

첫째, 표본추출 비용이 적게 들고 표본추출이 쉽고 빠르다.
둘째, 모집단을 구성하고 있는 계층을 전체적으로 반영하여 대표성을 높인다.

할당 표본추출법의 단점은 다음과 같다.

첫째, 분류 방법이나 분류에 영향을 미치는 관련 변수에 대한 지식이 부족할 경우 혹은 분류의 임의성으로 인해 분류의 오차가 개입할 가능성이 높다.
둘째, 할당(quota)의 임의적 표본추출은 오차의 개입 가능성을 증대시킬 수 있다.

4.2 설문작성

4.2.1 자료수집 방법

연구에 대한 사전조사를 통해 설문에 대한 척도와 연구 진행과정에서 발생할 수 있는 오류 등을 파악한 후 본 조사를 실시해야 한다. 자료조사 방법에는 연구목적과 연구대상, 주관조직, 조사에 필요한 예산 및 조사일정 등을 고려하여 일반적인 가이드라인을 제시하는 것이 바람직하다. 일반적으로 자주 사용되는 자료수집 방법의 특징과 장단점은 〈표 4.3〉과 같다.

표 4.3 자료수집 방법

자료수집 방법	특징 및 장·단점
면접조사	• 응답자를 한사람씩 직접 찾아가서 조사하는 방법 • 장점: 심층적 · 높은 신뢰도 · 양질의 응답확보가능 • 단점: 면접원의 능력에 따라 결과가 다름, 높은 비용, 장시간
전화조사	• 전화를 이용하여 면접하는 방법 • 장점: 간편 · 신속 · 시간과 비용의 절약 · 접근의 용이성 • 단점: 응답률 낮음(10~50%), 표본의 대표성 문제

표 4.3 자료수집 방법(계속)

자료수집 방법	특징 및 장 · 단점
우편조사	• 질문지를 우편으로 보낸 후 반송용 봉투를 이용하여 응답을 받는 방법 • 장점: 최소의 경비 · 노력으로 광범위 지역조사가능 · 접근이 어려운 표본대상에게 적합, 면접원 차이에 따른 영향 배제 가능 • 단점: 응답에 대한 통제 불가능, 낮은 회수율(10~30%)
집단조사	• 집단질문지법: 한 장소에 모아놓고 질문지 교부한 후 응답자가 직접 기입하는 방법 • 집단면접법: 다수의 대상자를 하나의 집단으로 하여 자유로운 대화나 토론을 하면서 청취하고 기록하는 방법 • 장점: 질문에 대한 설명가능, 비용과 시간 절약 • 단점: 응답자 통제 어려움, 집단의 규범이나 가치 등 집단상황이 응답에 영향을 줌
이메일조사	• 질문지를 전자우편형태로 작성하여 다수의 사용자에게 전송하고 응답자들이 완성한 질문지를 다시 전자우편으로 회신하는 방법 • 장점: 높은 효율성 · 신속성 • 단점: 대표성에 제약

4.2.2 설문지 작성

실증적 연구에서는 통계처리를 위한 자료를 확보하기 위해 설문지를 작성한다. 설문지 작성은 연구 분야에 따라 약간씩 대상과 유형이 다르다. 예를 들어 사회과학과 경상계열 분야에서는 사람과 사람의 행동을 대상으로 하는 설문지를 많이 사용하고, 또한 이공계열 분야에서는 실험이나 관찰결과를 기록하는 설문조사지 등이 보편적으로 이용된다. 따라서 설문지 작성은 연구목적과 대상 등에 따라 설문작성 시 유의해야 할 점이 많다. 설문지의 구성, 설문지의 형식, 설문지의 편집과 순서 및 유의해야 할 설문지 표현 등을 살펴본다.

1) 설문지 구성요소

설문지의 구성요소는 일반적으로 3가지 분야로 구분할 수 있다. 첫째는 조사에 관한 배경을 설명하고 응답자의 협조를 바라는 연구자의 의견, 둘째는 연구자가 필요한 정보의 수집을 위한 항목, 셋째는 응답자의 분류를 위한 자료에 관한 설문이다.

2) 설문 형식

첫째, 설문의 형태에 따라 크게 개방형 설문과 폐쇄형 설문으로 구분한다. 설문의 내용에 따라 개방형 설문과 폐쇄형 설문을 선택할 수 있다. 개방형 설문은 예를 들어 학력을 묻는 설문에서 [예제 4.1]에서처럼 자유응답형으로 표현하게 하는 방법이다.

예제 1 당신의 학력은 무엇입니까? (   )

[예제 2]에서처럼 자유기술을 요구하는 개방형설문(Open Questions)은 응답자들이 동일한 조직의 구성원일 경우 개방형 설문에 대한 호응도가 높고, 수준 높은 응답을 이끌어내는 데 효과적인 설문 방법이다. 하지만 응답 자료 처리 시 범주화, 코딩화 등의 절차가 필요하다.

예제 2 청년일자리 창출에 대한 방안에 대해서 귀하의 의견을 자유롭게 기술해 주십시오.

의견:

폐쇄형 설문은 [예제 3]에서처럼 학력을 묻는 질문에서 중졸 이하, 고졸, 대학졸, 대학원이상 등의 설문항목에서 선택하는 다지선다형 방법이다.

예제 3 당신의 학력은 어디에 해당합니까? ( )

① 중졸 이하　　② 고졸　　③ 대학졸　　④ 대학원 이상

둘째, 척도 형태의 설문항목으로 선택형으로 설문하는 것 보다는 척도형태의 설문이 바직하다. 예를 들어 인터넷 쇼핑몰에서 PC 제품을 구입할 때 선택형 설문의 예는 [예제 4]와 같다.

예제 4 귀하는 PC 제품을 구입할 때 다음 중 어떤 것이 가장 중요하다고 생각하십니까? ( )

① 가격 ② 제품의 품질 ③ 결제 안정성
④ 사후서비스 ⑤ 회사 브랜드 ⑥ 기타

[예제 4]의 선택형(single choice)의 이 설문은 그다지 적절하지 않다. 왜냐하면 소비자가 인터넷 쇼핑몰에서 제품을 구입할 때 단지 한 가지 요인보다는 여러 사항들을 고려할 것이기 때문이다. 따라서 [예제 5]와 같은 척도 형태의 설문으로 하는 것이 적절하다. 즉 5점 척도(또는 7점 척도)의 등급화(rating) 형식은 응답자가 제품구입 시 고려하는 사항들의 중요성을 모두 고려할 수 있다. 이러한 형식은 등간척도로 측정할 수 있으며 각 항목에 대해서 산술평균값을 낼 수 있다. 따라서 등간척도에서 적용이 가능한 다양한 분석을 할 수 있다는 장점이 있다.

예제 5 인터넷 쇼핑몰에서 PC 제품을 구입할 때 귀하는 다음의 각 항목에 대해서 어느 정도 중요하게 생각하십니까? ( )

문항	전혀중요하지않다	중요하지않다	보통이다	중요하다	매우중요하다
1. 가격	①	②	③	④	⑤
2. 제품의 품질	①	②	③	④	⑤
3. 결제 안정성	①	②	③	④	⑤
4. 사후서비스	①	②	③	④	⑤
5. 회사브랜드	①	②	③	④	⑤

3) 주의 문항

첫째, 설문항목 내용에 연구자의 주관이나 생각이 반영되어서는 않도록 해야 한다. 연구자의 생각이 의도적으로 혹은 무지 중에 의도자의 주관이 개입되어 응답결과를 한쪽으로 치우치게 하는 경우이다. 예를 들어 [예제 6]에서 지하철노조 파업을 법적으로 금지해야 한다는 응답을 유도하고 있기 때문이다.

예제 6 일반시민 대다수를 위하여 지하철 노조의 파업은 법적으로 금지되어야 한다고 생각하십니까?

① 예　　　　　　　　　　② 아니오

따라서 [예제 6]의 설문항목은 [예제 7]과 같이 묻는 것이 바람직하다.

예제 7 지하철노조의 파업은 법적으로 금지되어야 한다고 생각하십니까?

① 예　　　　　　　　　　② 아니오

둘째, 설문항목은 가능한 명료하게 해야 한다. 설문항목의 길이가 들쭉날쭉한 설문도 편향된 경우에 해당되며, 설문문항의 길이를 균등하게 하는 것이 좋다. 모호한 설문은 응답자를 당혹스럽게 하기 때문에 문제가 된다. 대표적으로는 설문항목이 중복될 수 있는 경우인데, 예를 들어 [예제 8]은 설문항목의 중복 가능성이 있다.

예제 8 당신은 다음 중 어떤 의류제품이 좋습니까? ( )

① 가격이 저렴한 제품

② 디자인이 좋은 제품

셋째, 1개의 설문항목으로 두 가지 내용을 질문하여서는 안 된다. [예제 9]에서와 같이 보수수준과 작업환경에 모두 불만족하거나 만족하는 응답자의 경우에는 적절한 설문이 될 수 있으나, 어느 한 가지 조건에서만 만족하는 응답자의 경우에는 문제가 발생한다.

예제 9 당신은 현재 근무하는 기관에서 보수수준과 작업환경에 만족하십니까?

① 전혀 만족하지 않다　　② 만족하지 않다　　③ 보통이다

④ 만족한다　　⑤ 매우 만족한다

넷째, 응답자가 답변이 곤란한 설문항목은 피해야 한다. [예제 10]에서 보는 바와 같이 사회적 규범에 의해 특정한 응답을 해야 하는 경우에 대부분의 응답자는

응답을 거부하거나 자신의 의견을 정확하게 표현하지 않는다. 따라서 솔직한 응답을 얻기 위해서는 [예제 11]과 같이 직접적인 설문보다는 간접적인 설문을 하는 것이 적절하다.

예제 10 당신은 아직도 가정폭력을 하고 있습니까?

① 예 ② 아니오

예제 11 당신은 아직도 가정폭력이 있다고 생각하십니까?

① 예 ② 아니오

4.3 데이터 입력 및 요약

4.3.1 단일응답

〈표 4.4〉는 단일응답에 대한 데이터 입력과 요약에 대한 설문예시로 6개 설문항목이 있다.

표 4.4 단일응답 설문항목

1. 성별 ( )
2. 혼인여부 ( )
3. 좋아하는 색 ( )
4. 연령 ( )
5. 제품을 접하게 된 계기는?
   (1) TV 광고 (2) 인터넷 광고
   (3) 신문 광고 (4) 지인 소개
   (5) 기타 ( )
6. 제품에 대한 만족도
   (1) 전혀 만족하지 않다 (2) 만족하지 않다
   (3) 보통이다 (4) 만족한다
   (5) 매우 만족한다

1) 데이터 입력

첫째, 예제데이터 4.1에서 설문항목 1번인 성별과 2번의 혼인여부는 각각 2가지로 표현될 수밖에 없는 경우이다. 이와 같이 사전에 몇 가지의 응답이 있을 것인지를 알 수 있는 경우에는 입력하기 전에 다음과 같이 응답에 대한 기호(코드화)를 정해주고 입력하는 것이 적절하다.

1. 성별 : 남 → 1 　　여 → 2
2. 혼인여부 : 기혼 → 1 　　미혼 → 2

둘째, 설문항목 3인 경우는 여러 가지의 색이 선택되므로 사전에 몇 가지의 색 종류가 나타날지 알 수 없는 경우는 응답 그 자체를 입력한다.

셋째, 설문항목 4인 경우는 연속형 자료이므로 4번 설문항목의 경우는 조사되는 값 자체를 입력한다. 조사된 값의 범주를 나눌 경우는 코딩 변경을 통해서 새로운 변수를 입력한다.

넷째, 설문항목 5번과 6번은 선택된 문항을 입력한다. 설문항목 5번의 경우 '기타'를 선택하면 필요에 따라서 구체적인 내용을 입력하여 별도의 변수를 추가적으로 만들어야 한다.

다섯째, 무응답 설문문항에 대한 입력은 'dot(.)'으로 처리하거나 문항 외의 수(예를 들어, 99)로서 기입을 해두는 것이 좋다.

2) 데이터 요약

[그림 4.2]는 예제데이터 4.1를 입력한 자료이다. 단일응답에 대한 설문항목의 데이터를 요약하는 방법은 다음과 같다.

SPSS에 설문항목에 대한 값을 입력한 자료는 [그림 4.2]와 같다.

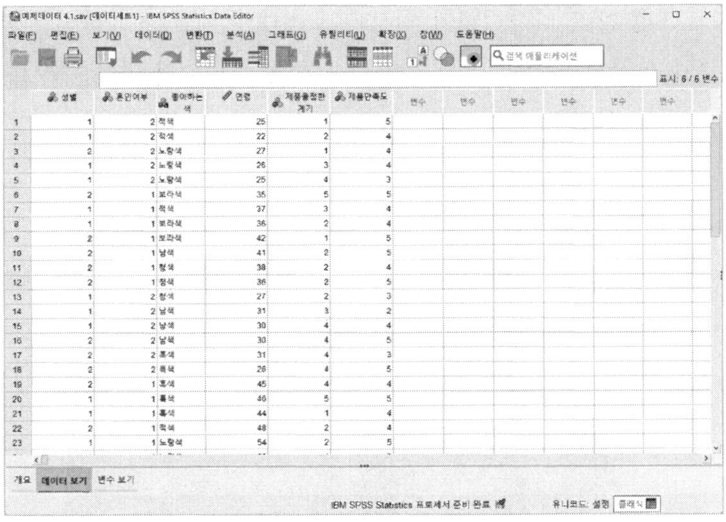

그림 4.2 데이터 입력

① 성별과 혼인여부와 같이 이항선택인 경우에는 빈도를 막대형 차트로 나타내고, 비율은 원차트로 나타내면 좋다.

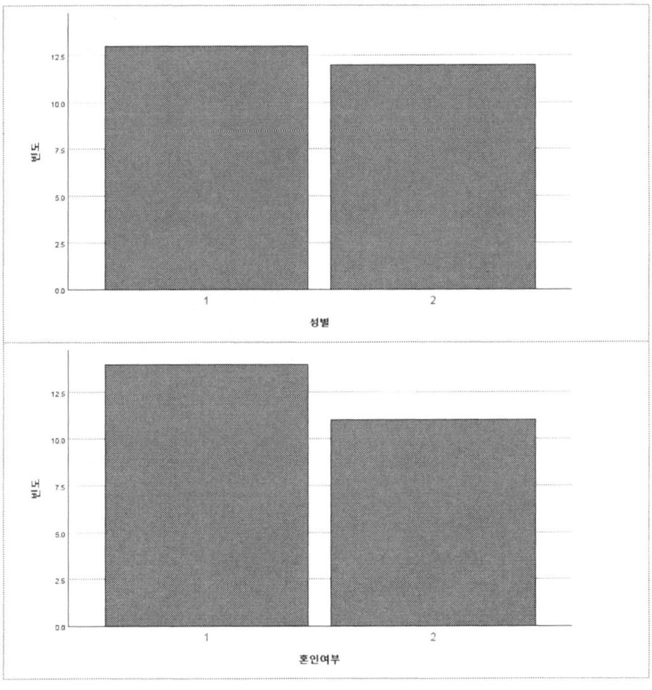

그림 4.3 성별 및 혼인여부 막대형 차트

② 좋아하는 색과 같이 다항선택인 경우에는 막대형 차트로 나타내는 것이 좋다. 또한 선택문항간에 순서의 관계가 없을 경우에는 도수가 많은 순서로 정렬하고 막대형 차트로 표현하는 것이 보기 쉬워진다.

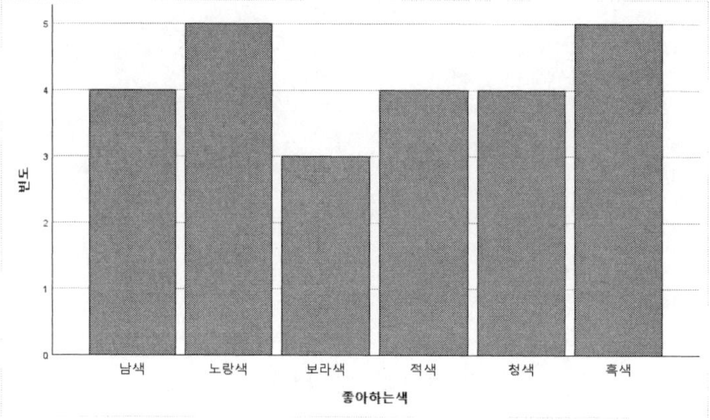

그림 4.4 좋아하는 색 막대형 차트

③ 설문항목 6과 같은 제품만족도에 관한 설문은 순서의 의미가 있는 경우이므로 자료를 정렬하지 않고 순서관계를 그대로 그래프에 적용시켜 막대형 차트로 표현한다.

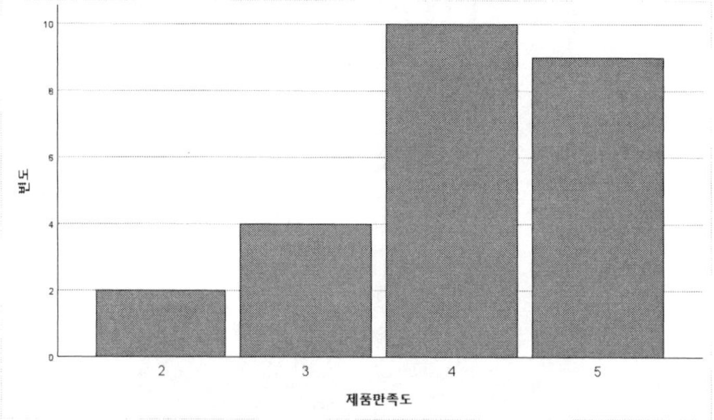

그림 4.5 제품만족도 막대형 차트

4.3.2 복수응답

1) 데이터 입력

복수응답은 한 문항의 여러 개 항목을 선택하는 방법으로 응답 가능한 답변 수만큼 변수를 확보해야 한다. 예제데이터 4.2의 〈표 4.5〉에서 복수응답에 대한 설문을 제시한다.

표 4.5 복수응답 설문항목

1. 현재 인터넷통신사를 선택한 이유로 맞는 것을 O표 해주십시오(복수선택 기능).
   (1) 가격이 싸다.
   (2) 속도가 빠르다.
   (3) 서비스가 좋다.
   (4) 브랜드가 좋다
2. 인터넷 쇼핑몰에서 제품을 구매하는 이유를 2개까지 O표 해주십시오.
   (1) 가격이 싸다.
   (2) 제품의 품질이 좋다.
   (3) 신속한 배달이 이루진다.
   (4) 결제가 편리하다.

첫째, 설문 1의 경우는 최대 4개까지 선택할 수 있으므로, 입력할 때 모든 경우를 수용할 수 있도록 4개의 변수를 확보하는 것이 좋다. 예를 들어 설문에 대해 10명의 응답자가 다음과 같이 응답을 했다고 가정한다.

표 4.6 복수응답 예: 무제한 선택

응답자	O을 표시한 번호			
1	1			
2	2	3		
3	3			
4	1	3	4	
5	1	2	3	4
6	1	3	4	
7	2			
8	3	4		
9	1	2	3	
10	1	2	3	4

예제데이터 4.2의 설문항목을 SPSS에 임의 값을 입력한 자료는 [그림 4.6]와 같다. 각 보기를 하나의 변수로 간주하여 선택을 했으면 1, 하지 않았으면 0으로 코딩한다.

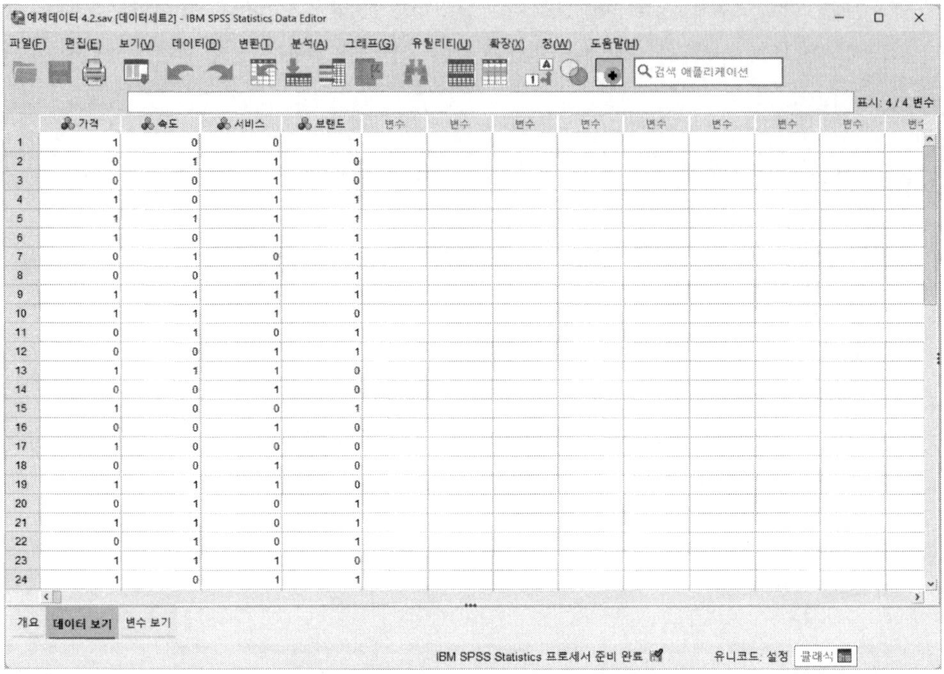

그림 4.6 복수응답 자료입력: 무제한 선택

둘째, 설문 2의 경우는 선택 수에 제한이 있는 복수응답이다. 예를 들어 〈표 4.7〉과 같이 응답자의 주어진 경우이다.

표 4.7 복수응답 예: 제한 선택

응답자	O을 표시한 번호	
A	1	2
B	2	3
C	3	4
D	1	3
E	1	2
F	1	3

〈표 4.7〉과 같은 경우는 두 개의 변수만이 필요하고, [그림 4.7]에서와 같은 형태로 데이터를 입력한다.

	선택1	선택2
1	1	2
2	2	3
3	3	4
4	1	3
5	1	2
6	1	3
7	2	4
8	1	3
9	1	2
10	1	2
11	2	3
12	2	4
13	1	2
14	2	3
15	1	4
16	2	4
17	2	3
18	1	2
19	1	2
20	1	4

그림 4.7 복수응답코딩 제한 선택

2) 데이터 요약

여러 가지의 선택항목 중에서 2개 이상을 고르게 하는 복수응답은 한 사람이 여러 개의 항목을 선택할 수 있기 때문에 설문문항 한 개라도 최대 허용할 수 있는 변수를 확보해야 한다. 복수응답에 대한 결과를 표현하는 방법은 도수가 많은 순서로 정렬하여 막대형 차트로 나타내는 것이 좋다.

첫째, 예제데이터 4.2에 해당하는 [그림 4.6]를 SPSS에서 구현하는 방법에 대해 살펴보고자 한다. [그림 4.6]는 4개의 변수를 이용하여 하나의 막대형 차트로 나타낸다. '그래프 → 막대형 차트'를 선택한 후, [그림 4.8 a]와 같이 「단순」 도표와 「개별변수의 요약값」을 선택한다.

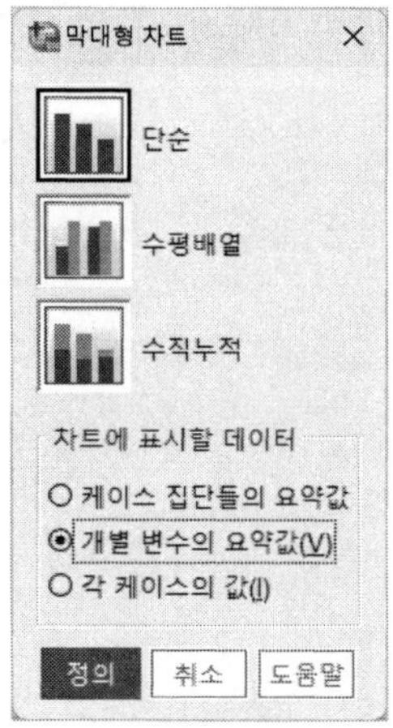

그림 4.8 a 막대형 차트정의

- **단순막대형 차트정의:** 개별변수의 요약값을 그리고자 하는 막대형 차트의 특징을 정의하고 나면 [그림 4.8 b]의 대화상자에서 어떤 막대를 표시할 것인가를 정의하여야 한다. 먼저 표시하고자 하는 변수들을 「막대표시」 목록에 보내고, 선택하면 「통계량 변경」가 활성화되면서 원하는 막대표시를 할 수 있다.

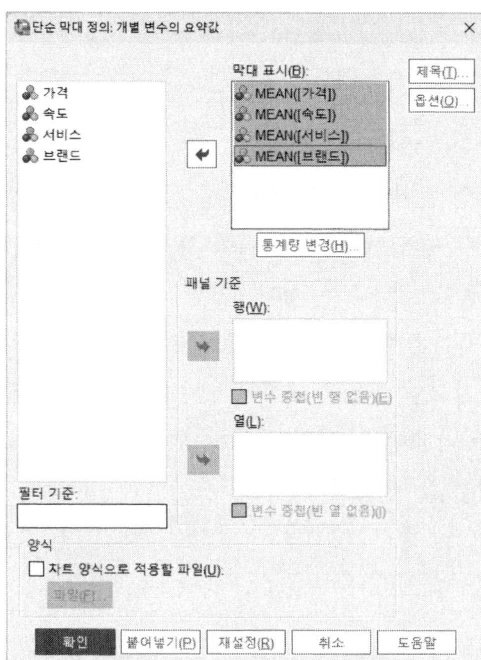

그림 4.8 b 개별변수의 요약값

• 통계량 선택된 변수들을 살펴보면, 응답을 하였을 경우에는 1을, 응답하지 않았으면 0을 입력하였다. 따라서 각 변수들이 얼마만큼 선택되었는지를 알아보고자 한다면 각 개별변수의 「합계」를 통해서 몇 명이 특정 변수를 선택하였는지 살펴볼 수 있다.

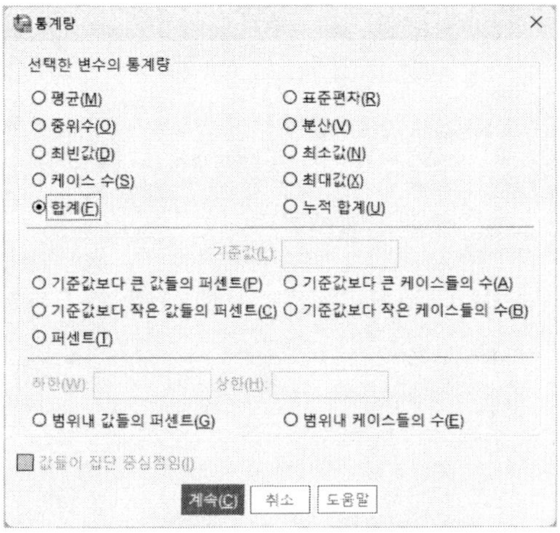

그림 4.8 c 통계량 대화상자

[그림 4.9]는 [그림4.6]의 자료를 이용하여 그린 막대형 차트이다. 시각적인 효과를 돕기 위해서 [그림 4.6]에서처럼 도수나 상대도수가 많은 순서대로 막대를 표시하는 것이 좋다.

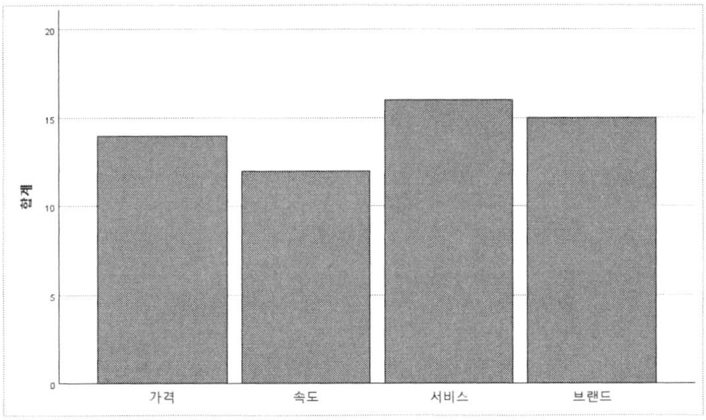

그림 4.9 요약된 막대형 차트

둘째, 복수응답의 변수 그룹화에 대한 데이터 요약이다. 복수응답에서 각 문항들을 하나의 변수로 간주하여 입력하였으므로 문항 개수만큼의 변수에 입력되었기 때문에 분석하고자 할 때에는 변수를 그룹화 할 필요가 있다. [그림 4.6]에서와 같이 하나의 문항에 4가지의 항목을 4개의 변수로 입력하였을 때 그룹화하기 위하여 다음과 과정을 거친 후 [그림 4.10]과 같이 변수군 정의를 실행한다.

분석 → 다중반응 → 변수군 정의

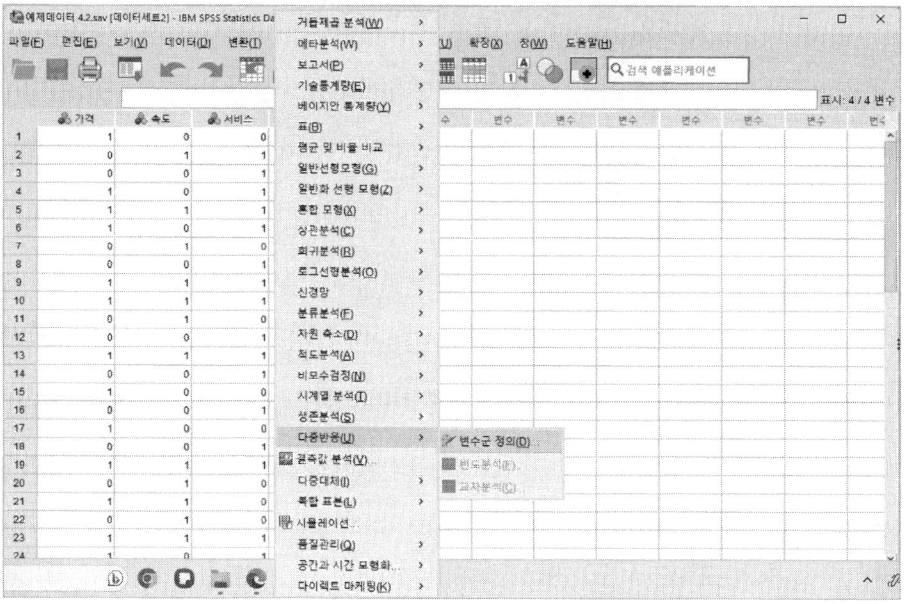

그림 4.10 다중반응 변수 정의

- [그림 4.11]과 같이 다중반응 변수군 정의「변수군 정의」에서 필요한 변수들을 선택한 후, 「변수군에 포함된 변수」로 옮긴다. 각 변수들은 0 또는 1의 값을 갖고 있으므로「변수들의 코딩형식」은「이분형」을 선택하여 1의 값을 갖는 자료들을「빈도화값」으로 설정한다. 여러 개의 변수들을 변수군으로 정의하기 위해서는「이름」에 변수군 이름을 입력하고 필요한「설명」을 나타낸다. 다중응답 변수군의 이름을 7문자까지 입력한다.

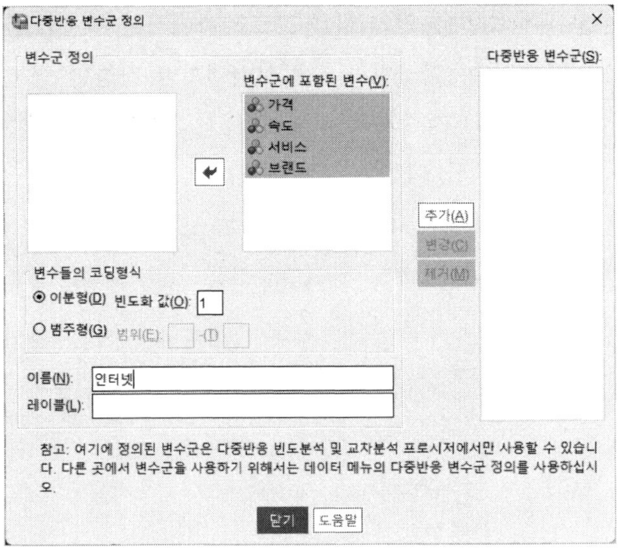

그림 4.11 다중반응 변수 정의

• [그림 4.12]와 같이 SPSS에서는 지정한 이름 앞에 달러($) 부호가 자동으로 붙여져 「다중반응 변수군」에 나타난다. 다중반응 변수군은 분석 당시에만 만들어진다는 일회성이 특징이다.

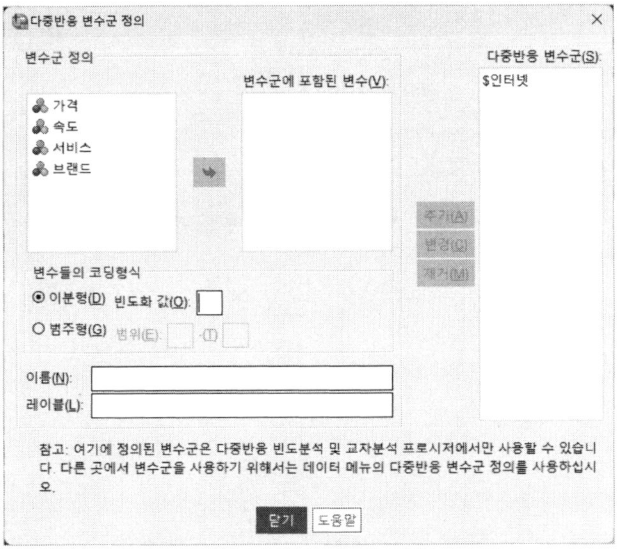

그림 4.12 다중반응 변수군

다중반응 변수군은 다중반응 외의 다른 프로시저에서는 사용할 수 없다. 즉, 다중반응변수가 정의된 경우는 다중반응 프로시저에서만 가능한 빈도분석이나 교차분석이 가능하게 된다. 위의 자료와 같이 다중반응 변수를 정의한 후 [그림 4.13]과 같이 다중반응 빈도분석을 하면 다음과 같다.

분석 → 다중반응 → 빈도분석

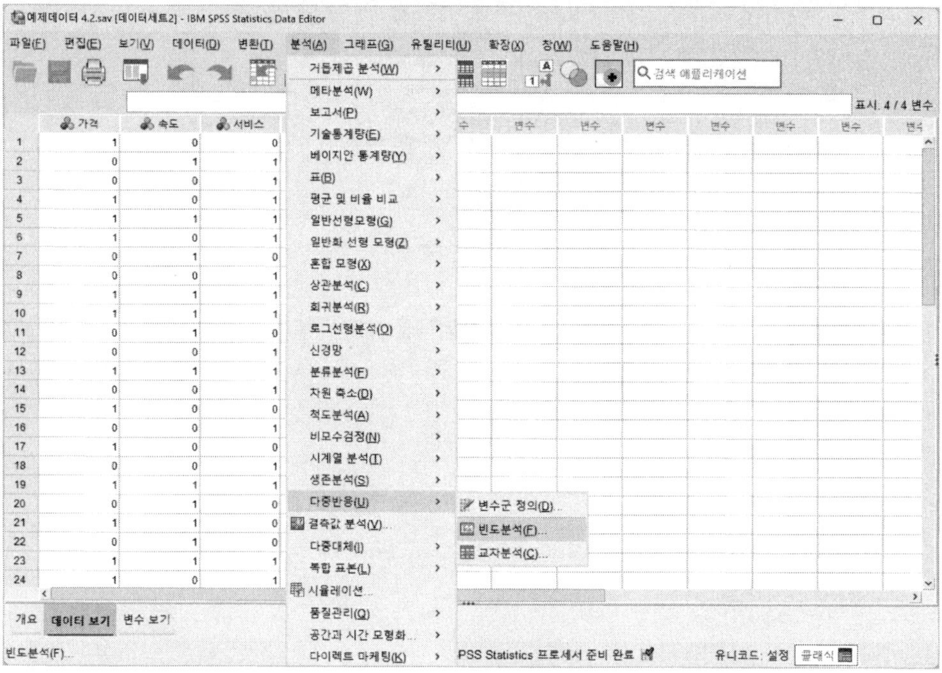

그림 4.13 다중반응 빈도분석

- 다중반응빈도분석을 하면 「다중반응변수군」에는 분석자가 만든 다중반응변수군만 나타난다.

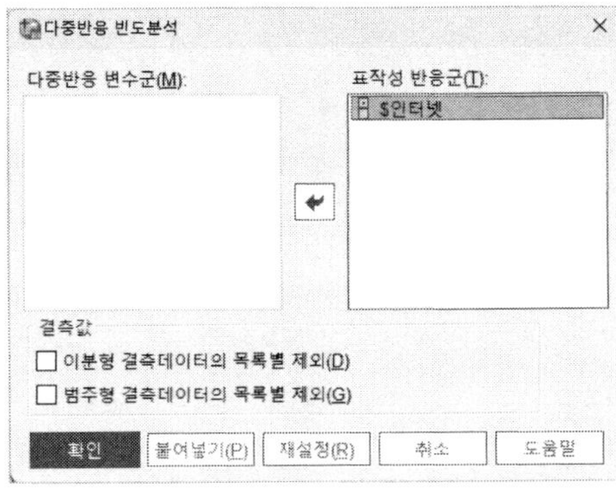

그림 4.14 다중반응 빈도분석

- 다중반응빈도분석을 통해서 4개의 개별변수가 마치 각 범주인 것처럼 간주되어 빈도표가 만들어졌다. 〈표 4.8〉에서 「$인터넷 빈도」의 합계는 57이지만 「케이스 요약」 부분을 통해 25명의 응답자가 57개의 항목을 선택했음을 알 수 있다.

표 4.8 다중반응분석 결과

케이스 요약

	케이스					
	유효		결측		전체	
	N	퍼센트	N	퍼센트	N	퍼센트
$인터넷[a]	25	100.0%	0	0.0%	25	100.0%

a. 값 1을(를) 가지는 이분형 변수 집단

$인터넷 빈도

		반응		케이스 중 %
		N	퍼센트	
$인터넷[a]	가격	14	24.6%	56.0%
	속도	12	21.1%	48.0%
	서비스	16	28.1%	64.0%
	브랜드	15	26.3%	60.0%
전체		57	100.0%	228.0%

a. 값 1을(를) 가지는 이분형 변수 집단

제5장

확률변수 및 확률분포

5.1 확률변수 및 확률분포

통계학은 모집단이나 모집단의 특성을 추론하는 분야이다. 또 실험에 의하여 우연한 결과들이 얻어진다. 한 실험의 결과가 어떤 확률모형에 따라 임의적으로 나타나는 실험을 확률실험(random experiment) 또는 임의실험이라 한다.

확률실험에서 실험결과에 숫자를 대응시키는 문제를 생각해보자. 예를 들어 동전을 2회 던지는 실험을 하였을 때, 앞면이 나오는 경우를 H, 뒷면이 나오는 경우를 T라고 할 때, 표본공간은 다음과 같다.

$$S = \{HH, HT, TH, TT\}$$

이때, 앞면이 나오는 횟수에 관심이 있다고 할 때, S의 각각의 표본점에 0, 1의 숫자들을 대응시킬 수 있다. 앞면이 나오는 횟수의 수를 실수 X로 표시하면 사상 (TT)는 $X=0$, (HT, TH)는 $X=1$, (HH)는 $X=2$이다. 이와 같이 확률 실험에서 표본공간 S의 모든 표본점들에 실수 값을 대응시키는 함수를 확률변수(random variable)라 한다. 확률변수는 대문자 X, Y 등으로 나타내며 확률변수가 취하는 수 값은 소문자 x, y 등으로 표시한다. 확률변수는 자료의 특성에 따라 이산확률변수와 연속확률변수로 나타낸다.

확률변수가 취할 수 있는 모든 수 값들을 하나씩 셀 수 있는 경우를 이산확률변수(discrete random variable)라 하고, 어떤 실수 구간에 있는 점의 수와 같이 셀 수 없는 경우를 연속확률변수(continuous random variable)라 한다. 위의 예에서 동전의 앞면의 수 X와 제품의 불량품의 수 등은 이산확률변수의 예이고, 전구의 수명시간, 사람의 체중 등은 연속확률변수의 예이다.

확률분포(probability distribution)는 확률변수가 취할 수 있는 모든 값들에 확률을 대응시켜주는 관계를 확률분포라 하며, 다음과 같이 정의된다.

$$f(x) = P(X = x)$$

이산확률변수 X가 어떤 특정한 값 x를 취하는 확률을 $P(X=x)$라 하면 순서쌍 $(x,\ P(x))$를 이산확률분포(discrete probability distribution)라 한다. 또한 연속확률변수에 대응하는 확률분포를 연속확률분포(continuous probability distribution)

라 한다. 예를 들면 동전을 2회 던지는 실험에서 앞면이 나오는 횟수를 X라 할 때, 확률변수 X의 확률분포를 구한다. 표본공간 $S=\{HH, HT, TH, TT\}$로부터

$$P(X=0)=P(TT)=\frac{1}{4}$$
$$P(X=1)=P(HT,\ TH)=\frac{2}{4}$$
$$P(X=2)=P(TT)=\frac{1}{4}$$

이다.

이를 정리하면 〈표 5.1〉과 같은 확률변수 X의 확률분포를 얻는다.

표 5.1 확률변수 X의 확률분포

x	0	1	2	합
$P(X=x)$	$\frac{1}{4}$	$\frac{2}{4}$	$\frac{1}{4}$	1

확률변수의 평균(mean) 또는 기댓값(expectation)은 확률분포에서의 중앙 위치를 나타내는 측도이다. 즉, 확률분포에 따라 확률변수의 각각의 값 x들에 가중치 $f(x)$를 부여하여 구한 가중평균의 개념이고, 모집단의 중심을 나타낸다.

이산확률변수의 평균은 다음과 같이 정의된다.

$$\mu=E(X)=\sum x \cdot f(x)$$

동전을 2회 던지는 실험에서 확률변수 X의 평균을 구해보면 X의 값 0, 1, 2에 대하여 가중의 $\frac{1}{4}$, $\frac{2}{4}$, $\frac{1}{4}$을 부여하면 X의 평균은 다음과 같이 얻어진다.

$$\mu=E(X)=0\times\frac{1}{4}+1\times\frac{2}{4}+2\times\frac{1}{4}=1$$

확률변수의 산포의 측도로서 분산과 표준편차가 주로 사용된다. 확률변수의 분산(variance)은 X와 평균 μ의 차이의 제곱(편차의 제곱)의 평균으로 정의되고, $Var(x)$로 표기한다. 또한 분산의 양의 제곱근을 확률변수의 표준편차(standard deviation)라 한다.

이산확률변수의 분산과 표준편차는 다음과 같다.

$$\sigma^2 = Var(x) = E[(x-\mu)^2] = \sum_{\text{모든 } x} (x-\mu)^2 \cdot f(x)$$
$$\sigma = sd(x) = \sqrt{Var(x)}$$

먼저, 이산확률변수와 확률분포에서는 이항분포와 포아송분포에 대해서 알아본다. 두 번째로 확률변수가 어떤 실수구간에 속하는 점의 수와 같이 셀 수 없는 값을 취하는 경우를 연속확률변수(continuous random variable)라 정의하며, 연속확률변수의 예로 공산품의 수명, 주식시장의 주가지수, 제품의 무게 등을 들 수 있다. 연속확률변수의 확률분포를 연속확률분포(continuous distribution)라 한다. 연속확률분포로 정규분포, t-분포, 카이제곱분포, F-분포에 대하여 알아본다.

5.2 이항분포

우리는 흔히 실험의 결과가 '성공'과 '실패'와 같이 오직 두 가지로만 나오는 실험을 볼 수 있다. 어떤 실험의 결과를 오직 두 가지 중의 하나로 나오는 실험을 베르누이 실험(Bernoulli trial)이라 한다.

베르누이 분포의 확률밀도 함수는

$$f(x) = p^x (1-p)^{1-x}, \qquad x = 0, 1$$

으로 정의된다. 베르누이 분포의 평균과 분산은

$$E(x) = p, \qquad Var(x) = p(1-p) = pq$$

이다.

이제 베르누이 시행을 독립적으로 계속 해나가는 실험을 생각하자. 성공의 확률이 p인 베르누이 시행을 독립적으로 n번 반복할 때, 성공의 횟수를 x라 할 때, 확률변수 X가 가지는 분포를 이항분포(binomial distribution)라 한다.

정의 5.1 **이항분포**

이항분포의 확률밀도함수는

$$f(x)=\binom{n}{x}p^x(1-p)^{n-x},\quad x=0,1,\cdots,n$$

으로 정의되고, X가 성공의 확률이 p이고 시행횟수가 n인 이항분포를 따를 때 X는 간단히 $X\sim B(n,p)$로 나타낸다. 이항분포의 평균과 분산은 다음과 같다.

$$\mu=E(x)=np,\quad Var(x)=np(1-p)=npq$$

예제 5.1 퓨즈를 생산하는 어느 회사의 제품불량률은 10%라고 한다. 이 공장에서 생산되는 제품 중 $n=10$개를 임의로 추출했을 때

(1) 정확하게 한 개가 불량품일 확률을 구하여라.

(2) 추출된 10개의 퓨즈 가운데 3개가 불량품일 확률을 구하여라.

풀이 X를 10개의 제품 중 불량품의 수를 확률변수 X라 하면 X는 $n=10$, $p=0.1$인 이항분포 $X\sim B(10,0.1)$를 따른다.

(1) $P(X=1)={}_{10}C_1(0.1)^1(0.9)^9=0.3874$

(2) $P(X=3)=P(X\le 3)-P(X\le 2)=0.987-0.930=0.057$

5.3 포아송분포

한 시간 동안에 걸려오는 전화 통화의 수, 어느 특정 지역에서 1일 동안 일어나는 교통사고의 수, 어느 책의 한 페이지당 오자의 수 등의 변수가 따르는 분포는 포아송분포를 따른다고 알려져 있다. 즉, 주어진 단위시간 또는 주어진 단위 면적(영역)에서 발생하는 사건의 수를 확률변수 X라 하면 X의 분포를 포아송분포

(poisson distribution)라 한다.

정의 5.2 포아송분포

확률변수 X의 pdf가

$$f(x)=\frac{e^{-\lambda}\lambda^{x}}{x!},\qquad x=0,1,2,\cdots,\ \lambda:\ \text{평균발생횟수}$$

으로 주어진다면, X는 포아송분포를 따른다고 하고, $X\sim poi()$로 표기한다.

포아송분포의 평균과 분산은 다음과 같다.

$$\mu=E(x)=\lambda\ .\ \sigma^2=Var(x)=\lambda$$

예제 5.2 어느 전화교환대에 1분에 평균적으로 3통화가 걸려온다고 한다. 이 교환대에 1분에 2통화의 전화가 걸려올 확률을 구하여라.

풀이 확률변수 X를 1분 동안에 전화교환대에 걸려오는 전화 통화 수라고 할 때 x는 평균이 3인 포아송분포를 따른다고 할 수 있다. 따라서 1분에 2통화의 전화가 걸려올 확률은 다음과 같이 구할 수 있다.

$$P(X=2)=\frac{e^{-3}3^2}{2!}\approx 0.224$$

5.4 이산확률분포 SPSS 실습

앞의 절에서 언급된 확률분포에 대한 확률 계산을 SPSS에서 확률 계산 방법에 대해 살펴보고자 한다.

예제 5.3 SPSS를 이용하여 (예제 5.1)을 해결하여라.

풀이

1. 자료를 다음과 같이 간단히 나타낸다.

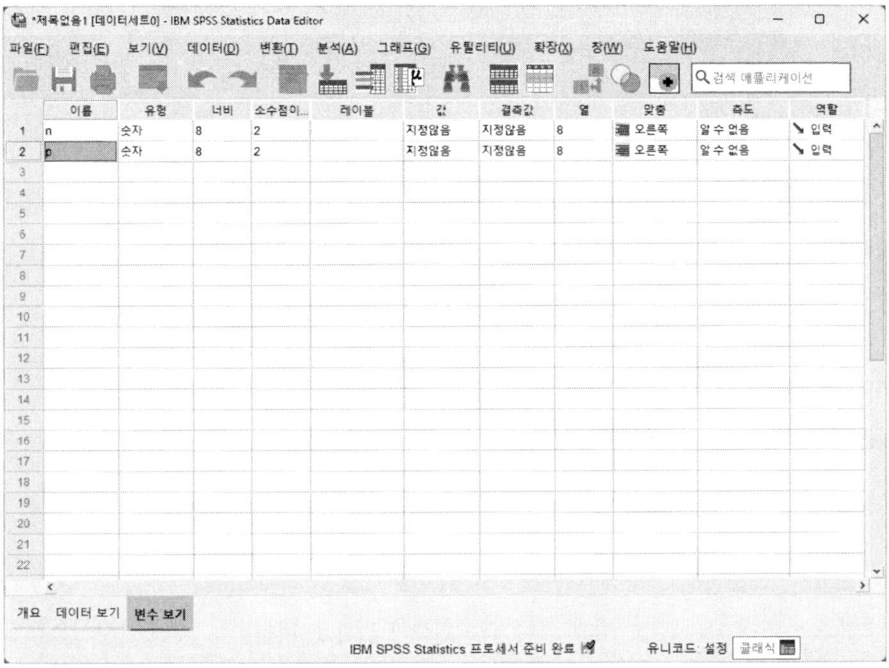

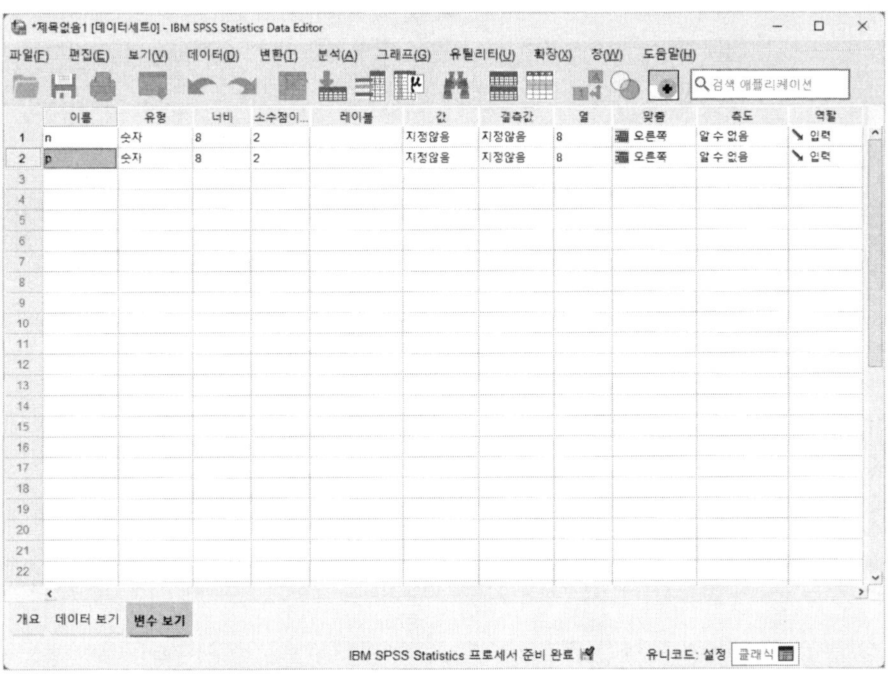

2. 메뉴에서 변환 → 변수계산

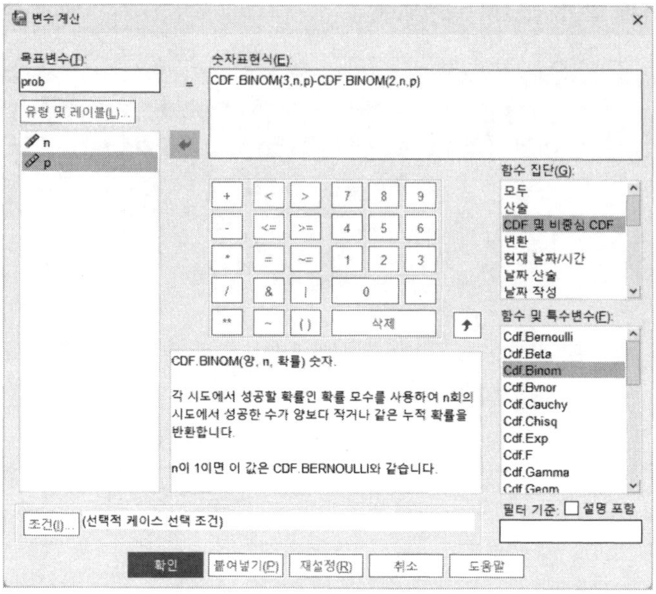

『변수계산』 대화창에서는 계산된 확률이 저장될 「대상변수」 이름을 설정하고, 계산식을 「숫자표현식」에 나타낸다. 이를 나타내기 위해서 확률을 나타내는 해당 함수식을 「함수」에서 찾아 화살표를 이용하여 「숫자표현식」에 보낸다. 함수식에서 'CDF'는 누적확률함수를 나타내고 'BINOM'은 이항분포를 나타낸다. 확률변수 X를 실행횟수 n(여기서는 10)을 따르고, 성공확률이 p(여기서는 0.1)인 이항분포를 따른다고 할 때, 'CDF.BINOM(3,n,p)'는 확률변수 X가 3보다 같거나 작을 확률, 즉,

$$\text{CDF.BINOM}(3,\text{n},\text{p}) = P(X \leq 3)$$

을 의미한다. 따라서 「대상변수」 'prob'에는

$$P(X \leq 3) - P(X \leq 2) = P(X = 3)$$

가 저장된다. 이를 「확인」하면, 다음과 같이 'prob'라는 변수가 생성되고 계산된 확률이 저장된다.

	n	p	prob
1	10.00	.10	.06
2			
3			

이와 같이, 해당 분포와 관련 모수들을 적절히 나타내어서 확률을 계산할 수 있다. 포아송분포 예제의 경우에도 같은 방법으로 나타낼 수 있다. 포아송분포는 「함수」에서 'CDF.POISSON'을 이용한다.

예제 5.4 SPSS를 이용하여 (예제 5.2)를 해결하여라.

풀이

1. 자료를 다음과 같이 입력한다.

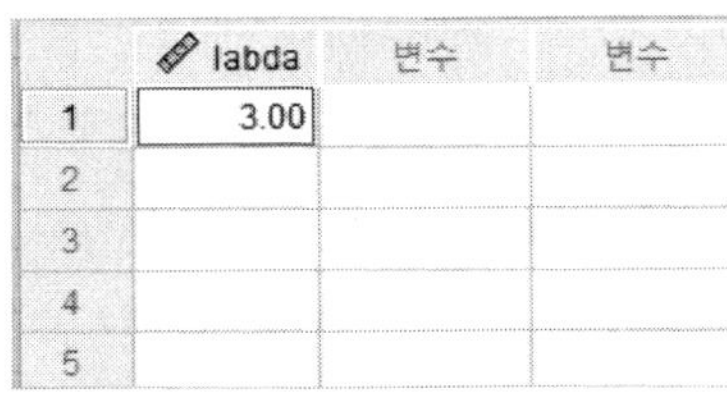

2. 메뉴에서 변환 → 변수계산

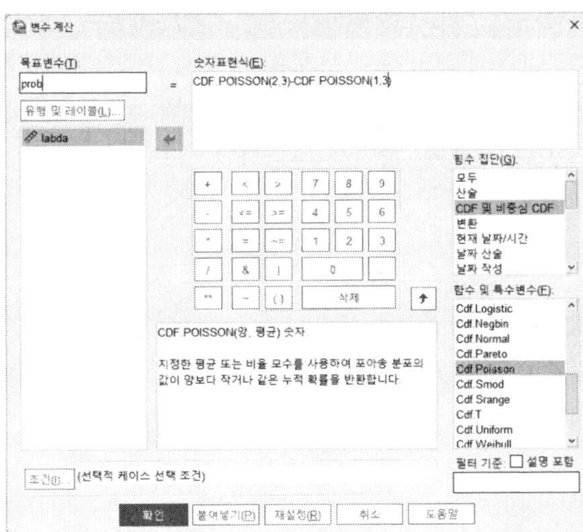

'CDF.POISSON'을 이용하여 변수계산을 하면 「대상변수」 'prob'에는

$$P(X=2)=P(X\leq 2)-P(X\leq 1)=0.224$$

아래 그림과 같이 저장된다.

	labda	prob	변수
1	3.00	.22	
2			
3			
4			
5			

5.5 정규분포

정규분포(normal distribution)는 통계 응용에서 가장 많이 이용되는 확률분포이다. 정규분포는 Gauss의 분포라고도 하며, 이는 Gauss가 물리 계측의 오차에 대한 확률분포로서 처음 도입하였다. 측정오차를 비롯하여 제품의 무게, 강도나 실의 장력 등 자연계에는 그 확률분포가 정규분포를 한다고 알려진 것이 매우 많다. 더욱 중요한 것은 후에 다루게 될 중심극한정리로 설명되는 것을 비롯하여 많은 분포가 표본의 크기가 클 때 그 극한의 분포가 정규분포를 이루며, 또 정규모집단으로부터의 여러 가지 통계량의 표본분포가 유도되고 있다. 그러므로 정규분포는 추측통계학에 있어서 그 이론의 중심적 구실을 하고 있다. 정규분포의 pdf.는 다음과 같으며 그 그래프는 종모양의 곡선으로 되며 평균 μ를 중심으로 좌우 대칭인 특징을 갖는다.

정의 5.3 정규분포(Normal distribution)

확률변수 X의 확률밀도함수가 다음과 같을 때

$$f(x) = \frac{1}{\sqrt{2\pi}\ \sigma} e^{-\frac{(x-\mu)^2}{2\sigma^2}}, \qquad -\infty < x < \infty$$

X는 정규분포를 따른다고 하고, $X \sim N(\mu,\ \sigma^2)$으로 표시한다. 정규분포의 평균과 분산은 다음과 같다.

$$E(X) = \mu, \quad V(X) = \sigma^2$$

정규곡선은 [그림 5.1]과 같으며, 이 곡선의 특징은 $x=\mu$에서 최대치를 갖고, μ의 양쪽으로 멀어짐에 따라서 좌우대칭으로 낮아져서 $x=\mu\pm\sigma$에서 변곡점을 가지며, $x=\mu\pm3\sigma$에서 거의 x축에 접하고 x축이 점근선이 된다.

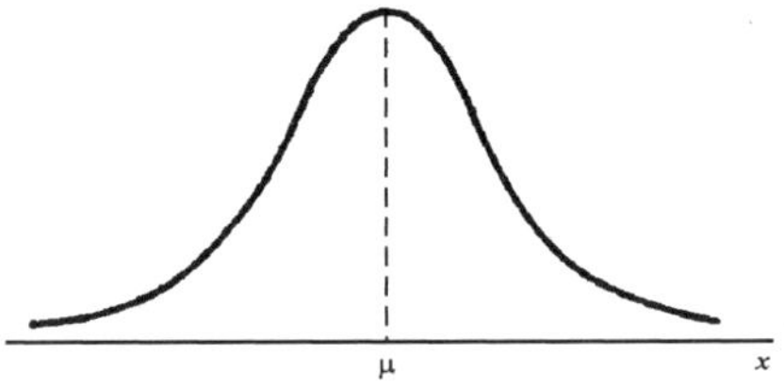

그림 5.1

정규분포는 평균 μ와 분산 σ^2만 주어지면 결정되며 σ^2에 의하여 곡선의 모양이 결정되고, μ에 의하여 곡선의 중심의 위치가 결정된다.

정규분포에서 확률을 구하는 문제를 생각하자. 확률을 구하려면 확률밀도함수를 적분하여 계산해야 하는데 이 계산은 보통 번거로운 일이 아니다. 그러므로 정규분포에서의 확률계산을 편리하게 하기 위해서 평균이 0이고 분산이 1인 표준정규분포를 유도한다. $X\sim N(\mu,\sigma^2)$에서 $Z=\dfrac{X-\mu}{\sigma}$라 하면

$$E(Z)=E\left[\frac{X-\mu}{\sigma}\right]=\frac{1}{\sigma}E\left[X-\mu\right]=\frac{1}{\sigma}\cdot0=0,$$
$$V(Z)=V\left[\frac{X-\mu}{\sigma}\right]=\frac{1}{\sigma^2}V(X)=\frac{1}{\sigma^2}\cdot\sigma^2=1$$

이므로 $Z=\dfrac{X-\mu}{\sigma}$의 평균은 0이고 분산은 1이다.

정의 5.4 표준정규분포

$X\sim N(\mu,\sigma^2)$일 때 $Z=\dfrac{X-\mu}{\sigma}$이라 하면 Z의 확률밀도함수는

$$\phi(z)=\frac{1}{\sqrt{2\pi}}e^{-\frac{z^2}{2}},\qquad -\infty<z<\infty$$

이다. $E(Z)=0$, $V(Z)=1$이며 확률변수 Z는 **표준정규분포**(standard normal distribution)를 한다고 하며 $Z\sim N(0,1)$로 표시한다.

부록의 표 4의 표준정규분포표를 이용하면, 여러 가지 z값에 대한

$$P(Z \leq z) = \Phi(z) = \int_{-\infty}^{z} \frac{1}{\sqrt{2\pi}} e^{-\frac{z^2}{2}} dz$$

를 계산하여 편리하게 확률을 계산할 수 있다.

예제 5.5 통계학 과목의 시험성적은 평균은 70점이고, 표준편차가 10점인 정규분포를 따른다고 할 때, 정규분포에서 A학생의 성적이 75점에서 82점 사이일 확률을 구하여라.

풀이 $X \sim N(50,\ 10^2)$인 정규분포에서 $Z = \dfrac{X-50}{10} \sim N(0,1)$를 이용한다.

$$\begin{aligned} P(75 < X < 82) &= P\left(\frac{75-70}{10} < \frac{X-70}{10} < \frac{82-70}{10}\right) = P(0.5 < Z < 1.2) \\ &= P(Z < 1.2) - P(Z < 0.5) = 0.8849 - 0.6915 = 0.1934 \end{aligned}$$

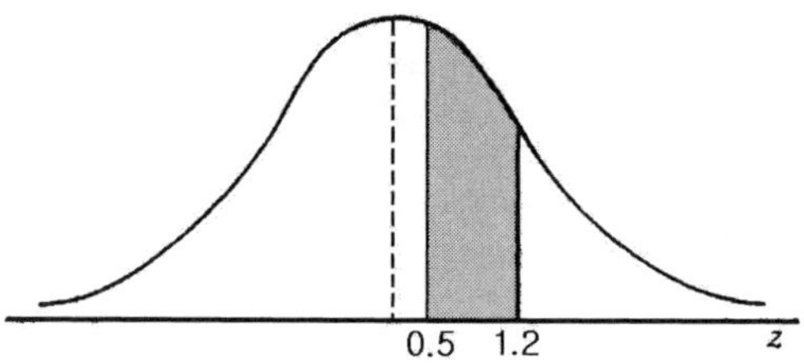

예제 5.6 통계학 시험성적이 평균은 70점이고 표준편차가 8점인 정규분포를 따른다고 할 때, 상위 30%에 해당하는 점수를 얻으면 A학점을 받을 수 있다고 한다. A학점을 받을 가장 낮은 성적을 구하여라.

풀이 X를 통계학 시험성적이라 하면 $X \sim N(70,\ 8^2)$이다. A학점을 받을 학생 중 최하 성적을 y라 하면 $P(X \geq y) = 0.3$이므로 y는 X의 분포의 제 70백분위수이고 이에 따라 $P(X \leq y) = 0.7$이다. 따라서

$$\begin{aligned} y &= 70 + 8z_{0.3} = 7 + 8(0.526) \\ &= 74.208 \end{aligned}$$

이므로 A학점을 받을 가장 낮은 성적은 74.208점이다.

5.6 이항분포 정규근사

이항분포에서 시행횟수 n이 클 때는 이항분포를 이용하여 확률을 계산하는 것이 매우 복잡하다.

이항분포에서 n이 작을 때는 $B(x; n, p)$의 pdf 또는 부록의 표 1로부터 이항분포의 확률을 얻을 수 있다. n이 크고 p가 0이나 1에 가까울 때(p가 0에 가까우면 q는 1에 가까우므로)는 이항분포에 대한 근사식으로 포아송분포를 사용할 수 있다. 그러나 n이 충분히 크고 p가 0에 가깝지 않을 때는 이항분포를 이용한 계산이 까다로우므로 근사적으로 정규분포에 접근시켜 확률을 계산한다. n이 충분히 크고 p가 0.5에 가까울 때 이항분포는 밀접하게 정규분포에 접근한다. n이 크지 않고 p가 0이나 1에 가깝지 않을 때에도 근사식은 상당히 접근한다.

> $X \sim B(n, p)$이고 $n \to \infty$, p가 0이나 1에 가깝지 않으면
>
> $$X \ \dot{\sim}\ N(np, npq)\text{이고} \quad Z = \frac{X - np}{\sqrt{npq}} \sim N(0, 1)$$
>
> 이다.

아래의 [그림 5.2]는 $n = 20$이고 $p = 0.6$일 때의 이항분포의 정규분포에 근사하는 것을 보여준다.

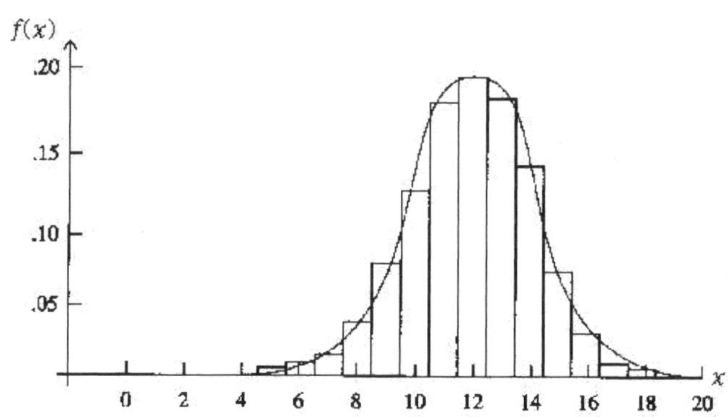

그림 5.2 $n = 20$, $p = 0.6$인 이항분포의 정규분포곡선에 근사

예제 5.7 희귀한 바이러스에 감염된 환자가 회복할 확률이 0.75이다. 만일 120명이 이 바이러스에 감염되었다면, 80명 미만이 회복할 확률은 얼마인가?

풀이 이항변수 X를 회복한 환자의 수로 표기하자. $n=120$이기 때문에 정규곡선 근사를 이용하여 다음과 같은 정확한 값을 얻는다.

$$\mu = np = (120)(0.75) = 90,$$
$$\sigma = \sqrt{npq} = \sqrt{(120)(0.75)(0.25)} = 4.7434$$

따라서,

$$P(X<80) = \sum_{x=0}^{79} b(x;120,\,0.75) = P\left(\frac{X-90}{4.7434} < \frac{79-90}{4.7434}\right) = P(Z<2.11) = 0.017$$

이다.

5.7 표본평균 분포와 중심극한정리

모집단 분포가 정규분포를 따를 때 표본평균 $\overline{X}$의 분포에 대한 중요한 성질을 소개하겠다.

정규모집단으로부터의 표본평균

정규모집단 $N(\mu,\,\sigma^2)$으로부터의 크기 n인 표본$(X_1,\,X_2,\,\cdots,\,X_n)$의 평균 $\overline{X}$의 분포는 $N\left(\mu, \dfrac{\sigma^2}{n}\right)$을 하고, $Z = \dfrac{\overline{X}-\mu}{\sigma/\sqrt{n}}$는 표준정규분포 $N(0,1)$을 따른다.

우리는 위의 성질에서 모집단의 분포가 정규분포일 때 표본평균의 분포도 정규분포임을 보았다. 모집단의 분포가 정규분포가 아니면 표본평균의 분포는 어떻게 구할 수 있을까?

아래의 중심극한정리(central limit theorem)는 정규분포가 아닌 모집단 즉, 비정규모집단의 경우이며 여기에서는 표본의 크기 n이 클 때 표본평균은 정규분포에 근사함을 보여주는 아주 유용한 성질이다.

중심극한정리(Central limit theorem)

평균 μ, 분산 σ^2인 임의의 모집단으로부터 크기 n인 표본 $(X_1, X_2, \cdots, X_n)$의 평균 $\overline{X}$의 분포는 $n \to \infty$일 때

$$\overline{X} \dot{\sim} N\left(\mu, \frac{\sigma^2}{n}\right) \text{이고 } Z = \frac{\overline{X} - \mu}{\sigma / \sqrt{n}} \sim N(0,1).$$

5.8 정규모집단에서 표본분포

5.8.1 t-분포

모집단의 평균에 대한 추정 또는 검정을 할 때, 모분산 σ^2이 알려져 있지 않는 경우에는 $Z = \dfrac{\overline{X} - \mu}{\sigma / \sqrt{n}}$의 분포를 이용할 수 없다. 그러나 표본의 크기가 $n \geqq 30$일 때는 σ^2 대신 표본분산 S^2을 사용하여도 근사적으로

$$\frac{\overline{X} - \mu}{S / \sqrt{n}} \ \dot{\sim} \ N(0, 1)$$

임이 알려져 있으나, 표본의 크기 $n < 30$일 때는 정규분포에 적합하지 않고

$$T = \frac{\overline{X} - \mu}{S / \sqrt{n}}$$

는 자유도 $n-1$인 t-분포(t-distribution)를 사용하여야 한다. t-분포는 영국의 통계학자 *W.S.Gosset*가 처음으로 *Student*라는 가명으로 발표한 후 통계적 추론에서 중요하게 쓰이고 있다.

t-분포

$X_1, X_2, \cdots, X_n$이 정규분포 $N(\mu, \sigma^2)$에서 확률표본일 때

$$T = \frac{\overline{X} - \mu}{S/\sqrt{n}}$$

은 자유도 $n-1$인 t-분포(t-distribution)를 따른다.

확률변수 X가 자유도 n인 t-분포를 갖는다면, X의 확률밀도함수는 다음과 같다.

$$f(x) = \frac{\Gamma\left(\frac{n+1}{2}\right)}{\Gamma\left(\frac{n}{2}\right)\sqrt{n\pi}}\left(1 + \frac{x^2}{n}\right)^{-\frac{n+1}{2}}, \quad -\infty < x < \infty$$

t-분포의 모양은 표준정규분포와 마찬가지로 0을 중심으로 좌우 대칭이다. 그러나 표준정규분포보다는 두터운 꼬리를 갖고 있다. t-분포의 곡선은 자유도 n에 따라 모양이 다르게 나타나며, 아래의 [그림 5.3]은 자유도 n이 $n=1,3,7$인 경우에 대하여 t-분포의 곡선이 나타나 있으며, 또한 표준정규분포의 곡선이 동시에 비교되어 나타나 있다. 즉, t-분포는 자유도 n이 증가함에 따라 표준정규분포에 접근하게 된다.

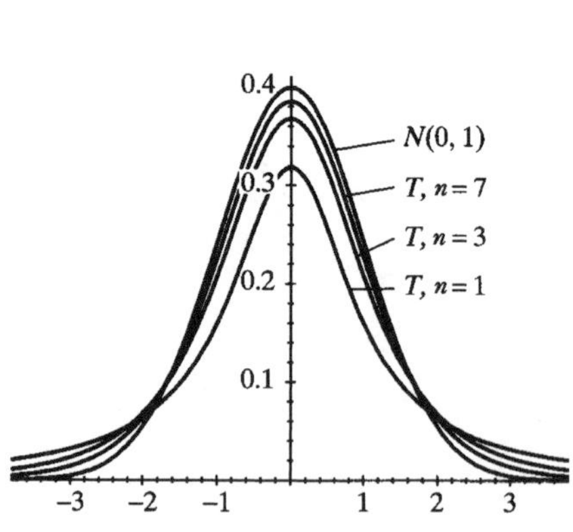

그림 5.3 t-분포와 표준정규분포 곡선

우리는 두 개의 독립인 모집단에서 얻어진 자료를 생각하자. 두 모집단의 분산이 알려진 경우 표본평균의 차에 대한 분포는 다음과 같다.

정규모집단 $N(\mu_1, \sigma_1^2)$으로부터의 크기 n_1인 표본 $(X_1, X_2, \cdots, X_{n_1})$의 평균 $\overline{X}$와 정규모집단 $N(\mu_2, \sigma_2^2)$으로부터의 크기 n_2인 표본 $(Y_1, Y_2, \cdots, Y_{n_2})$의 평균 $\overline{Y}$의 차 $\overline{X}-\overline{Y}$의 분포는

$$(\overline{X}-\overline{Y}) \sim N\left(\mu_1-\mu_2, \frac{\sigma_1^2}{n_1}+\frac{\sigma_2^2}{n_2}\right)$$

이 성립한다. 이를 표준화하면, 다음과 같이 평균이 0이고 분산이 1인 표준정규분포를 따르게 된다.

$$Z=\frac{(\overline{X_1}-\overline{X_2})-(\mu_1-\mu_2)}{\sqrt{\sigma_1^2/n_1+\sigma_2^2/n_2}} \sim N(0,1)$$

평균 차에 대한 표본편차를 모르는 경우는 다음과 같이 t-분포를 따르게 된다. 이 때, 자유도는 $(n_1-1)+(n_2-1)=n_1+n_2-2$이다.

$$T=\frac{(\overline{X_1}-\overline{X_2})-(\mu_1-\mu_2)}{\sqrt{S_1^2/n_1+S_2^2/n_2}} \sim t(n_1+n_2-2)$$

이표본의 경우, 앞에서는 두 모집단의 분산이 다를 경우에 대해서 살펴보았지만, 두 모집단의 분산이 같은 경우는 공통분산(S_p^2, common variance)을 사용해서 다음과 같이 나타낼 수 있다.

$$S_p^2=\frac{(n_1-1)S_1^2+(n_2-1)S_2^2}{n_1+n_2-2}$$

여기서, S_1^2와 S_2^2는 각각의 집단의 표본분산이다. 공통분산을 사용할 경우의 두 표본평균 차에 대한 분포는 다음과 같다.

$$T=\frac{(\overline{X_1}-\overline{X_2})-(\mu_1-\mu_2)}{S_p\sqrt{1/n_1+1/n_2}} \sim t(n_1+n_2-2)$$

지금까지는 두 개의 집단이 독립인 경우에 평균의 차이를 추론하고자 하는 경우

에 대하여 살펴보았다. 그러나 다이어트 식품이 효과가 있는지 확인하기 위해서는 복용전과 복용후의 체중의 변화를 확인하여 효과의 유무를 검증할 수 있다. 이러한 경우는 두 개의 집단이 독립이라고 할 수 없다. 복용전과 복용후의 체중의 차이를 $D_i = X_i - Y_i$로 나타내면 $D_1, D_2, \cdots, D_n$은 모평균이 $\mu_D = \mu_1 - \mu_2$이고 모분산이 σ_D^2인 하나의 모집단으로부터 얻어진 크기가 n인 독립인 확률표본으로 간주될 수 있다. 이때 이러한 자료를 짝지워진 표본 또는 대응표본이라고 한다.

A, B 두 모집단으로부터 뽑은 표본이 대응을 이루고 있을 때 아래와 같이 각 대응에서의 차이 $D_i = X_i - Y_i$를 생각하자.

쌍	1	2	$\cdots$	i	$\cdots$	n
A 모집단	X_1	X_2	$\cdots$	X_i	$\cdots$	X_n
B 모집단	Y_1	Y_2	$\cdots$	Y_i	$\cdots$	Y_n
차 이	D_1	D_2	$\cdots$	D_i	$\cdots$	D_n

표본의 차이 $D_1, D_2, \cdots, D_n$은 평균이 μ_D이고, 분산 σ_D^2인 정규모집단에서 추출된 표본이라고 생각하고 μ_D와 σ_D^2 대신 표본평균 $\overline{D} = \frac{1}{n}\sum D_i$, 표본분산 $S^2 = \frac{\sum(D_i - \overline{D})^2}{n-1}$을 사용한다. 그러면 두 모집단의 모평균의 차이에 대한 통계량은 자유도 $(n-1)$인 $t-$분포를 따른다.

$$T = \frac{\overline{D} - \mu_D}{S_D / \sqrt{n}} \sim t\ (n-1)$$

예제 5.8 X가 자유도 7인 $t-$분포를 따를 때 확률 $P(X \leq 1.415)$를 구하라.

풀이 부록의 표를 이용하면, 자유도 7인 $t-$분포의 확률은 $P(X \leq 1.415) = 0.90$이다.

5.8.2 카이제곱 분포

모집단의 분산 σ^2의 추론에 사용되는 표본분산 S^2과 관계되는 분포인 카이제곱분포에 대하여 살펴본다.

χ^2-분포(chi-square distribution)

정규모집단 $N(\mu, \sigma^2)$으로부터 크기 n인 표본$(X_1, X_2, \cdots, X_n)$을 추출했을 때

$$\chi^2 = \frac{\sum_{i=1}^{n}(X_i - \overline{X})^2}{\sigma^2} = \frac{(n-1)S^2}{\sigma^2}$$

은 자유도(degree of freedom) $n-1$인 χ^2-분포를 한다.

확률변수 X가 자유도 n인 카이제곱분포를 하면 $X \sim \chi^2(n)$으로 표시한다. χ^2-분포는 통계적 추론 분야에서 모집단의 분산에 대한 추정과 검정, 적합도 검정, 독립성의 검정을 하는 데 이용된다.

확률변수 X가 자유도 n인 카이제곱분포 $x^2(n)$를 따를 때 X의 확률밀도함수 $f(x)$는 다음과 같이 주어진다.

$$f(x) = \frac{1}{\Gamma\left(\frac{n}{2}\right) 2^{\frac{n}{2}}} x^{\frac{n}{2}-1} e^{-\frac{x}{2}}, \quad 0 \leqq x < \infty$$

아래의 [그림 5.4]는 자유도의 변화에 따른 카이제곱분포를 나타낸 것으로 자유도 n이 $n = 2, 3, 5, 8$인 경우에 있어서 카이제곱분포의 곡선이 그려져 있으며, 자유도 n이 커짐에 따라 곡선이 대칭화됨을 알 수 있다.

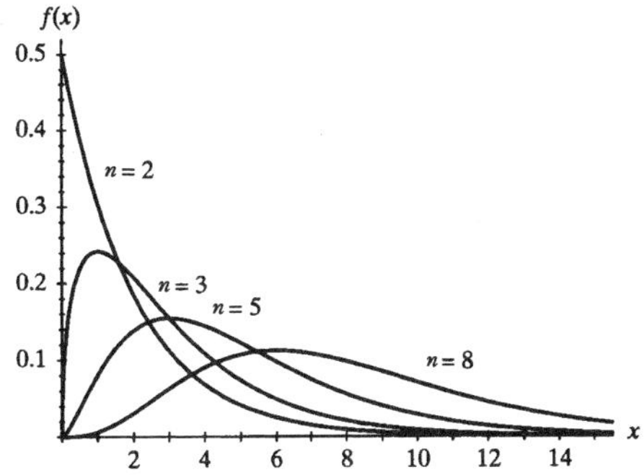

그림 5.4 $n = 2, 3, 5, 8$일 때의 카이제곱 pdf

예제 5.9 확률변수 X가 자유도 4인 카이제곱 분포를 따를 때

$$P[X \geq x] = 0.05$$

가 성립하는 x의 값을 구하여라.

풀이 부록의 표 3에서 자유도 $n = 4$, $\alpha = 0.05$인 경우이므로

$$P[X \geq 9.49] = 0.05$$

가 되고, 따라서 $x = 9.49$가 된다.

5.8.3 F-분포

F-분포는 2개의 독립인 χ^2분포를 하는 확률변수를 각각의 자유도로 나눈 것의 비로 정의되는 분포로서, 다음과 같이 정의할 수 있다.

F-분포(Fisher의 F-분포)

U와 V를 각각 자유도가 n_1, n_2인 x^2분포를 하는 독립인 확률변수라 하면 확률변수

$$F = \frac{U/n_1}{V/n_2}$$

는 분자의 자유도 n_1, 분모의 자유도 n_2인 F-분포를 하며, $F(n_1, n_2)$로 표시한다.

F-분포는 두 모집단의 분산의 비에 대한 추정과 검정, 분산분석, 회귀분석 등에서 널리 쓰인다.

확률변수 X가 자유도 n_1과 n_2인 F분포를 갖는다면 X의 확률밀도함수 $f(x)$는 다음과 같다.

$$f(x) = \frac{\Gamma\left(\frac{n_1 + n_2}{2}\right)}{\Gamma\left(\frac{n_1}{2}\right)\Gamma\left(\frac{n_2}{2}\right)} \left(\frac{n_1}{n_2}\right)^{\frac{n_1}{2}} x^{\frac{n_1}{2} - 1}\left(1 + \frac{n_1}{n_2}x\right)^{-\frac{n_1 + n_2}{2}}, \quad 0 < x < \infty$$

확률변수 X가 위와 같은 분포를 갖는다면 간단히 $X \sim F(n_1, n_2)$로 표시한다. F-분포 역시 자유도에 따라 그 모양이 다르게 나타나며, 아래의 [그림 5.5]는 자유도 n_1과 n_2의 변화에 따른 F-분포의 곡선모양이 나타나 있다.

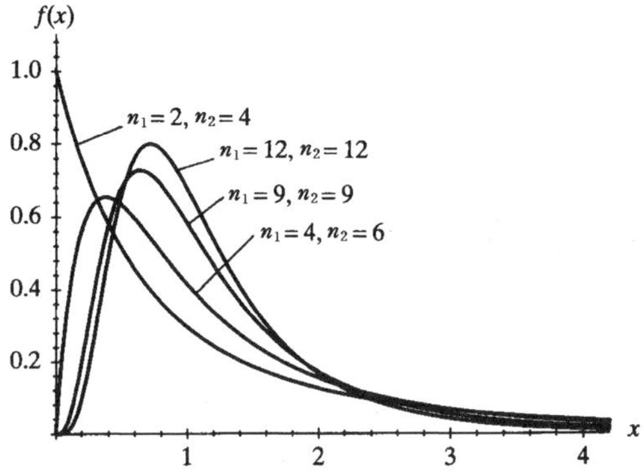

그림 5.5 자유도 n_1, n_2의 변화에 따른 F-분포

예제 5.10 확률변수 F가 자유도 (7, 8)인 F-분포를 따를 때

$$P[F \geqq f] = 0.05$$

인 f의 값을 구하여라.

풀이 부록의 표 5에서 자유도 $n_1 = 7, n_2 = 8, \alpha = 0.05$인 경우이므로

$$P[F \geqq 3.50] = 0.05$$

를 만족하는 $f = 3.50$의 값을 얻는다.

F-분포에 대한 정리

두 정규모집단$N(\mu_1, \sigma_1^2)$, $N(\mu_2, \sigma_2^2)$ 로부터 각각 크기 n_1, n_2인 표본 $(X_1, X_2, \cdots, X_{n_1})$, $(Y_1, Y_2, \cdots, Y_{n_2})$을 추출하였을 때 표본분산 S_1^2, S_2^2는

$$S_1^2 = \frac{\sum^{n_1}(X_i - \overline{X})^2}{n_1 - 1}, \quad S_2^2 = \frac{\sum^{n_2}(Y_i - \overline{Y})^2}{n_2 - 1}$$

이며, 이들의 비 S_1^2/S_2^2 의 분포는

$$F = \frac{\sigma_2^2 S_1^2}{\sigma_1^2 S_2^2} \sim F(n_1 - 1,\ n_2 - 1)$$

5.9 연속확률분포 SPSS 실습

예제 5.11 SPSS를 이용하여 (예제 5.5)를 해결하라.

풀이 구하는 확률은 $P(75 \le X \le 82) = P(X \le 82) - P(X \le 75)$으로 나타낼 수 있으므로 SPSS 데이터 편집기를 이용하여 $P(X \le 82)$와 $P(X \le 75)$를 계산하여 구하자.

1. 왼쪽 하단 변수 보기 → 변수명을 입력하여 변수 생성 → 소수점 이하 4자리로 변경

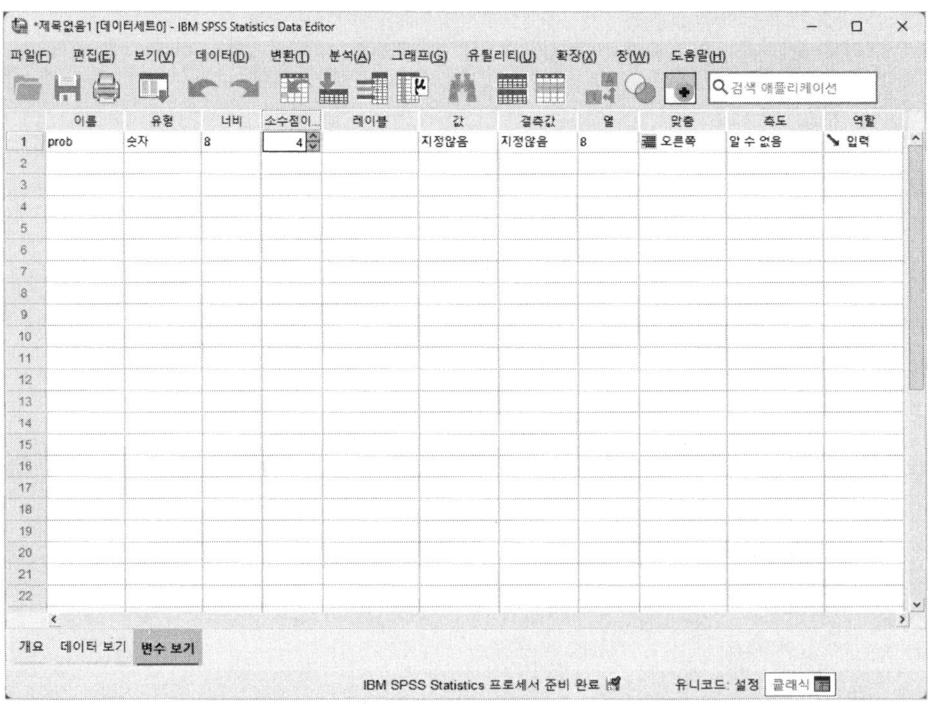

2. 왼쪽 하단 데이터 보기 → prob 변수에 임의의 데이터 입력 → 변환 → 변수 계산

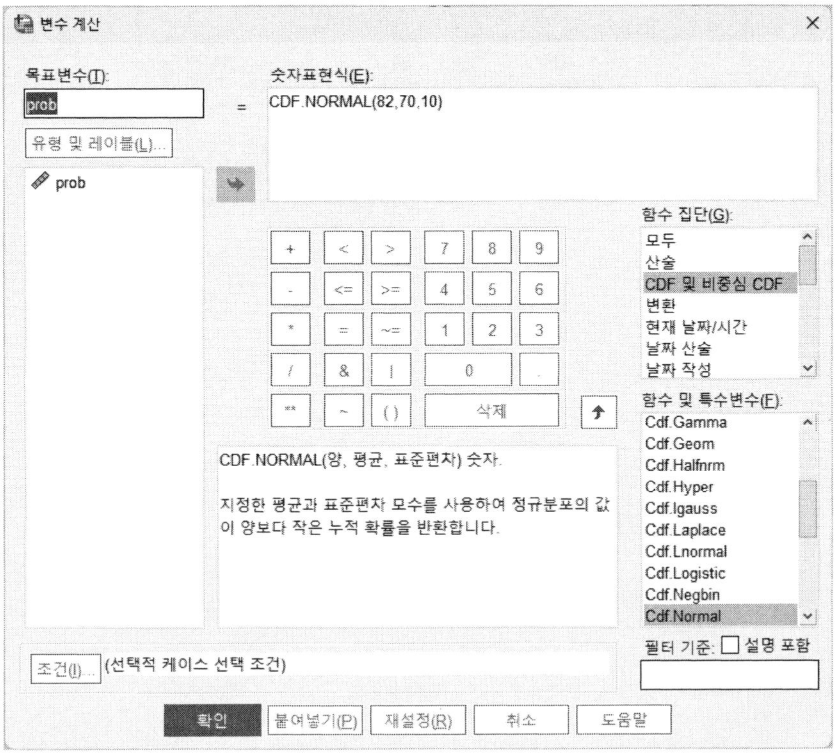

CDF.NORMAL(양, 평균, 표준편차)를 선택한 다음 양에 '82', 평균에 '70', 표준편차에 '10'을 입력한다. '확인'을 클릭하면 '기존변수를 바꾸시겠습니까?'라는 화면이 생성되고 다시 '확인'을 클릭하면 아래와 같이 $P(X \leq 82) = 0.8849$임을 알 수 있다.

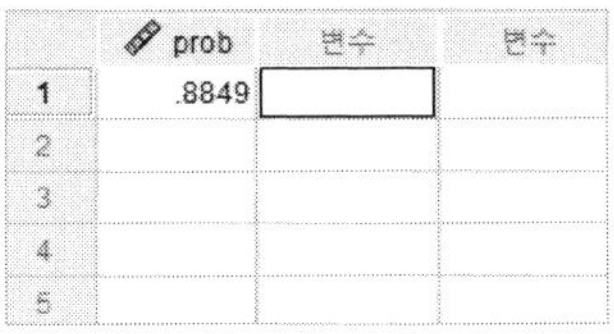

마찬가지로 $P(X \leq 75) = 0.6915$을 얻게 되고, 따라서 구하는 확률은 다음과 같다.

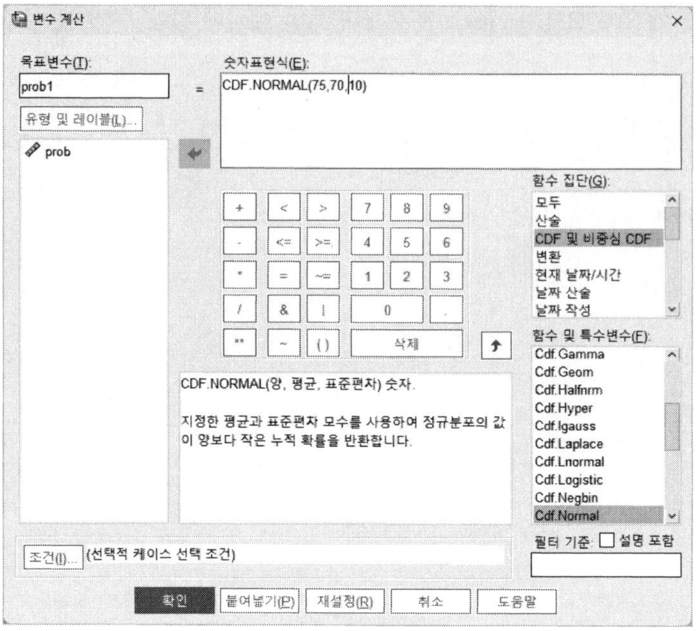

	prob	prob1	변수
1	.8849	.6915	
2			
3			
4			
5			

$$P(75 \leq X \leq 82) = 0.8849 - 0.6915 = 0.1934$$

	prob	prob1	prob2
1	.8849	.6915	.1935
2			
3			
4			
5			

예제 5.12 SPSS를 이용하여 (예제 5.6)을 해결하라.

풀이 X를 통계학 시험 성적, A 학점을 받을 학생 중 최하 성적을 y라 하면 $P(X \leq y)$ =0.70인 y를 구하라.

1. 변수 보기 → 변수명 지정 → 소수점 이하 4자리로 변경

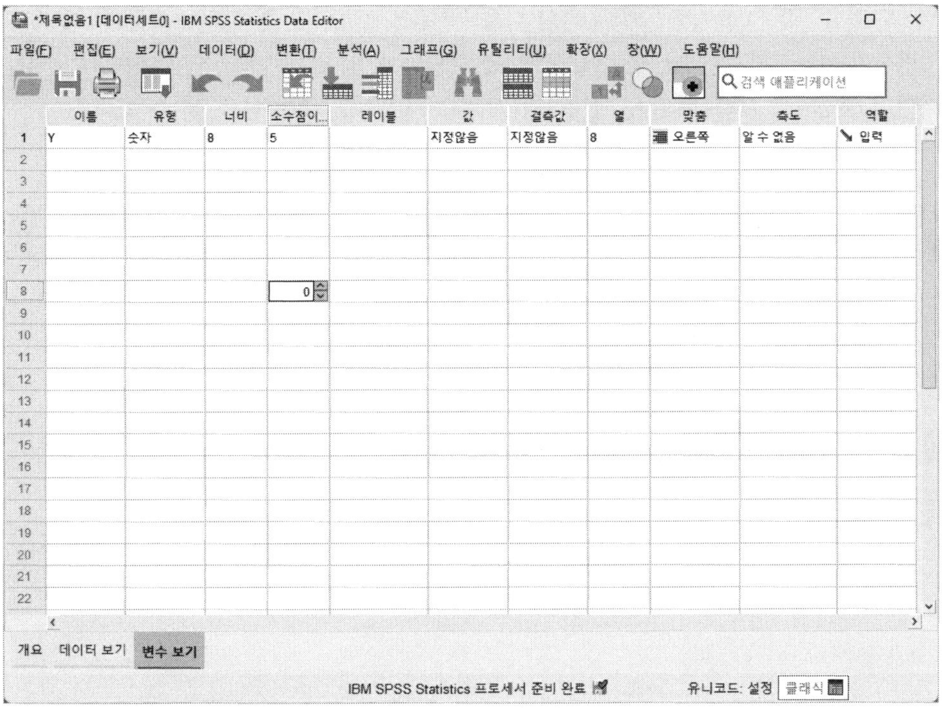

2. 왼쪽 하단 데이터 보기 → 변수 y에 임의의 데이터 입력 → 변환 → 변수계산

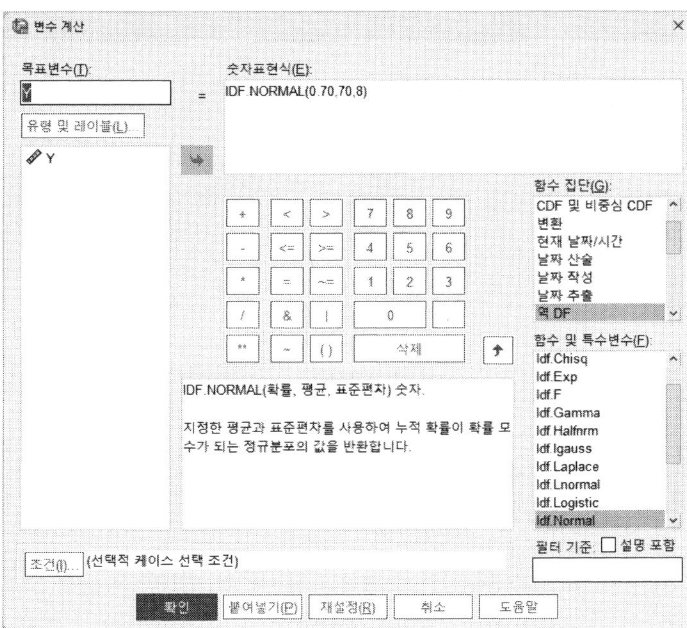

역 DF(확률, 평균, 표준편차)을 선택한 다음 '확률'에 0.70, '평균'에 70, 표준편차에 '8'을 입력하여 위와 같은 화면을 얻는다. '확인'을 클릭하면 '기존 변수를 바꾸시겠습니까?'라는 화면이 생성되고 다시 '확인'을 클릭하면 $P(X \leq 74.1952) = 0.70$임을 알 수 있다.

	Y	변수	변수
1	74.1952		
2			
3			
4			
5			

예제 5.13 SPSS를 이용하여 (예제 5.8)을 해결하여라.

풀이 X가 자유도 7인 t-분포를 따를 때 확률 $P(X \leq 1.415)$를 구하라.

1. 왼쪽 하단 변수 보기 → 변수명 입력하여 변수 생성 → 소수점 이하 4자리로 변경

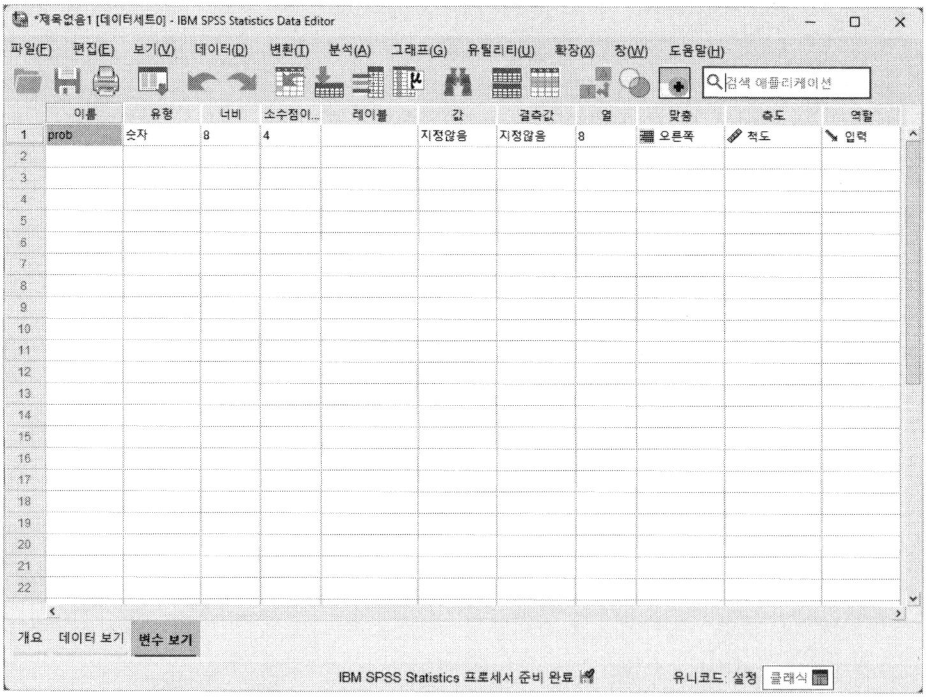

2. 왼쪽 하단 데이터 보기 → 변수 prob에 임의의 데이터 입력 → 변환 → 변수 계산

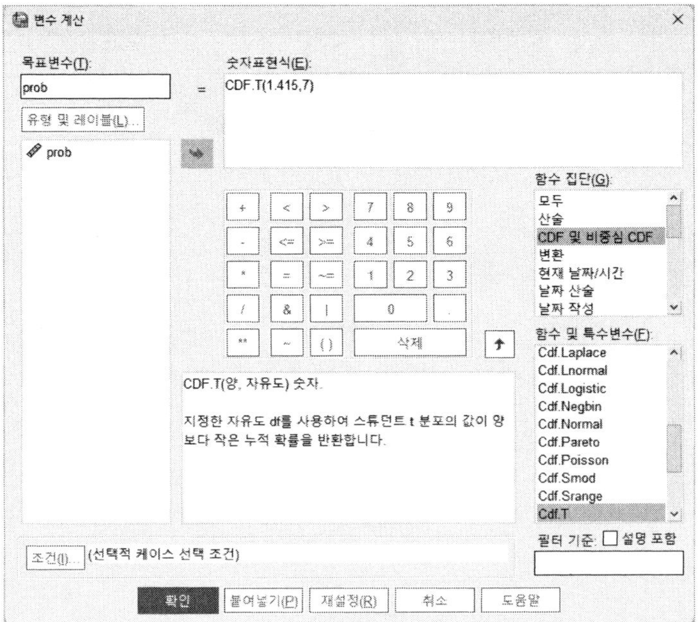

CDF.T(양, 자유도)를 선택한 다음 양에 '1.415', 자유도에 '7'을 입력한다. '확인'을 클릭하면 '기존 변수를 바꾸시겠습니까?'라는 화면이 생성되고 다시 '확인'을 클릭하면 아래와 같이 $P(X \leq 1.415) = 0.9000$임을 알 수 있다.

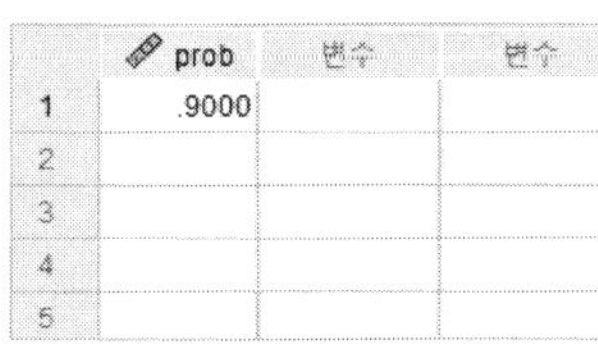

예제 5.14 X가 자유도 20인 t-분포를 따를 때 확률 $P(X \geq t) = 0.025$인 t를 구하라.

SPSS를 이용하여 해결하라.

풀이 X가 자유도 20인 t-분포를 따를 때 확률 $P(X \geq t) = 0.025$인 t를 구하라.

1. 왼쪽 하단 변수 보기 → 변수명 입력하여 변수 생성 → 소수점 이하 4자리로 변경

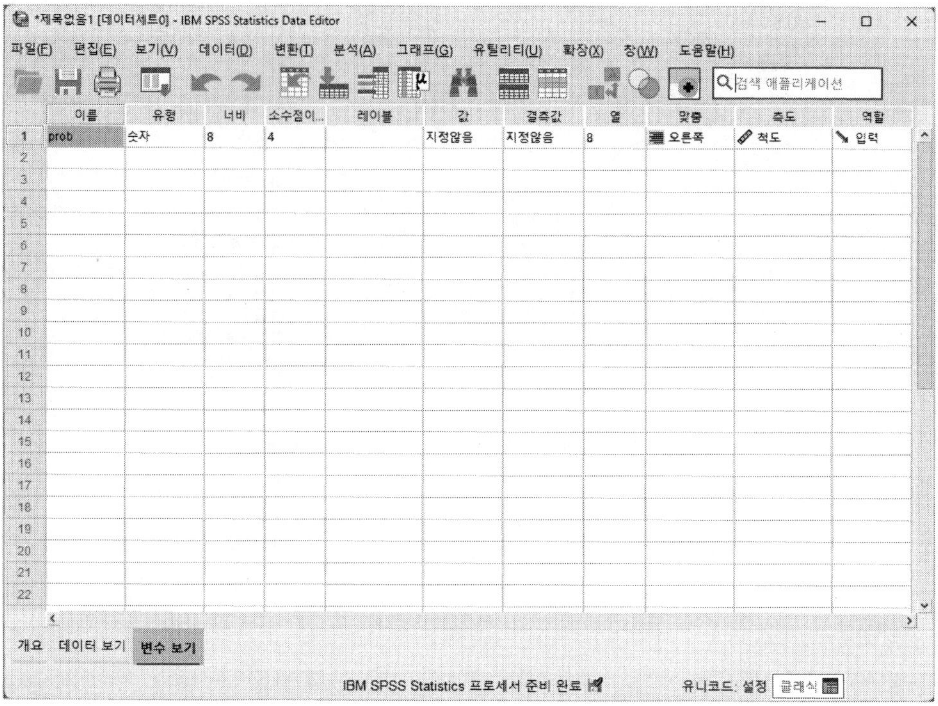

2. 왼쪽 하단 데이터 보기 → 변수 prob에 임의의 데이터 입력 → 변환 → 변수계산

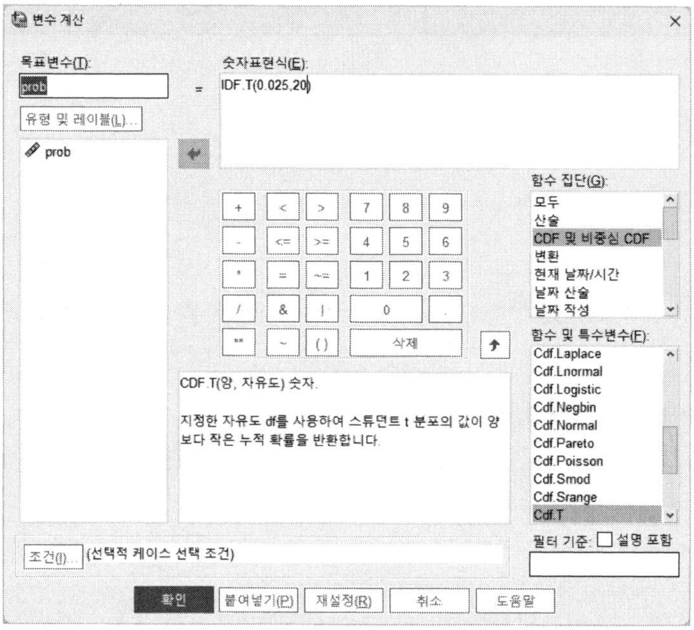

idf.T(확률, 자유도)을 선택한 다음 '확률'에 0.025, '자유도'에 20을 입력하여 위와 같은 화면을 얻는다. '확인'을 클릭하면 '기존 변수를 바꾸시겠습니까?'라는 화면이 생성되고 다시 '확인'을 클릭하면 $P(X \leq -2.0860) = P(X \geq 2.0860) = 0.025$임을 알 수 있다.

	prob	변수	변수
1	-2.0860		
2			
3			
4			
5			

예제 5.15 확률변수 X가 자유도 10인 카이제곱 분포를 따를 때

$$P[X \geq x] = 0.10$$

가 성립하는 x의 값을 구하여라. SPSS를 이용하여 해결하라.

풀이

1. 왼쪽 하단 변수 보기 → 변수 명 입력하여 변수 생성 → 소수점 이하 4자리로 변경

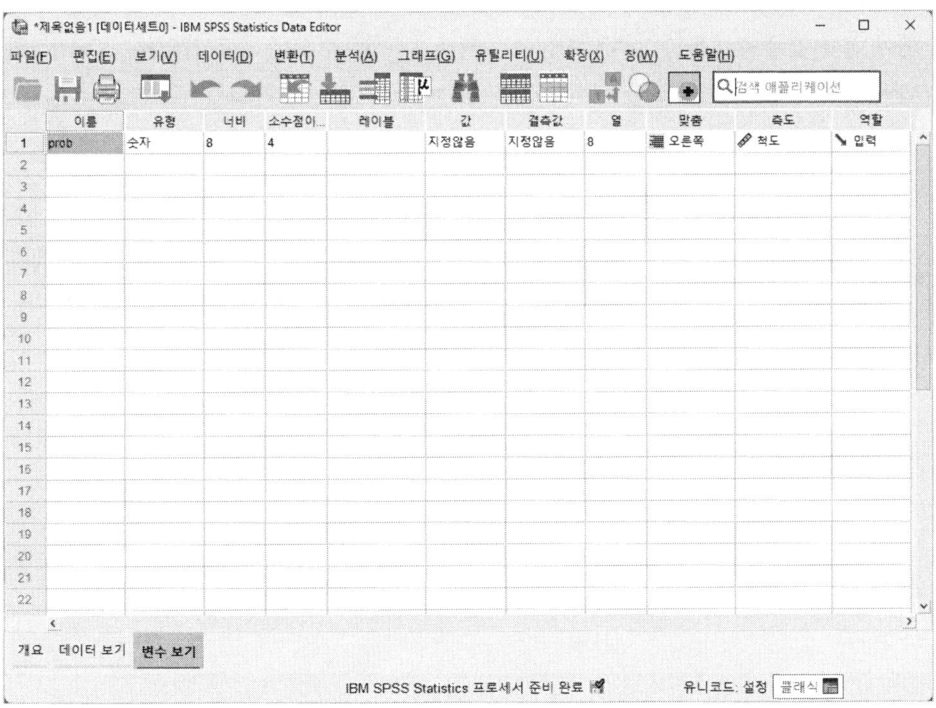

2. 왼쪽 하단 데이터 보기 → 변수 prob에 임의의 데이터 입력 → 변환 → 변수 계산

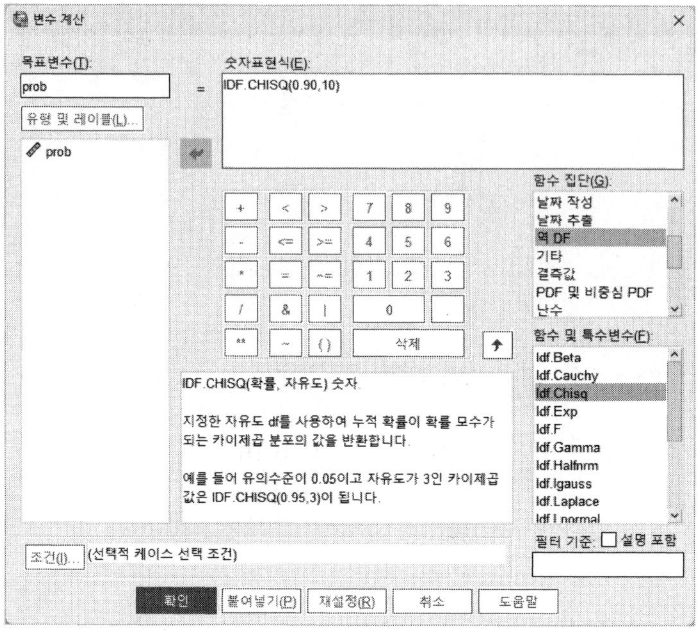

idf.Chisq(확률, 자유도)을 선택한 다음 '확률'에 0.90(=1−0.10), '자유도'에 10을 입력하여 위와 같은 화면을 얻는다. '확인'을 클릭하면 '기존 변수를 바꾸시겠습니까?'라는 화면이 생성되고 다시 '확인'을 클릭하면 $P[X \geq 15.9872] = 0.10$임을 알 수 있다.

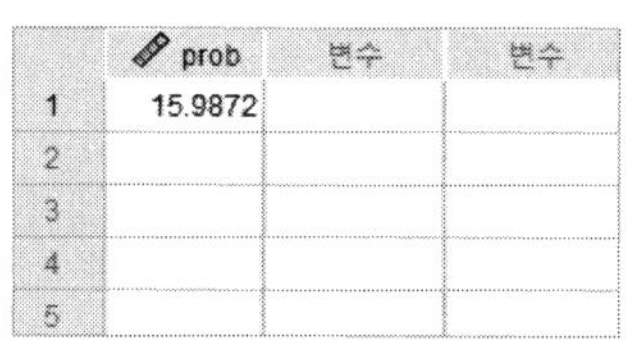

제6장

추정 및 가설검정

모평균, 모분산, 모비율 등과 같은 모수에 대한 어떤 판단을 내리기 위하여 모집단에서 표본을 추출하여 데이터를 얻고 이 데이터를 기초로 하여 통계이론에 의한 결론을 내리게 된다. 이와 같은 추론의 과정을 통계적 추론(statistical inference)이라고 한다.

통계적 추론은 통계적 추정과 통계적 가설검정으로 나눈다. 이 단원에서는 추정과 검정에 대하여 간단히 살펴보고자 한다.

6.1 점추정

모수의 추정은 표본분포의 이론에 근거하여 추정량 또는 추정치의 신뢰한계를 계산하는 방법, 즉 구간추정(interval estimation)과 모집단을 한 개의 값으로 추정하는 점추정(point estimation)이 있다.

모평균, 모분산 등 모집단의 특성을 나타내는 모수(parameter)를 θ로 표시하고, 표본평균, 표본분산 등 표본의 특성을 나타내는 통계량(statistic)을 T로 나타내며, pdf.가 $f(x:\theta)$인 모집단으로부터 추출한 크기 n인 표본을 $(X_1, X_2, \cdots, X_n)$이라 할 때 통계량 T는 이것의 함수로서 $T = T(X_1, X_2, \cdots, X_n)$으로 나타낼 수 있으며, T도 일정한 확률분포, 즉 표본분포를 갖는다. θ는 일반적으로 미지이고, T는 변수이지만 조사의 결과에 따라 그 값이 결정된다.

모수 θ 의 추정에 사용되는 통계량 $\hat{\theta}(X_1, X_2, \cdots, X_n)$을 θ 의 추정량(estimator)이라 하고, 추정량 $\hat{\theta}$의 관측값 $\hat{\theta}(X_1, X_2, \cdots, X_n)$을 추정치(값) (estimate), $\hat{\theta}$를 θ 의 점추정량(point estimator)이라 하며, $\hat{\theta}$의 값을 θ 의 추정값이라 한다.

6.1.1 모평균 점추정

모평균 μ는 가장 많이 사용되는 모수이다. μ를 추정하기 위한 여러 가지 방법들이 있으나 그 중에 대표적인 방법이 표본평균(sample mean)이다. 모평균이 μ이고 모표준편차가 σ인 임의의 모집단으로부터의 크기 n인 확률표본을 $X_1, \cdots, X_n$이라 할 때, 표본평균은 다음과 같이 정의된다.

$$\overline{X} = \frac{X_1 + \cdots + X_n}{n} = \frac{1}{n}\sum_{i=1}^{n} X_i$$

예제 6.1 전구를 개발하여 판매하는 회사가 있다. 다음은 판매 전구 중 9개를 랜덤 추출하여 수명시간을 기록한 데이터이다.

2000, 1975, 1900, 2000, 1950, 1850, 1950, 2100, 1975

전구 수명이 정규분포를 따른다고 할 때, 자료를 이용하여 평균수명 μ를 추정하라.

풀이 표본평균 $\overline{x} = \frac{1}{9}\sum_{i=1}^{9} x_i = 1966.7$, 평균수명 μ의 추정값 = $\hat{\mu} = \overline{x} = 1966.7$

6.1.2 모분산 점추정

모분산은 모집단의 분포가 흩어져 있는 정도를 나타내는 양을 말하며 모분산에 대한 정보를 주는 대표적인 통계량으로서 **표본분산**(sample variance)이 있다.

X_1, $\cdots$, X_n을 평균이 μ이고, 분산이 σ^2인 모집단에서의 랜덤표본이라 했을 때 이 랜덤표본의 표본분산은 다음과 같이 정의된다.

$$S^2 = \frac{\sum_{i=1}^{n}(X_i - \overline{X})^2}{n-1}$$

예제 6.2 다음은 어떤 음료의 화학분석 의해 얻은 당분함량의 데이터이다. 당분함량의 분산 σ^2을 추정하라.

15.6 14.8 15.1 13.5 15.8 14.0 14.2 15.1 13.7 14.5

풀이 σ^2의 추정값 = $\widehat{\sigma^2} = s^2 = \sum_{i=1}^{n}(x_i - \overline{x})^2/(n-1) = 5.521/9 = 0.6131$

6.1.3 모비율 점추정

모비율(population proportion)은 합격률, 찬성률, 실업률과 같이 모집단에서 특정한 속성을 갖는 것의 비율을 말한다. 크기 n인 랜덤표본에서 그 속성을 갖는 것의 개수를 X라고 할 때 X는 이항분포 $B(n, p)$를 따른다. 이때 모비율 p의 추정량으로는 **표본비율**(sample proportion)을 사용한다.

$$\text{모비율 } p\text{의 추정량: } \hat{p} = \frac{X}{n}$$

예제 6.3 어떤 도시의 20대 1600명을 무작위 추출하여 조사한 결과 96명이 실업자였다. 이 도시의 실업률 p를 추정하여라.

풀이 $n = 1600$, 실업자의 수 $x = 96$이므로 $\hat{p} = 96/1600 = 0.06$

6.2 구간추정

6.2.1 신뢰구간

구간추정(interval estimation) 또는 신뢰구간(confidence interval)은 추정치가 모수에 대한 정확도를 알 수 있는 추정방법으로 모수의 추정치를 어느 구간의 값으로 추정하는 것이다.

2개의 통계량 T_1, T_2를 적당하게 정하고, 구간 (T_1, T_2)가 모수 θ를 포함하는 확률이 일정한 값 $1-\alpha$가 되게 하였을 때 구간 (T_1, T_2)를 신뢰수준(confidence level) $1-\alpha$인 구간추정량(interval estimator) 또는 신뢰구간(confidence interval)이라 하며, T_1, T_2를 각각 신뢰하한(confidence lower limit), 신뢰상한(confidence upper limit)이라 한다.

정의 6.1 신뢰수준 $100(1-\alpha)\%$ 신뢰구간

T_1, T_2가 2개의 통계량이고 θ가 알려지지 않은 모수일 때

$P\{T_1(X_1, X_2, \cdots, X_n) < \theta < T_2(X_1, X_2, \cdots, X_n)\} = 1-\alpha$인 (T_1, T_2)

를 신뢰수준 $100(1-\alpha)\%$인 신뢰구간이라 하고, T_1, T_2를 각각 신뢰하한, 신뢰상한이라 한다.

신뢰수준은 95%, 99%, 90% 등을 많이 사용하며, 이 가운데서도 95%가 가장 많이 쓰인다.

신뢰수준이 클수록 신뢰구간의 폭은 커진다. 즉, 신뢰구간의 폭이 크면 클수록 주어진 구간은 미지모수를 포함하는 것이 더욱더 신뢰할 수 있으나 폭이 너무 크면 추정의 의의가 적어지는 단점도 있다.

신뢰수준 95%라는 뜻은 $P(T_1 < \mu < T_2) = 0.95$이므로, 모평균 μ가 신뢰구간 내에 있을 확률이 0.95라는 뜻이다. 그러므로 모평균이 항상 그 신뢰구간 내에 존재한다는 뜻은 아니고 이러한 실험을 반복하여 100번 추정할 때 모평균이 실제 95번 정도는 그 구간 내에 존재하고 5번쯤은 그 구간을 벗어날 수 있다는 의미이다.

6.2.2 일표본 모평균 구간추정

1) 정규모집단이고 모분산이 알려져 있는 경우

정규모집단 $N(\mu, \sigma^2)$에서 추출한 크기 n인 표본 $X_1, X_2, \cdots, X_n$에 의하여 모평균 μ를 구간추정하는 것을 생각하자.

정규모집단에서 추출한 표본평균 $\overline{X}$의 분포는 평균 μ, 분산 σ^2/n인 정규분포

$$\overline{X} \sim N\left(\mu, \frac{\sigma^2}{n}\right), \qquad Z = \frac{\overline{X}-\mu}{\sigma/\sqrt{n}} \sim N(0,1).$$

확률변수 Z가 $-z_{\alpha/2}$(왼쪽으로 넓이가 $\alpha/2$인 z의 값)와 $z_{\alpha/2}$(오른쪽으로 넓이가 $\alpha/2$인 z의 값) 사이에 있을 확률은 $1-\alpha$이다.

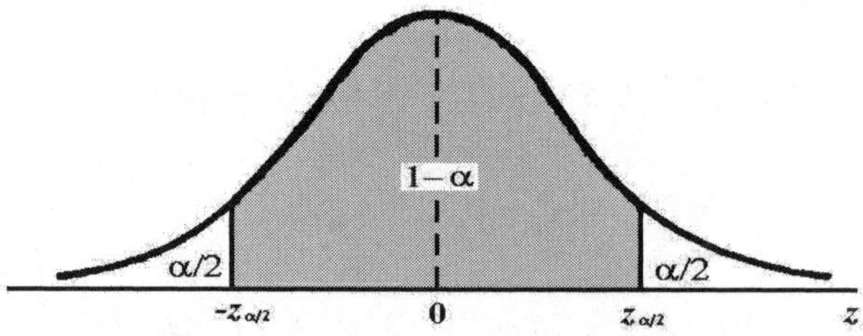

그림 6.1 $P(-z_{\alpha/2} < Z < z_{\alpha/2}) = 1-\alpha$

따라서 $P\left(-z_{\alpha/2} < \dfrac{\overline{X}-\mu}{\sigma/\sqrt{n}} < z_{\alpha/2}\right) = 1-\alpha$이고, 괄호 안의 부등식을 μ에 관하여 정리하면 다음의 신뢰구간이 얻어진다.

정규모집단에서 모분산 σ^2 알려져 있을 때 모평균 μ의 신뢰구간

신뢰수준 $1-\alpha$(또는 $100(1-\alpha)\%$)인 모평균 μ의 신뢰구간은

$$\left(\overline{X} - z_{\alpha/2}\frac{\sigma}{\sqrt{n}},\ \overline{X} + z_{\alpha/2}\frac{\sigma}{\sqrt{n}}\right)$$

- 비정규모집단인 경우에는 표본의 크기가 $n \geqq 30$이면 중심극한정리에 의하여 표본평균 $\overline{X}$의 분포는 정규분포에 근사하므로 위의 성질을 이용할 수 있다.

예제 6.4 한 전구제조회사에서 판매한 60촉짜리 전구의 수명을 X라 하자. X의 분포가 정규분포 $N(\mu, 1296)$라고 가정하자. 27개의 전구의 확률표본을 가지고 그 전구들이 모두 수명이 다할 때까지 시험하여 표본평균 $\overline{x} = 1478$시간을 구했다면, 전구의 평균수명 μ에 대한 95% 신뢰구간을 구하라.

풀이 표준정규분포표에서 $\alpha = 0.05$일 때, $z_{\frac{\alpha}{2}} = z_{0.025} = 1.96$이다.

또한, $\overline{x} = 1478$, $\sigma^2 = 1296$, $\sigma = 36$이므로 ,모평균 μ의 95% 신뢰구간은

$$\left[\overline{x} - 1.96\frac{\sigma}{\sqrt{n}},\ \overline{x} + 1.96\frac{\sigma}{\sqrt{n}}\right] = \left[1478 - 1.96\frac{36}{\sqrt{27}},\ 1478 + 1.96\frac{36}{\sqrt{27}}\right]$$
$$= [1464.42,\ 1491.58]$$

2) 모분산이 알려져 있지 않은 경우

(2.1) 대표본인 경우(정규모집단 가정 불필요)

표본의 크기 n이 크면 중심극한정리에 의하여 표본평균 $\overline{X}$는 평균이 μ이고 분산이 σ^2/n인 정규분포에 근사한다. 그러므로 모집단이 정규분포 또는 비정규분포에 관계없이 $\overline{X} \simeq N\left(\mu, \frac{\sigma^2}{n}\right)$를 이용할 수 있으며, 모분산 σ^2의 불편추정량인 $S^2 = \frac{\sum^n (X_i - \overline{X})^2}{n-1}$을 σ^2 대신 사용하면 된다.

모분산 σ^2이 알려져 있지 않고 대표본인 경우 μ의 신뢰구간

모분산 σ^2이 알려져 있지 않고 표본의 크기 n이 클 때 신뢰수준 $1-\alpha$ (또는 $100(1-\alpha)\%$)인 모평균 μ의 신뢰구간은 다음과 같다.

$$\left(\overline{X} - z_{\alpha/2}\frac{S}{\sqrt{n}},\ \overline{X} + z_{\alpha/2}\frac{S}{\sqrt{n}}\right)$$

♣ 중심극한정리에 의하여, 대표본 ≡ n이 크면 ⇔ 정규분포의 근사

- 대표본이라 함은 신뢰도 95%인 경우에는 $n \geq 30$, 신뢰도 99%로 할 때는 $n \geq 100$ 정도이면 위의 정리를 이용할 수 있다.

(2.2) 소표본인 경우(정규모집단 가정 필요)

- 모분산 σ^2 이 미지이고 소표본(n 이 작을 때)일 때에는

$$T = \frac{\overline{X} - \mu}{S/\sqrt{n}} \ SIM\ t(n-1)$$

인 t 분포를 이용하여 모평균 μ에 대한 신뢰구간을 추정한다.

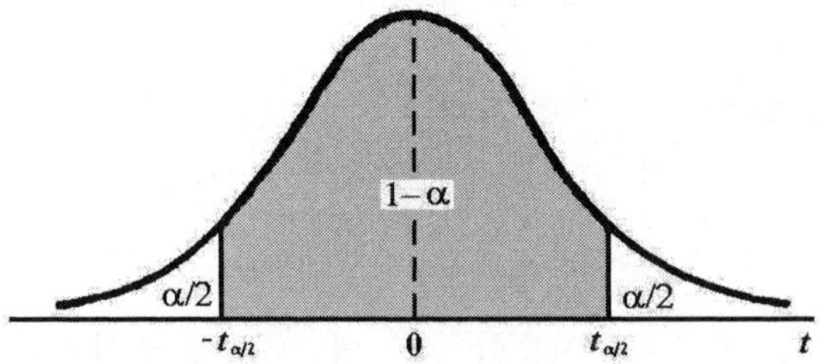

그림 6.2 $P(-t_{\alpha/2} < T < t_{\alpha/2}) = 1-\alpha$

$P\left(-t_{\alpha/2} < \dfrac{\overline{X}-\mu}{S/\sqrt{n}} < t_{\alpha/2}\right) = 1-\alpha$이므로 부등식을 μ에 관하여 정리하면 μ에 대한 100(1−α)% 신뢰구간은 다음과 같다.

정규모집단이고 σ^2이 알려져 있지 않고 소표본인 경우 μ의 신뢰구간

표본이 $n < 30$이고 σ^2이 알려져 있지 않을 때 신뢰수준 $1-\alpha$ 또는 $100(1-\alpha)\%$인 모평균 μ의 신뢰구간은 다음과 같다

$$\left(\overline{X} - t_{\alpha/2}\frac{S}{\sqrt{n}},\ \overline{X} + t_{\alpha/2}\frac{S}{\sqrt{n}}\right)$$

예제 6.5 어떤 화학제품의 제조공정 중 발생되는 유황 함유율을 분석하기 위해서 4번의 실험을 통해 아래와 같은 유황 함유율 자료를 얻었다(단위:%).

45.32, 45.53, 45.47, 45.48

유황 함유율이 정규분포를 따를 때 평균 유황 함유율 μ의 95% 신뢰구간은?

풀이 4개의 자료로부터 $\overline{x} = 45.45$, $s = 0.09$를 얻는다. $n = 4$이므로 자유도는 $\nu = 3$이고, 따라서 $t_{0.025} = 3.182$이다. 그러므로 μ의 95% 신뢰구간은

$$45.45 - 3.182\frac{0.09}{\sqrt{4}} < \mu < 45.45 + 3.182\frac{0.09}{\sqrt{4}},\ 45.31 < \mu < 45.59$$

6.2.3 이표본 모평균의 차에 대한 구간추정

두 회사에서 생산되고 있는 자동차 배터리의 수명을 비교하고자 할 때 두 회사 제품을 임의로 표본추출하여 두 표본의 수명을 비교함으로써 두 회사 제품의 수명을 비교할 수 있다. 이와 같이 두 모집단으로부터 표본을 추출하고, 두 표본평균의 차 $\overline{X}-\overline{Y}$에 의하여 서로 다른 두 모집단의 모평균을 비교하는 것이다.

1) 두 모분산 ${\sigma_1}^2$과 ${\sigma_2}^2$이 알려져 있는 경우(독립표본 두 정규모집단)

두 모분산 ${\sigma_1}^2$, ${\sigma_2}^2$이 알려져 있는 경우, 두 정규모집단 $N(\mu_1, {\sigma_1}^2)$, $N(\mu_2, {\sigma_2}^2)$으로부터 임의 추출한 크기 n_1, n_2인 표본 $X_1, X_2, \cdots, X_{n_1}$과 $Y_1, Y_2, \cdots, Y_{n_2}$의 표본평균을 각각 $\overline{X}$, $\overline{Y}$라 하면, $\mu_1-\mu_2$에 대한 신뢰구간은 $\overline{X}-\overline{Y}$에 의하여 추정하게 된다.

$\mu_1-\mu_2$에 대한 신뢰구간

두 정규모집단이고 ${\sigma_1}^2$, ${\sigma_2}^2$이 알려져 있는 경우 모평균들의 차 $\mu_1-\mu_2$에 대한 $100(1-\alpha)\%$ 신뢰구간은

$$(\overline{X}-\overline{Y}) \pm z_{\alpha/2}\sqrt{\sigma_1^2/n_1+\sigma_2^2/n_2}$$

2) 두 모분산 ${\sigma_1}^2$과 ${\sigma_2}^2$이 알려지지 않은 경우

- 대표본인 경우(정규모집단 가정 불필요)
  두 모분산 ${\sigma_1}^2$, ${\sigma_2}^2$가 알려져 있지 않고, n_1과 n_2가 충분히 크면, $\mu_1-\mu_2$에 대한 $100(1-\alpha)\%$ 신뢰구간은 $(\overline{X}-\overline{Y}) \pm z_{\alpha/2}\sqrt{{S_1}^2/n_1+{S_2}^2/n_2}$이다.

- 소표본인 경우(정규모집단 & ${\sigma_1}^2={\sigma_2}^2=\sigma^2$인 경우)
  정규분포를 하는 두 모집단의 분산 ${\sigma_1}^2$, ${\sigma_2}^2$가 알려져 있지 않고, n_1과 n_2가 크지 않으며, ${\sigma_1}^2={\sigma_2}^2=\sigma^2$인 경우에 $\mu_1-\mu_2$의 신뢰구간을 구하여 보자.

일반적으로 두 모집단의 평균의 차의 신뢰구간을 구하는 문제에서 대체로 두 모분산이 알려져 있지 않으며, 두 모분산의 차가 큰 경우는 많지 않다.

• 두 모집단으로부터 추출한 표본 $X_1, X_2, \cdots, X_{n_1}$과 $Y_1, Y_2, \cdots, Y_{n_2}$에서 ${\sigma_1}^2 = {\sigma_2}^2 = \sigma^2$의 합동추정량(pooled estimator)인 합동표본분산 ${S_p}^2$을 다음과 같이 구한다.

$$
{S_p}^2 = \frac{\sum_{i=1}^{n_1}(X_i - \overline{X})^2 + \sum_{i=1}^{n_2}(Y_i - \overline{Y})^2}{n_1 + n_2 - 2} = \frac{(n_1 - 1){S_1}^2 + (n_2 - 1){S_2}^2}{n_1 + n_2 - 2}
$$

$\mu_1 - \mu_2$에 대한 추론에 사용될 통계량은 $\overline{X} - \overline{Y}$이며, $\overline{X} - \overline{Y}$의 표준화된 통계량은

$$
Z = \frac{(\overline{X} - \overline{Y}) - (\mu_1 - \mu_2)}{\sqrt{{\sigma_1}^2/n_1 + {\sigma_2}^2/n_2}} \sim N(0,1) \quad \& \ {\sigma_1}^2 = {\sigma_2}^2 = \sigma^2
$$

이고

$$
\frac{(n_1 - 1){S_1}^2}{\sigma^2} + \frac{(n_2 - 1){S_2}^2}{\sigma^2} \sim \chi^2(n_1 + n_2 - 2)
$$

이므로, t-분포의 정의로부터

$$
T = \frac{Z}{\sqrt{\chi^2/(n_1 + n_2 - 2)}} = \frac{(\overline{X} - \overline{Y}) - (\mu_1 - \mu_2)}{S_p\sqrt{\frac{1}{n_1} + \frac{1}{n_2}}} \sim t(n_1 + n_2 - 2)
$$

을 이용하면 $\mu_1 - \mu_2$의 $100(1-\alpha)\%$ 신뢰구간을 다음과 같이 구할 수 있다.

${\sigma_1}^2$, ${\sigma_2}^2$은 알려져 있지 않고, 소표본인 경우 $\mu_1 - \mu_2$의 신뢰구간

두 정규모집단의 분산 $\sigma_1^2 = \sigma_2^2 = \sigma^2$이 알려져 있지 않고 n_1과 n_2가 크지 않을 때, $(n_1,\ n_2 < 30)$ $\mu_1 - \mu_2$의 $100(1-\alpha)\%$ 신뢰구간은

$$
(\overline{X} - \overline{Y}) \pm t(n_1 + n_2 - 2, \frac{\alpha}{2}) S_p \sqrt{\frac{1}{n_1} + \frac{1}{n_2}}
$$

6.2.4 두 표본이 대응(쌍)을 이룬 경우 $\mu_1 - \mu_2$의 신뢰구간

두 확률표본이 독립이 아니며 대응을 이루고 있을 때, 두 모평균의 차에 대한 신뢰구간을 구하여 보자.

예를 들어 A회사에서는 여성들의 비만에 특효가 있는 새로운 다이어트 식품을 개발하여 이 다이어트 식품이 비만치료에 효과가 있는지를 확인하고자 한다. 이를 위해서 n명의 여성을 랜덤하게 추출하여 이들에게 다이어트 식품을 복용하기 전의 체중을 측정한 다음, 동일한 n명의 여성들에게 다이어트 식품을 복용한 후의 체중을 측정하여 얻은 크기가 n인 짝지어진 표본 관측값들을 이용하여 다이어트 식품 복용 전과 복용 후의 여성들의 평균 체중들에 차이가 있는지를 추정하고자 한다.

랜덤하게 추출된 i번째($i = 1, 2, \cdots, n$) 여성에게 다이어트 식품을 복용하기 전에 측정된 체중을 나타내는 확률변수를 X_i라 하고, 식품을 복용한 후의 체중을 나타내는 확률변수를 Y_i라고 하자. 이때 얻어진 크기 n인 짝지어진 표본 관측값들은 동일한 여성 n명을 대상으로 측정되었기 때문에 다이어트 식품을 복용하기 전에 i번째의 경우 체중은 식품 복용 후의 i번째 여성의 체중에 영향을 주는 것이 일반적이므로, 식품 복용 전의 체중과 복용 후의 체중이 상관관계가 있을 것이다. 그러므로 이와 같이 얻어진 크기 n인 짝지어진 표본 관측값은 독립적으로 얻어진 확률표본이라 할 수 없으므로 앞에 다루었던 독립인 두 모집단의 평균의 차에 대한 추정방법을 적용하기에는 문제가 발생한다.

$\Rightarrow$ 복용 전 체중을 X_i, 복용 후 체중 Y_i, 각각의 모평균을 μ_1, μ_2라 하자. i번째 쌍 내의 X_i와 Y_i는 일반적으로 독립이 아니지만, 다이어트 식품 복용 전과 복용 후의 짝지어진 확률변수 (X_1, Y_1), $(X_2, Y_2), \cdots$, (X_n, Y_n)을 짝지어진 표본 또는 쌍을 이룬 표본이라 할 때, 이들 n개의 쌍들은 독립이 된다.

A, B 두 모집단으로부터 뽑은 표본이 대응을 이루고 있을 때 아래와 같이 각 대응에서의 차이 $D_i = X_i - Y_i$를 생각한다.

쌍	1	2	$\cdots$	i	$\cdots$	n
A 모집단	X_1	X_2	$\cdots$	X_i	$\cdots$	X_n
B 모집단	Y_1	Y_2	$\cdots$	Y_i	$\cdots$	Y_n
차 이	D_1	D_2	$\cdots$	D_i	$\cdots$	D_n

표본의 차이 $D_1, D_2, \cdots, D_n$은 평균이 μ_D이고, 분산 ${\sigma_D}^2$인 정규모집단에서 추출된 표본이라고 생각하고 μ_D와 ${\sigma_D}^2$ 대신 표본평균 $\overline{D}=\frac{1}{n}\sum_{i=1}^{n}D_i$, 표본분산 ${S_D}^2 = \sum_{i=1}^{n}(D_i - \overline{D})^2/(n-1)$을 사용한다.

표본이 대응을 이룬 경우 $\mu_D = \mu_1 - \mu_2$ 의 신뢰구간

n개의 대응을 이룬 표본의 차의 평균과 표준편차를 각각 $\overline{D}$, S_D라 하면 $\mu_D = \mu_1 - \mu_2$의 $100(1-\alpha)\%$ 신뢰구간은 다음과 같다.

$$\overline{D} - t(n-1, \frac{\alpha}{2})\frac{S_D}{\sqrt{n}} < \mu_D < \overline{D} + t(n-1, \frac{\alpha}{2})\frac{S_D}{\sqrt{n}}$$

6.3 가설검정 원리

가설검정(hypothesis testing)은 관측된 결과와 기대되는 결과를 비교하여 표본으로부터 모집단에 대한 어떤 가설을 설정하고 그 가설을 검정하는 것이다. 통계학에서는 이론치와의 차이가 확률적인 오차의 범위를 넘어 오류라고 판단될 때 가설을 기각(reject)한다고 한다. 이 절에서는 가설검정의 원리에 대하여 살펴보고자 한다.

어느 제약회사에서 새로 제조한 수면제가 종전의 것보다 더 효과가 있는지, 어느 프로야구팀의 평균타율은 0.25로 알려져 있었는데 1주일간의 특수훈련을 받은 후 타율이 0.27로 올랐다면 특수훈련의 효과가 있는지와 같은 문제를 해결해야 하는 일에 직면하게 된다. 예와 같이 모집단에 관한 주장, 추측 또는 명제를 **통계적 가설**(statistical hypothesis)이라 한다.

일반적으로 모집단의 분포의 모양이나 모수 등에 대한 가설을 세우고 모집단에서 추출한 표본에 기초하여 가설의 **채택**(accept)이나 **기각**(reject)을 결정하는 통계적 기법을 **가설검정**(hypothesis testing)이라 한다. 가설검정은 표본분포와 확률의 이론에 의하여 행하여진다. 우리가 세우는 가설은 일반적으로 이것이 기각되는 것을 (無로 돌리는) 예정하고 세우는 일이 많다. 이러한 뜻에서 가설을 **귀무가설**

(null hypothesis)이라고도 한다. 그리고 우리가 세운 가설이 채택되지 않는 때에 선택하여야 하는 가설을 **대립가설**(alternative hypothesis)이라고 한다.

귀무가설은 H_0로 표시하고 대립가설은 H_1으로 나타낸다. 그리고, 대립가설 H_1은 문제의 성격에 따라 달라진다. 즉, 다음의 세 가지의 경우를 생각할 수 있다.

1) $H_0 : \mu = 100, \quad H_1 : \mu \neq 100$

2) $H_0 : \mu = 100, \quad H_1 : \mu > 100$

3) $H_0 : \mu = 100, \quad H_1 : \mu < 100$

1)의 경우는 $H_1 : \mu \neq 100$이므로 $\mu > 100$ 또는 $\mu < 100$을 뜻하므로 **양측검정**(two-sided test)을 행하여야 하고, 2)의 경우에는 $H_1 : \mu > 100$인데 문제의 뜻에서 μ가 100보다 작을 수는 없으므로 **우측검정**(right-sided test)을 행하며, 3)의 경우 $H_1 : \mu < 100$은 μ가 100보다 클 수 없으므로 **좌측검정**(left-sided test)을 행한다. 이와 같이 좌-우측검정을 통틀어서 **단측검정**(one-sided test)이라고 한다.

한 예로 모표준편차 $\sigma = 5$인 정규모집단으로부터 10의 확률표본을 추출하여 65, 70, 73, 75, 69, 74, 76, 73, 74, 78과 같은 값을 얻었다면 이 값들은 $\mu = 70$인 정규모집단에서 추출되었다고 할 수 있는가? 크기 10인 표본의 평균을 구하면 $\overline{X}$=72.7이 되어 $\mu = 70$보다 2.7이 더 크다. 이 차이 2.7은 $\mu = 70$인 모집단으로부터의 표본추출과정에서 우연히 생긴 오차인가? 그렇지 않으면 $\mu \neq 70$인 모집단이기 때문에 생긴 오차인가? 하는 의문이 생긴다. 실제로 모평균 $\mu = 70$이라도 꼭 표본평균 $\overline{X}$=70이 되기는 어려운 일이다. 그러므로 표본평균의 분포와 확률을 이용하여 이론적으로 검정을 행하여야 한다. 이 경우 다음과 같이 가설을 세울 수 있다.

$$H_0 : \mu = 70, \quad H_1 : \mu \neq 70$$

- **대립가설:** 표본으로부터 확실한 근거에 의하여 입증하고자 하는 가설. H_1으로 나타낸다.
- **귀무가설:** 어떤 모수에 대하여 가정하거나 예상하는 것대립가설이 참이라는 확실한 근거가 없을 때 받아들으며 대립가설과 반대되는 가설. H_0로 나타낸다.

- **검정통계량(test statistic)**: 귀무가설과 대립가설 중 한 가설을 선택하는데 이용되는 통계량
- **기각역(critical region)**: 귀무가설을 기각시키는 검정통계량값의 영역

귀무가설 H_0와 대립가설 H_1 중에서 어느 것을 선택할 것인가를 판단하는 기준은 표본평균 $\overline{X}$의 값에 의존한다. 즉, $\overline{X}$의 값이 충분히 크면 대립가설 H_1을 채택한다. 그러나 $\overline{X}$의 값이 얼마나 클 때 충분히 크다고 할 수 있는지를 결정해야 하는 문제가 생긴다. $\overline{X}$를 표준화시킨 Z-통계량

$$Z = \frac{\overline{X} - 70}{5/\sqrt{10}}$$

을 생각해본다. Z는 표준정규분포를 하며 표본평균 $\overline{X}$가 모평균 $\mu = 70$에 가까우면 Z는 0에 수렴할 것이다. 따라서 표준정규분포에서 Z가 0에 가까운 값이면 가설 $\mu = 70$을 채택하고 0에서 멀어지면, 즉 표준정규곡선에서 양끝 꼬리로 가면 가설 $\mu = 70$을 기각하고 대립가설 $H_1 : \mu \neq 70$이 채택된다. 귀무가설의 기각여부를 나타내기 위해 계산되는 통계량을 검정통계량(test statistic)이라고 한다.

가설 검정의 과정에서 **과오(error)**가 발생할 수 있다. 과오를 범하는 것을 두 가지로 나누어 설명할 수 있다. 귀무가설이 옳은데(가설이 참인데) 이를 기각하는 과오를 **제1종 과오(type Ⅰ error)**라 하며, 이와 반대로 귀무가설이 옳지 않은데(가설이 거짓인데) 이를 채택하는 과오를 **제2종의 과오(type Ⅱ error)**라 하고 이들 과오를 범할 확률을 각각 **제1종 과오의 크기**(α로 표시), **제2종 과오의 크기**(β로 표시)라 한다. 다시 말하면 귀무가설 H_0가 옳은데 이를 기각하고 H_1을 채택할 확률이 α이고, H_0가 옳지 않은데 이를 채택할 확률이 β이다. 즉,

$$P(H_1 | H_0) = \alpha, \quad P(H_0 | H_1) = \beta$$

이다. 요약하면 다음 표와 같다.

실제 사실 \ 검정결과	H_0채택	H_1 채택
H_0 참	$1-\alpha$	α
H_1 참	β	$1-\beta$

통계적 가설검정에서는 제1종 과오와 제2종 과오를 범할 확률을 주어진 값 이내로 관리하게 된다. 그러나 일정한 표본크기에서는 제1종 과오의 가능성을 줄이려고 하면 제2종 과오의 가능성이 커지므로 두 종류의 과오를 동시에 관리할 수는 없다. 따라서 표본크기가 미리 정해진 경우에는 제1종 과오만 관리하게 된다. 귀무가설 H_0가 참일 때, 이를 기각하고 대립가설 H_1을 채택하는 오류를 범할 확률의 허용한계를 **유의수준**(significance level)이라 하며, 흔히 유의수준을 α로 나타낸다. 사용되는 α값은 0.05(5%), 0.01(1%), 0.10(10%) 등이다.

- 가설검정은 다음의 5단계를 통하여 이루어진다.
  1. H_0와 H_1을 설정한다.
  2. 유의수준 α를 정한다.
  3. 검정통계량을 선택한다.
  4. 기각역(혹은 유의확률)을 구한다.
  5. 주어진 데이터로부터 유의성을 결과를 판정하고 해석한다.

- 통계패키지에서는 p값으로 귀무가설의 채택여부를 유의수준 α와 비교하여 결정한다.

  유의확률(significance probability) = p값(p-value)은 귀무가설하의 검정통계량의 분포에서 검정통계량의 관측값에 대하여 H_0를 기각할 수 있는 최소의 유의수준.

  즉, H_0 참일 때 H_0를 기각하는 방향으로 형성되는 검정통계량의 관측값의 확률 ⇔ p값(유의확률)이 작을수록 H_0 나타날 확률이 작으므로 H_0를 기각할 가능성이 커진다.

> 유의확률(p값) 〉 유의수준 α : H_0 채택
> 유의확률(p값) 〈 유의수준 α : H_0 기각
> ⇔ 유의확률(p값) 작을수록 H_0에 대한 반증이 강함을 뜻한다.

제7장

연구방법 및 통계분석 기법

7.1 연구방법 의의

7.1.1 연구 절차

연구방법의 절차에 대하여 간단히 소개하면, 연구자는 자신의 학문적 호기심 혹은 직업적 필요에 의해 연구를 수행하게 된다. 그런데 이러한 연구가 과학성과 객관성을 갖기 위해서는 연구의 전반적인 절차나 내용에 대한 계획을 수립해야 한다.

연구자는 연구 설계 계획서에 따라 연구의 목적을 명확히 정하고, 연구의 목적이나 상황에 가장 적절한 연구 방법을 선택하며, 예산이나 시간 등의 상황을 고려하여 효율적으로 조사를 진행한다. 연구자의 상황에 따라 가장 적합한 형태를 취해 연구의 진행 계획을 수립하면 되는 것이다. 연구 설계의 절차는 연구 문제의 성격이나 연구자의 개인적 특성에 따라 조금씩 차이가 있을 수 있다. 예를 들어 우리나라의 대표적인 여론 조사 기관인 한국갤럽에서는 [그림 7.1]과 같은 기본적인

조사 문의

↓

조사 협의 단계

↓

조사계획서 제출 및 조사 용역 계약 체결

↓

조사 준비(Reserach Questionnaire & Design) 단계
• 조사 설계 및 질문지 / 표본 설계

↓

자료 수집(Data Collection) 단계
• 면접원 선발 – 교육 – 심사 진행 – 통제 / 관리
• 검정 조사

↓

분석 준비(Data Processing) 단계
• 자료 부호화(Coding) 및 자료 입력(Punching)
• frequency 및 crosstabulation

↓

자료 분석(Data Analysis) 단계
• data processing 및 advanced statistics
• recommendation 작성

↓

보고서 제출 및 프레젠테이션(Presentation)

그림 7.1 한국갤럽의 표준 업무 절차

연구 방법의 절차								
문제 제기	→	조사 설계	→	자료 수집	→	자료 분석	→	보고서 작성
문제에 대한 정의 예비조사 문제에 대한 접근		가설 형성 조사 방법 질문지 설계 표본 설계 조사 일정		면접원 선발 면접원 교육 실사 수행		빈도분석 다중 응답 분산분석 상관분석 회귀분석 요인분석 판별분석 군집분석 다차원척도법		가설의 검정 시사점

그림 7.2 일반적 연구절차

절차를 제시하고 있다(www.gallup.co.kr). 그러나 일반적으로 연구 방법의 절차는 [그림 7.2]에 나와 있듯이 문제의 제기, 조사 설계, 자료의 수집, 자료의 분석 및 보고서 작성의 단계를 거친다.

7.1.2 변수 설정

분석모델을 설정하기 위해서는 변수를 개념화해야 한다. 변수의 개념화란 가설을 검증하기 위한 변수들을 의미한다. 분석모델에서 변수는 일반적인 사전적 개념과는 의미가 다르다. 특정한 대상에 대해 분석이나 조사하고자 할 때 변수에 대해 측정 가능하도록 개념을 새롭게 정의하는 것을 의미한다. 개념이 정의되면 이를 측정할 수 있도록 조작화를 통해 개념을 직접 관찰해 검정할 수 있도록 구체적이고 경험적으로 변화시키는 것이다. 변수의 종류와 척도는 분석모델과 가설설정에 따라 적합하게 결정된다. 기술통계와 추론통계 여부에 따라 변수 척도 수준과 변수의 종류가 다르게 적용된다. 변수 종류에는 독립변수, 종속변수, 매개변수, 조절변수 등이 있다.

1) 양적변수와 질적변수

첫째, 양적 변수(quantitative variable)는 수치로 표현 가능한 변수를 말하고 양적 변수를 관찰, 측정한 자료이다. 둘째, 질적 변수(qualitative variable)는 수치로 표현 불가능한 변수를 말하며 질적 변수를 관찰한 자료를 말한다.

2) 이산변수와 연속변수

첫째, 이산변수(discrete variable)란 셀 수 있는 이산적인 특정한 수치만을 사용할 수 있는 변수이다. 둘째, 연속변수(continuous variable)란 셀 수 없는 연속적인 실수 값으로 나타낼 수 있는 변수이다.

3) 독립변수와 종속변수

첫째, 독립변수(independent variable; 설명변수; 원인변수)는 원인으로 생각되는 변수이다. 그리고 종속변수에 영향을 미칠 수 있는 나머지 변수들이 독립변수가 된다. 둘째, 종속변수(dependent variable; 반응변수; 결과변수)는 결과로 생각되는 변수를 말한다. 그리고 관심을 갖고 있는 변수 중 가장 중요하게 여기는 변수가 종속변수가 된다. 보통 종속변수는 Y로 나타내고, 독립변수는 X로 나타낸다. 독립변수와 종속변수는 주로 양적변수로 연속형 변수인 경우가 많다.

4) 매개변수와 조절변수

첫째, 매개변수(mediator, intervening variable)는 독립변수와 종속변수 관계 사이에서 영향을 미치는 변수로 매개역할을 하는 변수이다. 즉 매개변수는 독립변수와 종속변수 관계 사이에서 중간 매개역할을 함으로써 중요도의 의미를 규명한다. 매개변수는 주로 양적변수로 연속형 변수인 경우가 많다. 둘째, 조절변수(moderator, moderating variable)는 독립변수와 종속변수 관계에서 제3의 변수의 역할을 한다. 독립변수가 종속변수에 영향을 미칠 때 조절변수의 정도에 따라 차이 여부를 확인한다. 조절변수는 양적변수나 질적변수 모두 가능하며, 양적인 경우 일반적으로 범주형 형태로 이용된다.

7.1.3 변수 검증 방법

변수에 대한 검증방법은 일반적으로 타당도 분석을 통한 정확성 검증과 신뢰도 분석을 통한 대표성 검증 방법이 있다.

1) 타당도 분석

타당도(validity) 분석이란 측정하고자 하는 대상을 실제로 얼마나 정확히 측정했는가의 문제이다. 측정이 타당하기 위해서는 측정된 값이 실제의 진정한 값을 나타낼 수 있어야 한다. 그런데 측정의 타당성을 확인하기 위해서는 측정된 값과 진정한 값을 비교해야만 하는데 연구자는 진정한 값을 알 수가 없다. 만약 연구자가 진정한 실제 값을 알고 있다면 측정할 필요가 없는 것이다. 따라서 연구자는 몇 가지 방법을 사용해 타당성을 검토한다. 즉 내용타당도, 기준타당도, 구성타당도 등이 있으며, 가장 널리 이용되는 것이 구성타당도 방법 중에 요인분석 방법이다.

요인분석(factor analysis)은 변수들 간의 상관관계의 정도에 따라 유사한 변수들을 묶어 새로운 요인(factor)으로 구분, 축소해 주는 통계기법이다. 요인분석은 군집분석(cluster analysis)과 더불어 집단화(grouping) 통계기법의 일종이다.

요인분석이 변수(variables)들을 유사한 집단으로 구분하거나 묶어 주는 통계기법이라면 군집분석은 자료에서 응답자(case)들을 군집(cluster)으로 묶어 주는 통계기법이다.

2) 신뢰도 분석

신뢰도(reliability)란 동일한 대상에 대해 유사한 측정 도구를 사용해 반복 측정할 경우 유사한 결과를 얻을 수 있는 정도를 뜻한다. 측정을 반복할 때 동일한 결과가 나온다면 측정의 안정성이 높다고 할 수 있으며, 동일한 대상에 대한 측정의 결과가 동일하지 않다면 측정의 안정성이 낮다고 할 수 있다. 신뢰도 분석방법은 재검사법, 반분법, 상호교환적 검사를 이용하는 방법, 내적 일관성 분석 등이 있다. 신뢰도 분석의 대표적인 측정방법으로 내적일관성 분석이 가장 보편적으로 이용된다.

7.2 분석모형과 가설

7.2.1 교차분석

1) 분석 모형

교차분석의 측정수준은 명목척도나 서열척도인 경우에 주로 사용된다. 즉 교차분석은 범주형 데이터의 자료를 분석하는 것으로 비모수형 통계기법이다. 비모수적 통계 방법의 하나인 카이 자승검정은 일반적인 조사에서 많이 사용되는 검정 방법이다. 교차분석은 χ^2 검정통계량을 이용하여 두 변수(문항) 간의 상호 관련성을 알아본다. χ^2은 명목 및 서열척도를 통해 수집된 범주형 자료를 분석하기 위해 실제 빈도와 기대 빈도의 차이를 판정하는 통계량이다. χ^2 검정통계량은 기대 빈도와 실제 빈도 간의 차이에 의해 계산되는 검정통계량이다.

교차분석의 분석모형은 명목척도나 서열척도 변수(A)와 변수(B) 관계에서 빈도와 비율이 두 집단 간의 차이가 있는지를 검증한다.

2) 가설설정

첫째, 교차분석에서 가설설정은 다음과 같다.

귀무가설(H_0): 변수(A)와 변수(B)는 차이가 없다.
대립가설(H_1): 변수(A)와 변수(B)는 차이가 있다. 즉 변수(A) 집단과 변수(B) 집단 간에는 빈도(비율)의 차이가 있다.

둘째, 유의수준 α와 유의확률 p값을 비교하여 유의확률값이 유의수준보다 작다면 귀무가설 H_0를 기각한다. 즉, 대립가설을 채택하여 두 집단 간에는 차이가 있다고 판단한다.

7.2.2 집단 간 평균비교

1) 분석 모형

집단 간 평균비교 분석은 T-검정분석과 분산분석으로 구분한다. 분산분석(ANOVA)은 독립변수의 범주가 세 개 이상으로 되어 있으며, 종속변수는 평균을 구할 수 있는 등간척도 이상으로 되어 있는 경우 평균의 차이가 있는지를 분석하기 위해 사용한다. T-검정(T-test)은 두 집단의 평균이 통계적으로 유의한 차이를 보이고 있는지의 여부를 검정할 때 사용하는 통계기법이다.

집단 간 평균비교 분석의 분석모형에서 독립 요인은 명목척도나 서열척도 변수(A)가 설정된다. 즉 변수(A)에 두 개 요인(예: 성별; 남성과 여성)이면 T-검정분석을 한다. 변수(A)에 세 개 이상의 요인(예: 대학생 학년; 1학년, 2학년, 3학년, 4학년)이면 분산분석을 한다. 종속변인은 변수(B)에서와 같이 등간척도 이상의 양적변수를 설정한다. 집단 간 평균비교 분석은 독립변인의 둘 또는 셋 이상의 집단이 종속변인에 미치는 평균값의 차이가 확률적으로 차이가 있는지를 검증한다.

2) 가설설정

첫째, 집단 간 평균비교 분석에서 가설설정은 다음과 같다.

귀무가설(H_0): 변수(A)에서 두 요인이나 셋 이상의 요인이 변수(B)에 대해 차이가 없다.

대립가설(H_1): 변수(A)에서 두 요인이나 셋 이상의 요인이 변수(B)에 대해 차이가 있다. 즉 독립변수(A)의 집단 중에 변수(B)에 대해 적어도 하나 이상의 집단에서는 평균값의 차이가 있다.

둘째, 유의수준 α와 유의확률 p값을 비교하여 유의확률값이 유의수준보다 작다면 귀무가설 H_0를 기각한다. 즉 대립가설을 채택하여 변수(A) 집단이 적어도 변수(B)에 대해 하나 이상에서 평균값이 확률적으로 차이가 있다고 판단한다.

7.2.3 상관관계분석

1) 분석 모형

상관관계(correlation)분석은 변수들 사이의 관계 정도를 알아보기 위한 통계분석 기법이다. 상관관계는 독립변수와 종속변수가 모두 서열척도 이상일 경우에 사용이 가능하다. 상관관계를 통해 회귀분석 결과에 대한 예측을 할 수도 있다. 하지만 변수 간의 인과 관계가 성립하지 않는 경우에 상관관계 분석을 할 수 있다. 변수 측정수준이 등간척도이거나 비율척도의 경우에는 피어슨 상관관계 계수를 구하며, 서열척도가 하나라도 포함되어 있으면 스피어만 상관관계 계수를 구한다.

2) 가설설정

첫째, 표본상관계수 r을 가지고 모집단 상관계수 ρ에 대한 가설검정을 한다.

귀무가설 H_0 : $\rho = 0$, 모집단에는 서로 상관(선형)관계가 없다.
대립가설 H_1 : $\rho \neq 0$, 모집단에는 서로 상관(선형)관계가 있다. 즉 변수(A)와 변수(B)는 서로 선형의 상관관계가 있다.

둘째, 유의수준 α와 유의확률 p값을 비교하여 유의확률값이 유의수준보다 작다면 귀무가설 H_0를 기각한다.

7.2.4 인과관계분석

1) 분석 모형

선형회귀모형 분석에 사용되는 척도는 원칙적으로 등간척도와 비율척도이다. 하지만 더미(dummy)변수 형태로 변환한 범주형 변수는 독립변수로 이용이 가능하다. 독립변수(설명변수)가 종속변수(반응변수)에 영향을 미치는 선형함수식으로 나타낸다.

인과관계 분석은 주로 회귀분석 방법이 많이 이용된다. 사회과학분야에서는 구조방정식모형 분석이 주로 이용된다.

여러 개의 독립변수(설명변수)가 종속변수(반응변수)에 영향을 미치는 선형함수식으로 검증하는 통계방법이 다중선형회귀모형(multiple linear regression model)이다.

종속변수 y의 변동을 결정해주는 독립변수가 k개 $x_1, x_2, \cdots, x_k$인 경우의 다중회귀모형은 다음과 같다.

$$y_j = \beta_0 + \beta_1 x_{1j} + \beta_2 x_{2j} + \cdots + \beta_k x_{kj} + \epsilon_j$$

2) 가설설정

회귀분석의 유의성 검정에서 설정된 회귀모형

$$y_j = \beta_0 + \beta_1 x_{1j} + \beta_2 x_{2j} + \cdots + \beta_k x_{kj} + \epsilon_j$$

이 유의하다는 결론이 내려지면 추정된 회귀식은 종속변수 Y값을 추측하는 데 사용될 수 있다. 하지만 회귀모형이 유의하다고 하여 모형에 포함된 모든 독립변수가 종속변수에 영향을 준다는 것을 의미하지는 않는다. 따라서 설정된 회귀모형에서 각각의 독립변수가 과연 종속변수에 영향을 주는지 알아보기 위하여 각각의 회귀계수에 대한 검정이 필요하다.

첫째, 가설설정은 다음과 같다

H_0 : $\beta_j = 0$ (독립변수 X_i가 종속변수 Y에 영향을 미치지 않는다)
H_1 : $\beta_j \neq 0$ (독립변수 X_i가 종속변수 Y에 영향을 미친다)

둘째, 만일 주어진 유의수준(일반적으로 0.05)보다 유의확률 p값이 작으면 귀무가설을 기각하게 되고(대립가설 채택), 독립변수 X_i가 종속변수 Y에 영향을 미친다고 판단한다. 그러나 유의수준(일반적으로 0.05)보다 유의확률 p값이 크면 귀무가설을 채택하고(대립가설 기각), 독립변수 X_i가 종속변수 Y에 영향을 주지 않는다고 판단한다.

7.3 통계분석 기법

7.3.1 통계분석 기법 선택

자료 입력 작업이 끝나고 나면 데이터 파일을 활용한 통계분석을 통해 연구 대상의 특성을 밝히거나, 연구 가설을 검정하게 된다. 데이터 파일을 이용한 자료분석을 하기 위해서는 통계학과 통계 분석기법에 대한 지식이 필요하다. 본 장에서는 자료 분석을 위한 개념을 정리한다.

통계학이란 관심 대상의 자료를 수집, 정리, 요약하여 불확실한 사실에 대해 과학적인 판단의 기준을 제시해 주는 학문이라 할 수 있다. 그리고 통계분석이란 통계 자료로부터 유용한 정보와 통찰을 얻어 내기 위해 일련의 통계적 기법들을 적용하는 작업이다. 통계분석가나 조사자는 통계 자료로부터 통계적인 의미를 도출하기 위해 자료에 적합한 통계분석 기법들을 이해하고 적용해야 한다. 일반적으로 통계분석 기법을 선택할 때 다음과 같은 기준을 고려한다.

1) 연구 목적

일반적으로 통계의 목적에는 크게 두 가지가 있다.

첫째는 질적 자료를 있는 그대로 제시하고 단순히 설명하고자 하는 목적으로 기술통계(descriptive statistics)분석 등이 해당한다.

둘째는 표본 자료를 통해 모집단의 특성을 추정하거나 가설을 검정하고자 하는 목적이다. 추측통계 혹은 추론통계(inferential statistics)라고 한다.

2) 변수의 수와 척도

통계기법을 구분하고 선택하는 기준은 분석 대상이 되는 변수의 수와 척도이다.

첫째, 단일의 변수를 분석할 때는 단일 변량 분석(univariate analysis)이라고 한다. 예를 들어 평균 제품의 불량품 비율은 얼마인지, 소득은 얼마인지 등이 단일 변량 분석이 된다. 단일 변량 분석은 빈도, 평균 등과 같은 기술 통계량을 이용하여 변수 자체의 특성을 설명하는 데 그 목적이 있다.

둘째, 두 변수 사이에 존재하는 관련성을 분석할 때 두 변수를 동시에 이용하는 것으로서 이변량 분석(bivariate analysis)이라고 한다. 하나의 변수가 다른 변수에는 어떠한 영향을 주고 있는지 등이 이변량 분석에 해당한다. 변수들의 측정수준인 척도에 따라 질적 변수와 질적 변수의 관계에는 교차분석(correlation), 질적 변수와 양적 변수의 관계에는 집단 간 평균비교 분석기법 등이 쓰인다.

셋째, 셋 이상의 변수들 사이에 존재하는 동시적인 관계를 분석할 때 이를 다변량 분석(multivariate analysis)이라고 한다. 다변량 분석은 두 변수 간의 관계에서 제3의 변수에 의한 영향력을 차단하는 통제의 목적과 하나의 변수에 대해 작용하는 다양한 변수들의 영향력을 종합적으로 설명하기 위해 사용되는 다중회귀분석 등이다.

7.3.2 기술통계 분석기법

1) 빈도분석

빈도분석(frequency)은 모든 변수의 첫 번째 분석에 사용되는 가장 기본적인 분석이다. 빈도분석을 통해 연구자는 각 변수의 빈도, 백분율, 평균, 표준편차를 구해 분석의 전체적인 흐름을 파악한다. 빈도분석은 모든 측정 수준에 사용이 가능하다. 빈도분석은 데이터 안의 모든 변수들에 대해 요인형이나 문자형 변수이면 빈도수와 비율 등을 분석결과로 나타낼 수 있다. 데이터의 형태가 숫자형 변수이면 평균, 중위수, 사분위수 등을 알 수 있다.

2) 교차분석

교차분석(cross-table)은 두 개 이상의 변수들 간의 분포와 비율을 살펴보고자 할 때 사용된다. 교차분석의 변수는 주로 명목수준, 서열수준의 척도로 이루어져 있지만 모든 척도의 사용이 가능하다. 교차분석은 독립변수와 종속변수의 관계가 있을 수도 있다. 교차분석에서 이용되는 통계량은 χ^2이다.

카이제곱(χ^2)검정은 비모수통계학 기법을 이용하며, 비모수적 방법의 기법들은 명목척도와 서열척도에 근거를 두고 있기 때문에 χ^2검정, 중앙값, 부호 검정 등을 포함한다. 독립변수 내 각 범주별로 종속변수에서의 분포가 같은지 다른지를 검정할 때 사용한다.

7.3.3 추론통계 분석기법

1) T-검정분석

T-검정(T-test)은 두 집단의 평균이 통계적으로 유의한 차이를 보이는지의 여부를 검정할 때 사용하는 통계기법이다. 독립변수가 두 개의 값을 가지면서 종속변수가 등간, 비율척도인 경우에 실시한다. T-검정의 유형에는 일표본 T-검정, 독립표본 T-검정과 대응표본 T-검정이 있다. T-검정은 t-분포에 의해 검정된다.

2) 분산분석

분산분석(ANOVA)은 독립변수의 범주가 세 개 이상으로 되어 있으며, 종속변수는 평균을 구할 수 있는 등간척도 이상으로 되어 있는 경우 평균의 차이가 있는지를 분석하기 위해 사용한다. 예를 들어 대학교 1학년, 2학년, 3학년, 4학년의 평균이 통계적으로 유의한 차이를 보이고 있는지의 여부를 검정할 때 사용하는 통계기법이며, 이는 F-분포에 의해 검정된다. 분산분석은 주로 범주형인 독립변수(명목척도 또는 서열척도)와 수치형인 종속변수(등간 또는 비율척도) 사이의 관계를 파악하는 데 이용된다. 분산분석의 귀무가설은 집단들의 평균값이 모두 동일하다는 것이며, 대립가설은 집단 간의 평균값이 적어도 하나 이상은 동일하지 않다는 것이 된다.

3) 상관관계분석

상관관계(correlation)는 변수들 사이에 관계 정도를 알아보기 위한 분석 기법이다. 상관분석은 변수 간의 관계 정도를 상관계수(correlation coefficients)로 표현한다. 상관관계는 독립변수와 종속변수가 모두 서열척도 이상일 경우에 사용이 가능하다. 상관관계 분석은 인과관계가 아닌 경우에 변수 간의 상관성 정도, 즉 관계 정도를 나타낸다. 상관관계 분석은 변수의 척도에 따라 등간척도나 비율척도의 경우에는 피어슨 상관관계 계수를 구하며, 서열척도가 있으면 스피어만 상관관계 계수를 구한다. 편상관분석은 두 변수에 대한 상관성을 알고자 할 때, 또 다른 어떤 특정변수에 대한 효과를 제거(통제)한 뒤 특정 두 변수 간 상관이 있는지를 분석하는 방법이다.

4) 회귀분석

회귀분석(regression) 종속변수의 척도에 따라 선형회귀분석과 로지스틱회귀분석으로 구분한다. 첫째, 선형회귀분석은 독립변수가 종속변수에 미치는 영향력의 크기를 측정하여 독립변수의 일정한 값에 대응되는 종속변수의 값을 예측하기 위한 방법이다. 특히 독립변수가 1개인 경우를 단순회귀분석(simple regression)이라고 하고, 독립변수가 여러 개인 경우를 다중회귀분석(multiple regression)이라고 한다.

회귀분석은 원칙적으로 등간척도 이상의 독립변수와 등간척도 이상의 종속변수의 경우에 적용할 수 있다. 그러나 독립변수가 명목척도나 서열척도인 경우에는 이를 더미(dummy)변수로 전환시켜 분석이 가능하다. 종속변수가 명목척도나 서열척도인 경우에도 로지스틱 회귀분석을 이용해서 변수들 간의 관계를 파악할 수 있다.

제8장

T-검정 평균비교

8.1 T-검정 개요

T-검정은 기본적으로 등간 이상의 척도를 대상으로 집단 간 평균값에 차이가 있는지 여부를 판단하는 통계적 검정방법이라 할 수 있다. 즉, T-검정은 두 모집단이 정규분포를 이루고 있으며, 두 집단의 분산이 같다는 가정하에 두 집단 간에 수집된 자료의 평균에 차이가 있는지를 검정하는 방법이다. 예를 들어 남녀별로 금연의 차이가 있는지, 안전띠 착용 유무에 따른 사망률의 차이가 있는지 등을 분석할 때 활용할 수 있다. 일반적으로 집단에 해당하는 독립변수는 명목 혹은 서열척도가 되며, 종속변수는 평균 계산이 가능한 등간 혹은 비율척도가 된다. 집단 간 비율의 차이에 대한 검정에서 각 집단의 표본수가 30을 넘으면 중심 극한 정리에 따라 Z-검정을 할 수 있다. 반면 T-검정은 표본분포가 정규분포를 이루고 있지 않은 30 이하의 소표본에 대해 사용할 수 있는 통계적 검정 방법이다.

T-검정의 유형에는 독립표본 T-검정과 대응표본 T-검정이 있다. 독립표본 T-검정이란 독립변수 내의 두 개의 집단의 평균 점수의 차이가 유의미한지를 검정할 때 사용하는 방법이다. 예를 들어 성별에 따른 평균 급여의 차이, 분유의 종류에 따른 유아 성장률의 차이 등이 바로 독립표본 T-검정이다. 반면 대응표본 T-검정이란 동일 표본에서 측정된 두 변수값의 평균 차이를 검정하고자 할 때 사용하는 방법으로 통제 집단의 사전, 사후 검사의 차이를 확인하기 위해 사용하는 방법이다. 예를 들어 회사에서 영어 교육을 실시하기 이전에 토익 성적과 영어 교육 실시 이후의 토익 성적을 비교해 평균값의 차이가 있는지를 분석하고자 할 경우에는 대응표본 T-검정이 된다.

8.2 일표본 T-검정 평균비교

8.2.1 정규모집단이고 모분산이 알려져 있는 경우

모분산 σ^2이 알려진 정규모집단 $N(\mu, \sigma^2)$에서 모평균 μ의 검정은 검정통계량의 분포 $Z=\dfrac{\overline{X}-\mu_0}{\sigma/\sqrt{n}} \sim N(0,1)$을 따른다.

모분산이 알려진 경우의 모평균의 검정에 있어서 귀무가설 $H_0 : \mu=\mu_0$에 대한 검정통계량 $Z=\dfrac{\overline{X}-\mu_0}{\sigma/\sqrt{n}}$의 값은 $z=\dfrac{\overline{x}-\mu_0}{\sigma/\sqrt{n}}$이며, 기각역은 다음과 같다.

H_1	기각역(유의수준 α에서)	p값
$\mu>\mu_0$	$z \ge z_\alpha$	$P(Z \ge z)$
$\mu<\mu_0$	$z \le -z_\alpha$	$P(Z \le z)$
$\mu \ne \mu_0$	$\lvert z\rvert \ge z_{\alpha/2} \Leftrightarrow$ $z \ge z_{\alpha/2}$ 또는 $z \le -z_{\alpha/2}$	$P(\lvert Z\rvert \ge \lvert z\rvert)$ $\Leftrightarrow 2P(Z \ge z)$, z〉0 $\Leftrightarrow 2P(Z \le z)$, z〈0

• σ^2이 알려져 있을 때 $\mu=\mu_0$에 관한 검정 절차

1. $H_0 : \mu=\mu_0$, $H_1 : \mu\ne\mu_0$(또는 $\mu>\mu_0$, $\mu<\mu_0$)을 세운다.
2. 표본의 관측값 $x_1, x_2, \cdots, x_n$에서 $\overline{x}=\sum_{i=1}^{n} x_i/n$를 구한다.
3. 검정통계량의 값 $z=\dfrac{\overline{x}-\mu_0}{\sigma/\sqrt{n}}$를 계산한다.
4. 검정통계량의 값 z가 기각역에 포함되면 귀무가설을 기각하고, 아니면 귀무가설을 채택한다.

☞ $\alpha=0.05$에서 H_0 기각(H_1 채택)되면 통계적으로 유의하다.

$\alpha=0.01$에서 H_0 기각(H_1 채택)되면 통계적으로 매우 유의하다.

예제 8.1 스포츠용 제조업자가 인조낚싯줄을 개발하였다. 단, 신제품의 인장강도는 정규분포를 따른다고 가정한다. 제조업자는 신제품의 평균인장강도 표준편차를 각각 8kg과 0.5kg이라고 주장하고 있다. 이 주장을 확인하기 위해 낚싯줄 50개를 표본으로 추출하여 강도시험을 한 결과 평균인장강도는 7.8kg으로 나타났다. 유의수준 $\alpha=0.01$로 검정하여라.

풀이

1. 가설설정: $H_0 : \mu=8kg$, $H_1 : \mu\ne 8kg$
2. 유의수준 $\alpha=0.01$

3. 검정통계량 계산

$$n = 50,\ \bar{x} = 7.8,\ \sigma = 0.5,\ z = \frac{7.8 - 8}{0.5/\sqrt{50}} = -2.83$$

4. 기각역: $|z| \geq z_{0.005}$=2.58
5. 결과 판정: 유의수준 $\alpha = 0.01$에서 $|z| = 2.83 > z_{0.005}$=2.58이므로 H_0 기각. 즉, 현재 평균인장강도는 8kg이라고 할 수 없다.
   ⇔ p값=$P(|Z| \geq 2.83)$=2*$P(Z \leftarrow 2.83)$=2*0.0023=0.0046 〈 $\alpha = 0.01$ 이므로 H_0를 기각하여 매우 유의하다.

즉, 현재의 평균인장강도는 8kg이라고 할 수 없다.

8.2.2 모분산이 알려져 있지 않은 경우(일표본 T-검정)

분산 σ^2이 알려져 있지 않더라도 표본 크기 n이 클 때 즉, 대표본인 경우에는 σ^2 대신 표본분산 $S^2 = \sum_{i=1}^{n}(X_i - \overline{X})^2/(n-1)$을 사용한다.

소표본(표본의 크기 $n < 30$)이고 σ^2이 알려져 있지 않은 경우, 검정통계량은

$$T = \frac{\overline{X} - \mu_0}{S/\sqrt{n}} \sim t(n-1)$$

기각역이나 채택역을 정할 때에는 $z_{\alpha/2}$, z_α 대신 자유도 $n-1$인 t-분포의 $t_{\alpha/2}$, t_α의 값을 구하여 사용한다.

귀무가설(H_0)	대립가설(H_1)	기각역	p값
$\mu = \mu_0$	$\mu > \mu_0$	$t \geq t_\alpha(n-1)$	$P(T \geq t)$
$\mu = \mu_0$	$\mu < \mu_0$	$t \leq -t_\alpha(n-1)$	$P(T \leq t)$
$\mu = \mu_0$	$\mu \neq \mu_0$	$|t| \geq t_{\alpha/2}(n-1)$	$P(|T| \geq |t|)$

t-분포를 이용한 가설검정을 t-검정(t-test)이라 한다.

SPSS 실습

예제 8.2 페인트를 생산하는 회사에서 건조 시간을 단축하기 위하여 새로운 화학약품을 첨가할 것을 고려하고 있다. 이들의 예측을 검정하기 위해 새로운 화학약품을 첨가한 페인트를 수회에 걸쳐 칠을 하고 건조 시간을 측정한 결과이다(예제데이터 8.2 일표본 t-검정).

- 건조시간은 정규분포인가?
  1) yes ⇒ 일표본 T-검정
  2) no ⇒ 비모수 검정: 일표본 Wilcoxon 부호순위 검정

  에 의하여 분석을 하게 된다.

정규성 검정

[예제 8.2]에서 다음과 같이 가설을 세운다.

H_0: 정규분포를 따른다.

H_1: 정규분포를 따르지 않는다.

① 데이터 입력: 아래와 같이 SPSS 데이터 편집기 창에 데이터(예제데이터 8.2 일표본 T 검정)를 가져온다.

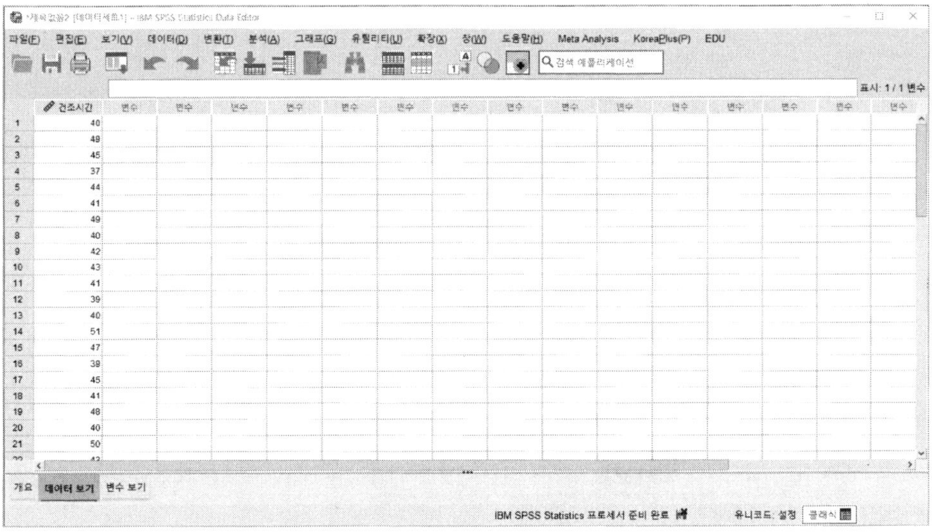

② 정규성 검정을 위하여

분석 → 비모수검정 → 레거시대화상자 → 1-표본K-S(일표본Kolmogorov-Smirnov 검정), 대화상자에서 검정분포: 정규, 체크

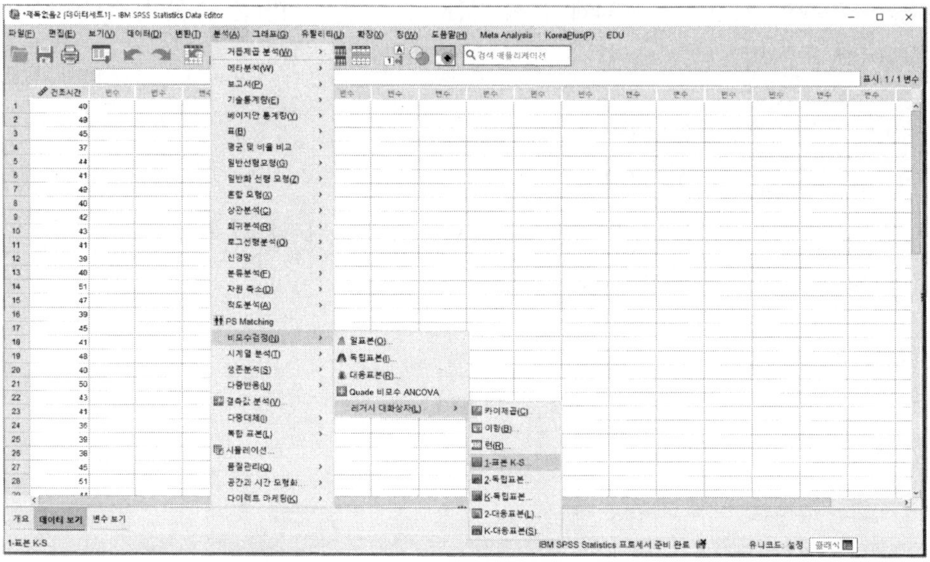

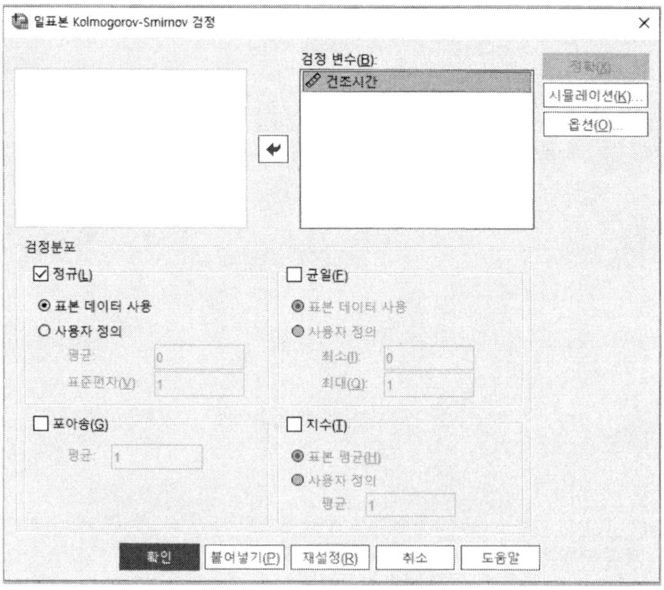

일표본 Kolmogorov-Smirnov 검정

			건조시간
N			35
정규 모수[a,b]	평균		42.80
	표준편차		4.164
최대극단차이	절대값		.153
	양수		.153
	음수		-.094
검정 통계량			.153
근사 유의확률 (양측)[c]			.037
Monte Carlo 유의확률 (양측)[d]	유의확률		.036
	99% 신뢰구간	하한	.031
		상한	.041

a. 검정 분포가 정규입니다.
b. 데이터로부터 계산.
c. Lilliefors 유의확률 수정
d. 난수 시작값이 2000000인 Monte Carlo 표본 10000개를 기준으로 하는 Lilliefors 방법입니다.

⇒ 유의확률(양측) = .037이므로 H_0 기각한다.
따라서 위 데이터는 정규분포를 따른다고 할 수 없다.

1) 자료의 개수가 30 이상으로 중심극한정리에 의해 정규분포를 따른다는 가정을 가지고 다음과 같은 가설을 검토해보자.

(가설 1) 기존 페인트 건조 시간이 평균 50분이라면 새로운 페인트 건조시간은 단축되었는가? (단측검정)

$$H_0 : \mu = 50 \ \text{ VS } \ H_0 : \mu < 50$$

① 데이터 입력: 아래와 같이 SPSS 데이터 편집기 창에 데이터(예제데이터 8.2 일표본 T-검정)를 가져온다.

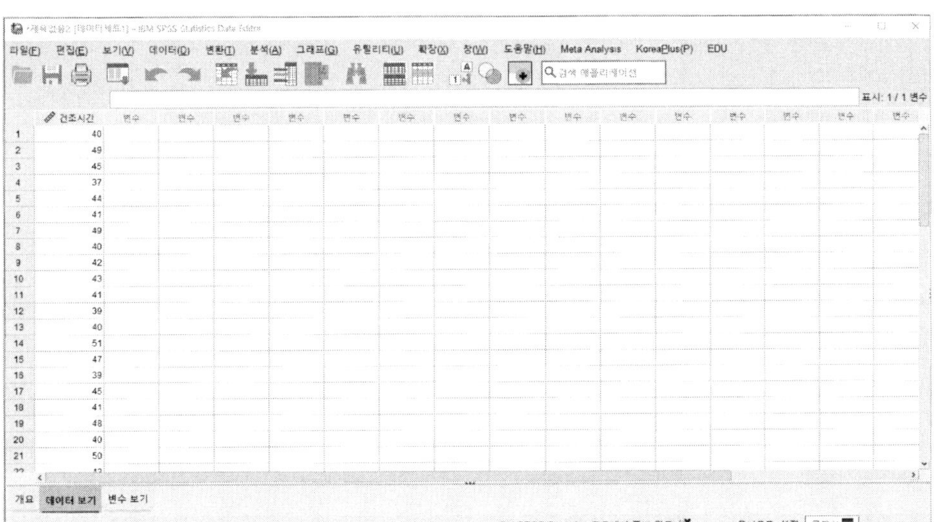

② 모평균의 검정을 위하여 **분석 → 평균 및 비율 비교 → 일표본 T-검정**과 같이 순서대로 실행명령을 지정한다.

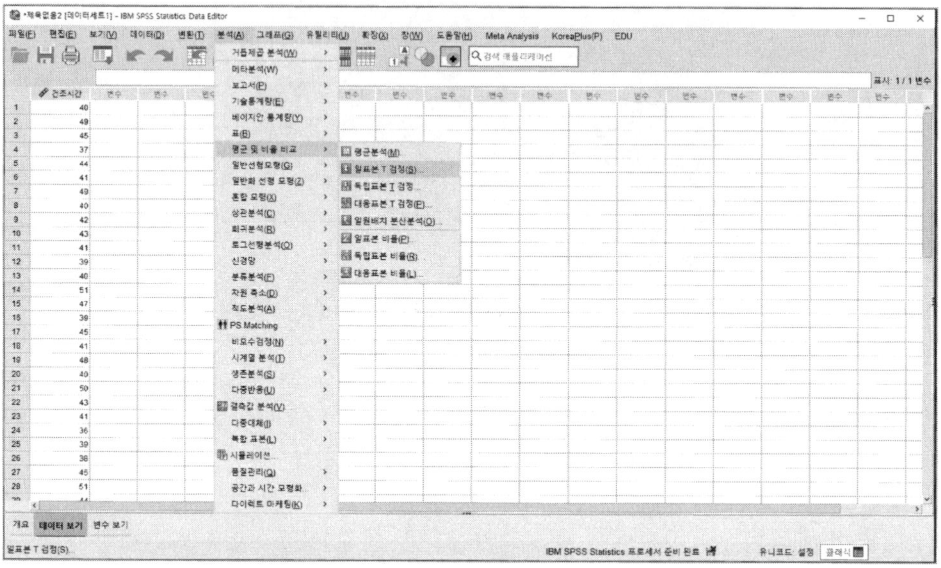

③ 일표본 T-검정 대화상자에서 건조시간 변수를 [검정변수(T)]란으로 이동시키고 귀무가설이 참일 때 모평균의 값 50을 [검정값(V)]란에 입력한다.

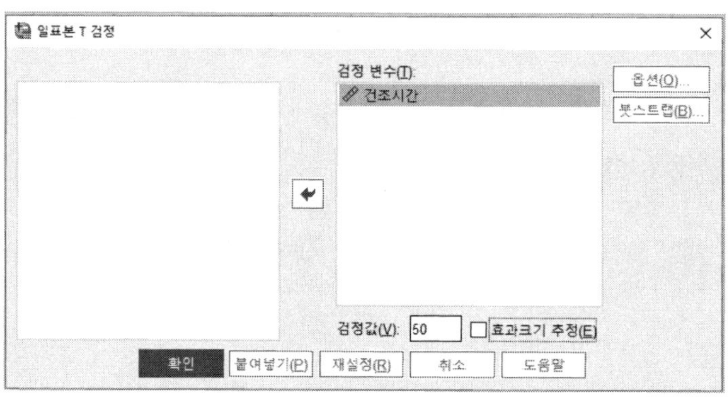

④ 확인을 누르면 출력결과창에 다음과 같은 분석결과가 나타난다.

분석 결과

일표본 통계량

	N	평균	표준편차	평균의 표준오차
건조시간	35	42.80	4.164	.704

일표본 검정

	검정값 = 50						
			유의확률			차이의 95% 신뢰구간	
	t	자유도	단측 확률	양측 확률	평균차이	하한	상한
건조시간	-10.229	34	<.001	<.001	-7.200	-8.63	-5.77

일표본 검정 결과를 보면 t-검정 통계량 값은 -10.229이고 구해진 p값은 양측, 단측 모두 〈0.001이다. 따라서 귀무가설을 기각한다.

⇒ 유의확률 〈0.001으로 유의수준 1%에서도 $H_0 : \mu = 50$ 기각할 수 있다.

그러므로 건조시간은 50분보다 적다고 할 수 있다.

> **참고** 평균값과 검정값=50의 차이는 -7.200이고, 차이에 대한 95% 신뢰구간 (-8.63, -5.77)이다.

(가설 2) 기존 페인트 건조 시간은 평균 45분이라면 새로운 페인트 건조시간은 단축 되었는가? (단측검정)

$$H_0 : \mu = 45 \text{ VS } H_0 : \mu < 45$$

- 검정값=45 입력한다.

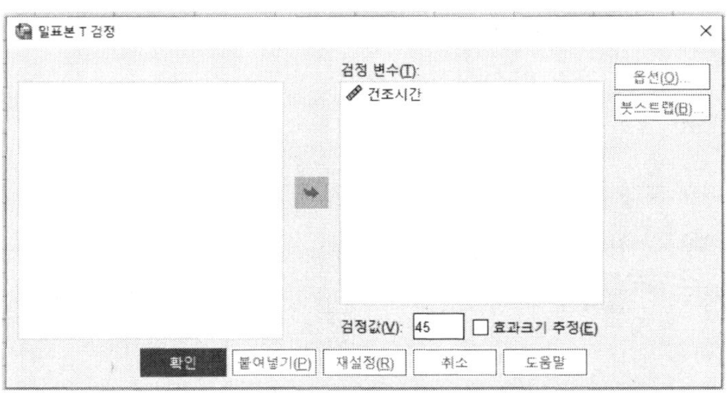

분석 결과

일표본 통계량

	N	평균	표준편차	평균의 표준오차
건조시간	35	42.80	4.164	.704

일표본 검정

	검정값 = 45						
			유의확률			차이의 95% 신뢰구간	
	t	자유도	단측 확률	양측 확률	평균차이	하한	상한
건조시간	-3.125	34	.002	.004	-2.200	-3.63	-.77

⇒ 유의확률(양측)=0.004, 유의확률(단측)=0.004/2=0.002이므로 유의수준 5%에서 $H_0: \mu = 45$ 기각하고 $H_1: \mu < 45$ 채택할 수 있다.
그리고 유의수준 1%에서도 $H_0: \mu = 45$ 기각할 수 있다.

(가설 3) 기존 페인트 건조 시간이 평균 45분이라면 새로운 페인트 건조 시간은 차이가 있는가? (양측검정)

$$H_0: \mu = 45 \text{ VS } H_0: \mu \neq 45$$

⇒ 유의확률(양측)=0.004이므로 유의수준 5%에서 $H_0: \mu = 45$ 기각($H_1: \mu \neq 45$ 채택)할 수 있다.

☞ 평균값과 검정값=45의 차이는 -2.220이고, 차이에 대한 95% 신뢰구간 (-3.63, -0.77)이다.

2) 비모수방법에 의해 [예제 8.2]를 검정한다.

일표본 Wilcoxon 부호순위 검정

• 분석 → 비모수검정 → 일표본(목적, 설정에 주의할 것)
목적 → 사용자 정의에 의한 분석: 선택
설정 → 사용자 정의에 의한 검정 → 평균과 가설값 비교, 선택
→ 가설중위수: 50 입력

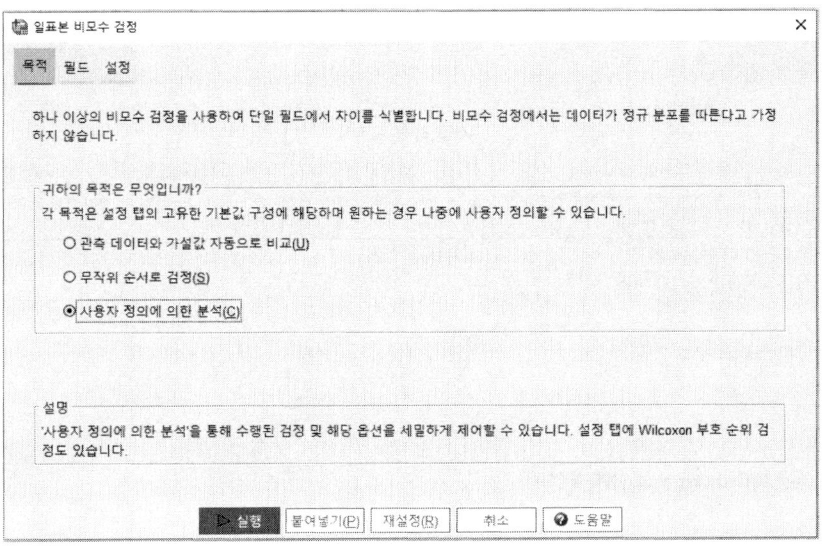

일표본 비모수 검정
목적
필드
설정
하나 이상의 비모수 검정을 사용하여 단일 필드에서 차이를 식별합니다. 비모수 검정에서는 데이터가 정규 분포를 따른다고 가정하지 않습니다.
귀하의 목적은 무엇입니까?
각 목적은 설정 탭의 고유한 기본값 구성에 해당하며 원하는 경우 나중에 사용자 정의할 수 있습니다.
관측 데이터와 가설값 자동으로 비교(U)
무작위 순서로 검정(S)
사용자 정의에 의한 분석(C)
설명
'사용자 정의에 의한 분석'을 통해 수행된 검정 및 해당 옵션을 세밀하게 제어할 수 있습니다. 설정 탭에 Wilcoxon 부호 순위 검정도 있습니다.
실행
붙여넣기(P)
재설정(R)
취소
도움말

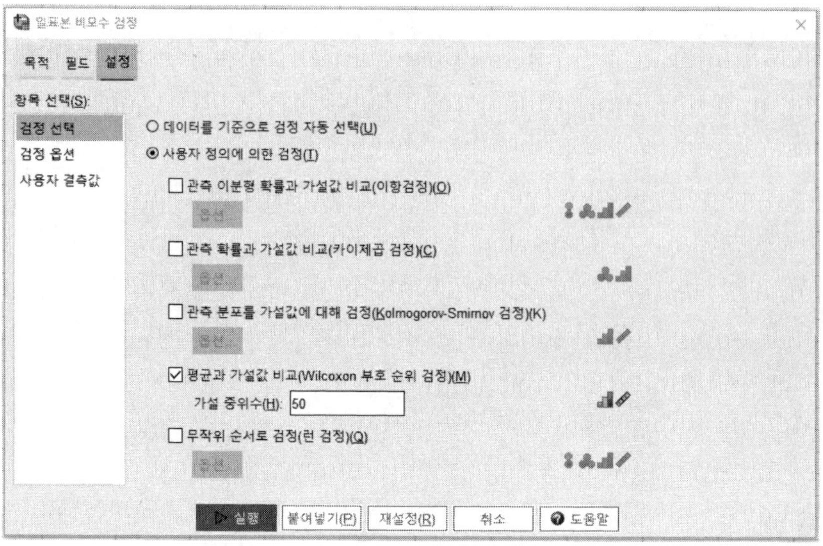

결과

가설검정 요약

	영가설	검정	CTT 유의확률[a,b]	의사결정
1	건조시간의 중위수가 50과(와) 같습니다.	일표본 Wilcoxon 부호순위 검정	<.001	영가설을 기각합니다.

a. 유의수준은 .050입니다.

b. 근사 유의확률이 표시됩니다.

일표본 Wilcoxon 부호순위 검정

건조시간

일표본 Wilcoxon 부호순위 검정 요약

전체 N	35
검정 통계량	5.000
표준오차	58.421
표준화된 검정 통계량	-5.007
근사 유의확률(양측검정)	<.001

8.3 이표본 T-검정 평균비교

두 개의 독립인 모집단으로부터 조사된 자료의 평균을 비교하는 독립표본 T-검정법에 대하여 알아본다.

8.3.1 모분산이 알려져 있는 경우

모분산 $\sigma_1{}^2$과 $\sigma_2{}^2$이 알려져 있는 두 정규 모집단

$$X \sim N(\mu_1, \sigma_1{}^2), \qquad Y \sim N(\mu_2, \sigma_2{}^2)$$

으로부터 각각 크기 n_1, n_2인 표본 $X_1, X_2, \cdots, X_{n_1}$과 $Y_1, Y_2, \cdots, Y_{n_2}$을 추출하여 각각의 표본평균을 $\overline{X}$, $\overline{Y}$라 하고, 면 $\overline{X}-\overline{Y}$의 분포는 정규분포를 따른다는 결과에 의하여 $\mu_1 = \mu_2$ 검정하는 데 필요한 검정 통계량을 구할 수 있다.

$$Z = \frac{(\overline{X}-\overline{Y})-(\mu_1-\mu_2)}{\sqrt{\sigma_1{}^2/n_1+\sigma_2{}^2/n_2}} \sim N(0,1)$$

따라서, $H_0 : \mu_1 = \mu_2$하에서 검정통계량의 분포는

$$Z = \frac{\overline{X}-\overline{Y}}{\sqrt{\sigma_1{}^2/n_1+\sigma_2{}^2/n_2}} \sim N(0,1)$$

이고 유의수준 α에서 다음 표의 기각역과 p값을 이용하여 검정한다.

H_0	H_1	기각역(유의수준 α에서)	p값
$\mu_1 = \mu_2$	$\mu_1 > \mu_2$	$z \geq z_\alpha$	$P(Z \geq z)$
$\mu_1 = \mu_2$	$\mu_1 < \mu_2$	$z \leq -z_\alpha$	$P(Z \leq z)$
$\mu_1 = \mu_2$	$\mu_1 \neq \mu_2$	$\lvert z \rvert \geq z_{\alpha/2}$	$P(\lvert Z \rvert \geq \lvert z \rvert)$

8.3.2 모분산이 알려져 있지 않은 경우(독립 이표본 T-검정)

여기서는 두 집단의 분산이 알려져 있지 않은 경우에 대하여 설명한다.

모분산 σ_1^2, σ_2^2 미지이고, 소표본(n_1, $n_2 < 30$)이며 $\sigma_1^2 = \sigma_2^2 = \sigma^2$ 즉, 등분산 경우에 두 모평균의 차이 $\mu_1 - \mu_2$에 대한 검정을 살펴본다.

두 정규모집단 $X : N(\mu_1, \sigma_1^2)$, $Y : N(\mu_2, \sigma_2^2)$으로부터 각각 크기 n_1, n_2인 표본 $X_1, X_2, \cdots, X_{n_1}$과 $Y_1, Y_2, \cdots, Y_{n_2}$를 임의추출하고, 표본평균의 차 $\overline{X} - \overline{Y}$의 분포에 의하여 두 모평균의 차에 대한 검정을 한다.

표본평균을 각각 $\overline{X}$, $\overline{Y}$라 하면 $\overline{X} - \overline{Y}$의 분포는 정규분포를 따른다는 사실과 모분산 σ_1^2, σ_2^2 미지고 $\sigma_1^2 = \sigma_2^2 = \sigma^2$이므로 σ^2 대신 불편추정량인 합동표본추정량

$$S_p^2 = \frac{(n-1)S_1^2 + (n_2 - 1)S_2^2}{n_1 + n_2 - 2}$$

여기서, S_1^2, S_2^2은 두 확률표본에서의 분산을 이용하면 검정통계량의 분포는

$$T = \frac{(\overline{X} - \overline{Y}) - (\mu_1 - \mu_2)}{S_p\sqrt{\frac{1}{n_1} + \frac{1}{n_2}}} \sim t(n_1 + n_2 - 2)$$

이 되고, 가설 $\mu_1 = \mu_2$인가를 검정하기에 $H_0 : \mu_1 = \mu_2$에서 검정통계량은 다음과 같다.

$$T = \frac{(\overline{X} - \overline{Y})}{S_p\sqrt{\frac{1}{n_1} + \frac{1}{n_2}}} \sim t(n_1 + n_2 - 2).$$

가설 H_0의 채택역 또는 기각역은 $z_{\alpha/2}$와 z_α 대신에 자유도 $n_1 + n_2 - 2$인 t-분포에서 $t_{\alpha/2}$와 t_α를 구하여 사용한다.

H_0	H_1	기각역	p값
$\mu_1 = \mu_2$	$\mu_1 > \mu_2$	$t \geq t_\alpha(n_1 + n_2 - 2)$	$P(T \geq t)$
$\mu_1 = \mu_2$	$\mu_1 < \mu_2$	$t \leq -t_\alpha(n_1 + n_2 - 2)$	$P(T \leq t)$
$\mu_1 = \mu_2$	$\mu_1 \neq \mu_2$	$\lvert t \rvert \geq t_{\alpha/2}(n_1 + n_2 - 2)$	$P(\lvert T \rvert \geq \lvert t \rvert)$

또한 모분산 σ_1^2, σ_2^2 미지이고, 소표본(n_1, $n_2 < 30$)이며, ${\sigma_1}^2 \neq {\sigma_2}^2$ 즉, 이분산인 경우 두 모평균의 차이 $\mu_1 - \mu_2$에 대한 검정은 자유도 ν인 근사 t-검정통계량에 의하여 검정한다.

$$T = \frac{(\overline{X} - \overline{Y}) - (\mu_1 - \mu_2)}{\sqrt{S_1^2/n_1 + S_2^2/n_2}} \simeq t(\nu),$$

$$\nu = \frac{(S_1^2/n_1 + S_2^2/n_2)^2}{\frac{1}{n_1 - 1}(S_1^2/n_1)^2 + \frac{1}{n_2 - 1}(S_2^2/n_2)^2}$$

즉, $H_0 : \mu_1 = \mu_2$에서 검정통계량은 $T = \dfrac{(\overline{X} - \overline{Y})}{\sqrt{S_1^2/n_1 + S_2^2/n_2}} \simeq t(\nu)$.

두 모집단의 분산이 같다고 할 수 있는지를 알아보기 위해서는 두 집단에서 얻어진 표본을 근거로 분산의 동질성(homogeneity of variance)을 검정해야 한다. 분산의 동질성검정으로 Levene의 등분산 검정을 하고 F 통계량과 유의확률을 나타내주며, 이를 이용하여 검정한다. 등분산 검정의 가설은 다음과 같다.

Levene의 등분산 검정

귀무가설 H_0: ${\sigma_1}^2 = {\sigma_2}^2$ (두 무집단의 분산은 같다.)

대립가설 H_1: ${\sigma_1}^2 \neq {\sigma_2}^2$ (두 무집단의 분산은 같지 않다.)

예제 8.3 수학의 한 강좌에서 12명에게 신교육 방법으로 강의를 하고 10명의 두 번째 그룹에게는 재래식 방법에 의하여 같은 수업 내용을 강의한 후 학기말에 이 두 그룹에 똑같은 시험을 실시하였다. 유의수준 5%에서

① 두 교육 방법의 효과가 다르다.

② 신교육 방법의 효과가 좋다.

는 가설을 검정하여라(두 그룹의 모집단은 같은 분산을 갖는 정규모집단임을 가정).

신교육 방법	87	87	86	87	80	88	78	86	86	87	78	90
재래식 방법	75	81	80	82	76	92	79	85	83	77		

풀이 σ_1^2, σ_2^2이 알려져 있지 않고, n_1, $n_2 < 30$이므로 t-검정을 행한다.

[① 두 교육 방법의 효과가 다르다]

1. 가설설정: $H_0 \ : \mu_1 = \mu_2$, $\quad H_1 \ : \mu_1 \neq \mu_2$
2. 유의수준: $\alpha = 0.05$

$$n_1 = 12,\ n_2 = 10,\ \bar{x} = 85,\ \bar{y} = 81,\ s_1 = 4, s_2 = 4.99,$$

$$df = 12 + 10 - 2 = 20$$

$$s_p = \sqrt{\frac{(12-1)\times(4)^2 + (10-1)\times(4.99)^2}{12+10-2}} = 4.473$$

3. 검정통계량의 값:

$$t = \frac{85-81}{4.473\sqrt{\frac{1}{12}+\frac{1}{10}}} = 2.089$$

4. 기각역: $\alpha = 0.05$이므로 $t_{0.025}(20) = 2.086$
5. 결과판정: $|t| = 2.089$ 〉 $t_{0.025}(20) = 2.086$으로 유의수준 5%에서 $H_0 : \mu_1 = \mu_2$를 기각.

   ⇔ p값 = $P(|T| \geq 2.089)$ = 0.04969 〈 $\alpha = 0.05$ 유의수준 5%에서 $H_0 : \mu_1 = \mu_2$를 기각할 수 있다.

[② 신교육 방법의 효과가 좋다]

1. 가설설정: $H_0 \ : \mu_1 = \mu_2$, $H_1 \ : \mu_1 > \mu_2$
2. 결과판정: $t = 2.089$ 〉 $t_{0.05}(20) = 1.325$으로 유의수준 5%에서 $H_0 : \mu_1 = \mu_2$를 기각.

   ⇔ p값 = $P(T \geq 2.089)$ = 0.02485 〈 $\alpha = 0.05$ 유의수준 5%에서 $H_0 : \mu_1 = \mu_2$를 기각할 수 있다.

SPSS 실습

예제 8.4 중학생의 인터넷 중독에 대한 설문조사 결과이다. 예제데이터 8.3에서 중학생의 성별에 따른 인터넷 중독의 집단간 차이를 실시하였다. 유의수준 5%에서 가설을 검정하여라(예제데이터 8.3 독립표본 T 검정).

두 모분산 σ_1^2, σ_2^2을 모르고 대표본인 경우에 해당하는 검정문제이다.

① 데이터 입력: [예제 8.4]를 아래와 같이 SPSS 데이터 편집기 창에 예제 8.4 데이터(예제데이터 8.3 독립표본 T 검정)를 가져온다.

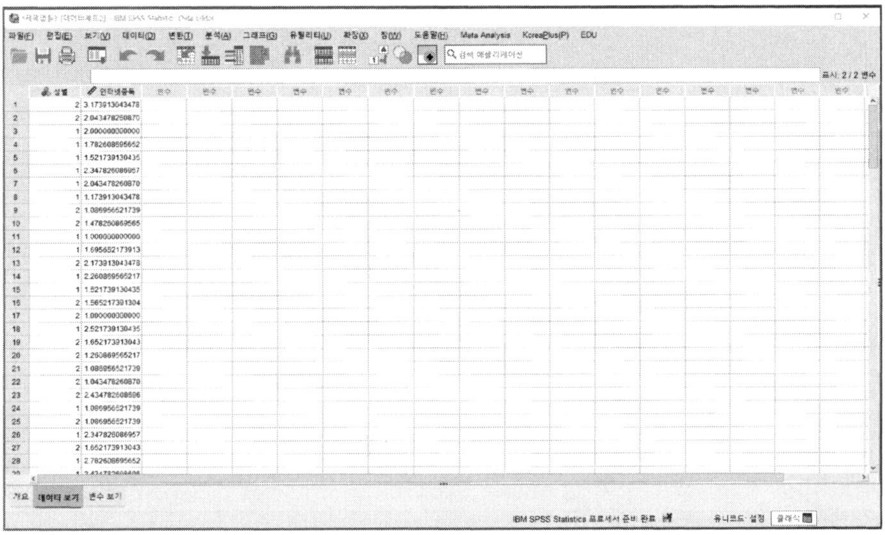

② 독립표본 검정을 위하여 **분석 → 평균 및 비율 비교 → 독립표본 T 검정**과 같이 순서대로 실행명령을 지정한다.

③ 독립표본 T-검정 대화상자에서 인터넷 중독 변수를 [검정변수(T)]란으로 이동시키고 성별 변수를 [집단변수(G)]으로 이동시킨 후 [집단정의(D)]가 활성화되면 선택하여 성별을 1과 2로 구분하였으므로 집단 1에 1, 집단 2에 2를 입력하고 계속을 누른다.

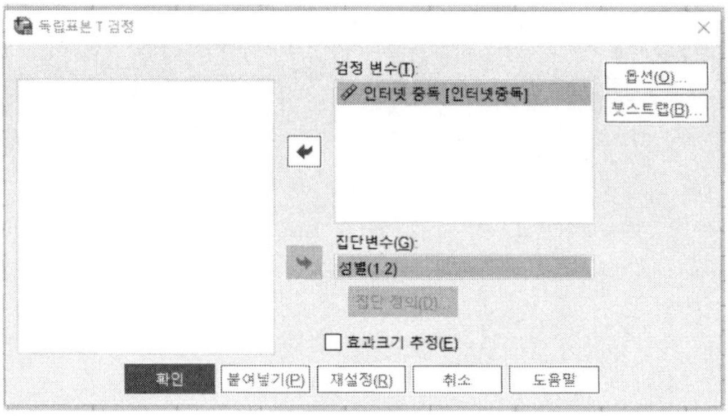

④ 확인을 누르면 출력결과창에 다음과 같은 분석결과가 나타난다.

집단통계량

	성별	N	평균	표준편차	평균의 표준오차
인터넷 중독	1	58	1.9190404798	.68607288397	.09008578308
	2	62	1.4453015428	.50536711486	.06418168777

독립표본 검정

		Levene의 등분산 검정		평균의 동일성에 대한 T 검정							
						유의확률				차이의 95% 신뢰구간	
		F	유의확률	t	자유도	단측 확률	양측 확률	평균차이	표준오차 차이	하한	상한
인터넷 중독	등분산을 가정함	5.893	.017	4.326	118	<.001	<.001	.47373893698	.10951355799	.25687227718	.69060559679
	등분산을 가정하지 않음			4.283	104.413	<.001	<.001	.47373893698	.11061074702	.25440388915	.69307398481

기술통계 분석결과를 보면, 성별 1 집단은 58개의 case에서 평균이 1.92이고 표준편차가 0.686, 그리고 평균의 표준오차가 0.090을 보이는 반면 성별 2 집단의 경우에는 62개의 case에서 평균이 1.45이고 표준편차가 0.505, 그리고 평균의 표준오차가 0.064로 나타났다.

독립표본 검정결과에서 우선 Levene의 등분산 검정을 살펴보면 F값이 5.593이고 유의확률 값이 0.017으로 유의수준 0.05보다 작기 때문에 모집단의 분산이 동일하다는 귀무가설이 기각된다. 따라서 모집단의 분산이 동일하지 않다.

다음의 평균차의 검정에서 검정값인 t값은 4.283이고 유의확률 값은 〈0.001로 유의수준 0.05보다 작기 때문에 귀무가설을 기각한다. 따라서 학생의 성별에 따른 인터넷 중독의 집단 간의 차이가 있다고 할 수 있다.

8.4 대응표본 T-검정 평균비교

대응비교(paired comparison)란 실험단위를 동질적인 쌍으로 묶은 다음, 각 쌍에서 랜덤하게 두 처리를 적용하고, 각 쌍에서 얻은 관측값의 차를 이용하여 두 모평균을 비교하는 방법을 말한다. 예를 들어 다음 [예제 8. 5]에서와 같이 두 종류의 서로 다른 수면제의 수면시간에 대한 정도를 비교하고자 할 때 수면제에 대한 사람 개개인의 반응 정도가 다르기 때문에 앞 절의 독립표본 T-검정방법과는 달리 각 쌍으로 이루어진 자료들은 주로 한 개체(사람) 내에서 두 개의 자료가 얻어지기 때문에 서로 독립이 아니다. 따라서 이 방법은 종속표본 검정법이 되며, 이러한 검정법을 대응표본 검정법이라 하고, 다음과 같이 검정통계량으로 t-분포를 이용하여 검정하게 되므로 대응표본 T-검정이라 한다.

대응을 이룬 관측값의 쌍 $(X_1, Y_1), (X_2, Y_2), \cdots, (X_n, Y_n)$은 서로 독립이며 X_i와 Y_i는 일반적으로 독립이 아니다. 이러한 경우에서는 각 표본의 차이 $D_i = X_i - Y_i\,(i = 1, 2, \cdots, n)$에 근거하여 두 모집단 평균의 차이를 검정한다. $D_1, D_2, \cdots, D_n$을 모평균 μ_D 모분산 σ_D^2인 정규분포를 따르는 확률표본이면 표본평균, 표본분산, t-통계량은 각각 다음과 같다.

$$\overline{D} = \frac{\sum_{i=1}^{n} D_i}{n}, \quad S_D^2 = \frac{\sum_{i=1}^{n}(D_i - \overline{D})^2}{n-1}, \quad T = \frac{\overline{D} - \mu_D}{S_D / \sqrt{n}} \sim t(n-1)$$

- H_0 : $\mu_1 = \mu_2$ (즉, $\mu_D = 0$)가 사실이라면 검정통계량은

$$T = \frac{\overline{D}}{S_D / \sqrt{n}} \sim t(n-1)$$

이고, 유의수준 α에서 T의 값 $t = \dfrac{\bar{d}}{s_d / \sqrt{n}}$에 대하여 아래의 기각역과 p값에 의

하여 검정한다.

H_0	H_1	기각역	p값
$\mu_1 = \mu_2$	$\mu_1 > \mu_2$	$t \geq t_{\alpha}(n-1)$	$P(T \geq t)$
$\mu_1 = \mu_2$	$\mu_1 < \mu_2$	$t \leq -t_{\alpha}(n-1)$	$P(T \leq t)$
$\mu_1 = \mu_2$	$\mu_1 \neq \mu_2$	$\lvert t \rvert \geq t_{\alpha/2}(n-1)$	$P(\lvert T \rvert \geq \lvert t \rvert)$

SPSS 실습

예제 8.5 류마티스 관절염 환자에게 항종양괴사 인자 제제(anti-TNF)를 투여 후 임상반응 변화를 관측한 값이다. 사전측정값과 사후측정값에 대한 평균값의 차이가 있는지에 대한 대응표본 T-검정분석이다.

류마티스 관절염 환자의 임상반응 변화에 대한 사전측정값은 약물 투여 전에 측정하고, 그 이후 3개월 동안 항종양괴사 인자 제제(anti-TNF)를 투여 후 사후측정값을 도출하였다. 약물 투여 전과 후의 평균값의 비교를 통해 약물의 효과를 검증한다(예제데이터 8.4 대응표본 T-검정).

풀이

① 데이터 입력: [예제 8.5]는 대응표본 데이터이므로 아래와 같이 SPSS 데이터 편집기 창에 예제 8.5 데이터(예제데이터 8.4 대응표본 T-검정)를 가져온다.

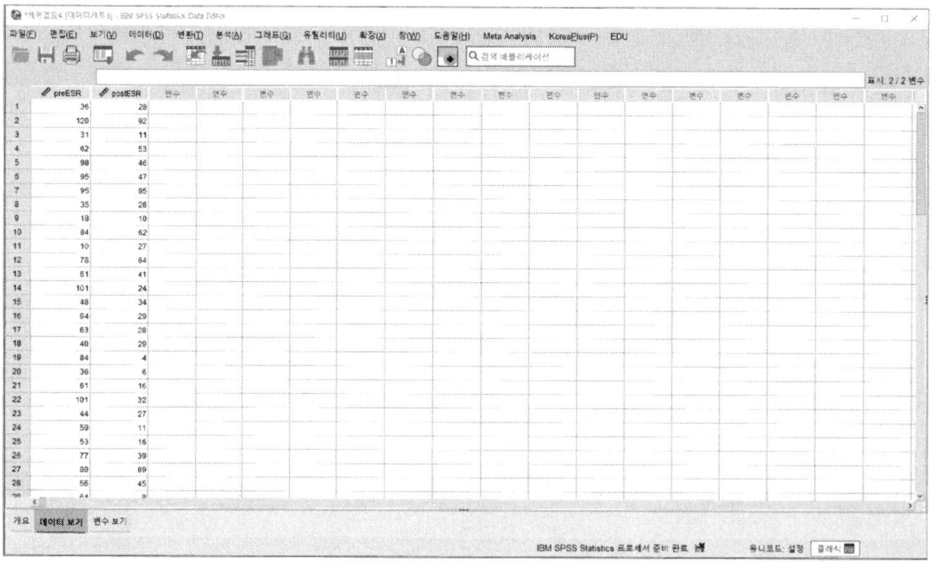

② 대응표본 검정을 위하여 **분석 → 평균 및 비율 비교 → 대응표본 T-검정**과 같이 순서대로 실행명령을 지정한다.

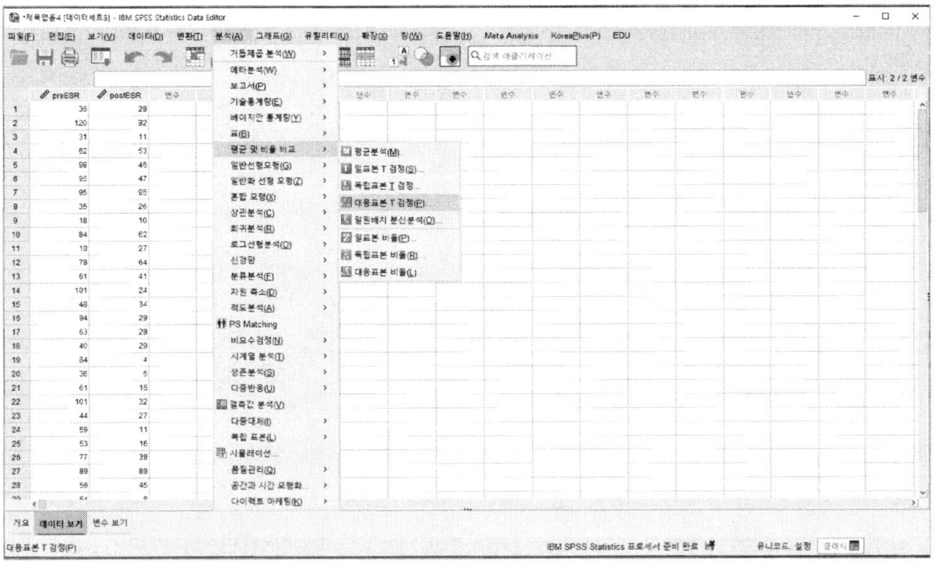

③ 대응표본 T-검정 대화상자에서 preESR 변수와 postESR 변수를 [대응변수(V)]란으로 이동시킨다.

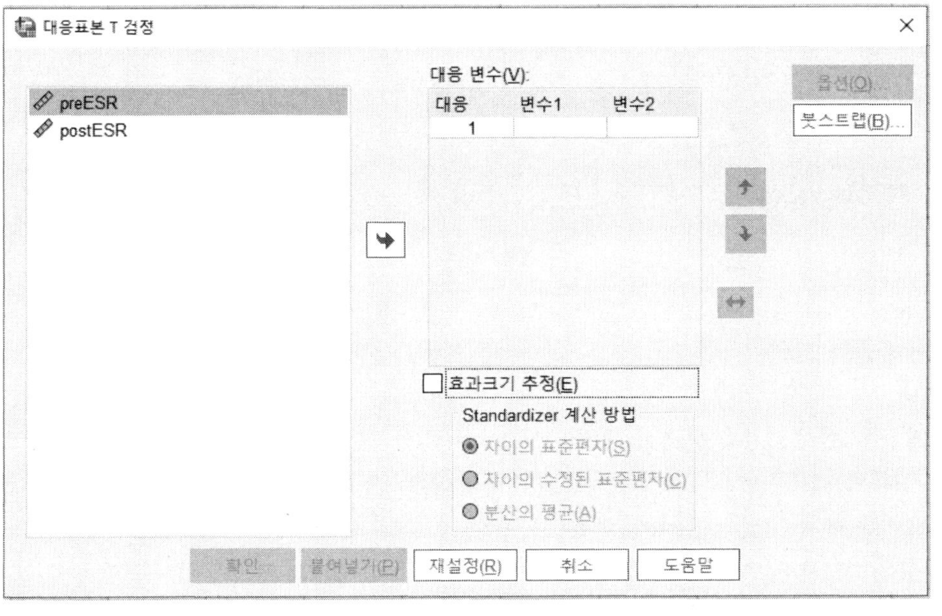

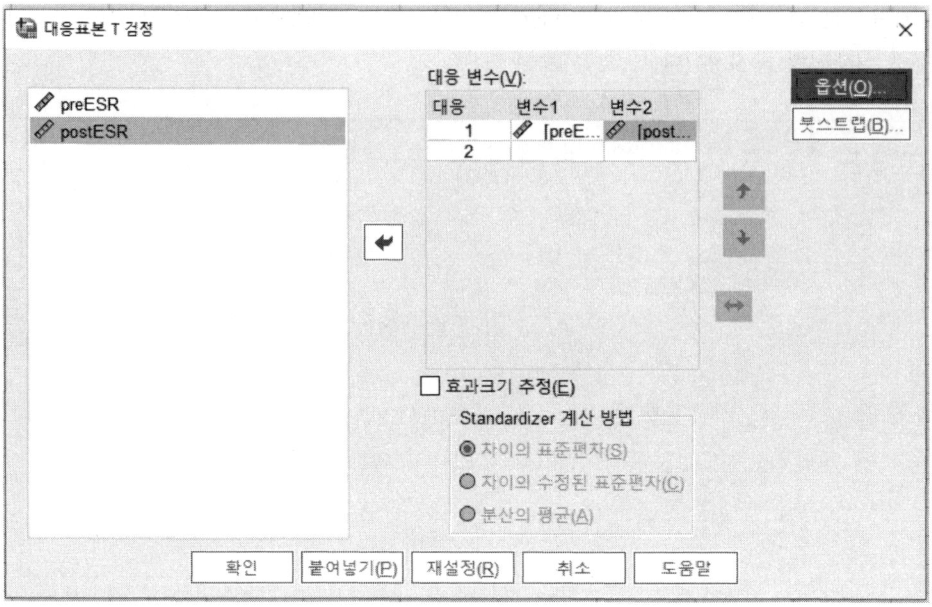

④ 확인을 누르면 출력결과창에 다음과 같은 분석결과가 나타난다.

결과

대응표본 통계량

		평균	N	표준편차	평균의 표준오차
대응 1	preESR	65.20	65	27.841	3.453
	postESR	33.18	65	23.691	2.938

대응표본 상관계수

		N	상관관계	유의확률	
				단측 확률	양측 확률
대응 1	preESR & postESR	65	.541	<.001	<.001

대응표본 검정

		대응차					t	자유도	유의확률	
		평균	표준편차	평균의 표준오차	차이의 95% 신뢰구간					
					하한	상한			단측 확률	양측 확률
대응 1	preESR - postESR	32.015	24.962	3.096	25.830	38.201	10.340	64	<.001	<.001

대응표본 검정 결과를 보면 preESR에서 postESR를 뺀 대응 차에 관한 데이터의 평균이 32.015이고 표준편차가 24.962, 평균의 표준오차가 3.096로 나타났다. 따라서 대응표본 검정 결과에서 t값은 10.340이고 유의확률이 〈0.001로 유의수준 0.05보다 작으므로 귀무가설을 기각한다. 즉, 사전 사후 류마티스 관절염 치료의 효과는 차이가 있다고 할 수 있다.

제9장

분산분석

9.1 분산분석 개요

9.1.1 분산분석 의의

앞서 살펴본 T–검정의 경우 두 집단 간의 평균을 비교하는 데 사용되는 통계기법이다. 그런데 실제로 많은 조사 분석에서는 세 종류 이상의 집단에 대한 동일성 검정을 할 필요가 있다. 예를 들어 화장품의 판매 촉진을 위해 서로 다른 광고 매체인 신문, 라디오, 텔레비전을 이용할 때 각각의 광고 효과가 차이가 있는지를 알아보거나, 교육에서 세 가지 교육방식(주입식, 토론식, 시청각 기자재 이용)의 효과를 비교하는 경우 등이 있을 수 있다. 이와 같이 셋 이상의 집단들의 평균들이 서로 차이가 있는지를 검정할 때 이용되는 통계적 분석방법을 분산분석(analysis of variance: ANOVA)이라고 한다. 분산분석은 주로 비계량적인 독립변수(명목척도)와 계량적인 종속변수(등간 혹은 비율척도) 사이의 관계를 파악하는 데 이용된다. 분산분석의 귀무가설은 집단들의 평균값이 모두 동일하다는 것이며, 대립가설은 집단 평균값이 동일하지 않다는 것이 된다.

$H_0 : \mu_1 = \mu_2 = \cdots = \mu_k$

H_1 : 평균이 서로 다른 것이 있다.

분산분석에서 주의할 것은 귀무가설에서 보는 바와 같이 다수의 모집단의 평균의 동일성 여부를 총괄적으로 검정하는 것이며, 개별적인 모집단의 평균이나 두 모집단의 평균 차를 검정하는 것이 아니라는 점이다. 분산분석에서의 대립 가설은 다수의 모집단 중에 평균이 다른 것이 최소한 하나 이상 존재한다는 것이 된다. 분산분석은 세 개 이상의 표본들의 차이를 표본평균 간의 분산과 표본 내의 관측치 간의 분산을 비교해 가설을 검정하는 것이 주요 내용이 된다.

9.1.2 분산분석 원리

분산분석은 독립변수에 의해 구분된 집단들이 동일한 집단인지 아닌지를 분산의 개념을 이용해 검정하는 통계적 분석방법이다. 일반적으로 모든 실험은 여러 가지 요인들에 의해 영향을 받는데 분산분석은 실험에서 관측된 변동량을 분산의 개념으로 파악한 다음, 체계적 요인에 의한 부분(체계적 분산)과 우연적 요인(오차 분산)에 의한 부분으로 구분해 비교함으로써 각 요인의 영향력 유무에 관한 판단을 하는 것이다. 즉 관측된 변동량은 요인 간의 차이(처리변동)와 우연적 변동(오차변동)의 합이며, 전체분산은 집단 간 분산과 집단 내 분산의 합이다.

분산분석에서는 가설 검정을 위해 F-검정 통계량을 사용한다. F-검정이란 집단 간의 차이가 있음을 검정하기 위해 집단 간 평균 분산을 집단 내 평균분산으로 나눈 값이며, F-분포는 자유도 값에 좌우된다. 두 분산이 같을 때 $F=1$이 되며, 귀무가설이 맞지 않는다면, F는 1보다 훨씬 커진다. 따라서 F값의 크기에 따라 귀무가설을 채택하기도 하고 기각하기도 한다. 다시 말해, 분산분석에서 집단 간 차이가 유의하기 위해서는 집단 내의 변이는 가능한 한 작아야 하고 집단 간의 변이는 가능한 한 커야 한다.

집단 내 분산(within group variation)은 각 집단의 평균치로부터 집단요소들의 측정치가 얼마나 흩어져 있는가를 나타내는 정도로서 무작위 오차에 의한 효과 혹은 설명이 가능한 분산을 의미한다. 그리고 전체 분산(total variation)은 각 요소들의 측정치가 전체 평균에서 얼마나 떨어져 있는가를 나타낸다.

분산분석법은 다음과 같은 가정을 바탕으로 한다.

첫째, 집단들은 상호 독립적이어야 한다.

둘째, 분산분석에서 표본평균의 분포는 정규분포를 따라야 한다. 분산분석의 대상이 되는 모집단은 정규분포를 가정하고 있다. 따라서 F 통계량을 이용한 검정이 가능하게 된다.

셋째, 집단들은 모두 같은 분산을 가져야 한다. 각 집단들의 분산이 같지 않으면 분산을 사용하는 분산분석법을 사용해 여러 집단의 검정을 실시할 수 없다.

9.1.3 분산분석 유형

1) 일원배치 분산분석

분산분석이란 독립변수의 개수에 따라 독립변수가 1개인 경우인 일원배치 분산분석(one-way ANOVA), 2개인 경우인 이원배치 분산분석(two-way ANOVA) 2개 이상인 경우인 다원배치 분산분석(multi-way ANOVA)으로 나눌 수 있다. 예를 들어 성별로 봉급의 차이가 있는가는 일원 분산분석을 통해 파악할 수 있고, 성별과 학력별로 봉급의 차이가 있는가는 이원 분산분석을 통해 파악이 가능하다.

일원배치 분산분석이란 실험에 영향을 미치는 요인 또는 자료를 분류하는 요소가 하나라는 의미이다. 예를 들어 동질적인 세 학생 집단에 대해 서로 다른 영어교수법 1, 2, 3을 적용해 각 집단에 따라 토플 성적에 차이가 있는지를 알아보는 경우이다. 이때 집단을 나타내는 변수(분류 변수)인 영어 교수법은 요인(factor) 혹은 인자(effects)가 되고, 영어교수법 1, 2, 3은 분류 집단이 된다. 일원 분산분석의 가설은 다음과 같다.

귀무가설 : $\mu_1 = \mu_2 = \cdots = \mu k$

대립가설 : 귀무가설의 평균 중에서 적어도 두 모집단의 평균은 서로 같지 않다.

2) 이원배치 분산분석

앞서 설명한 일원배치 분산분석은 하나의 요인에 대한 처리 효과가 차이가 있는지를 검정하는 분석 방법이다. 그러나 사회과학의 연구는 둘 이상의 독립변수와 종속변수 간의 관계에 관한 경우가 매우 많다. 예를 들어 세미나 방식의 수업과 강의방식의 수업을 비교하고자 할 때 학년과 강의방식에 따라 교육 효과의 차이가 있는가, 화장품의 판매량이 광고의 수준과 가격의 수준에 따라 차이가 있는가 등에 관심을 가질 수 있다. 이와 같이 이원 분산분석이란 두 가지의 명목척도로 측정된 독립변수와 등간, 비율 척도로 측정된 종속변수 간의 관계를 검정하는 데 사용되는 통계적 방법이라 할 수 있다.

이원배치 분산분석을 이해하기 위해서는 각 독립변수가 종속변수에 미치는 효과(main effects)뿐만 아니라 독립변수들 사이의 상호 작용 효과(interaction effect)에 대해서도 알 필요가 있다. 상호 작용 효과 혹은 교호작용 효과란 두 독립변수의 결합에 의해 종속변수에 영향을 미치는 효과를 뜻한다.

9.2 일원배치 분산분석

9.2.1 일원배치 분산분석 이해

일원배치법(one-way ANOVA)이란 실험결과에 영향을 미치는 인자가 1개이고 1개의 인자를 k개의 수준으로 분류하며, 각 수준에서 $n_1, n_2, \cdots, n_k$개의 관측값을 얻어 [표 9.1]과 같은 **일원배치의 구조**(one-way classification)를 얻는다. 즉, [표 9.1]은 k개의 모집단에서 각각 $n_1, n_2, \cdots, n_k$개의 표본을 추출하여 얻은 표이며 표본의 총합은 $n = \sum n_i$이다.

k개의 모집단 또는 k개의 수준을 **처리**(treatment)라고도 하며 [표 9.1]과 같이 분류한다. k개의 모집단의 평균이 $\mu_1, \mu_2, \ldots, \mu_k$이고 분산이 모두 σ^2인 정규분포를 한다고 가정한다.

표 9.1 일원배치의 자료구조

인자 A		관측값	계	자료수 n_i	평균
처리	A_1	$x_{11}\ x_{12}\ \cdots\ x_{1j}\ \cdots\ x_{1n_1}$	$T_{1\cdot}$	n_1	$\bar{x}_{1\cdot} = T_{1\cdot}/n_1$
	A_2	$x_{21}\ x_{22}\ \cdots\ x_{2j}\ \cdots\ x_{2n_2}$	$T_{2\cdot}$	n_2	$\bar{x}_{2\cdot} = T_{2\cdot}/n_2$
	$\vdots$	$\vdots\ \ \vdots\ \ \ \ \ \vdots$	$\vdots$	$\vdots$	$\vdots$
	A_k	$x_{k1}\ x_{k2}\ \cdots\ x_{kj}\ \cdots\ x_{kn_k}$	$T_{k\cdot}$	n_k	$\bar{x}_{k\cdot} = T_{k\cdot}/n_k$
합계			$T_{\cdot\cdot}$	n	$\bar{x}_{\cdot\cdot} = T_{\cdot\cdot}/n$

[표 9.1]에서 보는 바와 같이 인자 A가 k개의 수준 $A_1, A_2, \ldots, A_k$로 되어 있고, 수준 A_i $(i = 1, 2, \ldots, k)$에서 n_i개의 관측값 $x_{i1}, x_{i2}, \ldots, x_{in_i}$으로 자료배치표를 만들면 [표 9.1]과 같이 일원배치법의 자료구조를 나타낼 수 있다. 일원배치법의 자료배열에 나타난 관측값에 의하여 각 수준 사이의 자료의 특성치가 차이가 있는지의 여부를 검정하는 일이 일원배치에 의한 분산분석인데, 이는 결국 두 평균의 차의 유의성 검정을 3개 이상의 평균의 경우로 확장한 것과 같다.

i번째 수준 A_i에서 j번째 관측값 x_{ij}를 나타내는 확률변수를 X_{ij}라고 하면, X_{ij}는 다음과 같은 **모형**(model)으로 표시할 수 있다.

$$X_{ij} \;=\; \mu + \alpha_i + \epsilon_{ij} \quad (i=1,\,2,\; \dots ,\, k \;,\;\; j=1,\,2,\; \dots ,\, n_i)$$

여기서 μ는 전체의 모평균, α_i는 수준 A_i의 주효과를 나타내고, ϵ_{ij}는 i번째 수준 j번째 관측값의 우연오차의 부분인 오차항으로서 $\epsilon_{ij} \sim N(0,\sigma^2)$인 분포를 한다. i번째 수준 A_i는 i번째 모집단과 같은 뜻이다. 수준 A_i의 모평균을 μ_i라고 하면

$$\mu_i \;=\; \mu + \alpha_i,$$

$$\sum_{i=1}^{k}\alpha_i \;=\; \sum_{i=1}^{k}(\mu_i - \mu) = 0$$

i번째의 모집단 A_i에서 j번째 관찰치 x_{ij}의 오차항 ϵ_{ij}의 분포는 $\epsilon_{ij} \sim N(0,\sigma^2)$이므로 k개의 각 수준(각 모집단)의 분산은 σ^2으로 모두 같다. 즉 등분산임을 전제한 것과 같은 의미를 갖는다.

위의 내용을 요약하면 다음과 같다.

일원배치법의 모형

$$X_{ij} = \mu + \alpha_i + \epsilon_{ij}\,,\quad i = 1,\,2,\;\cdots,\,k\,,\;\; j=1,\,2,\;\cdots,\,n_i$$

단, μ: 총평균

α_i: i번째 처리효과

ϵ_{ij}: 서로 독립인 $N(0,\,\sigma^2)$를 따르는 오차

k개의 모집단의 평균이 모두 동일한가? 또는 차이가 있는가를 가설을 세워 검정의 절차를 생각하여 보자. 즉 k개의 각 수준 $A_1,\,A_2,\,\dots,\,A_k$의 주효과 사이에 차이가 없다는 가설은

$$H_0 \;:\; \alpha_1 = \alpha_2 = \dots = \alpha_k = 0$$

이다. $\alpha_i = 0$은 i번째 수준 A_i의 주효과는 없다를 뜻하며 이는 각 수준의 평균은 $\mu + \alpha_i = \mu_i$가 되어 서로 같다는 것이다. 따라서 가설 H_0가 채택되면 각 수준의 효과는 차가 없다. 즉, k개의 평균은 차가 없다를 뜻한다. 이제 귀무가설과 대립가설을 다음과 같이 표시하자.

$$H_0 \;:\; \alpha_i = 0, \qquad H_1 \;:\; \alpha_i \neq 0 \qquad (i=1,2,\ldots,k)$$

$\alpha_i \neq 0$는 α_i $(\alpha_1,\alpha_2,\ldots,\alpha_k)$ 중 적어도 하나는 0이 아니다라는 의미이다.

가설을 검정하기 위하여 몇 가지 **변동**(variation) 사이의 관계를 알아보자. 기호는 [표 9.1]의 일원배치표에 표시한 바와 같다. 자료 전체의 변동을 **총변동**(total variation) 또는 **총제곱합**(total sum of squares)이라고 하며, 이것은 각 관찰치와 관찰치 전체의 평균과의 차의 제곱합, 즉 편차의 제곱합을 말하며 SS_T로 표시한다.

$$SS_T = \sum_{i=1}^{k}\sum_{j=1}^{n_i}(X_{ij}-\overline{X}..)^2$$

총변동은 다음의 우변과 같이 나타낼 수 있다.

$$\sum_{i=1}^{k}\sum_{j=1}^{n_i}(X_{ij}-\overline{X}..)^2 = \sum_{i=1}^{k}n_i(\overline{X}_{i\cdot}-\overline{X}..)^2 + \sum_{i=1}^{k}\sum_{j=1}^{n_i}(X_{ij}-\overline{X}_{i\cdot})^2$$

k개의 각 수준(각 모집단)내의 변동의 합을 **급내변동**(variation within class) 또는 **잔차변동**(residual variation), 잔차제곱합이라 부르며, 이것은 관찰치 X_{ij}와 각 수준 A_i 내의 평균 $\overline{X}_{i\cdot}$의 차의 제곱합들을 합한 것이며 SS_E로 표시한다.

$$SS_E = \sum_{i=1}^{k}\sum_{j=1}^{n_i}(X_{ij}-\overline{X}_{i\cdot})^2$$

각 수준(각 모집단)의 평균 $\overline{X}_{i.}$와 전체평균 $\overline{X}..$의 차의 제곱합 즉, 수준과 수준 사이의 변동을 **급간변동**(variation between treatments), 처리제곱합이라 하며 SS_A로 표시하고, 기호 SS_A의 A는 인자 A를 뜻하며 만일 검정하려는 인자가 B라면 SS_B로 표시한다.

$$SS_A = \sum_{i=1}^{k}n_i\;(\overline{X}_{i\cdot}-\overline{X}..)^2$$

다음으로 **자유도**(degree of freedom)에 대하여 살펴보자. 제곱합의 자유도는 제곱을 한 편차의 개수에서 편차들의 선형제약조건의 개수를 뺀 것과 같다. 정리하면 (제곱합의 자유도) = (제곱을 한 편차의 개수) − (편차들의 선형제약 조건의 개수)이다.

따라서 SS_T의 자유도는 $\nu_T = \sum^{k} n_i - 1 = n-1$이고, 급내변동에 대한 자유도는 $\nu_E = \sum_{i=1}^{k} n_i - k = n-k$이며, 급간변동에 있어서의 자유도 ν_A는 $k-1$이다.

이제 가설 $H_0 : \alpha_1 = \alpha_2 = \cdots = \alpha_k = 0$을 검정하기 위하여 제곱합을 자유도로 나눈 값을 **평균제곱**(mean square)이라 한다. 처리평균제곱과 오차평균제곱은 각각

$$MS_A = \frac{SS_A}{k-1}, \qquad MS_E = \frac{SS_E}{n-k}$$

으로 정의되고, 처리제곱합이 크다는 의미는 집단별로 평균차이가 있다는 의미이며, 처리제곱합이 작다는 의미는 집단별 평균차이가 없다는 의미로 해석되므로 검정을 위한 통계량으로 두 개의 처리제곱합의 비에 의해 정의되는 F분포로 따르고, F값과 유의확률에 의하여 유의성을 검정하게 된다.

귀무가설 $H_0 : \alpha_1 = \alpha_2 = \cdots = \alpha_k = 0$을 검정하기 위한 검정통계량은 다음과 같다.

$$F = \frac{MS_A}{MS_E} \sim F(k-1, n-k)$$

검정법은 유의수준 α에서 $F > F_\alpha(k-1, n-k)$이면 귀무가설을 기각하고, 반대이면 귀무가설을 채택한다.

이상을 요약하면 일원배치의 분산분석은 [표 9.2]의 분산분석표를 만들고 다음의 검정 절차에 의하여 유의성에 대한 검정을 한다.

표 9.2 일원배치법에 대한 분산분석표

요인	제곱합	자유도	평균제곱	검정통계량의 값	임계값
처리(급간)	SS_A	$\nu_A = k-1$	$MS_A = \frac{SS_A}{k-1}$	$F = \frac{MS_A}{MS_E}$	$F_\alpha(k-1, n-k)$
오차(급내)	SS_E	$\nu_E = n-k$	$MS_E = \frac{SS_E}{n-k}$		
총 합	SS_T	$\nu_T = n-1$			

따라서 앞의 결과들을 정리하면, 일원배치 분산분석에 대한 검정법을 아래와 같이 요약할 수 있다.

> 가설설정 $H_0 : \alpha_1 = \alpha_2 = \cdots = \alpha_k$
>
> $H_1 : \alpha_i \neq 0$인 i가 적어도 하나 존재한다.
>
> 검정통계량의 값: $F = \dfrac{MS_A}{MS_E}$
>
> 결과판정: $F > F_\alpha(k-1, n-k)$이면 유의수준 α에서 H_0를 기각한다.

일원배치법에서는 반복수가 같은 경우와 반복수가 같지 않은 경우 두 가지 자료구조가 있다. [예제 9.1]은 반복수가 같은 경우이며, 반복수가 다른 경우도 고려할 수 있다. 어떤 이유로 실험이 실패하였거나, 결측값이 생겨 어떤 특성수준에 대하여 반복수가 다른 수준보다 많을 경우가 있다. 일반적으로 반복수가 다른 경우가 많다. 반복수가 같은 일원배치 분산분석방법에서와 같이 자료의 변동에 대하여 분해 및 변동의 제곱, 자유도, 평균제곱, F-검정통계량이 유도되고, 위의 절차에 의하여 검정한다.

9.2.2 사후검정-다중비교(multiple comparison)

모든 수준의 효과가 동일하다는 가설 $H_0 : \alpha_i = 0$이 기각되었을 때, 즉 모든 수준의 평균이 같다라는 가설이 기각되었을 때 어떤 처리 집단에 의해 귀무가설이 기각되었는가를 알아낼 필요가 있다. 귀무가설이 기각되어 차이가 있다면 어디서 차이가 나타나는지를 알고자 하는 것, 즉 수준 사이의 효과 α_i와 α_j가 같은가를 검정하는 것을 다중비교에 의한 사후검정이라 한다. 사후검정은 독립 T-검정을 여러 번 진행한 것과 같은 개념으로 이해할 수 있다.

다중비교를 하는 방법으로 LSD, Bonferroni, Tukey, Duncan, Scheffe, 등 여러 가지 분석방법이 있으며, 이들 중 가장 많이 쓰이는 것이 Duncan의 다중비교 방법과 Tukey의 정직 유의차검정(HSD)이다.

9.2.3 분산분석 예제 및 SPSS 실습

예제 9.1 다음 표는 5종류의 수면제를 각각 5명씩 투약하고 증가한 수면 시간을 조사한 표이다. 5종류의 수면제의 효과는 같다는 가설을 유의수준 5%로 검정하여라.

표 9.3 수면의 증가시간

수면제의 종류	수면의 증가시간	$T_{i\cdot}$	$\overline{x}_{i\cdot}$
1	5 4 8 6 3	26	5.2
2	9 7 8 6 9	39	7.8
3	3 5 2 3 7	20	4.0
4	2 3 4 1 4	14	2.8
5	7 6 9 4 7	33	6.6
계		132	5.28

풀이

1. 가설설정 H_o : $\alpha_1 = \alpha_2 = ... = \alpha_5 = 0$, H_1 : $\alpha_i \neq 0$인 i가 존재한다.
2. 계산

$$SS_T = 5^2 + 4^2 + ... + 7^2 - \frac{132^2}{25} = 834 - 696.960 = 137.040$$

$$SS_A = \frac{26^2}{5} + \frac{39^2}{5} + ... + \frac{33^2}{5} - \frac{132^2}{25} = 776.400 - 696.960 = 79.440$$

$$SS_E = 137.040 - 79.440 = 57.600$$

위의 값을 이용하여 분산분석표를 작성하면 아래의 [표 9.4]와 같다

표 9.4 예 9.1의 분산분석표

요인	제곱합	자유도	평균제곱	검정통계량의 값	임계값
처리(급간)	79.440	4	$\frac{79.440}{4} = 19.860$	$F = \frac{19.860}{2.880} = 6.90$	$F_{0.05}(4,20) = 2.87$
오차(급내)	57.600	20	$\frac{57.600}{20} = 2.880$		
총합	137.040	24			

3. 결과판정: 검정통계량의 값 $F = 6.90 > 2.87 = F_{0.05}(4, 20)$이므로 H_0 : $\alpha_i = 0$을 기각한다. 따라서 5종의 수면제의 효과는 모두 동일하다고 할 수 없다.

SPSS 실습

예제 9.2 수면제의 종류에 따른 수면의 증가시간에 차이가 있는지를 일원배치 분산분석과 Duncan의 다중범위검정이용하여 사후검정을 실시한다(예제데이터 9.1 일원배치 분산분석).

풀이

① 데이터 입력: [예제 9.1]을 아래와 같이 SPSS 데이터 편집기 창에 입력한다. 수면제 종류를 1, 2, 3, 4, 5로 코딩한다.

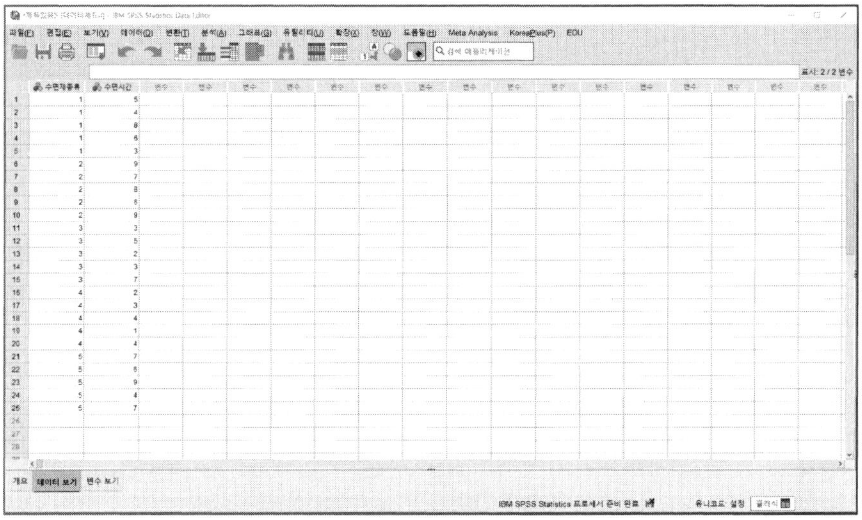

② 일원배치 분산분석을 위하여 분석 → 평균 및 비율 비교 → 일원배치 분산분석과 같이 순서대로 실행명령을 지정한다.

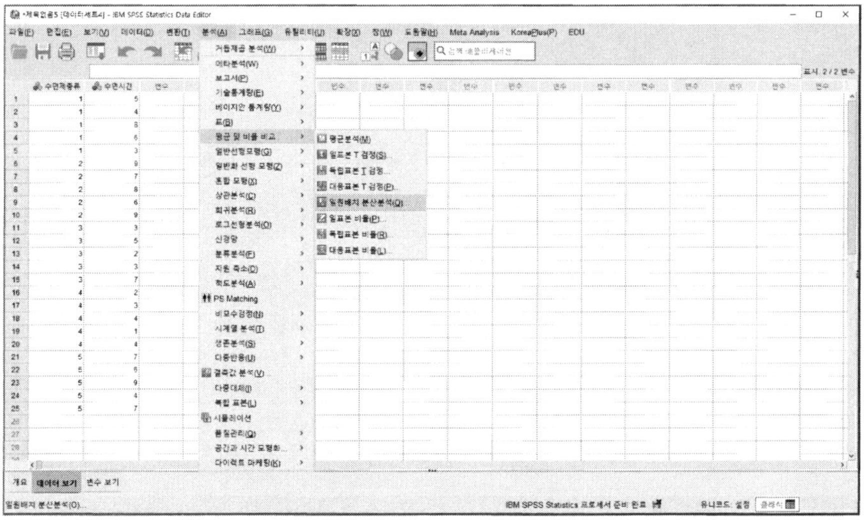

$$H_o \ : \ \alpha_1 = \alpha_2 = \cdots = \alpha_5 = 0, \qquad H_1 \ : \ \alpha_i \neq 0$$

③ 일원배치 분산분석 대화상자에서 수면시간 변수를 [종속변수(E)]란으로 이동시키고 수면제 변수를 [요인분석(F)]란에 이동시킨다.

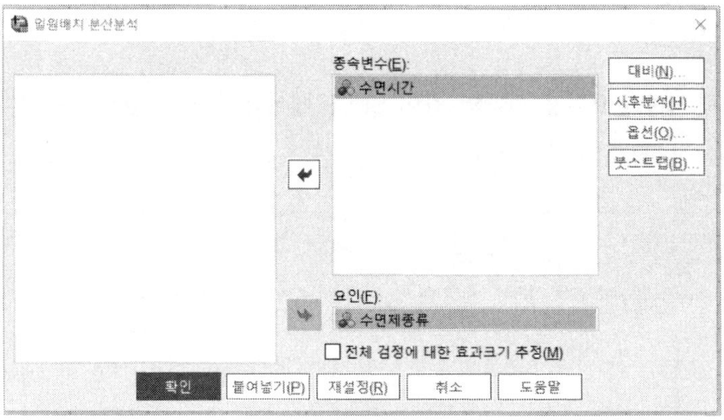

④ Duncan의 다중범위검정을 위하여 일원배치 분산분석 대화상자에서 하단의 [사후분석(H)]을 선택하고, 다중비교 방법들 중 Duncan을 체크하고 계속을 누른다.

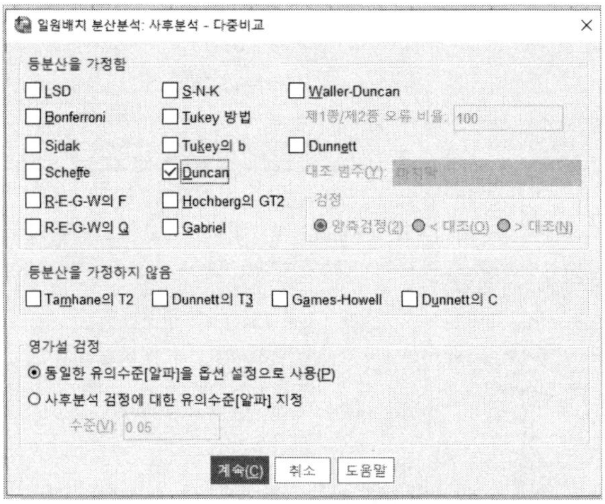

⑤ 기술통계를 구하기 위하여 일원배치 분산분석 대화상자에서 하단의 [옵션(O)]을 선택하고 기술통계를 체크하고 모집단의 등분산 검정을 위하여 분산 동질성 검정을 체크하고 계속을 누른다.

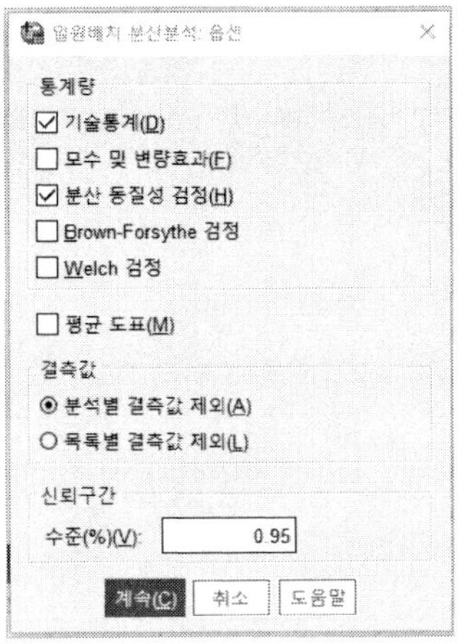

⑥ 필요한 부분을 모두 지정한 후 확인을 누르면 출력결과창에 다음과 같은 분석결과가 나타난다.

기술통계

수면시간

	N	평균	표준편차	표준오차	평균의 95% 신뢰구간 하한	평균의 95% 신뢰구간 상한	최소값	최대값
1	5	5.20	1.924	.860	2.81	7.59	3	8
2	5	7.80	1.304	.583	6.18	9.42	6	9
3	5	4.00	2.000	.894	1.52	6.48	2	7
4	5	2.80	1.304	.583	1.18	4.42	1	4
5	5	6.60	1.817	.812	4.34	8.86	4	9
전체	25	5.28	2.390	.478	4.29	6.27	1	9

분산의 동질성 검정

		Levene 통계량	df1	df2	CTT 유의확률
수면시간	평균을 기준으로 합니다.	.394	4	20	.810
	중위수를 기준으로 합니다.	.147	4	20	.962
	자유도를 수정한 상태에서 중위수를 기준으로 합니다.	.147	4	14.316	.961
	절삭평균을 기준으로 합니다.	.378	4	20	.822

ANOVA

수면시간

	제곱합	자유도	평균제곱	F	CTT 유의확률
집단-간	79.440	4	19.860	6.896	.001
집단-내	57.600	20	2.880		
전체	137.040	24			

사후검정

동질적 부분집합

수면시간

Duncan[a]

수면제종류	N	유의수준 = 0.05에 대한 부분집합			
		1	2	3	4
4	5	2.80			
3	5	4.00	4.00		
1	5		5.20	5.20	
5	5			6.60	6.60
2	5				7.80
CTT 유의확률		.277	.277	.207	.277

동질적 부분집합에 있는 집단에 대한 평균이 표시됩니다.

a. 조화평균 표본크기 5.000을(를) 사용합니다.

기술통계치를 살펴보면 각 수면제 종류별 수면시간의 증가에 대한 평균값, 표준편차, 표준오차, 평균값의 신뢰구간, 최솟값, 최댓값들이 나타나 있다.

분산분석이 가능하기 위해서는 모집단 등분산의 가정이 충족되어야 한다. 따라서 분산의 동질성 검정 결과를 보면 Levene의 통계량인 F값이 0.394이고 유의확률 값이 0.810으로 유의수준 0.05보다 크기 때문에 모집단의 분산이 동일하다는 귀무가설을 채택한다.

다음으로 분산분석 검정 결과를 보면 F값이 6.896이고 유의확률 값이 0.001로 유의수준 0.05보다 작기 때문에 귀무가설을 기각한다. 따라서 수면제의 종류에 따라 수면시간의 증가는 차이가 있다고 할 수 있다.

- **사후검정**: 이와 같이 분산분석을 통해서 5개의 수면제의 종류 간에 수면시간의 증가는 차이가 있다는 것이 입증되었으면 5개의 수면제 종류 간에 서로 어떻게 차이가 있는지에 대한 의문이 생긴다. 이를 알아보는 분석을 사후검정이라고 한다.

Duncan의 다중범위검정 결과를 살펴보면 5개의 수면제의 종류가 4개의 동일집단군으로 분류되었는데 그 동일집단군에 속한 수면제의 종류는 차이가 없으므로 수면제의 종류 3과 4, 1과 3, 1과 5, 2와 5는 차이가 없고 이들 외의 모든 수면제의 종류는 차이가 있다.

9.3 이원배치 분산분석

9.3.1 이원배치 분산분석 이해

일원배치법의 분산분석에서는 특성치에 영향을 주는 인자가 하나였으나, 여기서는 특성치에 영향을 주는 인자가 두 가지인 경우를 생각하여 보자. 하나의 인자는 행(row)에 배치하고 다른 하나의 인자는 열(column)에 배치한다. 행인자의 i 수준과 열인자의 j 수준에서의 관측값은 i행 j열의 위치에 배열하는 방법이 **이원배치법**(two-way classification)이다.

예를 들면 토마토를 재배하는데 토마토의 종류가 A_1, A_2, A_3로 3종류이고, 이 3종류의 각각에 4종류의 비료 B_1, B_2, B_3, B_4를 살포하였을 때에 토마토의 생산량을 관찰하는 문제는 이원배치인 것이다.

일반화하면 인자 A의 수준이 A_1, A_2, ..., A_k의 세 종류이고, 인자 B의 수준이 B_1, B_2, ..., B_l이 있다고 하자. 그리고 인자 A의 수준 A_i와 인자 B의 수준 B_j에서 관측값을 x_{ij}라고 표시하고 이를 표로 만들면 다음 [표 9.7]인 이원배치표가 된다.

표 9.7 이원 배치법의 자료구조

A \ B	B_1	B_2	$\cdots$	B_l	계	평균
A_1	x_{11}	x_{12}	$\cdots$	x_{1l}	$T_{1\cdot}$	$\bar{x}_{1\cdot}$
A_2	x_{21}	x_{22}	$\cdots$	x_{2l}	$T_{2\cdot}$	$\bar{x}_{2\cdot}$
$\vdots$	$\vdots$	$\vdots$		$\vdots$	$\vdots$	$\vdots$
A_k	x_{k1}	x_{k2}	$\cdots$	x_{kl}	$T_{k\cdot}$	$\bar{x}_{k\cdot}$
계	$T_{\cdot 1}$	$T_{\cdot 2}$	$\cdots$	$T_{\cdot l}$	$T_{\cdot\cdot}$	
평균	$\bar{x}_{\cdot 1}$	$\bar{x}_{\cdot 2}$	$\cdots$	$\bar{x}_{\cdot l}$	$\bar{x}_{\cdot\cdot}$	

위의 표에서 $n = kl$, $\bar{x}_{i\cdot} = \dfrac{T_{i\cdot}}{l}$, $\bar{x}_{\cdot j} = \dfrac{T_{\cdot j}}{k}$, $T_{\cdot\cdot} = \sum_j \sum_i x_{ij}$, $\bar{x}_{\cdot\cdot} = \dfrac{T_{\cdot\cdot}}{n}$ 이다.

[표 9.7]에서 A 인자를 **행인자**라고 하고, B 인자를 **열인자**라고 한다. 관측값 x_{ij}에 대응되는 확률변수를 X_{ij}라고 하면, X_{ij}는 다음과 같은 모형으로 표시된다.

$$X_{ij} = \mu + \alpha_i + \beta_j + \epsilon_{ij}, \quad i = 1, \cdots, k, \; j = 1, \cdots, l$$

여기서 μ는 자료전체의 모평균이고 α_i는 수준 A_i의 주효과, β_j는 수준 B_j의 주효과이며, ϵ_{ij}는 실험의 우연오차인 오차항이며 $\epsilon_{ij} \sim N(0, \sigma^2)$이다. σ^2은 전체의 모분산이기도 하다. 9.2.1절에서와 같이 인자별 각 수준의 주 효과의 합은 항상 0이다.

$$\sum^{k} \alpha_i = 0, \quad \sum^{l} \beta_j = 0$$

일원배치의 분산분석에서는 인자가 A 한 개이지만, 인자가 A, B 두 개인 이원배치의 분산분석에서는 각 인자에서 처리들의 효과가 동일한가를 검정하는 것이므로 각 인자에 대한 2개의 가설을 세워야 한다. 인자 A에 대한 가설 $H_{0\alpha}$, B에 대한 가설은 $H_{0\beta}$라고 한다.

$H_{0\alpha}$: $\alpha_1 = \alpha_2 = ... = \alpha_k = 0$,

H_1 : $\alpha_i \neq 0$인 i가 적어도 하나 존재한다.

$H_{0\beta}$: $\beta_1 = \beta_2 = ... = \beta_l = 0$,

$H_{1\beta}$: $\beta_j \neq 0$인 j가 적어도 하나 존재한다.

위 가설을 검정하기 위하여 변동(제곱합)들 사이의 관계를 알아야 한다. 이원배치표에서 다음 몇 가지 변동(제곱합)을 정의한다.

총변동(총제곱합): $SS_T = \sum_i^k \sum_j^l (X_{ij} - \overline{X}_{..})^2$,

자유도: $\nu_T = n - 1 = kl - 1$

인자 A의 변동(행처리 제곱합): $SS_A = l \sum_i^k (\overline{X}_{i\cdot} - \overline{X}_{..})^2$,

자유도: $\nu_A = k - 1$

인자 B의 변동(열처리 제곱합): $SS_B = k \sum_j^l (\overline{X}_{\cdot j} - \overline{X}_{..})^2$,

자유도: $\nu_B = l - 1$

오차변동(오차 제곱합): $SS_E = \sum_i^k \sum_j^l (X_{ij} - \overline{X}_{i\cdot} - \overline{X}_{\cdot j} + \overline{X}_{..})^2$,

$$\text{자유도: } \nu_E = \nu_T - \nu_A - \nu_B = (k-1)(l-1)$$

위 네 가지 변동 사이의 관계식을 다음과 같이 요약할 수 있다.

변동(제곱합) 사이의 관계

$$\sum_i \sum_j (X_{ij} - \overline{X}..)^2 = l \sum_k (\overline{X}_{i\cdot} - \overline{X}..)^2 + k \sum_j (\overline{X}_{j\cdot} - \overline{X}..)^2$$
$$+ \sum_i \sum_j (X_{ij} - \overline{X}_{i\cdot} - \overline{X}_{\cdot j} + \overline{X}..)^2,$$

$$SS_T = SS_A + SS_B + SS_E$$

$$\nu_T = n-1, \quad \nu_A = k-1, \quad \nu_B = l-1, \quad \nu_E = (k-1)(l-1)$$

이제 가설 $H_{0\alpha}$: $\alpha_1 = \alpha_2 = ... = \alpha_k = 0$과 $H_{0\beta}$: $\beta_1 = \beta_2 = ... = \beta_l = 0$을 검정하기 위하여 제곱합을 자유도로 나눈 평균제곱을 정의한다. 인자 A, B의 처리평균제곱과 오차평균제곱은 각각

$$MS_A = \frac{SS_A}{k-1}, \quad MS_B = \frac{SS_B}{l-1}, \quad MS_E = \frac{SS_E}{(k-1)(l-1)}$$

으로 정의되고, 처리제곱합이 크다는 의미는 집단별로 평균차이가 있다는 의미이며, 처리제곱합이 작다는 의미는 집단별 평균차이가 없다는 의미로 해석되므로 검정을 위한 통계량으로 두 개의 처리제곱합의 비에 의해 정의되는 F분포로 따르고, F값과 유의확률에 의하여 유의성을 검정하게 된다.

인자 A에 대한 F 검정은 귀무가설 $H_{0\alpha}$: $\alpha_1 = \alpha_2 = ... = \alpha_k = 0$으로 하여 검정통계량의 분포는 다음과 같다.

$$F_A = \frac{MS_A}{MS_E} \sim F[k-1, (k-1)(l-1)]$$

이때 검정법은 유의수준 α에서 $F_A > F_\alpha[k-1, (k-1)(l-1)]$이면 귀무가설을 기각하고, 반대이면 귀무가설을 채택한다. 같은방법으로 인자 B에 대한 F 검정은 귀무가설 $H_{0\beta}$: $\beta_1 = \beta_2 = ... = \beta_l = 0$으로 하여 검정통계량의 분포는 다음과 같다.

$$F_B = \frac{MS_B}{MS_E} \sim F[l-1,(k-1)(l-1)]$$

이때 검정법은 유의수준 α에서 $F_B > F_\alpha[l-1,\ (k-1)(l-1)]$이면 귀무가설을 기각하고, 반대면 귀무가설을 채택한다.

이상을 요약하면 이원배치의 분산분석은 [표 9.8]의 분산분석표를 만들고 다음의 검정 절차에 의하여 유의성에 대한 검정을 한다.

표 9.8 이원배치법에 대한 분산분석표

요인	제곱합	자유도	평균제곱	검정통계량	임계값
A	SS_A	$\nu_A = k-1$	$MS_A = \frac{SS_A}{k-1}$	$F_A = \frac{MS_A}{MS_E}$	$F_\alpha[k-1,(k-1)(l-1)]$
B	SS_B	$\nu_B = l-1$	$MS_B = \frac{SS_B}{l-1}$	$F_B = \frac{MS_B}{MS_E}$	$F_\alpha[l-1,(k-1)(l-1)]$
오차	SS_E	$\nu_E = (k-1)(l-1)$	$MS_E = \frac{SS_E}{(k-1)(l-1)}$		
총합	SS_T	$\nu_T = n-1$			

9.3.2 이원배치 분산분석 SPSS 실습

SPSS 실습

예제 9.3 중학생의 인터넷 중독에 대한 설문조사 결과이다. 예제데이터 9.2에서 중학생이 1주일 동안 인터넷 사용 횟수와 이용시간에 따른 인터넷 중독의 집단 간 차이를 유의수준 5%에서 가설을 검정하여라(예제데이터 9.2 이원배치 분산분석). 유의수준 $\alpha = 0.05$로 검정하여라.

풀이

① 데이터 입력: 아래와 같이 SPSS 데이터 편집기 창에 예제 9.2 데이터(예제데이터 9.2 이원배치 분산분석)를 가져온다.

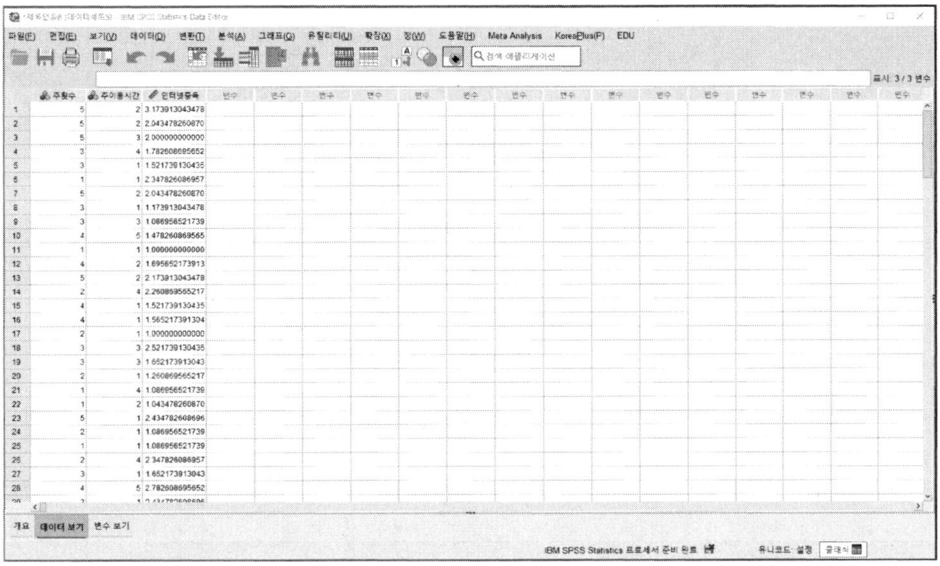

② 반복이 없는 이원배치 분산분석을 위하여 **분석 → 일반선형모형 → 일변량**과 같이 순서대로 실행명령을 지정한다.

③ 일변량 대화상자에서 인터넷 중독 변수를 [종속변수(D)]란으로 이동시키고 주 횟수 변수와 주 이용시간 변수를 [고정요인(F)]란에 이동시킨다.

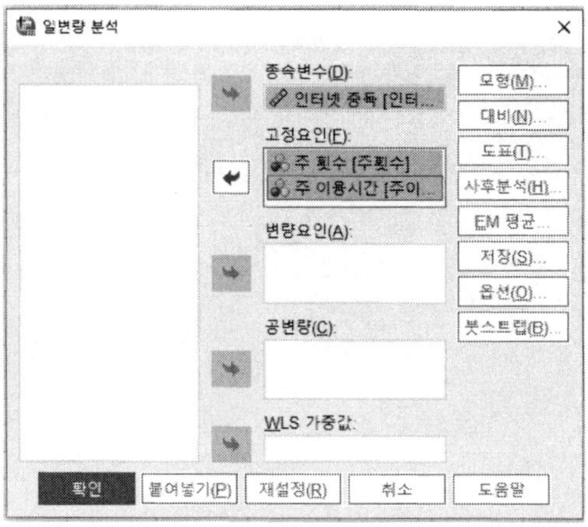

④ 일변량 대화상자에서 오른쪽 맨 위의 [모형(M)]을 선택한 후 모형설정에서 항 설정(B)을 체크하고 항 설정에서 유형(P)을 주효과로 선택한 후 주 횟수와 주 이용시간을 [모형(M)]으로 이동시키고 계속을 누른다.

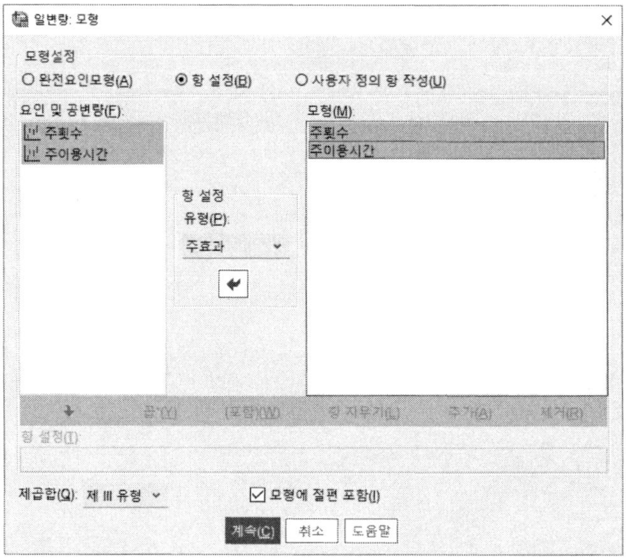

⑤ 필요한 부분을 모두 지정한 후 확인을 누르면 출력결과창에 다음과 같은 분석결과가 나타난다.

개체-간 요인

		N
주 횟수	1	35
	2	26
	3	26
	4	11
	5	22
주 이용시간	1	57
	2	23
	3	12
	4	13
	5	15

개체-간 효과 검정

종속변수: 인터넷 중독

원인	제 III 유형 제곱합	자유도	평균제곱	F	유의확률
수정된 모형	18.890[a]	8	2.361	8.666	<.001
절편	255.276	1	255.276	936.894	<.001
주횟수	8.993	4	2.248	8.251	<.001
주이용시간	.854	4	.213	.783	.538
추정값	30.244	111	.272		
전체	385.518	120			
수정된 합계	49.134	119			

a. R 제곱 = .384 (수정된 R 제곱 = .340)

주 횟수에 대한 주효과의 유의확률은 〈0.001로 유의수준 0.05보다 작으므로 귀무가설을 기각한다. 주 이용시간에 대한 주효과의 유의확률은 0.538로 유의수준 0.05보다 크므로 귀무가설을 채택한다.

9.4 반복 이원배치 분산분석

9.4.1 반복 이원배치 분산분석 이해

9.3절에서의 반복이 없는 경우, 즉 이원배치 분산분석의 경우는 인자 A의 한 수준 A_i와 인자 B의 한 수준 B_j에 대하여 하나의 측정값 x_{ij}만을 취하였으나, 여기에서는 몇 번 반복 측정하여 몇 개의 관측값 x_{ij1}, $x_{ij2}, \cdots, x_{ijr}$를 취하는 경우를 생

각하자. 반복측정의 경우는 1회 측정보다 수준간의 효과의 차를 검정하는 데 있어서 신뢰성을 높일 수가 있고 두 인자사이의 **교호작용**(interaction)을 분리하여 구할 수 있다.

9.3.1절의 이원배치법의 자료구조(표 9.7)에서 반복실험을 통해 얻은 관측값으로 다음 [표 9.9] 반복측정의 이원배치표를 작성한다.

두 수준 사이에 교호작용이 있다고 생각되는 경우, 이를 검정하려면 A, B 두 인자의 각 수준 A_i, B_j $(i=1, 2, \ldots, k;\ j=1, 2, \ldots, l)$에 대하여 r개씩의 반복측정값을 구한다. 반복측정횟수는 r로서 동일한 경우를 생각한다. 관측값 x_{ijs}에 대응하는 확률변수 X_{ijs}의 모형은

$$X_{ijs} = \mu + \alpha_i + \beta_j + (\alpha\beta)_{ij} + \epsilon_{ijs}, \quad i=1, \cdots, k,\ j=1, \cdots, l,\ s=1, \cdots, r$$

표 9.9 반복이 있는 이원배치법의 자료구조

	B_1	B_2	$\cdots$	B_l	합 계	평 균
A_1	x_{111} x_{112} $\vdots$ $x_{11\gamma}$	x_{121} x_{122} $\vdots$ $x_{12\gamma}$	$\cdots$ $\cdots$ $\cdots$	x_{1l1} x_{1l2} $\vdots$ $x_{1l\gamma}$	$T_{1\cdot\cdot}$	$\bar{x}_{1\cdot\cdot}$
	$T_{11\cdot}$ $\bar{x}_{11\cdot}$	$T_{12\cdot}$ $\bar{x}_{12\cdot}$	$\cdots$ $\cdots$	$T_{1l\cdot}$ $\bar{x}_{1l\cdot}$		
A_2	x_{211} x_{212} $\vdots$ $x_{21\gamma}$	x_{221} x_{222} $\vdots$ $x_{22\gamma}$	$\cdots$ $\cdots$ $\cdots$	x_{2l1} x_{2l2} $\vdots$ $x_{2l\gamma}$	$T_{2\cdot\cdot}$	$\bar{x}_{2\cdot\cdot}$
A_k	x_{k11} x_{k12} $\vdots$ $x_{k1\gamma}$	x_{k21} x_{k22} $\vdots$ $x_{k2\gamma}$	$\cdots$ $\cdots$ $\cdots$	x_{kl1} x_{kl2} $\vdots$ $x_{kl\gamma}$	$T_{k\cdot\cdot}$	$\bar{x}_{k\cdot\cdot}$
	$T_{k1\cdot}$ $\bar{x}_{k1\cdot}$	$T_{k2\cdot}$ $\bar{x}_{k2\cdot}$	$\cdots$ $\cdots$	$T_{kl\cdot}$ $\bar{x}_{kl\cdot}$		
합계	$T_{\cdot1\cdot}$	$T_{\cdot2\cdot}$	$\cdots$	$T_{\cdot l\cdot}$	$T_{\cdots}$	
평균	$\bar{x}_{\cdot1\cdot}$	$\bar{x}_{\cdot2\cdot}$	$\cdots$	$\bar{x}_{\cdot l\cdot}$		$\bar{x}_{\cdots}$

로 나타낼 수 있고, 여기에서 μ, α_i, β_j는 반복이 없는 경우와 같으며, $(\alpha\beta)_{ij}$는 A_i와 B_j의 교호작용의 효과이고 ϵ_{ijs}는 오차항으로서 정규분포를 한다. 따라서 다음 식이 성립한다.

$$\sum_i^k \alpha_i = 0 \ , \quad \sum_j^l \beta_j = 0 \ , \quad \sum_i^k (\alpha\beta)_{ij} = \sum_j^l (\alpha\beta)_{ij} = 0, \quad \epsilon_{ijs} \sim N(0, \sigma^2)$$

반복측정의 분산분석에서는 교호작용이 있으므로 교호작용의 효과에 대한 가설 $H_{0(\alpha\beta)}$: $(\alpha\beta)_{ij} = 0$을 생각해야 한다. 반복측정의 경우에도 반복이 없는 경우와 마찬가지로 검정을 하기 위하여 변동, 분산의 추정량 및 검정통계량을 구해야 한다.

$$\text{총변동: } SS_T = \sum_i^k \sum_j^l \sum_s^r (X_{ijs} - \overline{X}...)^2 \ , \ \nu_T = n - 1 = klr - 1,$$

$$A\text{에 의한 변동: } SS_A = rl \sum_i^k (\overline{X}_{i}.. - \overline{X}...)^2 \ , \ \nu_A = k - 1,$$

$$B\text{에 의한 변동: } SS_B = rk \sum_j^l (\overline{X}._{j}. - \overline{X}...)^2 \ , \ \nu_B = l - 1.$$

다음으로 [표 9.9]의 반복이 있는 이원배치법의 다른 구조를 [표 9.10]과 같이 두 인자 A, B의 각 수준 A_i, B_j에 대한 kl개의 수준 (A_i, B_j)의 일원배치표로 작성하자.

표 9.10 표 9.9의 변형

수준AB	관 측 값				계	평균
A_1B_1	x_{111}	x_{112}	$\cdots$	x_{11r}	$T_{11\cdot}$	$\overline{x}_{11.}$
A_1B_2	x_{121}	x_{122}	$\cdots$	x_{12r}	$T_{12\cdot}$	$\overline{x}_{12.}$
$\vdots$	$\vdots$	$\vdots$		$\vdots$	$\vdots$	$\vdots$
A_iB_j	x_{ij1}	x_{ij2}	$\cdots$	x_{ijr}	$T_{ij\cdot}$	$\overline{x}_{ij.}$
$\vdots$	$\vdots$	$\vdots$		$\vdots$	$\vdots$	$\vdots$
A_kB_l	x_{kl1}	x_{kl2}	$\cdots$	x_{klr}	$T_{kl\cdot}$	$\overline{x}_{kl.}$
					$T...$	$\overline{x}...$

[표 9.10]은 [표 9.9]와 내용이 동일한 것이다. [표 9.10]과 $\sum$(편차)$=0$에

의해 총제곱합은 다음과 같이 간단히 표현된다.

$$SS_T = \sum_i \sum_j \sum_s (X_{ijs} - \overline{X}_{ij\cdot})^2 + r \sum_i \sum_j (\overline{X}_{ij\cdot} - \overline{X}_{\cdots})^2$$

여기에서 $\sum\sum\sum(X_{ijs} - \overline{X}_{ij\cdot})^2$은 오차항 SS_E이고 $r\sum_i\sum_j(\overline{X}_{ij\cdot} - \overline{X}_{\cdots})^2$은 수준 (A_i, B_j)의 평균의 제곱합을 나타내며, 9.2.1절에서 다룬 일원배치의 급간변동(처리간 제곱합) SS_A와 같은 것인데 여기에서는 두 개의 인자 A, B가 있으므로 SS_{AB}로 나타낸다. 그러면

$$SS_T = SS_E + SS_{AB}$$

이고 자유도는 $\nu_T = \nu_E + \nu_{AB}$이다.

$$SS_{AB} = r\sum_i\sum_j(\overline{X}_{ij\cdot} - \overline{X}_{\cdots})^2, \quad \nu_{AB} = kl - 1,$$

$$SS_E = \sum_i\sum_j\sum_s(X_{ijs} - \overline{X}_{ij\cdot})^2, \quad \nu_E = \nu_T - \nu_{AB} = kl(r-1)$$

이다. SS_{AB}는 다음과 같이 전개된다.

$$SS_{AB} = rl\sum_i(\overline{X}_{i\cdot\cdot} - \overline{X}_{\cdots})^2 + rk\sum_j(\overline{X}_{\cdot j\cdot} - \overline{X}_{\cdots})^2 + r\sum_i\sum_j(\overline{X}_{ij\cdot} - \overline{X}_{i\cdot\cdot} - \overline{X}_{\cdot j\cdot} + \overline{X}_{\cdots})^2$$

위 식의 맨 끝항은 $SS_{A\times B}$로 나타내고 이를 **교호작용 변동**(variation of interaction)이라 한다. 그러면 위 식은

$$SS_{AB} = SS_A + SS_B + SS_{A\times B}$$

이고 자유도 $\nu_{A\times B}$는 $\nu_{AB} = \nu_A + \nu_B + \nu_{A\times B}$이므로 교호작용효과의 자유도는 $\nu_{A\times B} = \nu_{AB} - \nu_A - \nu_B = (kl-1) - (k-1) - (l-1) = (k-1)(l-1)$이다. SS_{AB}를 대입하면

$$SS_T = SS_A + SS_B + SS_{A\times B} + SS_E$$

이다. 이상을 요약하면 다음과 같다.

반복이 있는 이원배치법에서의 변동

$$\sum_i\sum_j\sum_s(X_{ijs}-\overline{X}_{\cdots})^2 = rl\sum_i(\overline{X}_{i\cdot\cdot}-\overline{X}_{\cdots})^2 + rk\sum_j(\overline{X}_{\cdot j\cdot}-\overline{X}_{\cdots})^2$$
$$+r\sum_i\sum_j(\overline{X}_{ij\cdot}-\overline{X}_{i\cdot\cdot}-\overline{X}_{\cdot j\cdot}+\overline{X}_{\cdots})^2$$
$$+\sum_i\sum_j\sum_s(X_{ijs}-\overline{X}_{ij\cdot})^2,$$

$$SS_T = SS_A + SS_B + SS_{A\times B} + SS_E$$

$$\nu_T = klr-1,\quad \nu_A = k-1,\quad \nu_B = l-1,$$

$$\nu_{A\times B} = (k-1)(l-1),\quad \nu_E = kl(r-1)$$

인자 A, B, 그리고 교호작용 효과에 대한 검정을 위하여 귀무가설을 다음과 같이 세운다.

$$H_{0\alpha}\ :\ \alpha_i = 0,\quad i=1,\cdots,k$$

$$H_{0\beta}\ :\ \beta_i = 0,\quad j=1,\cdots,l$$

$$H_{0(\alpha\beta)}\ :\ (\alpha\beta)_{ij} = 0,\quad i=1,\cdots,k,\ j=i,\cdots,l$$

여기서 $H_{0\alpha}\ :\ \alpha_i=0$과 $H_{0\beta}\ :\ \beta_j=0$의 의미는 앞 절에서와 동일하고 $H_{0(\alpha\beta)}\ :\ (\alpha\beta)_{ij} = 0$은 “인자 A와 B 사이의 교호작용의 효과의 차이는 없다”를 의미한다. 각각의 요인들에 대한 평균제곱은 다음과 같다.

$$MS_A = \frac{SS_A}{k-1},\quad MS_B = \frac{SS_B}{l-1},\quad MS_{A\times B} = \frac{SS_{A\times B}}{(k-1)(l-1)},\quad MS_E = \frac{SS_E}{kl(r-1)}$$

각 요인들의 검정을 위한 통계량은

$$H_{0\alpha}\ :\ \alpha_i=0\text{이 참일 때 } F_A = \frac{MS_A}{MS_E} \sim F(k-1,\ kl(r-1)),$$
$$H_{0\beta}\ :\ \beta_j=0\text{이 참일 때 } F_B = \frac{MS_B}{MS_E} \sim F(l-1,\ kl(r-1)),$$
$$H_{0(\alpha\beta)}\ :\ (\alpha\beta)_{ij}=0\text{이 참일 때}$$

$$F_{A \times B} = \frac{MS_{A \times B}}{MS_E} \sim F((k-1)(l-1),\ kl(r-1))$$

이므로, F_A, F_B, $F_{A \times B}$를 검정통계량으로 하여 위의 귀무가설을 검정할 수 있다.

인자 A, 인자 B, 그리고 교호작용효과에 대한 검정법은 유의수준 α에서 검정통계량의 값 각각 F_A, F_B, $F_{A \times B}$라 하면

$$F_A > F_\alpha(k-1,\ kl(r-1)),$$
$$F_B > F_\alpha(l-1,\ kl(r-1)),$$
$$F_{A \times B} > F_\alpha((k-1)(l-1),\ kl(r-1))$$

이면 위의 귀무가설을 기각하고, 반대라면 귀무가설을 채택한다.

이상의 이론을 요약하여 반복이 있는 이원배치법의 분산분석표를 작성하면 다음과 같다.

표 9.11 반복이 있는 이원배치법의 분산분석표

요인	제곱합	자유도	평균제곱	검정통계량	임계값
A	SS_A	$\nu_A = k-1$	$MS_A = \frac{SS_A}{k-1}$	$F_A = \frac{MS_A}{MS_E}$	$F_\alpha[k-1, kl(r-1)]$
B	SS_B	$\nu_B = l-1$	$MS_B = \frac{SS_B}{l-1}$	$F_B = \frac{MS_B}{MS_E}$	$F_\alpha[l-1, kl(r-1)]$
교호	$SS_{A \times B}$	$\nu_{A \times B} = (k-1)(l-1)$	$MS_{A \times B} = \frac{SS_{A \times B}}{(k-1)(l-1)}$	$F_{A \times B} = \frac{MS_{A \times B}}{MS_E}$	$F_\alpha[(k-1)(l-1), kl(r-1)]$
오차	SS_E	$\nu_E = kl(r-1)$	$MS_E = \frac{SS_E}{n-kl}$		
총합	SS_T	$\nu_T = klr-1$			

9.4.2 반복 이원배치 분산분석 SPSS 실습

SPSS 실습

예제 9.6 공장에서 시멘트(cement) 분쇄공정에서 시멘트 강도에 영향을 주는 여러 가지 요인 중에서 우선적으로 석고의 종류(A)와 석고첨가량으로 사용되는

SO_3의 함량(B)이 어떤 영향을 주는지 실험하였다. 석고 종류의 효과, 첨가량에 대한 효과의 차가 있는가? 또 석고의 종류와 첨가량 사이에 교호작용의 효과가 있는지를 유의수준 0.05에서 분석하여라(예제데이터 9.3 반복 이원배치 분산분석).

풀이

첨가량 \ 종류	A_1	A_2	A_3	합계	평균
B_1	305 302	322 325	320 322	1896	316.0
B_2	335 337	350 348	342 344	2056	342.7
B_3	366 364	326 324	338 336	2054	342.3
B_4	372 374	330 330	348 348	2102	350.3
B_5	376 373	327 330	350 350	2106	351.0
B_6	348 350	310 308	330 328	1974	329.0
합계	4202	3930	4056	12188	
평균	350.2	327.5	338.0		338.6

[예제 9.6]에서 석고의 종류의 효과, 첨가량에 대한 효과의 차이가 있는지, 그리고 석고의 종류와 첨가량 사이에 교호작용의 효과가 있는지 알아보기 위하여 반복이 있는 이원배치 분산분석을 실시해 보자.

① 데이터 입력: 아래와 같이 SPSS 데이터 편집기 창에 자료를 입력한다. 석고종류를 1, 2, 3으로 코딩하고 첨가량의 종류를 1, 2, 3, 4, 5, 6으로 코딩한다.

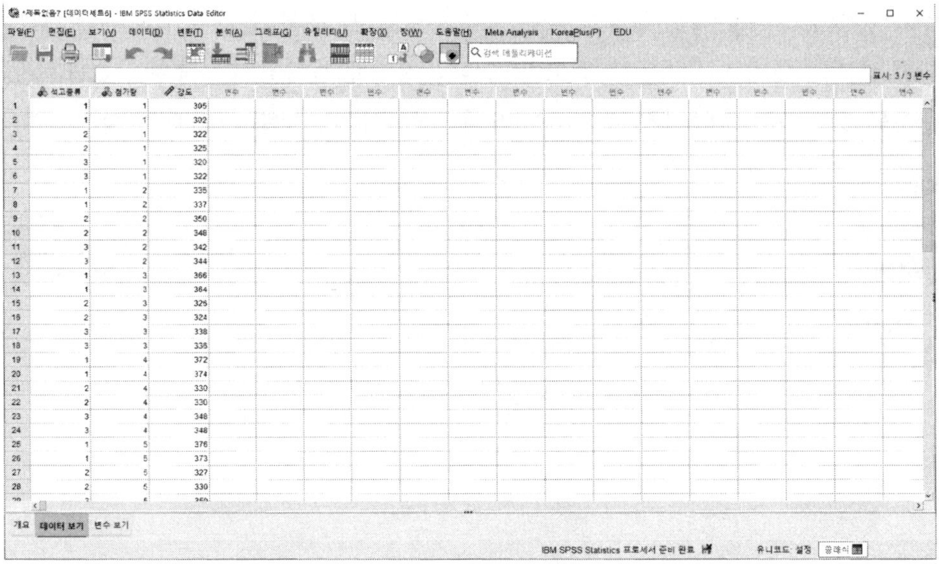

② 반복 이원배치 분산분석을 위하여 **분석 → 일반선형모형 → 일변량**과 같이 순서대로 실행명령을 지정한다.

③ 일변량 대화상자에서 강도 변수를 [종속변수(D)]란으로 이동시키고 석고종류 변수와 첨가량 변수를 [고정요인(F)]란에 이동시킨다.

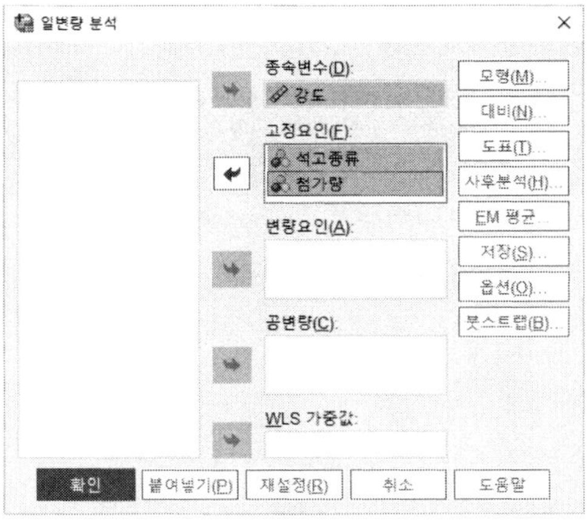

④ 일변량 대화상자에서 오른쪽 맨 위의 [모형(M)]을 선택한 후 모형설정에서 완전요인모형(A)을 체크하고 계속을 누른다.

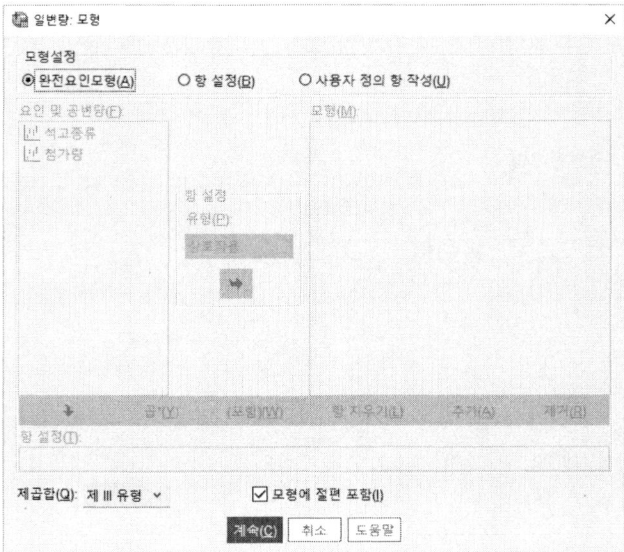

⑤ 일변량 대화상자에서 오른쪽 맨 아래의 [옵션(O)]을 선택한 후 기술통계량을 체크하고 계속을 누른다.

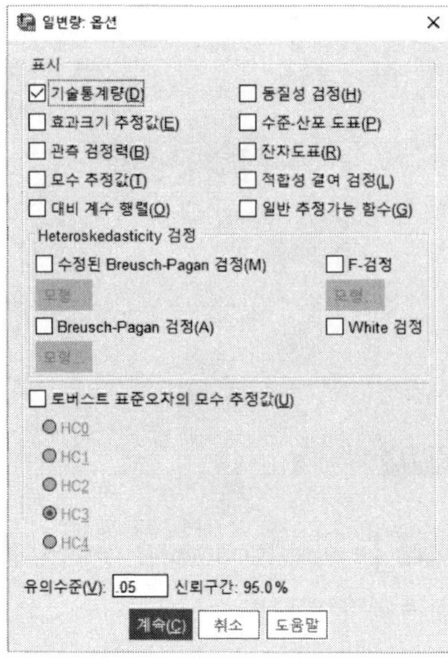

⑤ 필요한 부분을 모두 지정한 후 확인을 누르면 출력결과창에 다음과 같은 분석결과가 나타난다.

기술통계량

종속변수: 강도

석고종류	첨가량	평균	표준편차	N
1	1	303.50	2.121	2
	2	336.00	1.414	2
	3	365.00	1.414	2
	4	373.00	1.414	2
	5	374.50	2.121	2
	6	349.00	1.414	2
	전체	350.17	26.013	12
2	1	323.50	2.121	2
	2	349.00	1.414	2
	3	325.00	1.414	2
	4	330.00	.000	2
	5	328.50	2.121	2
	6	309.00	1.414	2
	전체	327.50	12.369	12
3	1	321.00	1.414	2
	2	343.00	1.414	2
	3	337.00	1.414	2
	4	348.00	.000	2
	5	350.00	.000	2
	6	329.00	1.414	2
	전체	338.00	10.821	12

3	1	321.00	1.414	2
	2	343.00	1.414	2
	3	337.00	1.414	2
	4	348.00	.000	2
	5	350.00	.000	2
	6	329.00	1.414	2
	전체	338.00	10.821	12
전체	1	316.00	9.859	6
	2	342.67	5.922	6
	3	342.33	18.392	6
	4	350.33	19.325	6
	5	351.00	20.630	6
	6	329.00	17.922	6
	전체	338.56	19.642	36

개체-간 효과 검정

종속변수: 강도

원인	제 III 유형 제곱합	자유도	평균제곱	F	유의확률
수정된 모형	13462.889[a]	17	791.935	356.371	<.001
절편	4126315.111	1	4126315.111	1856841.800	<.001
석고종류	3088.222	2	1544.111	694.850	<.001
첨가량	5548.889	5	1109.778	499.400	<.001
석고종류 * 첨가량	4825.778	10	482.578	217.160	<.001
추정값	40.000	18	2.222		
전체	4139818.000	36			
수정된 합계	13502.889	35			

a. R 제곱 = .997 (수정된 R 제곱 = .994)

반복 이원배치 분산분석에서는 두 개의 주효과(main effect)와 상호작용 효과(interaction effect)가 분석된다.

(1) 주효과

i) 석고종류에 따라 시멘트의 강도효과에 차이를 보이는가?

ii) 첨가량에 따라 시멘트의 강도효과에 차이를 보이는가?

(2) 교호작용효과

iii) 석고종류와 첨가량은 서로 상호작용하여 시멘트의 강도효과에 영향을 주는가?

먼저 첫 번째 주효과인 석고종류에 따른 시멘트의 강도효과에 차이를 살펴보면 개체-간 효과 검정결과에서 석고종류의 F값이 694.85이고 유의확률 값이 〈0.001으로 유의수준 0.05보다 작기 때문에 귀무가설을 기각한다. 즉 석고종류에 따른 시멘트의 강도효과가 유의하게 차이가 있다고 할 수 있다.

두 번째 주효과인 첨가량에 따른 시멘트의 강도효과에 차이를 보면 개체-간 효과 검정

결과에서 첨가량의 F값이 499.40이고 유의확률 값이 〈0.001으로 유의수준 0.05보다 작기 때문에 귀무가설을 기각한다. 즉 첨가량에 따른 시멘트의 강도효과가 통계적으로 유의하게 차이가 있는 것으로 나타났다.

교호작용 효과 분석은 개체-간 효과 검정결과에서 F값이 217.16이고 유의확률 값이 〈0.001으로 유의수준 0.05보다 작기 때문에 귀무가설을 기각한다. 즉 석고종류와 첨가량은 서로 상호작용하여 시멘트의 강도효과에 영향을 주는 것으로 나타났다.

제10장

상관분석

10.1 상관분석 개요

상관관계(correlation analysis)는 변수들 사이의 관계정도를 알아보기 위한 분석 기법이다. 상관분석은 변수 간의 관계 정도를 상관계수(correlation coefficients)로 표현한다. 상관관계는 독립변수와 종속변수가 모두 서열척도 이상일 경우에 사용이 가능하다. 상관관계 분석은 인과관계가 아닌 경우에 변수 간의 상관성 정도, 즉 관계정도를 나타낸다. 상관관계 분석은 변수의 척도에 따라 등간척도나 비율척도의 경우에는 피어슨 상관관계 계수를 구하며, 서열척도가 있으면 스피어만 상관관계 계수를 구한다. 편상관분석은 두 변수에 대한 상관성을 알고자 할 때, 또 다른 어떤 특정변수에 대한 효과를 제거(통제)한 뒤 특정 두 변수 간 상관이 있는지를 분석하는 방법이다.

10.2 상관계수와 공분산

상관분석 방법 중 피어슨의 상관분석이 가장 많이 사용된다. 이 방법은 데이터가 정규성을 가질 때 적합한 방법이며 일반적으로 말하는 두 변수 간 선형적 관계의 정도를 나타내는 피어슨의 상관계수(Pearson's correlation coefficient)를 사용한다.

1) 상관계수

(1) (모)상관계수(correlation coefficient): 선형관계 여부만 알 수 있다.

두 확률변수 X와 Y 사이의 상관계수는

$$\rho_{X \cdot Y} = Corr(X, Y) = \frac{Cov(X, Y)}{\sqrt{V(X) \cdot V(Y)}}, \quad -1 \le \rho_{X \cdot Y} \le 1$$

으로 나타낸다.

(2) 상관계수 의미

첫째, $\rho = 1$: 두 확률변수가 완전한 양의 상관을 가지는 경우이다

둘째, $\rho = -1$: 두 확률변수가 완전한 음의 상관을 가지는 경우이다. 즉 $\rho = 1$ $(a > 0)$ 또는 $\rho = -1$ $(a < 0)$이면 Y는 X에 대하여 $Y = aX + b$의 선형관계가 존재한다. +1 또는 -1 에 가까울수록 두 변수 사이에 직선관계가 강함을 뜻한다.

셋째, $\rho = 0$은 Y가 X의 변화에 아무런 영향을 받지 않는 경우이다.

(3) 표본상관계수 $r = \dfrac{s_{xy}}{s_{xx} \cdot s_{yy}} = \dfrac{\sum_{i=1}^{n}(x_i - \overline{x})(y_i - \overline{y})}{\sqrt{\sum_{i=1}^{n}(x_i - \overline{x})^2 \sum_{j=1}^{n}(y_j - \overline{y})^2}}$, $-1 \leq r \leq 1$

로 나타낸다.

상관계수는 다음과 같이 해석한다.

−1 〈 r 〈 −0.7이면, 강한 음의 선형관계

−0.7 〈 r 〈 −0.3이면, 뚜렷한 음의 선형관계

−0.3 〈 r 〈 −0.1이면, 약한 음의 선형관계

−0.1 〈 r 〈 +0.1이면, 무시할 수 있는 선형관계

+0.1 〈 r 〈 +0.3이면, 약한 양의 선형관계

+0.3 〈 r 〈 +0.7이면, 뚜렷한 양의 선형관계

+0.7 〈 r 〈 +1이면, 강한 양적 선형관계

위의 상관계수를 그림으로 표현하면 아래와 같다.

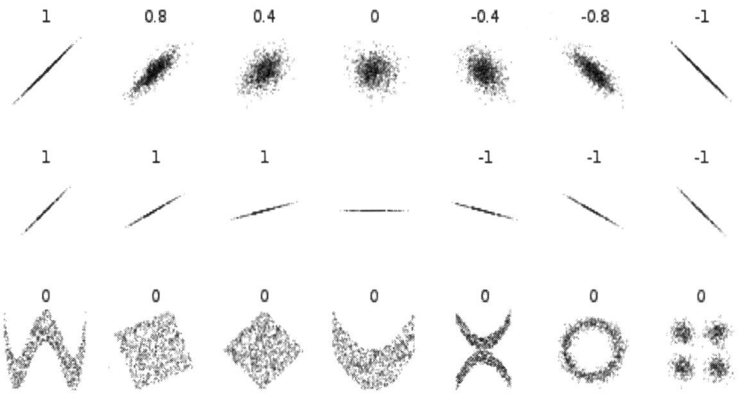

(4) 표본상관계수 r의 성질

표본상관계수의 성질을 요약하면 다음과 같다.

첫째, 표본상관계수 r은 $-1 \le r \le 1$이다.

둘째, r의 값은 x와 y의 선형관계를 나타내는 측도. r이 양이면 양의 상관관계가 있고, 음이면 음의 상관관계가 있다.

셋째, 명백한 곡선관계는 $r \fallingdotseq 0$이고, 상관계수는 선형관계만 수량화한다.

2) 공분산(covariance)

확률변수 X의 증감에 따른 확률변수 Y의 증감의 경향에 대한 측정이며, 두 변수의 선형관계 정도를 측정한다.

즉, X 편차와 Y 편차 곱의 기댓값

$$Cov(X, Y) = E[(X-\mu_x)(Y-\mu_y)] = E(XY) - E(X)E(Y)$$

공분산은 다음과 같은 의미를 갖는다.

첫째, $Cov(X, Y)$ 값은 양의 값을 갖는다(그림 a). X, Y는 선형적으로 증감에 대한 서로 같은 경향이다.

둘째, $Cov(X, Y)$ 값은 음의 값을 갖는다(그림 b). X, Y는 선형적으로 증감에 대한 서로 다른 경향이다. 즉, $Cov(X, Y)$의 값이 양 또는 음으로 크면 (선형적으로) 상관의 정도가 크다.

셋째, $Cov(X, Y)$가 0에 가까우면 상관의 (선형적으로) 정도가 작다(그림 c).

두 변수의 상관관계를 알아보고자 할 때 변수에 대한 산점도를 그려서 확인할 수 있다.

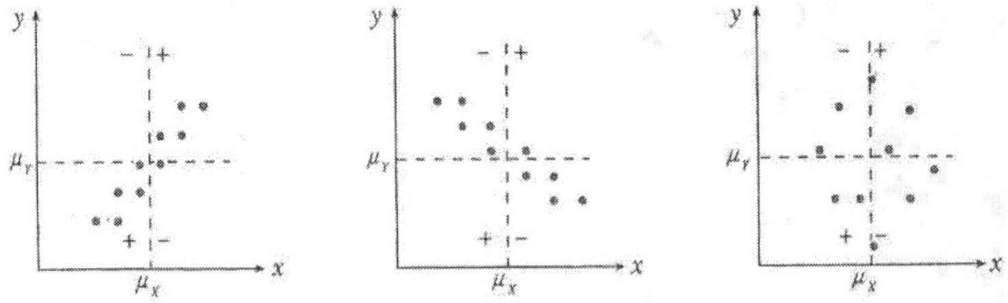

(a) (b) (c)

3) 유의성 검정

표본상관계수 r을 가지고 모집단 상관계수 ρ에 대한 가설검정을 한다.

귀무가설 H_0 : $\rho = 0$ (모집단에는 서로 상관(선형) 관계가 없다)
대립가설 H_1 : $\rho \neq 0$ (모집단에는 서로 상관(선형) 관계가 있다)
H_1 : $\rho > 0$ (모집단에는 서로 양의 선형상관 관계가 있다)
H_1 : $\rho < 0$ (모집단에는 서로 음의 선형상관 관계가 있다)

상관계수는 두 변수 간의 선형관계를 나타내는 측도이지 곡선관계를 나타내는 측도는 아니다. 따라서 상관계수를 가지고 변수관의 인과관계를 해석하는 것은 위험하다. 거의 완전에 가까운 2차 곡선관계는 상관계수의 값이 영에 가깝다. 이는 두 변수 사이의 직선관계가 약함을 뜻하는 것이지, 두 변수 사이의 관계가 없음을 뜻하는 것이 아니다.

10.3 피어슨 상관분석

상관분석 방법 중 피어슨의 상관분석이 가장 많이 사용된다. 이 방법은 데이터가 정규성을 가질 때 적합한 방법이며 일반적으로 말하는 두 변수 간 선형적 관계의 정도를 나타내는 피어슨의 상관계수(Pearson's correlation coefficient)를 사용한다.

SPSS 실습

예제10.1 주어진 데이터는 우리나라 기업에서 근무하는 근로자의 가족수입, 여가활동, 생활만족에 대한 자료이다. 피어슨의 이변량 상관분석을 통해 변수 간의 상관성을 검증한다(예제데이터 10.1 상관분석).

① 데이터 입력: 아래와 같이 SPSS 데이터 편집기 창에 예제 10.1 데이터(예제데이터 10.1 상관분석)를 가져온다.

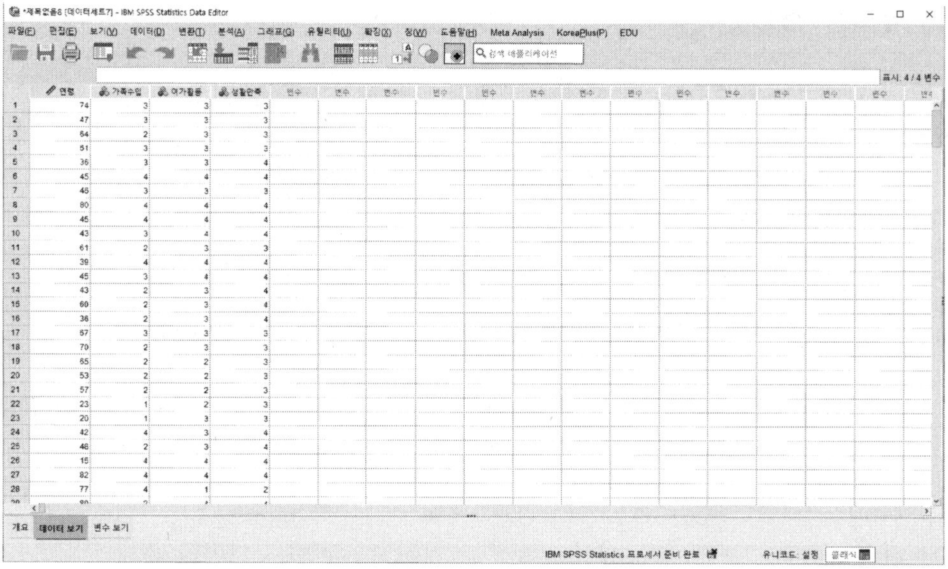

② 상관분석을 위하여 **분석 → 상관분석 → 이변량 상관**과 같이 순서대로 실행명령을 지정한다.

③ 이변량 상관계수 대화상자에서 가족수입, 여가활동, 생활만족을 [변수(V)]란으로 이동시키고 하단에 있는 상관계수 중에서 Pearson을 체크한다. 하단부에 [유의한 상관계수 플래그(F)]는 통계적으로 유의한 상관계수 값에 별표시를 하

겠다는 것을 나타낸다.

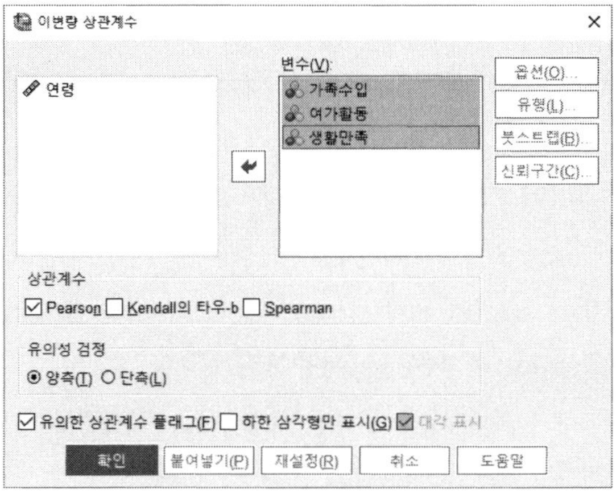

④ 필요한 부분을 모두 지정한 후 확인을 누르면 출력결과창에 다음과 같은 분석 결과가 나타난다.

상관관계

		가족수입	여가활동	생활만족
가족수입	Pearson 상관	1	.457**	.523**
	유의확률 (양측)		<.001	<.001
	N	250	250	250
여가활동	Pearson 상관	.457**	1	.481**
	유의확률 (양측)	<.001		<.001
	N	250	250	250
생활만족	Pearson 상관	.523**	.481**	1
	유의확률 (양측)	<.001	<.001	
	N	250	250	250

**. 상관관계가 0.01 수준에서 유의합니다(양측).

분석결과를 보면 가족수입, 여가활동 변수 간의 Pearson의 상관계수 $r = 0.457$이고 유의확률은 〈0.001로서 두 변수 가족수입과 여가활동 사이에 강한 상관관계가 있다는 것을 알 수 있다. 가족수입, 생활만족 변수 간의 Pearson의 상관계수 $r = 0.523$이고 유의확률은 〈0.001로서 두 변수 사이에 강한 상관관계가 있다는 것을 알 수 있다. 마지막으로 여가활동, 생활만족 변수 간의 Pearson의 상관계수 $r = 0.481$이고 유의확률은 〈0.001로서 두 변수 사이에 강한 상관관계가 있다는 것을 알 수 있다.

10.4 스피어만 순위상관계수

스피어만의 순위상관계수와 캔달의 타우는 데이터가 소표본(케이스수〈30)인데 변수의 모집단분포로 정규분포가 의심스러운 경우에 사용되는 비모수적 방법이다.

이 방법들은 원 데이터 그 자체를 분석하는 것이 아니라 원데이터를 크기순위를 부여하여 분석하는 방법이다. 크기순서를 부여할 때 동순위가 있는 경우에는 스피어만 순위상관계수(Spearman correlation correlation)를 사용하고, 그렇지 않은 경우에는 캔달(Kendal)의 타우를 사용한다.

즉, Spearman의 계수: 순서데이터나 비정규성 데이터에 적합

Kendall의 타우: 분할표에 대한 상관성

SPSS 실습

예제 10.2 다음의 표는 수면제의 양과 수면시간의 증가의 관계에 대한 것이다. 순위상관분석을 하여라.

귀무가설 H_0 : $\rho = 0$

(수면제양과 수면시간의 변수 간에 서로 상관(선형) 관계가 없다)

대립가설 H_1 : $\rho \neq 0$

(수면제양과 수면시간의 변수 간에 서로 상관(선형) 관계가 있다)

사람	1	2	3	4	5	6	7	8	9
수면제의 양	1.5	1.8	2.4	3.0	3.5	3.9	4.4	4.8	5.0
수면시간의 증가	4.8	5.7	7.0	8.3	10.9	12.4	13.1	13.6	15.3

풀이

① 데이터 입력: 아래와 같이 SPSS 데이터 편집기 창에 데이터를 입력한다.

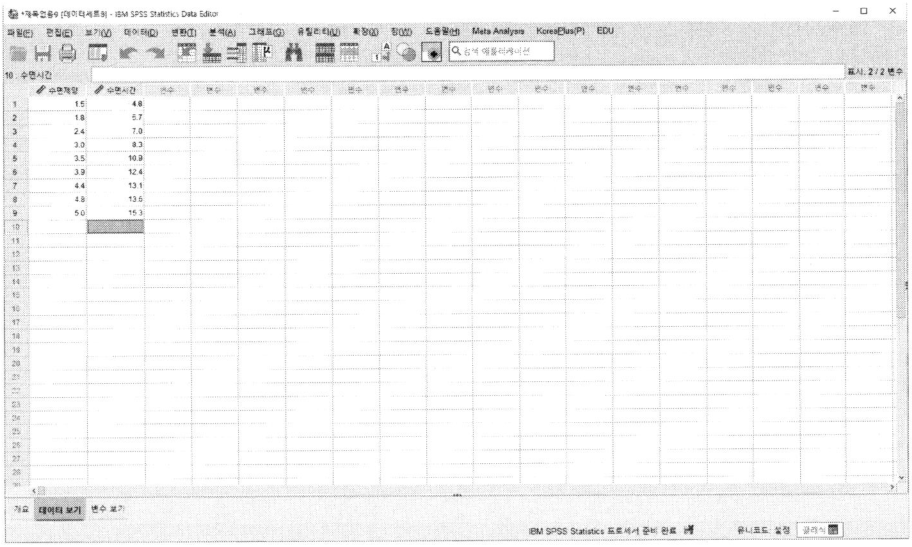

② 두 변수 간의 전반적인 관계를 살피기 위해 산점도를 통해 알 수 있다. 산점도를 그리기 위해 **그래프 → 산점도/점도표**와 같이 순서대로 실행명령을 지정한다.

③ 산점도/점도표 대화상자에서 [단순 산점도]를 선택한 후 정의를 누른다.

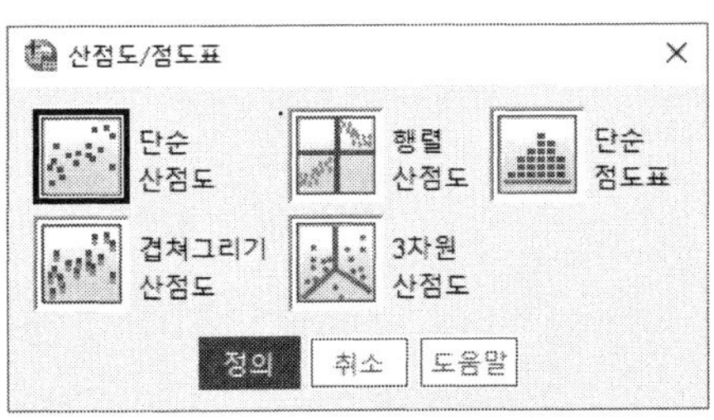

④ 산점도를 그리기 위하여 수면시간 변수를 [Y-축(Y)]란으로 이동시키고 수면제양 변수를 [X-축(X)]란으로 이동시킨다.

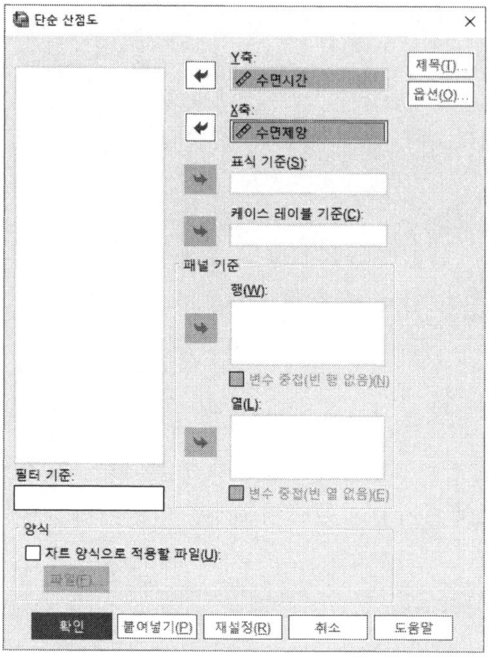

⑤ 확인을 누르면 출력결과창에 다음과 같은 산점도가 나타난다.

결과

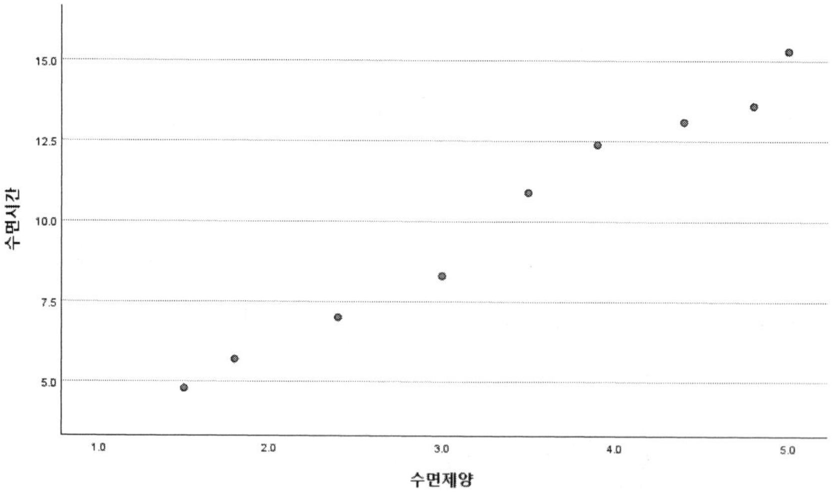

산점도를 보면 전체적으로 수면제의 양에 따라 수면시간의 증가가 매우 강한 양의 상관관계를 지니고 있다는 것을 알 수 있다. 즉 수면제의 양의 증가하면 수면시간 또한 길어진다고 할 수 있다.

비모수 검정방법인 Spearman의 순위 상관계수를 구하여 상관관계를 살펴보자

⑥ 상관분석을 위하여 **분석 → 상관분석 → 이변량 상관**과 같이 순서대로 실행명령을 지정한다.

⑦ 변수 박스에 수면제양과 수면시간 변수를 넣고 순위상관분석방법인 Spearman와 Kendall의 타우를 체크한다.

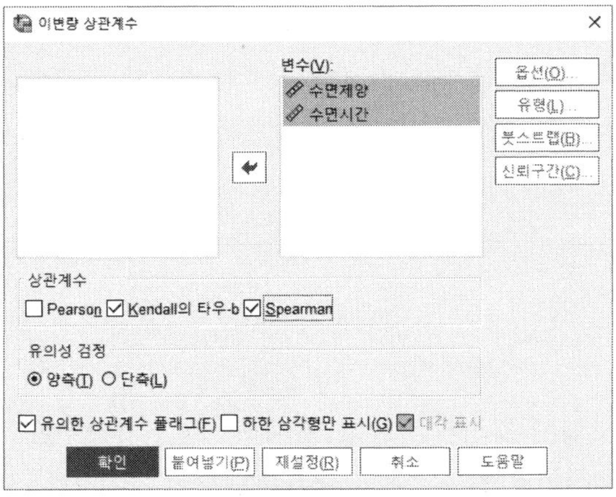

결과

Spearman 결과에서 수면제양과 수면시간의 상관계수 1로 유의수준 0.01를 기준으로 통계적으로 완전 양상관 관계가 되며 상관이 매우 높음을 알 수 있다.

상관관계

			수면제양	수면시간
Kendall의 타우-b	수면제양	상관계수	1.000	1.000**
		유의확률 (양측)	.	.
		N	9	9
	수면시간	상관계수	1.000**	1.000
		유의확률 (양측)	.	.
		N	9	9
Spearman의 rho	수면제양	상관계수	1.000	1.000**
		유의확률 (양측)	.	.
		N	9	9
	수면시간	상관계수	1.000**	1.000
		유의확률 (양측)	.	.
		N	9	9

**. 상관관계가 0.01 수준에서 유의합니다(양측).

10.5 편상관분석

편상관분석은 두 변수에 대한 상관성을 알고자 할 때, 또 다른 어떤 특정변수에 대한 효과를 제거(통제)한 뒤 특정 두 변수 간 상관이 있는지를 분석하는 방법이다.

제어(통제)변수의 효과를 제어한 후에 다른 두 변수 간 상관관계를 알고자 할 때 사용하며 오로지 두 변수 간 상관관계를 알고자 할 때 사용한다.

오로지 두 개의 변수에 대한 상관정도를 알고자 할 때 사용하는 것이 Pearson의 상관계수이고, 다른 변수를 통제하고 특정 두 변수 간의 편상관계수(partial correlation coefficient)에 의하여 상관분석을 하는 방법이다.

SPSS 실습

예제 10.3 분석모형에 주어진 변수들에 대해, 즉 여가활동과 생활만족과의 관계에서 가족수입을 제어변수로 설정하여 편상관분석을 시행한다(예제데이터 10.1 상관분석).

① 데이터 입력: 아래와 같이 SPSS 데이터 편집기 창에 예제 10.1 데이터(예제데이터 10.1 상관분석)를 가져온다.

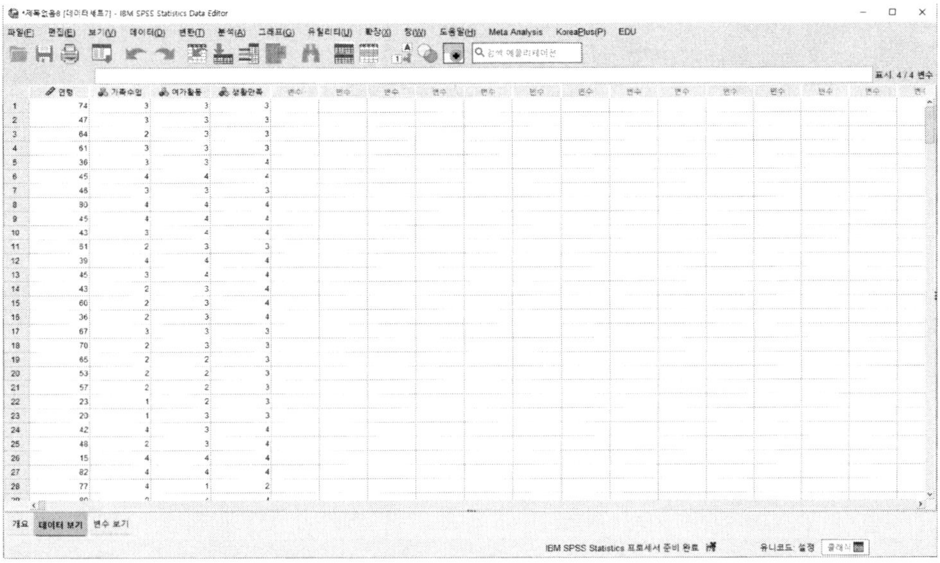

② 상관분석을 위하여 **분석 → 상관분석 → 이변량 상관**과 같이 순서대로 실행명령을 지정한다.

③ 이변량 상관계수 대화상자에서 가족수입, 여가활동, 생활만족을 [변수(V)]란으로 이동시키고 하단에 있는 상관계수 중에서 Pearson을 체크한다. 하단부에 [유의한 상관계수 플래그(F)]는 통계적으로 유의한 상관계수 값에 별표시를 하겠다는 것을 나타낸다.

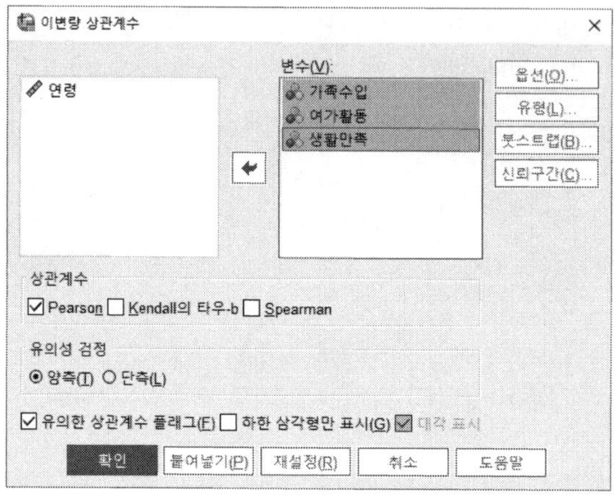

④ 필요한 부분을 모두 지정한 후 확인을 누르면 출력결과창에 다음과 같은 분석결과가 나타난다.

분석 결과

(1) 이변량상관계수

상관관계

		가족수입	여가활동	생활만족
가족수입	Pearson 상관	1	.457**	.523**
	유의확률 (양측)		<.001	<.001
	N	250	250	250
여가활동	Pearson 상관	.457**	1	.481**
	유의확률 (양측)	<.001		<.001
	N	250	250	250
생활만족	Pearson 상관	.523**	.481**	1
	유의확률 (양측)	<.001	<.001	
	N	250	250	250

**. 상관관계가 0.01 수준에서 유의합니다(양측).

분석결과를 보면 가족수입, 여가활동 변수 간의 Pearson의 상관계수 $r = 0.457$이고 유의확률은 〈0.001로서 두 변수 가족수입과 여가활동 사이에 강한 상관관계가 있다는 것을 알 수 있다. 가족수입, 생활만족 변수 간의

Pearson의 상관계수 $r = 0.523$이고 유의확률은 〈0.001로서 두 변수 사이에 강한 상관관계가 있다는 것을 알 수 있다. 마지막으로 여가활동, 생활만족 변수 간의 Pearson의 상관계수 $r = 0.481$이고 유의확률은 〈0.001로서 두 변수 사이에 강한 상관관계가 있다는 것을 알 수 있다.

(2) **편상관계수**: 가족수입을 통제(제어, 대조)변수로 하면 편상관분석을 위하여 **분석 → 상관분석 → 편상관**과 같이 순서대로 실행명령을 지정한다.

(3) **편상관계수**: 가족수입을 제어변수로 하고, [옵션(O)]에서 통계량 평균과 표준편차(M), 0차 상관(Z)를 체크한다. 0차 상관을 체크하면 통제하지 않았을 때의 Pearson의 상관계수 값을 볼 수 있다.

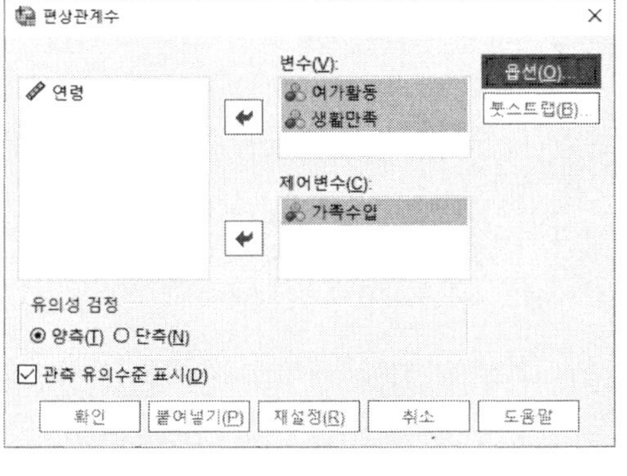

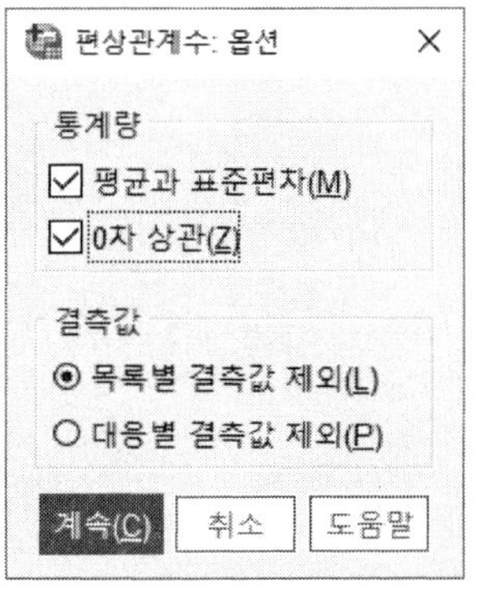

분석 결과

기술통계량

	평균	표준화 편차	N
여가활동	3.11	.734	250
생활만족	3.38	.598	250
가족수입	2.93	.730	250

상관관계

대조변수			여가활동	생활만족	가족수입
-지정않음-[a]	여가활동	상관관계	1.000	.481	.457
		유의확률(양측)	.	<.001	<.001
		자유도	0	248	248
	생활만족	상관관계	.481	1.000	.523
		유의확률(양측)	<.001	.	<.001
		자유도	248	0	248
	가족수입	상관관계	.457	.523	1.000
		유의확률(양측)	<.001	<.001	.
		자유도	248	248	0
가족수입	여가활동	상관관계	1.000	.320	
		유의확률(양측)	.	<.001	
		자유도	0	247	
	생활만족	상관관계	.320	1.000	
		유의확률(양측)	<.001	.	
		자유도	247	0	

a. 셀에 0차 (Pearson) 상관이 있습니다.

⇒ 가족수입 변수를 통제하였을 때 여가활동과 생활만족 변수 간 상관계수 0.320, 유의확률 〈0.001로 양의 상관관계가 있다.

제 11 장

선형회귀분석

- 11.1 회귀분석 의의
- 11.2 단순회귀모형
- 11.3 최소제곱법
- 11.4 회귀모형 유의성
- 11.5 잔차 검토와 모형진단
- 11.6 다중회귀모형
- 11.7 추가 논제
- 11.8 변수선택
- 11.9 SPSS을 이용한 회귀분석

11.1 회귀분석 의의

1) 회귀분석 정의

상관분석과 회귀분석은 모두 두 개 이상의 변수 사이의 관계를 검토하기 위한 통계적 기법이다. 상관분석은 두 변수 사이의 관계 유무 또는 관계의 강도에 대한 통계적 분석 방법이라 할 수 있다. 다시 말해, 상관분석의 경우에는 두 개 이상의 변수들 사이에 존재하는 밀접함(closeness)을 측정하는 것이므로 두 측정치 사이의 공통적인 변이(joint variation)만을 다룬다. 이에 반해 회귀분석(regression analysis)은 한 변수가 다른 변수들과 어떤 관계가 있는지를 분석하기 위해 사용하는 방법으로 한 변수의 값을 가지고 다른 변수의 값을 예측할 수 있다. 즉 회귀분석은 독립변수가 종속변수에 미치는 영향력의 크기를 측정하여 독립변수의 일정한 값에 대응되는 종속변수의 값을 예측하기 위한 방법이다.

예를 들면 자동차의 판매 대수가 자동차의 예약 대수에 따라 변동한다면 이들 두 변수 간의 함수 관계를 추정하여 자동차의 판매 대수를 추정할 수 있는 것이다. 또는 어느 부품 조립 생산 라인에서 제품의 불량률이 생산라인의 속도와 어떤 관련성이 있다면, 이들 두 변수들 간의 함수관계를 분석함으로써 불량률을 가능한 줄이면서 양질의 제품을 생산할 수 있는 라인 속도를 추정할 수 있을 것이다.

이처럼 회귀분석은 주어진 자료를 통해 변수 간의 함수 관계를 밝히고 이 함수 관계를 이용해서 독립변수에 대응하는 종속변수의 값을 알아보는 분석방법이다.

2) 회귀분석 목적

회귀분석을 사용하는 목적은 크게 세 가지로 분류될 수 있다.

첫째, 독립변수와 종속변수 간의 구체적인 관계를 제시해 준다. 즉 독립변수값의 변화에 대한 종속변수값의 변화 정도를 알 수 있고 독립변수와 종속변수들 사이의 함수관계가 선형적 관계인지 비선형적 관계인지를 파악할 수 있다.

둘째, 만약 종속변수에 영향을 미치는 독립변수가 여러 개 있다고 했을 때, 이들 독립변수들의 종속변수에 대한 영향력의 정도를 파악할 수 있다. 예를 들어 자녀의 키에 영향을 미치는 요인들로 영양 섭취 정도, 유전, 경제력, 스트레

스 등이 있다고 했을 때, 여러 표본들의 자료를 모아 회귀분석을 하면 각 독립변수들의 키에 미치는 영향력 정도를 파악할 수 있다.

셋째, 추정된 회귀함수를 이용해 주어진 독립변수의 값에서 종속변수의 평균 변화를 추정 혹은 예측하는 것이다. 예를 들어 어떤 제품의 광고비와 매출액 간의 관계를 회귀분석을 이용해 추정한 다음 일정 광고비 지출을 통해 달성할 수 있는 매출액의 수준을 예측할 수 있다.

회귀분석은 원칙적으로 등간척도 이상의 독립변수와 등간척도 이상의 종속변수의 경우에 적용할 수 있다. 하지만 독립변수가 명목척도나 서열척도인 경우에는 이를 더미(dummy)변수로 전환시켜 분석이 가능하고 종속변수가 명목척도나 서열척도인 경우에도 로지스틱 회귀분석을 이용해서 변수들 간의 관계를 파악할 수 있다.

3) 회귀분석 원리

단순회귀분석은 두 변수 사이에 선형적인 상관관계가 있을 때 관계의 모양을 가장 잘 표현해 줄 수 있는 선을 도출해 변수 간 관계를 묘사하는 방법이다. 두 개 이상의 변수들이 서로 상관관계를 가진다고 확신할 수 있을 때, 회귀분석을 통해 이미 알고 있는 변수 값들의 관계뿐만 아니라 알지 못하는 값들도 예측할 수 있다. 단순선형회귀모형에서 독립변수를 X, 종속변수를 Y라고 할 때 회귀모형은 다음과 같이 정의된다.

$$Y_i = \alpha + \beta X_i + \varepsilon_i$$
$$Y = \text{절편} + \text{기울기}\ (X) + \text{잔차}$$

여기서 α는 회귀선이 Y축과 만나게 되는 절편(intercept)이 되고 β는 회귀선이 기울기(solpe)가 된다. 회귀선을 수학적으로 도출해 내기 위해서는 최소 자승법(least squares method)을 이용한다. 이 방법은 표본 자료에 의해 신뢰성 있는 회귀 작성을 추정하기 위해 종속변수의 예측값과 실제의 관찰값 간의 오차들을 각각 제곱하여 이것을 모두 더한 합이 최소가 되게 하는 회귀식을 구하는 방법이다. 예측값과 실제의 관찰값 간의 차이를 잔차(residuals)라 부르고 ε_i로 표시된다.

11.2 단순회귀모형

회귀분석(regression analysis)이란 먼저 변수들 간의 관계를 나타내는 타당한 회귀방정식 또는 회귀모형을 이론적 근거나 경험에 바탕하여 설정하고 변수들의 관측된 값을 이용하여 그 모형을 추정한 다음, 추정한 모형에 의해서 변수들 간의 관계를 설명하든지 또는 예측하는 데 이용되는 통계적 분석방법이다.

서로 관계를 가지고 있는 변수들 중에서 다른 변수에 의해 영향을 받는 변수를 종속변수(dependent variable)라 한다. 종속변수는 우리가 설명하고자 하는 변수로 주로 다른 변수들에 대한 반응으로 관측되는 변수이므로 반응변수(response variable)라고도 한다. 그리고 종속변수에 영향을 주는 변수를 독립변수(independent variable)라 하는데, 이는 종속변수를 설명하는 데 이용되는 변수이므로 설명변수(explanatory variable)라고도 한다. 회귀방정식은 몇 가지 형태로 분류할 수 있는데, 방정식에 포함된 설명변수의 개수에 따라 설명변수가 1개인 방정식을 단순회귀방정식(simple regression equation) 또는 단순회귀모형(simple regression model)이라 하고 설명변수가 2개 이상일 때의 모형을 다중회귀모형(multiple regression model)이라 한다. 또한 회귀방정식의 형태에 따라서도 분류할 수 있는데 모수의 선형함수로 주어지는 모형을 선형회귀모형(linear regression model)이라 하며 모수의 비선형함수로 주어지는 모형을 비선형 회귀모형(nonlinear regression model)이라 한다. 이 단원에서는 단순선형회귀에 대해서 다루기로 한다.

한 개의 종속변수 Y와 독립변수 X 간의 선형관계를 단순선형회귀라 하는데, 먼저 예를 들어 설명한다. 수면제의 투여량에 따라 수면시간의 증가(가 어떻게 변하는가를 조사하기 위하여 임의로 추출된 9명에게 실험을 하여 [표 11.1]과 같은 자료를 얻었다.

표 11.1 수면제의 투여량과 수면시간 증가

사람	1	2	3	4	5	6	7	8	9
수면제의 양(x_i)	1.5	1.8	2.4	3.0	3.5	3.9	4.4	4.8	5.0
수면시간의 증가(y_i)	4.8	5.7	7.0	8.3	10.9	12.4	13.1	13.6	15.3

자료의 산점도는 [그림 11.1]이며 x가 증가하면 y도 증가하는 경향이 있고 대략 직선으로 나타남을 짐작할 수 있다. 이것을 선형회귀직선(linear regression line)이라 부른다.

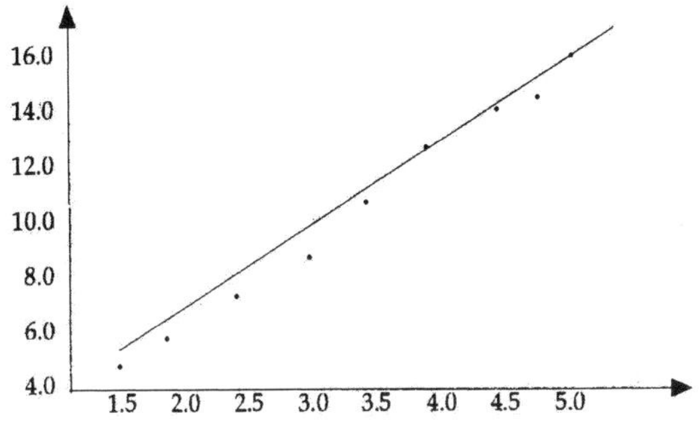

그림 11.1 산점도와 회귀직선

이와 같이 직선관계를 나타내는 단순선형회귀모형을 적합시킬 경우 일반적으로 필요한 가정은 다음과 같다.

회귀분석에서 가정

1) 오차 ϵ은 정규분포를 따른다.
2) 오차 ϵ은 그 평균값이 0이다.
3) 서로 다른 두 개의 오차는 서로 독립적이다
4) 오차 ϵ은 모든 x_i, $i = 1,2 \cdots ,n$의 값에서 동일한 분산을 갖는다.
5) 독립변수 x는 확률변수가 아니다.

이와 같은 가정하에서 회귀모형은 다음과 같이 표시할 수 있다.

단순회귀모형

$$y_i = \beta_0 + \beta_1 x_i + \epsilon_i$$

여기서, y_i : i번째 측정된 y의 값

β_0, β_1: 모집단 회귀계수이며 β_0는 절편이 되고 β_1은 기울기가 된다.

x_i: i번째 주어진 고정된 값

ϵ_i: i번째 측정된 y_i의 오차항으로 서로 독립($Cov(\epsilon_i, \epsilon_j) = 0, i \neq j$)이며 $E(\epsilon_i) = 0$이고 $Var(\epsilon_i) = \sigma^2$인 확률변수이다.

일반적으로 정규분포 $N(0,\sigma^2)$라고 가정하는 경우가 많다.

모집단 회귀직선 $E\ [Y \mid x] = \beta_0 + \beta_1 x$를 추정하는 것은 표본자료로부터 회귀계수 β_0, β_1를 추정하는 것이다. 이들을 추정하는 방법으로 가장 널리 이용되는 방법은 오차의 제곱합을 최소화하도록 추정하는 최소제곱법에 대하여 살펴본다.

11.3 최소제곱법

독립변수 X의 값 $x_1, x_2, \cdots, x_n$에서 측정된 종속변수 Y의 값 $y_1, y_2, \cdots, y_n$을 이용하여 모집단 회귀직선 $E\ [Y \mid x] = \beta_0 + \beta_1 x$를 추정하는 것은 표본자료 $(x_i,\ y_i), i = 1,\ 2,\ \ldots,\ n$으로부터 회귀계수 β_0, β_1를 추정하기 위하여 오차의 제곱합을 최소화하도록 추정하는 방법을 최소제곱법(method of least squares)이다.

X의 어떤 값 x_i에 대하여 Y의 실제값 y_i와 기댓값 $E[Y|x_i]$의 차이를 나타내는 오차(error) ϵ_i는 아래와 같다.

$$\epsilon_i = y_i - \beta_0 - \beta_1 x_i$$

$\sum \epsilon_i^2$은 오차제곱 합(sum of squares of error)이므로 이를 SSE로 표시하는데

$$SSE = \sum_{i=1}^{n} (y_i - \beta_0 - \beta_1 x_i)^2$$

이다. SSE를 최소가 되는 β_0와 β_1의 최소제곱추정량 b_0, b_1는 다음과 같다.

회귀계수의 추정

모집단 회귀직선 $E\ [Y \mid x] = \beta_0 + \beta_1 x$에서 회귀계수 β_0와 β_1의 최소제곱추정량 b_0, b_1은 다음과 같다.

$$b_1 = \frac{\sum_{i=1}^{n}(x_i - \bar{x})(y_i - \bar{y})}{\sum_{i=1}^{n}(x_i - \bar{x})^2} = \frac{\sum_{i=1}^{n} x_i y_i - n\bar{x}\ \bar{y}}{\sum_{i=1}^{n} x_i^2 - n\bar{x}^2}, \quad b_0 = \bar{y} - b_1 \bar{x}$$

추정된 회귀직선의 방정식은 $\hat{y} = b_0 + b_1 x$이다.

최소제곱법에 의하여 얻어진 최량선형불편추정량 b_0, b_1으로부터 얻어지는 적합된 회귀직선은 다음과 같다.

$$\hat{y} = b_0 + b_1 x$$

앞서 회귀계수 β_0, β_1을 추정하기 위한 방법으로 최소제곱법을 살펴보았다.

이 방법은 오차항 ϵ의 분포에 관계없이 적용될 수 있는 방법이나 ϵ의 분포를 아는 경우에는 최우추정법을 사용할 수 있다. 여기에서는 ϵ이 정규분포를 하는 확률변수로서 평균이 0이고 분산이 σ^2이라고 가정한다.

즉,

$$\epsilon \sim N(0,\ \sigma^2)$$

최우추정량(maximum likelihood estimator)이라 함은 위의 우도함수식을 최대로 하는 β_0, β_1, σ^2를 말하며 이와 같은 방법으로 모수를 추정하는 방법을 최우추정법(method of maximum likelihood estimation)이라 한다.

따라서 β_0, β_1, σ^2의 최우추정량은 아래와 같이 얻어진다.

β_1의 최우추정량 $\widetilde{b_1} = \dfrac{S_{xy}}{S_{xx}}$ (LSE와 동일)

β_0의 최우추정량 $\widetilde{b_0} = \overline{y} - b_1 \overline{x}$ (LSE와 동일)

분산 σ^2의 최우추정량 $\widetilde{\sigma^2} = \dfrac{1}{n}\sum_{i=1}^{n}(y_i - \hat{y}_i)^2 = \dfrac{1}{n}\sum_{i=1}^{n} e_i^2$

회귀모형에서 오차항 ϵ의 분산 σ^2을 추정하여 보자. 오차항 ϵ의 분산 σ^2은 관측치 y의 분산과 동일하므로 y의 분산의 추정을 생각해 보자.

회귀모형에서 관측치 y의 분산이 크다는 것은 측정치들이 회귀선으로부터 멀리 떨어져 있다는 것을 의미하고 분산이 작다는 것은 측정치들이 회귀선 주위에 모여 있다는 것을 의미하므로 분산 σ^2은 측정치 y와 이때 대응되는 회귀직선의 값 $\mu_{y,x}$

와의 차(ϵ_i)의 함수로 주어질 것이다. 따라서 σ^2의 추정치 $\hat{\sigma}^2$은 측정치 y와 회귀직선의 추정치 $\hat{y}$의 차

$$e_i = y_i - \hat{y}_i$$

의 함수로 표현될 것이므로 잔차제곱합(residual sum of squares)을 SSE라 표시하면

$$SSE = \sum_{i=1}^{n}(y_i - \hat{y}_i)^2 = \sum_{i=1}^{n}(y_i - b_0 - b_1 x_i)^2$$

이때 SSE의 자유도는 $n-2$가 된다. 따라서 다음과 같은 잔차제곱평균(residual mean squares; MSE)을 정의하면

$$MSE = \frac{SSE}{n-2} = \frac{\sum_{i=1}^{n}(y_i - b_0 - b_1 x_i)^2}{n-2}$$

11.4 회귀모형 유의성

회귀모형의 유의성 검정은 제곱합의 분해를 분산분석표를 이용하여 적합된 회귀모형이 유의한가를 검정할 수 있다.

관찰치 y_i의 변동을 나타내는 편차 $(y_i - \bar{y})$는 다음과 같이 두 개의 편차의 합으로 표시할 수 있다.

$$\underset{\{\text{총편차}\}}{(y_i - \bar{y})} = \underset{\left\{\begin{array}{c}\text{회귀선에 의하여}\\ \text{설명되지 않는 편차}\end{array}\right\}}{(y_i - \hat{y}_i)} + \underset{\left\{\begin{array}{c}\text{회귀선에 의하여}\\ \text{설명되는 편차}\end{array}\right\}}{(\hat{y}_i - \bar{y})}$$

위의 식을 제곱하고 모든 i에 대하여 합하면, 총편차의 제곱합은 다음과 같이 두 개의 제곱합으로 분할된다.

$$\sum_{i=1}^{n}(y_i - \bar{y})^2 = \sum_{i=1}^{n}(y_i - \hat{y_i})^2 + \sum_{i=1}^{n}(\hat{y}_i - \bar{y})^2$$

이 식에서 $\sum_{i=1}^{n}(y_i - \bar{y})^2$를 총변동(total variation) 또는 총제곱합(total sum of squares)이라 부르기도 하며 SST로 표시한다. 또한 $\sum_{i=1}^{n}(y_i - \hat{y_i})^2$를 회귀선에 의하여 설명되지 않는 변동으로 잔차제곱합(residual sum of squares)이라 하며 SSE로 표시하고 $\sum_{i=1}^{n}(\hat{y}_i - \bar{y})^2$을 회귀선에 의하여 설명되는 변동이라 하고 SSR (regression sum of squares)로 표시한다.

제곱합의 분해를 요약하면 다음과 같다.

제곱합의 분할

$$\underset{(\text{총변동})}{SST} = \underset{\left(\substack{\text{회귀선에 의해} \\ \text{설명안되는 변동}}\right)}{SSE} + \underset{\left(\substack{\text{회귀선에 의해} \\ \text{설명되는 변동}}\right)}{SSR}$$

총 제곱합 SST가 두 개의 제곱합 SSE와 SSR로 분할됨에 따라 각 제곱합에 대응되는 자유도가 어떻게 결정되는 지를 살펴보기로 하자.

총 제곱합의 자유도는 제약조건 $\sum_{i=1}^{n}(y_i - \bar{y}) = 0$이 성립하므로 자유도 하나를 상실하여 $(n-1)$이 된다. 잔차제곱합의 자유도는 $(n-2)$가 되는데 잔차$(y_i - \hat{y_i})$의 제곱합의 개수에서 모수 β_0와 β_1을 추정하여야 하므로 자유도는 2개를 잃게 되기 때문이다. 회귀제곱한 SSR은 제곱합 식에서 보는 바와 같이 하나의 모수 b_1에 의하여 결정되므로 자유도는 1이 된다.

제곱합을 대응되는 자유도로 나눈 것을 제곱평균(mean square)또는 평균제곱이라 하고 MS로 표시한다. 즉

$$\text{회귀평균제곱 } MSR = \frac{SSR}{1} = SSR$$

$$\text{잔차평균제곱 } MSE = \frac{SSE}{n-2}$$

여기서 MSE는 오차 분산 σ^2의 불편 추정량이다.

앞에서 살펴본 분할된 제곱합, 자유도 그리고 제곱평균을 분산분석표(analysis of variance table)에 표시하면 [표 11.2]와 같이 된다.

표 11.2 분산분석표

요인	자유도	제곱합	제곱평균	F_0	p값
회귀	1	SSR	MSR	$\frac{MSR}{MSE}$	
잔차	$n-2$	SSE	MSE		
계	$n-1$	SST			

회귀모형의 유의성을 나타내는 검정절차는 아래와 같다.

• **단순선형회귀모형에서 F–검정**

가설: $H_0 : \beta_1 = 0$ vs $H_1 : \beta_1 \neq 0$ (양측검정)

검정: $F_0 = \frac{MSR}{MSE} > F_\alpha(1, n-2)$이면 귀무가설 H_0를 유의수준 α에서 기각할 수 있다.

특히 $\alpha = 0.01$일 때 $F_0 \geqq F(1, n-2;\alpha)$이면 "매우 유의"하다(**표시)

$\alpha = 0.05$일 때 $F_0 \geqq F(1, n-2;\alpha)$이면 "유의"하다(*표시)

SPSS를 이용한 회귀모형의 유의성검정 절차는 다음과 같다.

1. 가설: $H_0 : \beta_1 = 0$ vs $H_1 : \beta_1 \neq 0$ (양측검정)
2. 검정통계량의 값 $F_0 = \frac{MSR}{MSE}$, p값
3. 만일 주어진 유의수준보다 유의확률 p값이 작으면 귀무가설을 기각하게 되고, 가정한 모형은 유의하다고 할 수 있다.

특히, 회귀모형의 유용성에 대한 결론은 F–검정결과, 결정계수, 추정의 표준오차 등을 종합적으로 분석하여 결론을 내린다.

추정된 회귀모형식이 주어진 자료를 어느 정도 잘 설명하는가에 대한 척도로서 결정계수를 사용한다. 즉, 결정계수(coefficient of determination)란 표본으로부터 추정된 회귀선이 표본 관측치에 얼마나 적합한가를 나타내는 척도로 다음과 같

이 나타낸다.

$$R^2 = \frac{SSR}{SST} = 1 - \frac{SSE}{SST}, \quad 0 \leqq SSE \leqq SST$$

이므로 R^2의 한계는 $0 \leqq R^2 \leqq 1$이다.

결정계수의 성질을 살펴보면, 모든 관찰점들이 추정된 회귀선 위에 존재한다면 $SSE=0$이 되므로 R^2=1이 된다. 실제 문제에서는 R^2가 0이거나 1인 경우는 거의 없고 x와 y 사이에 높은 상관관계가 성립될수록 1에 가까우며 상관관계가 희박할수록 0에 가까이 간다. R^2의 값이 0에 가까워지는 회귀선은 의미가 없는 회귀선이고 1에 가까울수록 더 유용한 회귀선이라 할 수 있다.

11.5 잔차 검토와 모형진단

회귀모형에서 가정한 오차항에 대한 가정, 즉 선형성, 정규성, 독립성, 등분산성에 대한 가정이 옳은가를 검토하고자 하는 경우 잔차분석 방법이 많이 이용된다.

잔차(residual) $e_i, i=1,2,\cdots,n$는 관측치와 추정치의 차를 말하며 이것은 또한 관찰오차(observed error)이기도 하다. 즉

$$e_i = y_i - \hat{y}_i$$

따라서 앞에서 가정한 오차 ϵ_i에 대한 가정들의 성립여부는 잔차 e_i를 검토해 봄으로써 알 수 있을 것이다.

잔차 분석의 편의를 위하여 다음과 같은 스튜던트 잔차(studentized residuals)를 이용하기도 한다.

$$d_i = \frac{e_i}{\sqrt{MSE}} \ , \ i=1,2,\cdots,n.$$

스튜던트 잔차는 평균이 0이고 분산은 근사적으로 1이 된다. 모형의 타당성을 검토하는 방법으로 간단하면서도 효과적인 방법인 그림으로 표현하는 방법이 있다.

11.5.1 선형성 검토

분석하고자 하는 자료에 대하여 선형회귀함수(lineal regression function)가 적합하느냐 적합하지 않느냐에 대한 문제는 선형회귀모형을 가정하고서 그 자료로부터 얻어진 적합된 회귀선을 그린 후 그 자료의 산점도(scatter diagram)를 그려보든가 잔차 e_i를 x_i에 대하여 그려봄으로써 쉽게 알 수 있다.

잔차는 회귀직선 모형이 타당하고 오차의 등분산성이 성립된다면 x에 대하여 산점도를 그려 보았을 때 0을 중심으로 완전히 랜덤(random)하게 나타나야 할 것이며 [그림 11.2]는 선형성을 만족하는 잔차 산점도를 보여주고 있다.

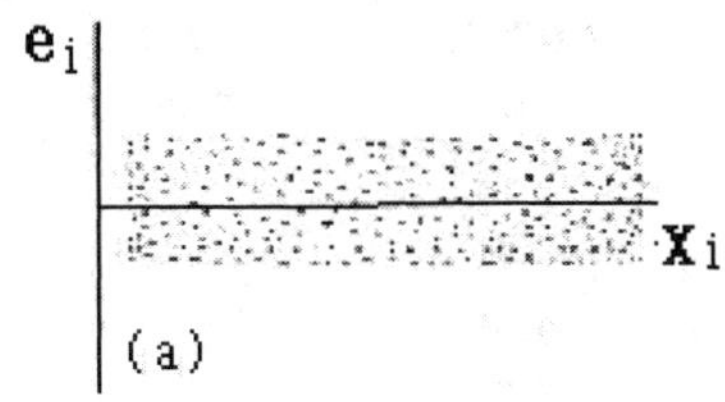

그림 11.2 잔차 산점도

만약 위의 산점도와 같이 나타나지 않는다면 선형회귀식이 부적합하므로 적절한 변수변환을 함으로써 선형성의 가정이 만족되도록 하여야 한다. 만약 변환에 의해서도 선형성이 만족되지 않는 경우 비선형회귀분석이나 다른 회귀모형을 이용하여야 한다.

11.5.2 정규성 검토

오차항의 확률분포가 정규분포에서 조금 벗어나는 것은 별 문제가 되지 않으나 정규분포에서 많이 벗어나는 경우는 분석결과에 중대한 영향을 미친다. 왜냐하면 추정과 검정에서 이용되는 t-분포, F-분포 등은 모두 정규분포를 가정함으로써 가능해지는 분포들이기 때문이다.

오차항의 정규성 가정에 대한 검토방법은 다음과 같다.

1. 표준화 잔차들의 히스토그램을 작성하여 정규분포를 따르는지 점검할 수 있다.
2. 표준화 잔차들을 누적 정규확률지에 나타내었을 때 원점을 지나고 대각선을

따라가는 직선의 형태가 되면 정규성을 만족한다고 할 수 있다.

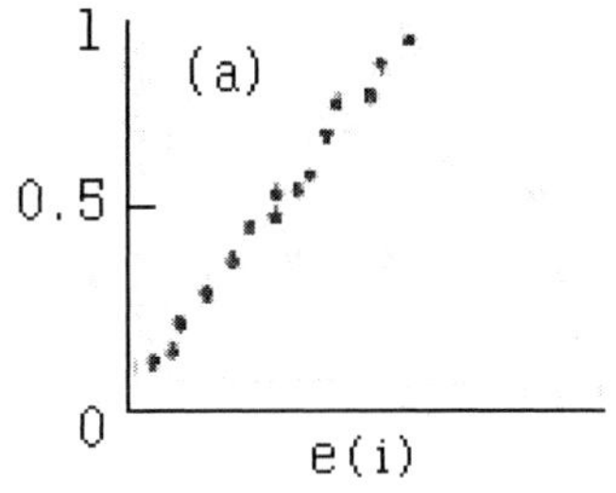

그림 11.3 정규확률지의 그림

11.5.3 등분산성 검토

앞에서 회귀함수의 선형성이 타당한가를 확인하기 위하여 잔차를 독립변수 x에 대하여 산점도를 그려봄으로써 알 수 있었다.

그런데 이 잔차의 산점도는 선형회귀함수의 타당성뿐만 아니라 오차의 분산이 모든 x에 대하여 일정한지 아닌지에 대하여서도 확인할 수 있다. 또한 잔차를 추정치 $\hat{y}_i$에 대하여 산점도를 그려 보는 것도 오차의 등분산성을 확인해 보는 하나의 좋은 방법이다.

예측값을 x축으로 하고 표준화잔차를 y축으로 하여 산점도를 작성하였을 때 평균 0을 중심으로 랜덤하게 분포되어 있으면 등분산성의 가정을 만족한다고 할 수 있다.

등분산성의 가정이 만족되지 않으면 적절한 변수변환에 의해 가정이 만족되도록 하여야 한다.

[그림 11.4 a]는 가정된 모형에 모순이 없는 경우이고 [그림 11.4 b]나 [그림 11.4 c]는 오차분산이 등분산이 아닌 경우이며, 특히 [그림 11.4 b]는 오차 분산이 y의 증가함수인 경우이다. [그림 11.4 c]는 y가 0과 1 사이에서의 비율을 나타낼 때 자주 나타나는 그림이고 [그림 11.4 d]는 비선형(nonlinear)을 나타낸다.

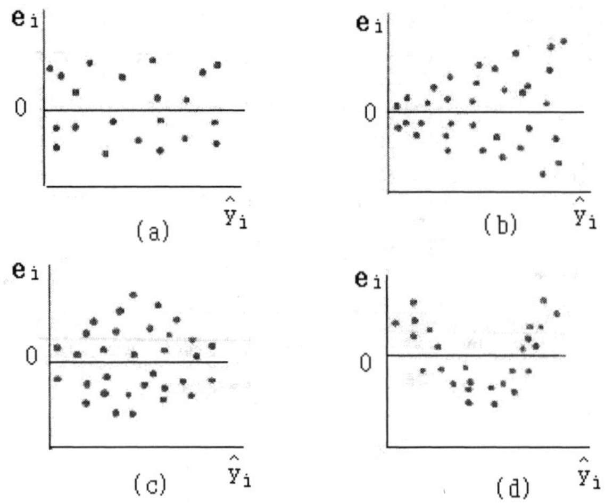

그림 11.4 $\hat{y_i}$에 대한 잔차의 산점도

11.5.4 독립성 검토

오차항이 독립성을 만족하지 않고 일정한 체계적인 형태로 분포되어있는 경우에는 잔차들 간에 자기상관(auto-correlation)이 존재한다고 볼 수 있다.

더빈 왓슨(Durbin-Waston) 검정통계량에 의하여 자기상관에 관한 검정을 할 수 있다. Durbin-Watson의 d 검정통계량은 잔차를 $e_i = y_i - \hat{y_i}$에 의하여 구한 후 다음의 식에 의하여 얻어진다.

$$d = \frac{\sum_{t=2}^{n}(e_t - e_{t-1})^2}{\sum_{t=1}^{n} e_t^2}$$

다음의 기준에 의해 자기상관의 존재유무를 검토할 수 있다.

1) d값이 2보다 작고 0에 가까우면 양의 자기상관.
2) d값이 2보다 크고 4에 가까우면 음의 자기상관.
3) d값이 2에 가까우면 자기상관이 존재하지 않는다.

11.6 다중회귀모형

단순선형회귀모형에서는 설명변수가 1개있는 모형을 다루었으나, 설명변수가 2개 인상인 중회귀모형을 생각하자.

종속변수의 변화를 설명하기 위하여 두 개 이상의 독립변수가 사용되는 선형회귀모형을 중선형회귀모형(multiple linear regression model), 또는 중회귀모형(multiple regression model)이라고 한다.

종속변수 y 의 변동을 결정해 주는 독립변수가 k개$x_1, x_2, \cdots, x_k$ 인 경우의 중회귀모형은

$$y_j = \beta_0 + \beta_1 x_{1j} + \beta_2 x_{2j} + \cdots + \beta_k x_{kj} + \epsilon_j$$

여기서

$\beta_0, \beta_1, \beta_2 \cdots$: 모집단 회귀계수(regression coefficient)로서 모수

$x_{1i}, x_{2i}, \cdots$: i 번째 주어진 독립변수들의 고정된 값

ϵ_i : i 번째 측정된 y_i 의 오차항으로 $\epsilon_i \sim N(0, \sigma^2)$

$Cov(\epsilon_i, \epsilon_j) = 0, i \neq j$

위의 중회귀모형의 회귀함수(regression function)는

$$E(y) = \beta_0 + \beta_1 x_1 + \beta_2 x_2$$

으로 되고 중회귀모형에서 회귀함수를 반응함수라 하기도 한다.

다중회귀모형을 간단하게 표현하기 위해 행렬을 이용하여 나타나면 편리하다.

먼저, $k=2$ 인 경우, 즉 독립변수가 둘인 중회귀모형을 벡터로 표현하면

$$\begin{aligned} y_i &= \beta_0 + \beta_1 x_{1i} + \beta_2 x_{2i} + \epsilon_i \\ &= \begin{pmatrix} 1 & x_{1i} & x_{2i} \end{pmatrix} \begin{pmatrix} \beta_0 \\ \beta_1 \\ \beta_2 \end{pmatrix} + \epsilon_i \end{aligned}$$

n개의 관찰점들을 한데 묶어 표현하면

$$\begin{bmatrix} y_1 \\ y_2 \\ \vdots \\ y_n \end{bmatrix} = \begin{bmatrix} 1 & x_{11} & x_{21} \\ 1 & x_{12} & x_{22} \\ \vdots & \vdots & \vdots \\ 1 & x_{1n} & x_{2n} \end{bmatrix} \begin{bmatrix} \beta_0 \\ \beta_1 \\ \beta_2 \end{bmatrix} + \begin{bmatrix} \epsilon_1 \\ \epsilon_2 \\ \vdots \\ \epsilon_n \end{bmatrix}$$

이를 간단하게 벡터로 나타내면 다음과 같이 나타난다.

$$\boldsymbol{y} = \boldsymbol{X}\boldsymbol{\beta} + \boldsymbol{\epsilon}$$

위의 방법으로 독립변수가 k개인 경우에도 같은 형태로 표현이 된다.

단순회귀모형에서와 같은 방법으로 최소제곱법에 의하여 회귀모수 β에 대한 추정량을 구하면, 중회귀모형에서 회귀계수 β에 대한 최소제곱추정량은 다음과 같이 나타난다.

$$\hat{\boldsymbol{\beta}} = (\boldsymbol{X}'\boldsymbol{X})^{-1}\boldsymbol{X}'\boldsymbol{y}$$

그리고 추정된 회귀선은 $\hat{\boldsymbol{y}} = \boldsymbol{X}\hat{\boldsymbol{\beta}}$이다.

11.6.1 회귀모형 유의성

회귀모형은 적어도 하나의 독립변수가 종속변수에 선형적으로 영향을 준다는 가정 하에서 만들어졌기 때문에 회귀모형이 유의한 의미를 갖기 위해서는 아래의 가설에 대한 검정에서 유의한 결론이 나와야 한다.

중회귀선의 유의성 검정이라 하면 반응량 y와 독립변수 $x_1, x_2, \cdots, x_k$ 사이의 직선관계를 규명하는 검정으로 이때의 귀무가설과 대립가설은

$$H_0 : \beta_1 = \beta_2 = \cdots\cdots = \beta_k = 0$$
$$H_1 : \beta_j \neq 0, \text{ 적어도 하나의 } j\text{에 대하여}$$

으로 주어진다. 여기서 귀무가설 H_0가 기각되면 k개의 독립변수 $x_1, x_2, \cdots, x_k$ 중 적어도 하나는 반응량의 변동에 영향을 끼친다는 것을 의미한다.

이와 같은 귀무가설에 대한 검정방법으로서 아래의 분산분석을 이용하여 유의성 검정을 한다.

위의 가설에 대한 분산분석표는 아래와 같다.

표 11.3 다중회귀모형 분산분석표

요인	제곱합	자유도	제곱평균	F_0
회귀	SSR	k	$MSR=\dfrac{SSR}{k}$	$F_0=\dfrac{MSR}{MSE}$
잔차	SSE	$n-k-1$	$MSE=\dfrac{SSE}{n-k-1}$	
계	SST	$n-1$		

SPSS를 이용한 회귀모형의 유의성검정 절차는 다음과 같다.

1. 가설 H_0 : $\beta_1 = \beta_2 = \cdots\cdots = \beta_k = 0$

   H_1 : $\beta_j \neq 0$, 적어도 하나의 j에 대하여

2. 검정통계량의 값 $F_0 = \dfrac{MSR}{MSE}$, p값

3. 만일 주어진 유의수준(일반적으로 0.05)보다 유의확률 p값이 작으면 귀무가설을 기각하게 되고, 가정한 모형은 유의하다고 결론을 내린다.

특히, 단순회귀에서와 마찬가지로 회귀모형의 유용성에 대한 결론은 F-검정결과, 결정계수, 추정의 표준오차 등을 종합적으로 분석하여 결론을 내린다.

다중회귀모형에서 결정계수는 단순회귀와 같이 정의된다. 즉, 결정계수란 표본으로부터 추정된 회귀선이 표본 관측치에 얼마나 적합한가를 나타내는 척도로 다음과 같이 나타낸다.

$$R^2 = \frac{SSR}{SST} = 1 - \frac{SSE}{SST}$$

그러나 설명변수가 추가되면 회귀제곱합 SSR은 증가하게 되어 결정계수 R^2값은 언제나 증가하게 된다. 때로는 회귀모형에 추가된 설명변수가 유의하지 않거나 설명력이 미약한 경우가 있다. 이와 같은 경우에는 결정계수보다는 다음의 수정된 결정계수(adjusted R^2)을 이용하는 것이 바람직하다.

$$\overline{R^2} = 1 - \frac{n-1}{n-k-1}(1-R^2), \quad k = \text{독립변수의 수}$$

새로 추가되는 변수가 설명력이 없을 때는 수정된 결정계수의 값이 오히려 감소

하기 때문에 다중회귀모형에서 설명변수의 추가여부를 판단하는 데 수정된 결정계수를 이용하는 것이 필요하다.

11.6.2 회귀계수에 대한 검정

앞의 회귀모형의 유의성 검정에서 설정된 다중회귀모형

$$y_j = \beta_0 + \beta_1 x_{1j} + \beta_2 x_{2j} + \cdots + \beta_k x_{kj} + \epsilon_j$$

이 유의하다는 결론이 내려지면 추정된 회귀식은 종속변수 Y의 값을 추측하는 데 사용될 수 있다. 그러나 모형이 유의하다고 하여 모형에 포함된 모든 독립변수가 종속변수에 영향을 준다는 것을 의미하지는 않는다. 따라서 설정된 회귀모형에서 각각의 독립변수가 과연 종속변수에 영향을 주는지 알아보기 위하여 각각의 회귀계수에 대한 검정이 필요하다.

회귀계수에 대한 검정절차는 다음과 같다.

1. 가설

   H_0 : $\beta_j = 0$
   H_1 : $\beta_j \neq 0$ (일반적으로 양측검정이 쓰인다)

2. 검정통계량의 값 $T = \dfrac{b_i}{b_i \text{ 의 표준편차}}$, p값

   여기서 $b_i = \beta_i$ 추정값

3. 만일 주어진 유의수준(일반적으로 0.05)보다 유의확률 p값이 작으면 귀무가설을 기각하게 되고, 독립변수 X_i가 종속변수 Y에 영향을 준다고 결론을 내린다.

회귀계수의 검정에서 통계적으로 유의하지 않다고 판명된 변수는 모형에서 제거하고 다시 회귀분석을 실시하여 적합한 회귀모형을 결정하여야 한다.

11.7 추가 논제

11.7.1 다공선성

설명변수가 여러 개인 다중회귀모형에서 유의해야 할 문제 중 하나가 다공선성의 문제이다. 다공선성(multicollinearity) 또는 다중공선성이란 회귀모형을 구성하는 독립변수 사이의 상관관계가 높은 경우에 발생하는데 모형의 추정에 나쁜 영향을 초래한다.

1) 다공선성의 발생원인은 잘못된 수집과정, 모집단 또는 모형에서의 제한사항, 회귀모형의 형태, 과다한 독립변수의 설정 등이 원인이 된다.
2) 다공선성을 찾아내는 법
   가정된 모형의 독립변수들 사이에 다공선성이 존재하면 그 모형으로부터 추정된 모든 결과들은 잘못 해석될 수 있다.
   - 어떤 한 독립변수를 모형에 추가하거나 제거하는 것이 추정된 회귀계수들에 큰 변화를 줄 때
   - 중요하다고 생각되는 독립변수의 회귀계수에 대한 검정결과가 유의하지 않게 나타났을 때
   - 추정된 회귀계수의 부호가 과거의 경험이나 이론적인 면에서 기대되는 부호와 상반될 때
   - 상관행렬에서 독립변수들 사이의 상관계수가 크게 나타날 때
   - 다공선성의 정도를 나타내는 척도로서 분산팽창인자(VIF), (VIF)i 중 가장 큰 값이 10을 넘으면 다공선성이 존재하는 것으로 간주
3) 다공선성의 해결방법은 자료의 추가수집, 회귀모형의 재설정, 새로운 모수 추정방법의 적용, 주성분회귀모형추정 방법 등이 있다.

11.7.2 표준화 회귀계수

추정된 다중회귀모형

$$\hat{y}_j = b_0 + b_1 x_{1j} + b_2 x_{2j} + \cdots + b_k x_{kj}$$

에서 독립변수 $x_1, x_2, \cdots, x_k$ 들이 종속변수 y 에 미치는 영향의 정도를 알기 위해서 회귀계수들 간의 직접적인 비교는 별 의미가 없다. 다중회귀모형에서 회귀계수의 크기에 의하여 반응변수에 대한 설명변수들의 영향의 정도를 평가하는 것은 옳은 판단이라고 할 수 없다.

일반적으로 회귀계수의 직접비교는 큰 의미를 갖지 못하나 단위를 표준화시키면 회귀계수들을 비교하여 독립변수들의 영향의 정도를 나타낼 수 있으므로 독립변수와 종속변수를 변환시켜 측정단위에 관계가 없는 회귀계수를 이용하는데 이러한 것을 표준화된 회귀계수(standard regression coefficient) 또는 베타계수(beta coefficient)라 한다.

SPSS를 이용하면 간단하게 베타계수를 얻을 수 있다. 표준화된 회귀식을 이용하여 추정된 회귀식을 다음과 같이 나타낸다.

$$\hat{y}^0 = b_1^0 Z_1 + b_2^0 Z_2$$

11.8 변수선택

이론적인 배경이나 사전경험이 있는 경우에는 모형에 포함시킬 독립변수들의 선택이 비교적 용이하다. 일반적으로 종속변수를 설명해주는 독립변수들을 정확하게 선택하는 것은 매우 어렵다.

1) 부적절한 변수선택의 결과의 문제점

필요한 독립변수가 포함되지 않은 경우 회귀모형의 설명력을 떨어뜨리고 분석의 결론이 달라질 수 있다.

불필요한 독립변수가 포함된 경우에는 추정량의 분산이 커지게 되고 다공선성 등을 유발할 수 있다.

2) 독립변수의 선택기준

- 결정계수: $R^2 = \dfrac{SSR}{SST}$,
- 수정된 결정계수: $\overline{R^2} = 1 - \dfrac{n-1}{n-k-1}(1-R^2)$
- 평균제곱오차: $MSE_k = \dfrac{SSE_k}{n-k-1}$
- 멜로우C_p 통계량: 총제곱오차(total squared error)

$$C_p = \frac{1}{\hat{\sigma}^2} SSE_p - n + 2(p+1)$$

독립변수의 선택을 위해서는 결정계수, 수정된 결정계수는 최대이고, 평균제곱오차, 멜로우C_p 통계량은 최소로 하는 모형을 선택하는 것이 바람직하다.

많은 독립변수 중에서 종속변수에 영향을 주는 변수만을 선택하여 모형에 포함시키고 종속변수에 영향을 주지 않는 변수는 제거할 필요가 있다. 독립변수의 선택방법은 다음과 같다.

3) 독립변수의 선택방법

- 전진선택법:

  전체 k개의 후보 독립변수 중에서 가장 기여도가 높은 순서대로 하나씩 선택하는 방법인데, 더 이상 선택되는 변수가 없을 때까지 계속되며, $\dfrac{k(k+2)}{2}$ 경우에 가능하다.

- 후진소거법:

  전체 k개의 독립변수 모두를 포함하는 회귀모형에서 출발하여 기여도가 낮은 순서대로 하나씩 제거하는 방법으로, 더 이상 제외 되는 변수가 없을 때까지 계속되며, $\dfrac{k(k+2)}{2}$ 경우에 가능하다.

- 단계적 회귀:
  - 전진선택법과 후진소거법을 혼합한 방법이다.
  - 전체 k개의 후보 독립변수 중에서 가장 기여도가 높은 순서대로 하나씩 모형에 추가해 나아가되, 이미 선정된 독립변수라도 기여도가 적정수준 이하로 떨

어지면 제거하는 방법이다.

- 모든 가능한 회귀방법이 과다한 계산량으로 인하여 현실적인 방법이 아니었던 과거에는 가장 많이 적용되던 방법이다.

• 모든 가능한 회귀:

- 독립변수가 k개인 경우 모든 가능한 회귀모형은 2^k개가 존재하며(예, 독립변수의 수가 5인 경우 $2^k = 32$개 모형존재), 이를 모두 검토하여 최적의 회귀모형을 찾는 방법이다.
- 모든 가능한 회귀모형을 추정한 후 가장 최선의 모형을 선택하는 방법이다.
- 항상 최선의 결과를 보장할 수 있는 유일한 방법이다.

11.9 SPSS를 이용한 회귀분석

11.9.1 SPSS를 이용한 단순회귀분석

예제 11.1 주어진 데이터는 우리나라 기업에서 근무하는 근로자의 여가활동과 생활만족에 대한 자료이다. 단순회귀분석을 통해 여가활동이 생활만족에 미치는 인과관계분석을 한다(예제데이터 11.1 단순회귀분석).

구 분	변수 명
독립변수(x_i)	여가활동
종속변수(y_i)	생활만족

(1) 위의 자료에서 독립변수(x)와 종속변수(y)에 대하여 단순회귀모형을 적합시켜 회귀모형이 유의한지를 검정하여라.

(2) 추정된 회귀모형을 나타내어라.

풀이

① 데이터 입력: 위의 자료를 아래와 같이 SPSS 데이터 편집기 창에 예제 11.1 데이터(예제데이터 11.1 단순회귀분석)를 가져온다.

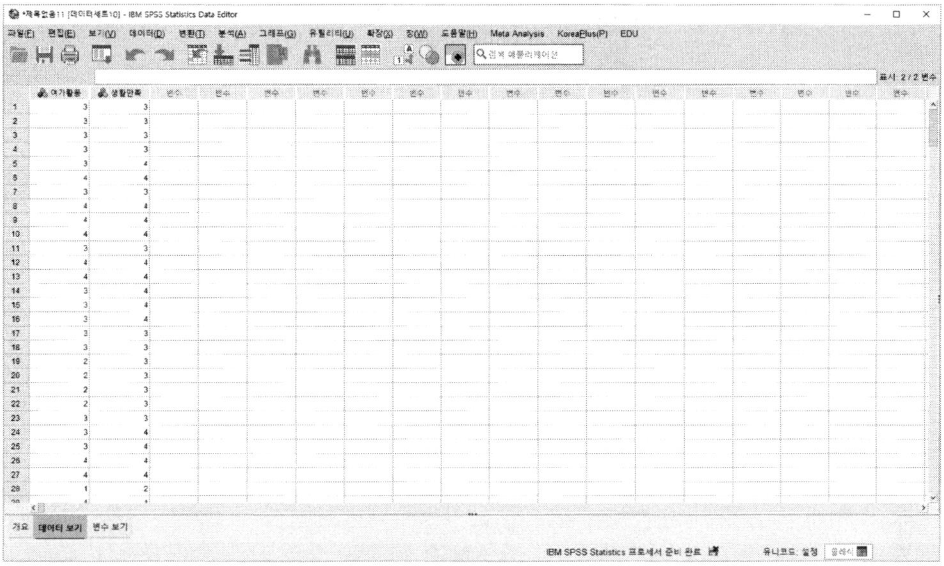

② 두 변수 간의 전반적인 관계를 살피기 위해 산점도를 통해 알 수 있다. 산점도를 그리기 위해 그래프 → 산점도/점도표(S)와 같이 순서대로 실행명령을 지정한다.

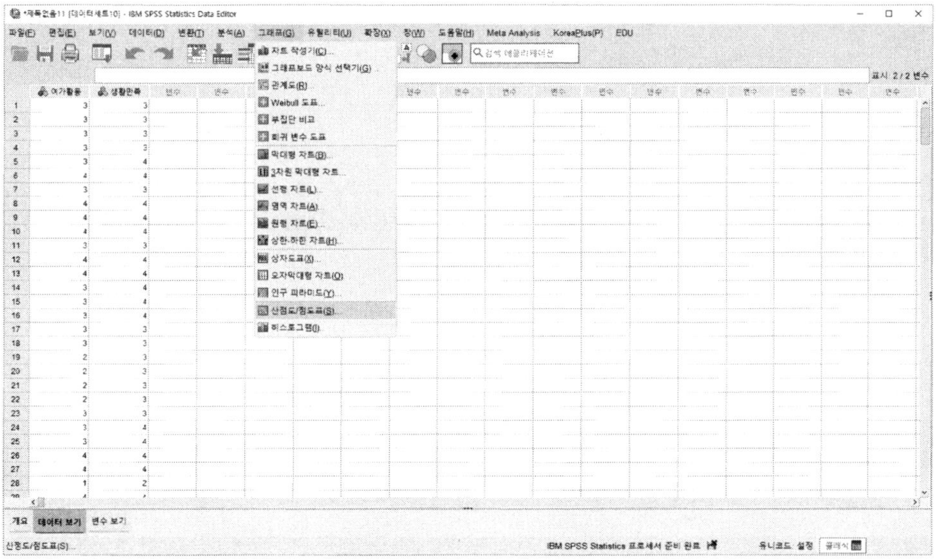

③ 산점도/점도표 대화상자에서 [단순 산점도]를 선택한 후 정의를 누른다.

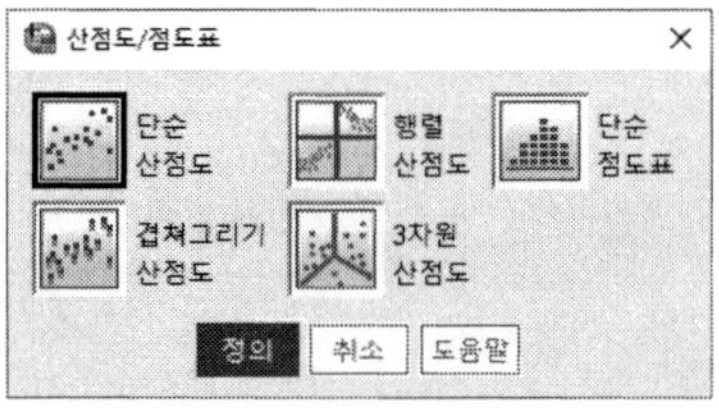

④ 산점도를 그리기 위하여 생활만족 변수를 [Y축]란으로 이동시키고 여가활동 변수를 [X축]란으로 이동시킨다.

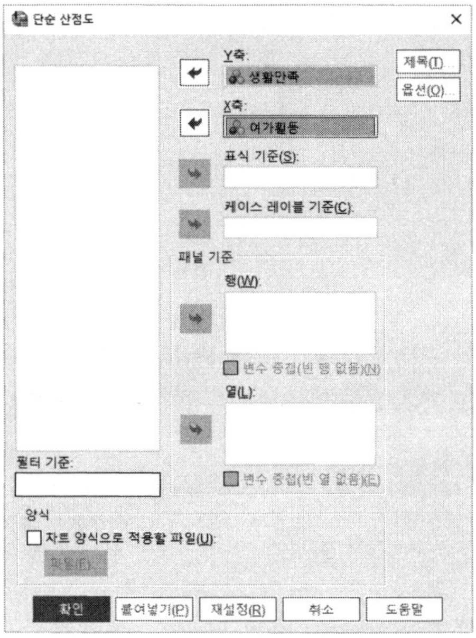

⑤ 확인을 누르면 출력 결과 창에 다음과 같은 산점도가 나타난다.

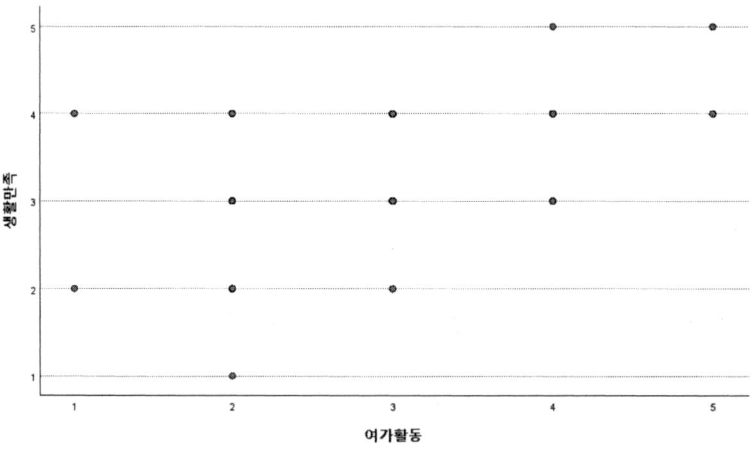

산점도를 보면 전체적으로 여가활동에 따라 생활만족이 양적 상관관계를 지니고 있다는 것을 알 수 있다. 따라서 여가활동이 생활만족에 영향을 미치는 경향을 지니고 있으므로 회귀분석을 실시하여 자세히 두 변수간의 관계를 파악한다.

⑥ 단순회귀분석을 위하여 분석 → 회귀분석 → 선형과 같이 순서대로 실행명령을 지정한다.

⑦ 선형회귀분석 대화상자에서 생활만족 변수를 [종속변수(D)]란으로 이동시키고 여가활동 변수를 [독립변수(I)]란으로 이동시킨다.

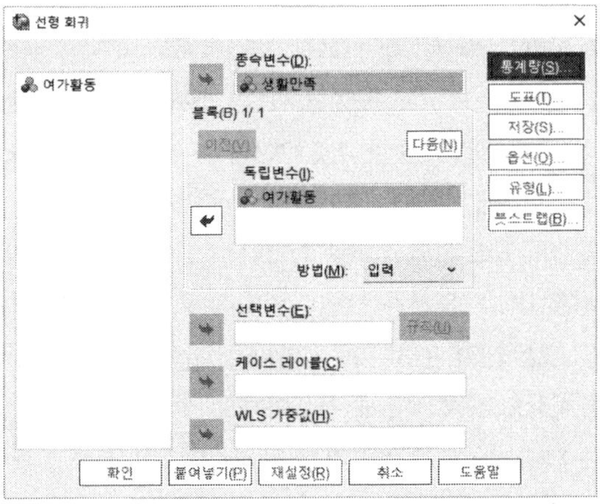

⑧ 필요한 부분을 모두 지정한 후 확인을 누르면 출력 결과창에 다음과 같은 분석 결과가 나타난다.

입력/제거된 변수[a]

모형	입력된 변수	제거된 변수	방법
1	여가활동[b]	.	입력

a. 종속변수: 생활만족
b. 요청된 모든 변수가 입력되었습니다.

모형 요약

모형	R	R 제곱	수정된 R 제곱	추정값의 표준오차
1	.481[a]	.232	.229	.525

a. 예측자: (상수), 여가활동

ANOVA[a]

모형		제곱합	자유도	평균제곱	F	유의확률
1	회귀	20.660	1	20.660	74.823	<.001[b]
	잔차	68.476	248	.276		
	전체	89.136	249			

a. 종속변수: 생활만족
b. 예측자: (상수), 여가활동

계수[a]

모형		비표준화 계수		표준화 계수		
		B	표준화 오류	베타	t	유의확률
1	(상수)	2.164	.145		14.934	<.001
	여가활동	.393	.045	.481	8.650	<.001

a. 종속변수: 생활만족

결과를 살펴보면 독립변수인 여가활동은 모든 변수를 동시에 입력하는 입력(Enter)방식이 채택되었다. 모형요약을 보면 두 변수 간의 상관계수는 0.481로 매우 높은 상관계가 있음을 보여주고 있다. 결정계수 또는 설명력인 R^2은 독립변수에 의하여 설명되는 종속변수의 비율을 의미한다. 따라서 결정계수가 0.232이라는 것은 종속변수인 생활만족이 23.2% 정도로 독립변수인 여가활동에 의해서 설명된다는 것을 의미한다.

그리고 회귀식이 통계적으로 유의한지를 검정하는 분산분석표가 제시되었다. 여기서 분산분석은 모집단의 회귀선의 기울기가 0이라는 가설에 대한 검정이다.

분산분석표를 보면 F값이 74.823이고 유의확률 값이 〈0.001으로 유의수준 0.05보다 작으므로 회귀식은 통계적으로 유의하게 적합하다고 할 수 있다.

그 다음의 표에서는 회귀계수가 얼마인지를 알려준다. 이 분석결과에서 상수는 회귀식의 y절편이고 2.164이다. 독립변수인 여가활동의 B값이 회귀선의 기울기이다. 이 기울기(B)

의 크기는 독립변수가 종속변수에 미치는 영향이다. 즉 B값이 클수록 관계의 정도가 크다는 것을 의미한다. 여기에서는 B값이 0.393으로 나타났다. 독립변수가 종속변수에 미치는 영향이 얼마나 유의한가를 검정해주기 위해서 t값과 유의확률 값이 제시되었다. t값은 8.650이고 유의확률 값이 〈0.001으로 유의수준 0.05보다 작으므로 통계적으로 유의하였다. 즉 여가활동은 생활만족에 영향을 미치고 있다고 할 수 있다.

이 회귀계수 값에 의하여 다음과 같은 회귀식이 만들어질 수 있다.

따라서 추정된 회귀식은 다음과 같다.

$$\text{생활만족}(\hat{y}) = 2.614 + 0.393 \times \text{여가활동}(x)$$

예제 11.2 예제 11.1에서 회귀모형의 가정에 대한 타당성검토를 하여 모형을 진단하여라.

풀이 ① 분석 → 회귀분석 → 선형 → 도표

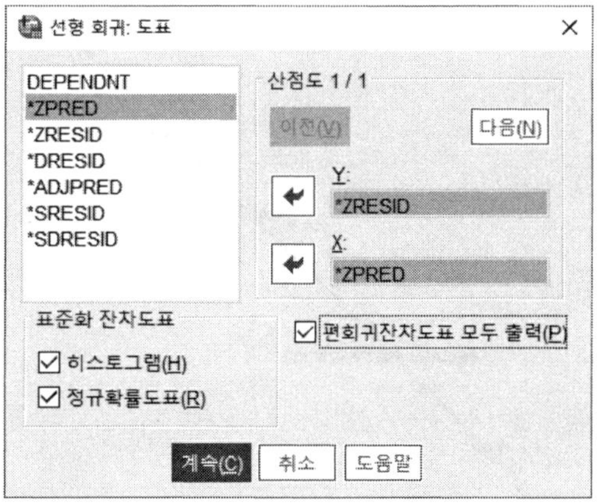

Y에는 [ZRESID], X에는 [ZPRED]를 선택하고, 도표를 모두 체크해 준다.

결과

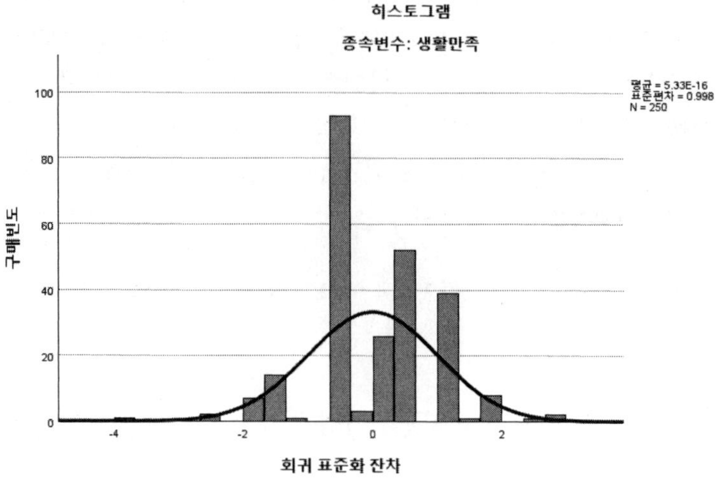

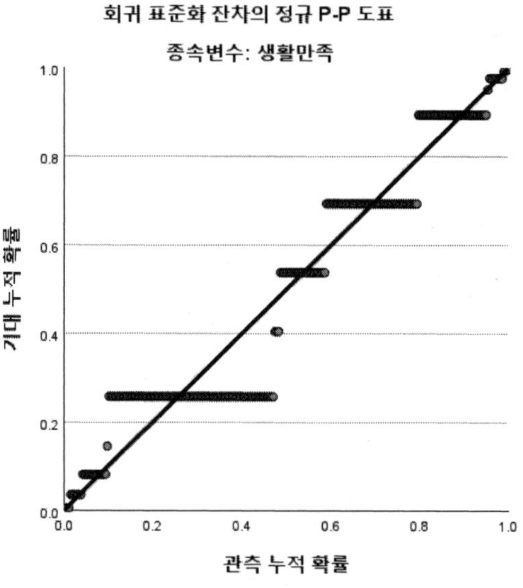

표준화 잔차들은 누적 정규확률도표를 자세히 보면 원점을 지나고 대각선을 따라가는 직선의 형태를 가지고 있으므로 따라서 회귀모형의 가정 중 정규성을 만족한다고 할 수 있다.

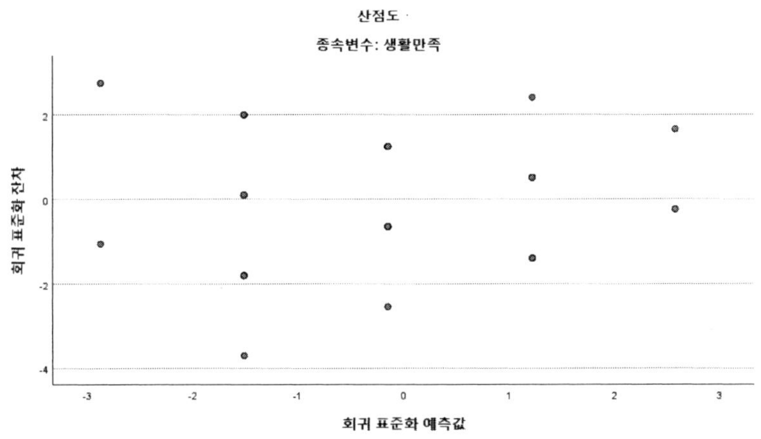

마지막으로 출력된 그래프는 잔차 산점도이다. 이에 의하면 표준화된 잔차의 범위가 평균 0을 중심으로 랜덤하게 분포되어 있으므로 등분산이라고 할 수 있다. 따라서 회귀모형의 가정 중 등분산성을 만족한다고 할 수 있다.

② 분석 → 회귀분석 → 선형 → 통계량 → 잔차 → Durbin-Waston 체크

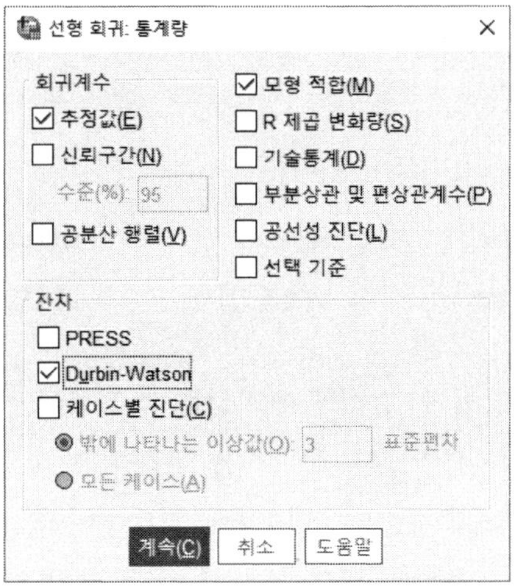

회귀모형의 가정인 오차의 독립성을 검정하기 위하여 Durbin - Waston(d) 통계량을 확인해야한다. d의 값의 범위는 $0 \le d \le 4$이다. d의 값이 2보다 작고 0에 가까우면 양의 자기상관, d 값이 2보다 크고 4에 가까우면 음의 자기상관, 만일 d 값이 2에 가까우면 자기상관이 존재하지 않는다는 것으로 해석된다. Durbin-Waston의 귀무가설 채택여부를 가릴 수 있는 임계치는 독립변수의 수와 유의수준, 표본의 수를 고려하여 결정된다. 임계치에 통계량 값이 포함되면 독립성에 대하여 불확정적이라고 판단을 할 수 있다.

결과

모형 요약[b]

모형	R	R 제곱	수정된 R 제곱	추정값의 표준오차	Durbin-Watson
1	.481[a]	.232	.229	.525	1.726

a. 예측자: (상수), 여가활동

b. 종속변수: 생활만족

Durbin–Waston(d) 통계량 값은 1.726이다. d의 값이 2보다 작으므로 양의 자기상관을 갖는다고 할 수 있으나, 보통 1.5~2.5 정도 범위에 있으면 자기 상관이 없는 것으로 본다. 그러므로 1.726으로 2에 가까우므로 자기상관이 없다고 할 수 있다.

11.9.2 SPSS를 이용한 다중회귀분석

예제 11.3 주어진 데이터는 우리나라 기업에서 근무하는 근로자의 가족수입, 여가활동, 생활만족, 삶의 행복에 대한 자료이다. 다중회귀분석을 통해 가족수입, 여가활동, 생활만족이 삶의 행복에 미치는 인과관계분석을 한다(예제데이터 11.2 다중회귀분석).

구 분	Y 종속변수	X1 독립변수	X2 독립변수	X3 독립변수
변수	삶의 행복	가족수입	여가활동	생활만족

(1) 다중회귀모형을 가정하여 모형의 유의성을 검정하여라.

(2) (1)의 결과를 활용하여 추정된 회귀식을 구하여라.

(3) 각각의 독립변수와 종속변수의 유의성을 검정하여라.

(4) 표준화된 회귀식을 이용하여 삶의 행복에 가장 크게 영향을 미치는 변수를 구하여라.

(5) 다공선성이 존재하는지를 검토하여라.

(6) 단계적 변수선택법을 이용하여 주된 변수를 선택하고, 회귀식을 구하여라

풀이

① 왼쪽 하단 변수보기 → 변수 이름, 레이블 입력

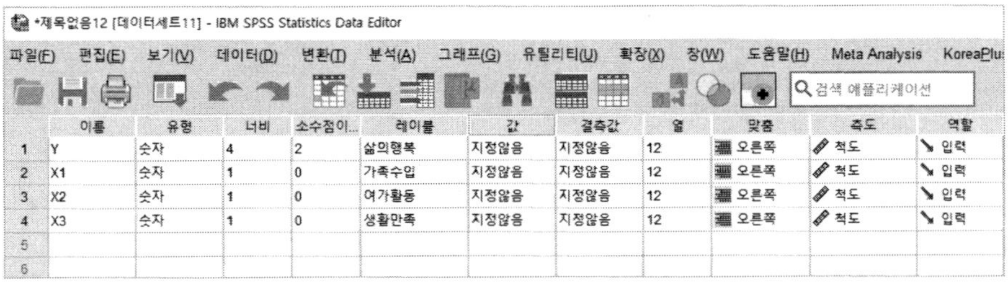

② 왼쪽 하단 데이터 보기 → 데이터 입력

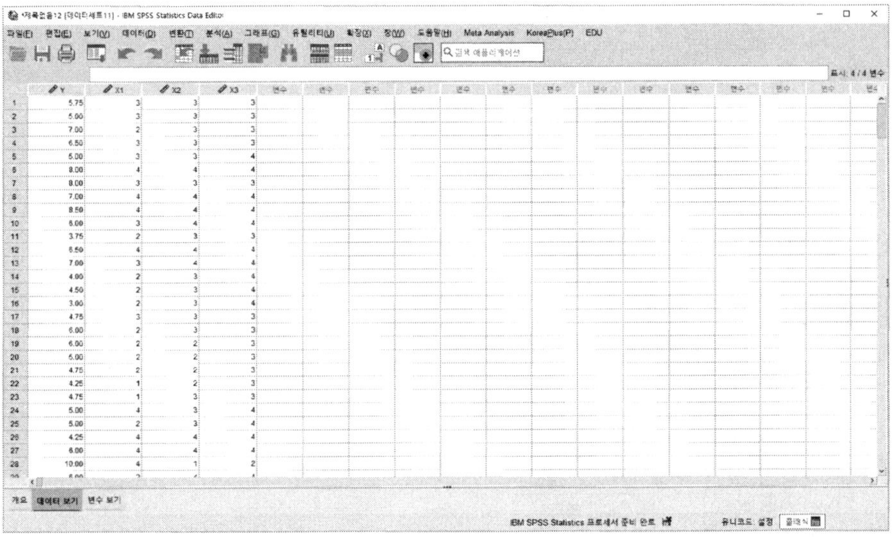

③ 분석 → 회귀분석 → 선형

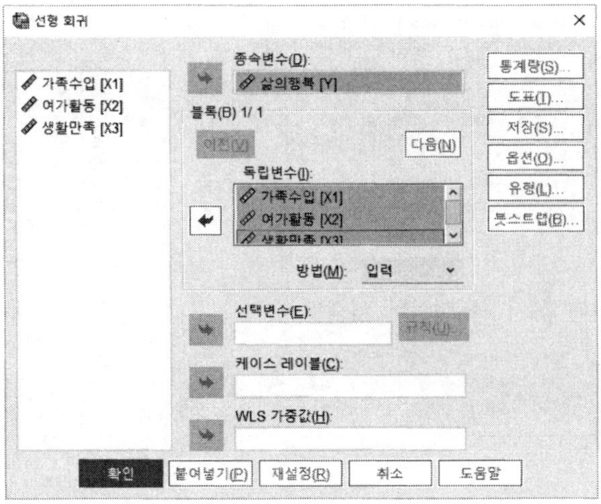

종속변수에는 삶의행복[Y], 독립변수에는 가족수입[X1], 여가활동[X2], 생활만족[X3]변수를 넣고, 『확인』을 누르면 다음과 같은 결과가 출력된다.

분석 결과

입력/제거된 변수[a]

모형	입력된 변수	제거된 변수	방법
1	생활만족, 여가활동, 가족수입[b]	.	입력

a. 종속변수: 삶의행복

b. 요청된 모든 변수가 입력되었습니다.

모형 요약

모형	R	R 제곱	수정된 R 제곱	추정값의 표준오차
1	.563[a]	.317	.308	1.24169

a. 예측자: (상수), 생활만족, 여가활동, 가족수입

ANOVA[a]

모형		제곱합	자유도	평균제곱	F	유의확률
1	회귀	175.640	3	58.547	37.973	<.001[b]
	잔차	379.281	246	1.542		
	전체	554.921	249			

a. 종속변수: 삶의행복

b. 예측자: (상수), 생활만족, 여가활동, 가족수입

계수[a]

모형		비표준화 계수 B	표준화 오류	표준화 계수 베타	t	유의확률
1	(상수)	1.614	.476		3.390	<.001
	가족수입	.782	.132	.383	5.947	<.001
	여가활동	.152	.127	.075	1.197	.233
	생활만족	.510	.163	.205	3.133	.002

a. 종속변수: 삶의행복

모형요약을 보면 두 변수 간의 상관계수는 0.563로 높은 상관계가 있음을 보여주고 있다. 결정계수 또는 설명력인 R^2은 독립변수에 의하여 설명되는 종속변수의 비율을 의미한다. 그런데 다중회귀분석에서는 단순회귀분석과 달리 수정된 R^2값을 읽어준다. 그 이유는 독립변수의 수가 증가함에 따라 R^2의 값이 증가하기 때문에 수정을 해줘야하기 때문이다. 따라서 결정계수는 0.308이고, 이는 종속변수인 삶의행복은 30.8%정도로 독립변수 X1, X2, X3에 의해서 설명된다는 것을 의미한다.

(1) 다중회귀모형을 가정하여 모형의 유의성을 검정하여라.
두 번째로 출력된 표는 통계적으로 유의한지를 검정하는 분산분석표다. 여기서 분산분석은 모집단의 회귀선의 기울기가 0이라는 가설에 대한 검정이다. 분산분석표를 보면 F값이 37.973이고 유의확률 값이 〈0.001으로 유의수준 0.05보다 작으므로 회귀식은 통계적으로 유의하게 적합하다고 할 수 있다.

(2) (1)의 결과를 활용하여 추정된 회귀식을 구하여라.
세 번째 표는 회귀계수에 대하여 출력된 표이다. 이를 통해 삶의행복[Y]에 대한 회귀식은 $\hat{Y} = 1.614 + 0.782X1 + 0.152X2 + 0.510X3$임을 알 수 있다.

(3) 각각의 독립변수와 반응변수의 유의성을 검정하여라.
가족수입[X1]에 대한 t값은 5.947이고, 유의확률은 〈0.001으로 유의수준 0.05보다 매우 작아 유의하다고 할 수 있다. 여가활동[X2]에 대한 t값은 1.197이고, 유의확률은 0.233로 유의수준 0.05보다 크므로 유의하다고 볼 수 없다. 생활만족[X3]에 대한 t값은 3.133이고, 유의확률은 0.002로 유의수준 0.05보다 작으므로 유의하다고 할 수 있다.
따라서 가족수입[X1]과 생활만족[X3]은 삶의행복[Y]에 유의한 영향을 준다. 또한 여가활동[X2]은 삶의행복[Y]에 대하여 무의미한 변수임을 알 수 있다.

(4) 표준화된 회귀식을 이용하여 삶의행복에 가장 크게 영향을 미치는 변수를 구하여라.
출력된 세 번째 표의 표준화 계수 베타를 통하여 삶의행복[Y]에 대한 표준화 회귀식은 $\hat{Y} = 0.383Z1 + 0.075Z2 + 0.205Z3$라고 할 수 있다. 가족수입[X1]의 표준화 계수 베타값이 가장 크므로 가족수입[X1]이 가장 크게 영향을 미치는 변수임을 알 수 있다.

④ 분석 → 회귀분석 → 선형 → 통계량 → 공선성 진단

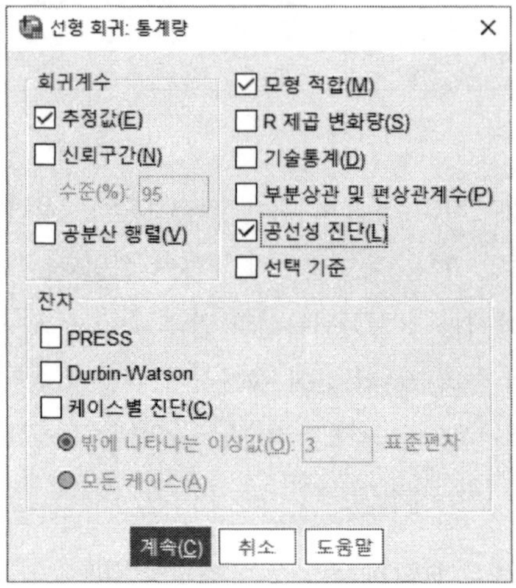

분석 결과

계수[a]

모형		비표준화 계수 B	비표준화 계수 표준화 오류	표준화 계수 베타	t	유의확률	공선성 통계량 공차	공선성 통계량 VIF
1	(상수)	1.614	.476		3.390	<.001		
	가족수입	.782	.132	.383	5.947	<.001	.671	1.489
	여가활동	.152	.127	.075	1.197	.233	.710	1.408
	생활만족	.510	.163	.205	3.133	.002	.652	1.534

a. 종속변수: 삶의행복

공선성 진단[a]

모형	차원	고유값	상태지수	분산비율 (상수)	분산비율 가족수입	분산비율 여가활동	분산비율 생활만족
1	1	3.927	1.000	.00	.00	.00	.00
	2	.031	11.225	.14	.90	.13	.01
	3	.028	11.834	.29	.00	.84	.05
	4	.014	16.795	.57	.10	.02	.94

a. 종속변수: 삶의행복

(5) 다공선성이 존재하는지를 검토하여라.

공차한계 값이 0.1 이상, VIF 지수가 10 이하이므로 다중공선성은 없다.

⑤ 분석 → 회귀분석 → 선형 → 방법 → 단계 선택을 선택하고, 『확인』을 누르면 다음과

같은 결과가 출력된다.

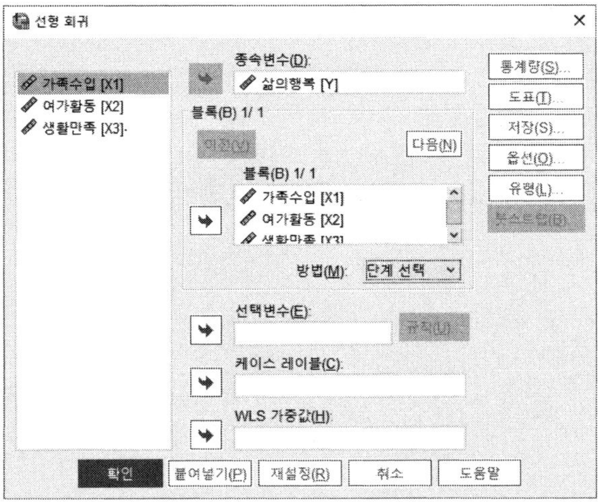

분석 결과

입력/제거된 변수[a]

모형	입력된 변수	제거된 변수	방법
1	가족수입	.	단계선택 (기준: 입력에 대한 F의 확률 <= .050, 제거에 대한 F의 확률 >= .100).
2	생활만족	.	단계선택 (기준: 입력에 대한 F의 확률 <= .050, 제거에 대한 F의 확률 >= .100).

a. 종속변수: 삶의행복

모형 요약

모형	R	R 제곱	수정된 R 제곱	추정값의 표준오차
1	.524[a]	.274	.271	1.27430
2	.559[b]	.313	.307	1.24277

a. 예측자: (상수), 가족수입

b. 예측자: (상수), 가족수입, 생활만족

ANOVA[a]

모형		제곱합	자유도	평균제곱	F	유의확률
1	회귀	152.208	1	152.208	93.734	<.001[b]
	잔차	402.713	248	1.624		
	전체	554.921	249			
2	회귀	173.433	2	86.716	56.146	<.001[c]
	잔차	381.488	247	1.544		
	전체	554.921	249			

a. 종속변수: 삶의행복
b. 예측자: (상수), 가족수입
c. 예측자: (상수), 가족수입, 생활만족

계수[a]

모형		비표준화 계수		표준화 계수		
		B	표준화 오류	베타	t	유의확률
1	(상수)	2.968	.334		8.893	<.001
	가족수입	1.071	.111	.524	9.682	<.001
2	(상수)	1.749	.463		3.782	<.001
	가족수입	.825	.127	.404	6.520	<.001
	생활만족	.573	.154	.229	3.707	<.001

a. 종속변수: 삶의행복

제외된 변수[a]

모형		베타 입력	t	유의확률	편상관계수	공선성 통계량 공차
1	여가활동	.137[b]	2.280	.023	.144	.791
	생활만족	.229[b]	3.707	<.001	.230	.726
2	여가활동	.075[c]	1.197	.233	.076	.710

a. 종속변수: 삶의행복
b. 모형내의 예측자: (상수), 가족수입
c. 모형내의 예측자: (상수), 가족수입, 생활만족

(6) 단계 선택 변수선택법을 이용하여 주된 변수를 선택하고, 회귀식을 구하여라.

단계적 변수선택법으로 회귀분석을 돌린 결과가 위와 같다. 단계적 변수선택을 했을 시에는 최종 모형인 모형 2를 살펴보면 된다. 다중회귀분석에서는 단순회귀분석과 다르게 수정된 R제곱인 0.307을 읽어주면 된다. 그 이유는 독립변수의 수가 증가할수록 R제곱값이 커지기 때문에 R제곱값을 수정해줘야만 한다.

모형 2의 분산분석표를 살펴보면 F통계량이 56.146, 유의확률이 〈0.001으로 매우 유의하므로 역시 모형에 매우 적합함을 알 수 있다. 모형 2의 계수를 살펴보면 가족수입[X1]과 생활만족[X3]가 포함되어 있으며, 여가활동[X2]은 제외되었다. 또한 가족수입[X1]의 t값은 6.520, 유의확률은 〈0.001으로 매우 유의하며, 생활만족[X3]의 t값은 3.707, 유의확률은 〈0.001로 유의수준 0.05보다 작아 매우 유의하다. 즉, 삶의행복[Y]에 가족수입[X1]과 생활만족[X3]은 유의한 영향을 주는 변수임을 알 수 있다.

표를 통해 회귀식은 $\hat{Y}=1.749+0.825X1+0.573X3$라고 할 수 있다.

제 12 장

범주형 자료 분석

12.1 범주형 자료 개요

12.1.1 개념

대부분의 통계적 추론은 표본으로부터 뽑은 통계량을 이용해 모집단의 특성이 모수를 추정하거나, 모수에 대한 가설 검정을 하는 것이다. 즉 추정 또는 가설 검정에서는 표본이 뽑힌 모집단에 대해 엄격한 가정이 있어야 한다. 그러나 현실적으로는 대부분의 경우에 모집단의 분포 양상과 특성을 모르는 때가 많으며 표본을 선택해 통계 처리를 하더라도 모집단의 분포가 정규분포일 것이라고 막연하게 가정해 버림으로써 오류를 범하는 경우가 많다. 이러한 문제점을 해결해 주는 것이 비모수통계학(non-parametric statistics)이다.

비모수통계학에서는 모집단에 대한 특정한 가정이 필요 없다. 또한 비모수통계학을 사용하는 데에는 연구대상이 되는 변수가 꼭 양적 변수일 필요가 없다. 실제로 사회 현상에 대한 설문의 경우 그 자료가 명목척도나 순서 자료인 경우가 많다. 예를 들어 직업을 조사하는 설문지에서 '전문직, 교사, 공무원, 자유업, 기타'로 분류된 항목은 질적 자료이며, 수입의 '상, 중, 하' 항목은 순서만을 알려주는 범주형 자료이다. 그 밖에도 남녀의 성별 구분, 재산 정도의 상, 중, 하의 구분 등이 바로 범주형 자료이다.

이러한 자료를 모수통계학으로 처리한다면 그 추론 결과는 아무런 타당성이 없게 되므로 비모수통계학에 의존해야 한다. 비모수적 방법의 기법들은 명목척도와 서열척도에 근거를 두고 있기 때문에 χ^2검정, 중앙값, 부호 검정 등을 포함한다.

12.1.2 χ^2 검정 절차와 특징

1) χ^2 검정 절차

실험 및 설문지를 통한 조사 연구에서는 현상을 기술하거나 가설을 검정하기 위해 조사 대상자의 응답을 빈도로 나타내어 통계적 수치로 표현하는 것이 일반적이다. χ^2은 명목 및 서열척도를 통해 수집된 범주형 자료를 분석하기 위해 실제 빈도와 기대 빈도의 차이를 판정하는 통계량이다. 비모수적 통계 방법의 하나인 카이 자승 검정은 일반적인 조사에서 많이 사용되는 검정 방법이다.

카이 자승검정을 하기 위해서는 먼저 연구대상 전체를 두 가지 분류기준에 의해 구분하고 각 구간에 해당하는 빈도를 조사해 기록하는 분할표(contingency table)를 작성해야 한다. 즉 조사대상을 분류 기준에 따라 r개의 행(row)과 c개의 열(column)로 구분한다. 분할표를 통해 수치적 자료를 분석하는 통계 검정 방법을 교차표(cross tabulation) 또는 간단히 교차분석(crosstab)이라 한다. 교차분석표를 작성한 다음에는 χ^2검정 통계량을 이용하여 두 변수(문항) 간의 상호 관련성을 알아본다. χ^2검정 통계량은 기대 빈도와 실제 빈도 간의 차이에 의해 계산되는 검정통계량이다.

자유도(Degree of Freedom : df) = (행(r)의 항목 수−1)×(열(c)의 항목 수−1)

2) χ^2 검정 특징

카이 자승검정은 다음과 같은 몇 가지 특징을 가지고 있다.

첫째, 카이 자승검정에서 관찰 빈도와 기대빈도가 비슷하면 통계량이 적어지고 귀무가설을 긍정할 가능성이 커진다.

둘째, 통계량은 관찰빈도와 기대빈도의 차이를 제곱하기 때문에 항상 +의 값을 갖는다.

셋째, 카이 자승검정은 변수의 범주 간의 순서를 가정하고 있지 않다. 즉 카이 자승통계는 명목척도 자료를 기준으로 하고 있다. 따라서 서열척도 이상의 자료에서 이 통계 방법을 이용할 경우에는 정보의 손실이 발생한다.

넷째, 카이 자승은 분포의 차이에 중심을 두고 분석하는 것으로 변수 간의 독립성은 검정하지만 변수 간의 상관관계를 충분하게 반영하지는 않는다. 다시 말해 카이 자승검정을 통해 낮은 연령대에서 고학력이, 높은 연령대에서 저학력이 많이 나왔다 할지라도 연령대가 높을수록 학력이 저하하는 경향이 있다는 설명에는 확인이 필요하다. 즉 상관관계 검정을 통해 이러한 설명에 대한 검정이 필요하다.

다섯째, 변수의 한 칸(cell)의 빈도가 5 이하인 경우에는 검정이 부정확해질 수 있다. 이러한 경우에는 표본의 숫자를 증가하거나 변수의 범주를 묶는 조정 작업이 필요하다. 만약 기대빈도가 5 이하일 경우에는 피셔의 정확 확률 검정(Fisher's exact test)이나 이항검정법(binomial test)을 사용할 수 있다.

본 장에서는 도수표로 나타낸 자료들이 이론적 또는 가정된 모형과 일치하는가를 검정하는 적합도검정, 두 특성 간에 어떤 연관성이 있는가를 검정하는 독립성검정과 동질성검정에 대하여 살펴본다.

12.2 적합도검정

예를 들어 시중에 팔리고 있는 주사위가 정사적인 주사위라고 할 수 있는가를 확인하고자 한다든가, 모집단으로부터 추출된 표본이 이론적인 확률분포에 적합한가를 확인하고자 할 때와 같이 실험 또는 관찰로 얻은 결과가 이론적 또는 가정된 모형과 잘 일치하는가를 검정하는 방법을 적합도검정(goodness of fit test)이라 한다.

적합도검정에서는 n개의 실험대상을 택하여 서로 배반인 k개의 범주에 속하는 도수$n_{1,}\cdots,n_k$를 관측한다. 각 실험대상에 속할 확률을 p_i라고 하면 도수는 다항분포를 따른다. 적합도검정의 자료구조는 다음과 같이 주어진다.

표 12.1 적합도검정의 자료구조

범 주	1	2	$\cdots$	k	합 계
관측도수	O_1	O_2	$\cdots$	O_k	n
확 률	p_1	p_2	$\cdots$	p_k	1

위와 같은 도수표에서 각 범주에 속하는 속성확률이 이론적 모형(가정된 모형)과 일치하는가를 검정하기 위해 귀무가설을 다음과 같이 세운다.

$$H_0 \ : \ p_i = p_{i\,0}$$

귀무가설하에서 각 범주의 기대도수는 다음과 같다.

$$E_i = np_{i,} \quad i = 1,\cdots,k$$

귀무가설이 참일 때 관측도수(O_i)와 기대도수(E_i)는 서로 비슷한 값을 가질 것으로 기대한다. 관측도수와 기대도수의 차이를 나타내는 측도를 나타내는 통계량은 다음과 같은 카이제곱 검정통계량을 사용한다.

$$\chi^2 = \sum_{i=1}^{k} \frac{(O_i - \hat{E}_i)^2}{\hat{E}_i}$$

이 검정통계량은 귀무가설 H_0가 참일 때 근사적으로 자유도 $k-1$인 카이제곱 분포를 따른다. 자유도(ν)를 결정하는 방법은 기대도수를 구할 때 표본에서 np_{i0}를 사용하면 자유도 $\nu = k-1$이고, 특히, 각 범주의 확률이 정해지지 않는 경우 r개의 미지 모수를 추정하여 기대도수를 구하였다면, 자유도 $\nu = k-1-r$을 사용하여야 한다.

적합도검정 절차를 요약하면 다음과 같다.

적합도검정의 절차

$p_i\,(i=1,\ 2,\ \cdots,\ k)$를 관측치가 i번째 범주에 속할 모비율이라 하자.

1. $H_0\ :\ p_i = p_{i0}$,

   $H_1\ :$ "모든 p_i가 p_{i0}는 아니다"

   라는 가설을 설정한다.
2. 관측도수(O_i)와 기대도수(E_i)를 이용하여 아래의 검정통계량의 값을 계산한다.

$$\chi^2 = \sum_{i=1}^{k} \frac{(O_i - \hat{E}_i)^2}{\hat{E}_i}$$

3. 유의수준 α에서 $\chi^2 > \chi^2_\alpha(k-1)$이면 H_0를 기각한다.

예제 12.1 시중에 팔리는 주사위가 정상인지를 확인하기 위하여, 주사위를 60회 던졌을 때 각 눈이 다음 표와 같이 일어났다고 한다. 이 주사위는 정상적인 주사위인가를 유의수준 0.05에서 검정하여라.

눈	1	2	3	4	5	6	합계
관측도수(O_i)	15	7	4	11	6	17	60
기대도수(E_i)	10	10	10	10	10	10	60

풀이 주사위가 정상이라면 각 눈이 나타날 확률은 1/6이고 각 눈이 일어날 이론적인 도수는 $n=60$, $p_i=1/6\,(i=1,2,\cdots,6)$이므로 $\hat{E}_i=60\times 1/6=10$이다. 그러므로 귀무가설과 대립가설은 아래와 같다.

H_0 : $p_1=p_2=\cdots=p_6=\dfrac{1}{6}$

H_1 : 주사위 각각의 눈이 나타날 확률이 모두 1/6은 아니다.

n이 클 때, 검정통계량

$$\chi^2=\sum_{i=1}^{6}\frac{(O_i-E_i)^2}{E_i} \quad \sim \quad \chi^2(5)$$

이므로 검정통계량의 값을 구하면

$$\begin{aligned}\chi^2&=\frac{(15-10)^2}{10}+\frac{(7-10)^2}{10}+\frac{(4-10)^2}{10}+\frac{(11-10)^2}{10}\\&\quad+\frac{(6-10)^2}{10}+\frac{(17-10)^2}{10}\\&=13.5\end{aligned}$$

이다. 자유도 $\nu=5$일 때 $\chi^2_{0.05}=11.07$이고 $\chi^2=13.5>11.07=\chi^2_{0.05}(5)$이므로 귀무가설이 기각된다. 즉 주사위의 각 눈이 나올 확률이 모두는 1/6이 아니므로 주사위는 공정하다고 할 수 없다.

주의할 점은 기대도수가 너무 작으면 적합도검정의 효율성이 떨어지므로 일반적으로 기대도수가 5 이하이면 [예제 13.1]의 표에서와 같이 5 이하의 기대도수를 갖는 칸을 옆에 있는 칸과 합쳐서 한 칸으로 만들어 준다. [예제 13.1]에서 $k=4$였으나 $x=1$, 2칸을 한 칸으로 합하였으므로 $k=3$이 되고 자유도는 $\nu=3-1=2$이다.

SPSS를 이용한 적합도검정 절차는 다음과 같다.

1. 가설을 설정한다.

   H_0 : $p_i=p_{i0}$,

   H_1 : "모든 p_i가 p_{i0}는 아니다"

2. 검정통계량의 값 $\chi^2 = \sum_{i=1}^{k} \frac{(O_i - \hat{E}_i)^2}{\hat{E}_i}$, p값 계산

3. 유의수준 α와 유의확률 p값을 비교하여 유의확률값이 유의수준보다 작다면 귀무가설 H_0를 기각한다.

SPSS 실습

예제 12.2 유전학 이론에 의하면, 어떤 쥐의 잡종은 8 : 4 : 3의 비율로 빨강, 검정, 흰 쥐를 낳는다고 한다. 교배된 150마리 중에서 빨강 쥐가 65마리, 검정 쥐가 50마리, 흰 쥐가 35마리로 관찰되었다. 교배실험의 결과는 유전학 이론에 어긋난다고 할 수 있는지를 유의수준 0.05에서 검정하여라.

교배종	빨강 쥐	검정 쥐	흰 쥐	합계
관측도수(O_i)	65	50	35	150
기대도수(E_i)	80	40	30	150

풀이

① 데이터 입력: [예제 12.4]을 아래와 같이 SPSS 데이터 편집기 창에 입력한다. 교배 쥐에서 빨강 쥐를 1, 검정 쥐를 2, 흰 쥐를 3으로 코딩한다.

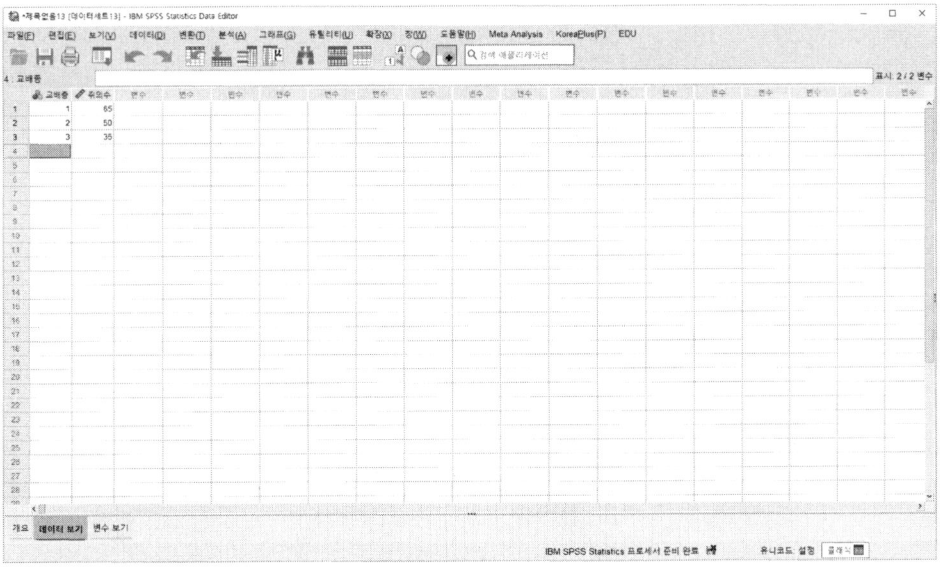

② 이와 같은 입력 자료를 가지고 적합도검정을 실시하기 위하여 취의 수 변수에 대하여 가중치를 부여해 주어야 한다. SPSS에서는 모든 입력 자료를 하나의 경우로 인식하기 때문에 인원수에 입력된 값이 하나의 수가 아닌 인원수로 인식되도록 하기 위해서이다. 우선 가중치를 부여하기 위해서는 데이터 → 가중치 케이스와 같이 순서대로 실행명령을 지정한다.

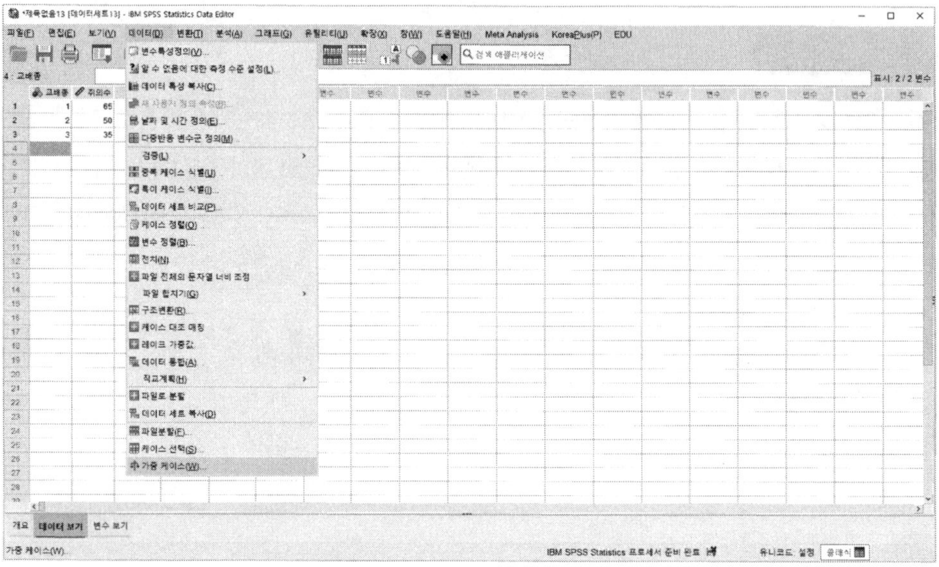

③ 가중치 케이스 대화상자에서 [가중 케이스 지정(W)]를 선택하고 취의 수 변수를 [빈도 변수(F)]란으로 이동시킨다.

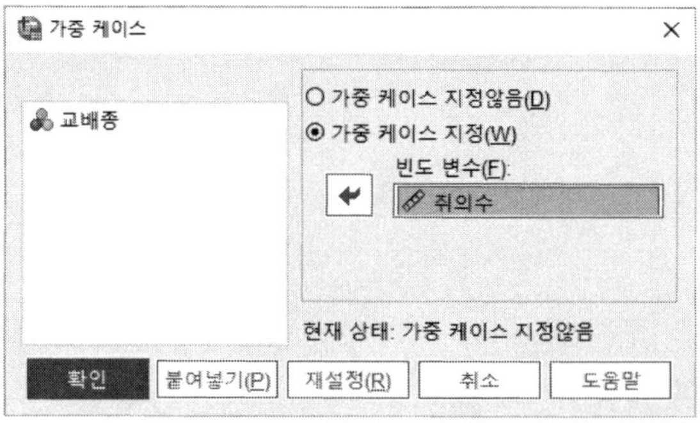

④ 가중 케이스를 지정해 주었으면 적합도검정을 위하여 분석 → 비모수 검정 → 레거시 대화상자 → 카이제곱 검정과 같이 순서대로 실행명령을 지정한다.

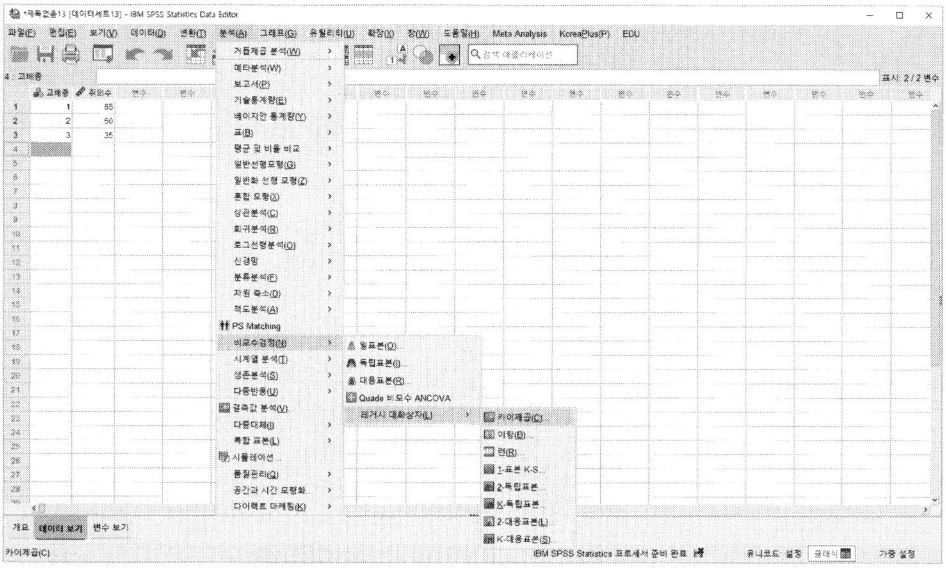

⑤ 카이제곱 검정 대화상자에서 교배쥐 변수를 [검정변수(T)]란으로 이동시키고 하단의 기댓값에서 [값(V)]란에 차례대로 8/15=0.533, 4/15=0.267, 3/15=0.200을 입력하여 추가한다.

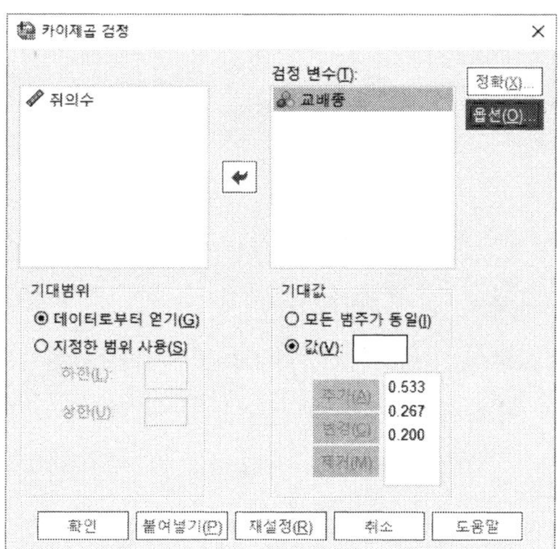

⑥ 필요한 부분을 모두 지정한 후 확인을 누르면 출력 결과창에 다음과 같은 분석결과가 나타난다.

교배종

	관측빈도	기대빈도	잔차
1	65	80.0	-15.0
2	50	40.1	9.9
3	35	30.0	5.0
전체	150		

검정 통계량

	교배종
카이제곱	6.101[a]
자유도	2
근사 유의확률	.047

a. 0개의 셀 (0.0%)은(는) 5보다 작은 기대빈도를 가집니다. 기대빈도 셀 값 중 최소값은 30.0입니다.

적합도 검정결과를 보면 카이제곱 값이 6.101이고 유의확률 값이 0.047로서 유의수준 0.05보다 작으므로 귀무가설을 기각한다. 즉, 교배실험의 결과는 유전학 이론에 어긋난다고 할 수 있다.

12.3 독립성검정

12.3에서는 분할표 형식으로 주어지는 자료에서 교차분석을 이용하여 독립성검정을 시행하는 방법에 대하여 살펴본다.

독립성검정(independent test)은 어떤 모집단으로부터 임의로 추출된 표본이 두 가지 특성(A, B)에 의해서 분류될 때, 이 두 특성 간에 어떤 관련성이 있는가를 검정하는 방법이다. 독립성검정의 예는 교육수준과 결혼생활은 독립적인가? 연령과 각 정당의 지지도와는 독립적인가? 등의 현실적인 다양한 문제들에 활용할 수 있다.

독립성검정의 자료구조에 대하여 생각해 보자. 조사대상인 모집단에서 n개의 실험대상을 택하여 요인 A의 범주 A_i에 속하면서 요인 B의 범주 B_j에 속하는 도수 $O_{ij}\,(i=1,\cdots,r)\,(j=1,\cdots,c)$를 관측한다. 따라서 독립성검정의 자료구조는 [표 12.2]와 같이 주어진다. [표 13.2]와 같은 표를 분할표(contingency table)라고 한다.

표 12.2 독립성검정의 자료구조($r \times c$ 분할표)

	B_1	B_2	$\cdots$	B_c	**합계**
A_1	O_{11}	O_{12}	$\cdots$	O_{1c}	$O_{1\cdot}$
A_2	O_{21}	O_{22}	$\cdots$	O_{2c}	$O_{2\cdot}$
$\vdots$	$\vdots$	$\vdots$	$\vdots$	$\vdots$	$\vdots$
A_r	O_{r1}	O_{r2}	$\cdots$	O_{rc}	$O_{r\cdot}$
합계	$O_{\cdot 1}$	$O_{\cdot 2}$	$\cdots$	$O_{\cdot c}$	n

이때, 한 실험대상이 각각의 범주에 속할 확률을

p_{ij} = 범주 A_i, B_j에 동시에 속할 확률

$p_{i\cdot}$ = 범주 A_i에 속할 확률

$p_{\cdot j}$ = 범주 B_j에 속할 확률

과 같이 정의하면, 독립성 검정에서의 귀무가설과 대립가설을 각각

$$H_0 : p_{ij} = p_{i\cdot} p_{\cdot j} \ (i = 1, \cdots, r,\ j = 1, \cdots, c),$$

H_1 : H_0가 아니다.

로 세울 수 있다. 즉, 귀무가설 H_0하에서는 요인 A와 요인 B가 서로 영향을 미치지 않는다(요인 A와 요인 B는 독립이다).

독립성검정에서 사용되는 검정통계량은 다음과 같다.

$$\chi^2 = \sum_{i=1}^{r} \sum_{j=1}^{c} \frac{(O_{ij} - \hat{E}_{ij})}{\hat{E}_{ij}}$$

이 검정통계량은 자유도는 $(r-1)(c-1)$인 카이제곱분포를 따른다.

여기서 O_{ij}는 관측도수를 나타내고, 귀무가설 H_0하에서 기대도수는

$$\hat{E}_{ij} = n \hat{p}_{i\cdot} \hat{p}_{\cdot j} = O_{i\cdot} O_{\cdot j} / n \ (i = 1, \cdots, r,\ j = 1, \cdots, c)$$

로 추정한다.

독립성검정 절차를 요약하면 다음과 같다.

독립성검정 절차

1. 가설을 설정한다.

   $H_0 : p_{ij} = p_{i\cdot} p_{\cdot j} \ (i = 1, \cdots, r, \ j = 1, \cdots, c)$,

   $H_1 : H_0$가 아니다.

2. 검정통계량의 값을 계산한다.

$$\chi^2 = \sum_{i=1}^{r} \sum_{j=1}^{c} \frac{(O_{ij} - \hat{E}_{ij})}{\hat{E}_{ij}}$$

3. 유의수준 α에서 $\chi^2 \geq \chi^2_\alpha((r-1)(c-1))$이면 H_0를 기각한다.

SPSS를 이용한 독립성검정 절차는 다음과 같다.

1. 가설을 설정한다.

   H_0 : 요인 A와 요인 B는 독립이다.

   H_1 : 요인 A와 요인 B는 독립이 아니다.

2. 검정통계량의 값 $\chi^2 = \sum_{i=1}^{r} \sum_{j=1}^{c} \frac{(O_{ij} - \hat{E}_{ij})}{\hat{E}_{ij}}$, p값 계산

3. 유의수준 α와 유의확률 p값을 비교하여 유의확률값이 유의수준보다 작다면 귀무가설 H_0를 기각한다.

SPSS 실습

예제 12.3 대학생의 학년과 봉사활동 횟수와 연관성이 있는지 알아보기 위한 자료는 예제데이터 12.1과 같다. 데이터는 모두 99명으로 성별은 남학생, 여학생으로 구성되고, 봉사활동 지속성 여부는 한다, 안한다로 분류되었다. 대학생의 성별과 봉사활동 지속성 여부가 독립이라는 가설을 유의수준 0.05에서 검정하여라.

풀이

① 아래와 같이 변수 입력

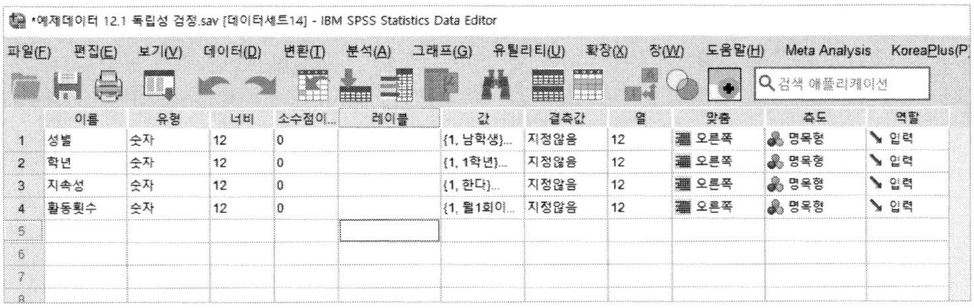

② 값 클릭 → 값, 레이블 입력 → 추가 → 확인

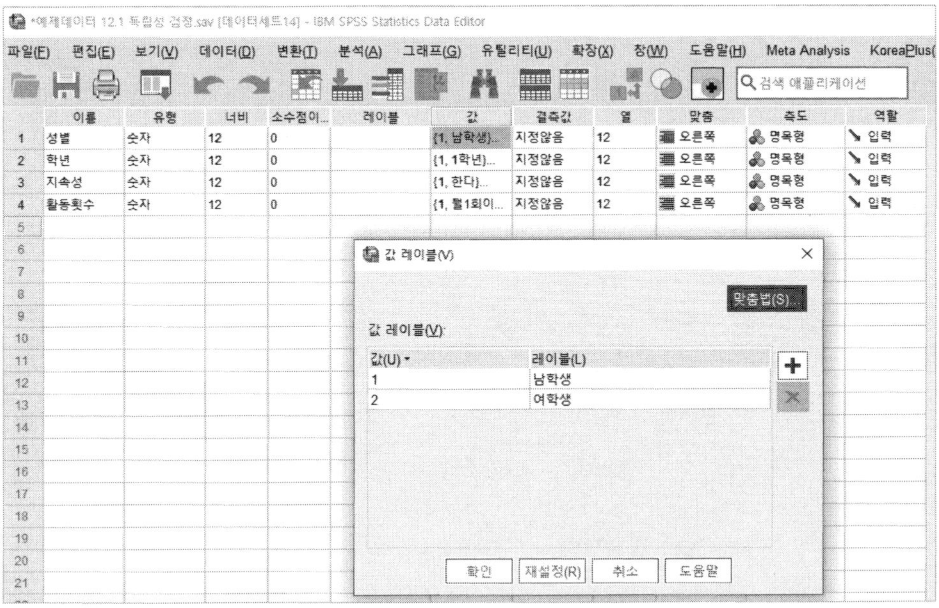

③ 데이터 입력

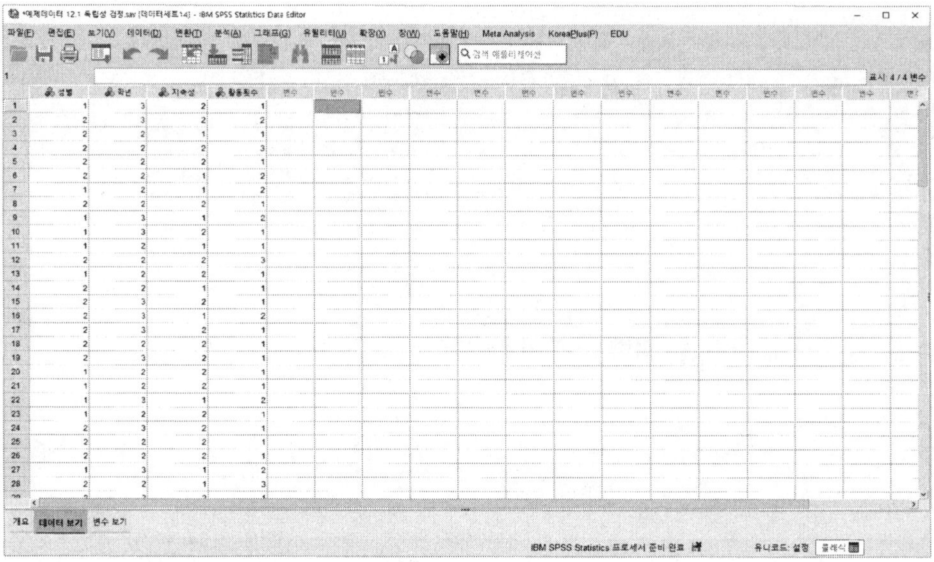

④ 상상단 표시줄 분석 → 기술통계량 → 교차분석

⑤ 행에 '성별', 열에 '지속성' 변수를 이동

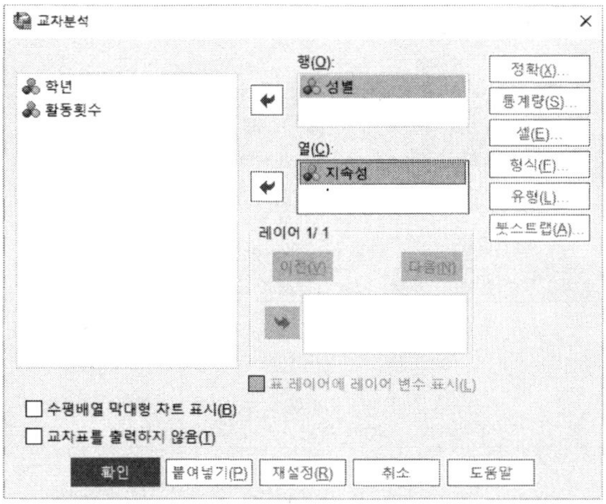

⑥ 통계량 → 카이제곱 체크 → 계속 → 확인

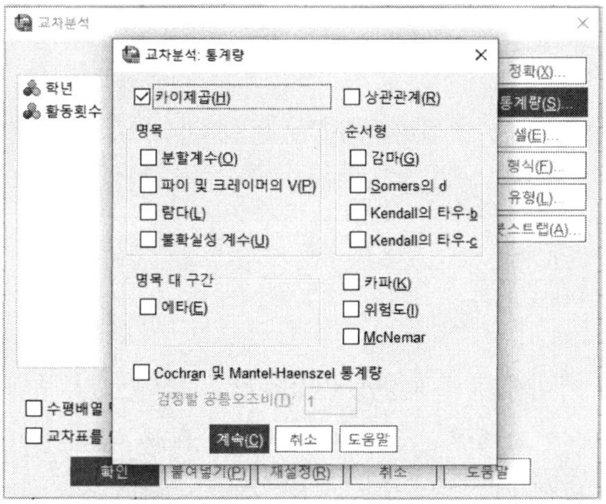

분석 결과

케이스 처리 요약

	케이스					
	유효		결측		전체	
	N	퍼센트	N	퍼센트	N	퍼센트
성별 * 지속성	99	100.0%	0	0.0%	99	100.0%

성별 * 지속성 교차표

			지속성 한다	지속성 안한다	전체
성별	남학생	빈도	9	46	55
		성별 중 %	16.4%	83.6%	100.0%
	여학생	빈도	10	34	44
		성별 중 %	22.7%	77.3%	100.0%
전체		빈도	19	80	99
		성별 중 %	19.2%	80.8%	100.0%

카이제곱 검정

	값	자유도	근사 유의확률 (양측검정)	정확 유의확률 (양측검정)	정확 유의확률 (단측검정)
Pearson 카이제곱	.638[a]	1	.424		
연속성 수정[b]	.294	1	.588		
우도비	.635	1	.426		
Fisher의 정확검정				.452	.293
선형 대 선형결합	.632	1	.427		
유효 케이스 수	99				

a. 0 셀 (0.0%)은(는) 5보다 작은 기대 빈도를 가지는 셀입니다. 최소 기대빈도는 8.44입니다.

b. 2x2 표에 대해서만 계산됨

독립성 결과를 보면 Pearson 카이제곱 값이 0.638이고, 유의확률이 0.424로 유의수준 0.05보다 크므로 대립가설을 기각, 귀무가설을 채택한다. 따라서 성별과 봉사활동 지속성 여부는 관련성이 없다.

독립성검정에서 카이제곱 통계량을 사용하기 위해서는 각 셀의 기대빈도가 적어도 1 이상이어야 하고 기대빈도가 5 이하인 셀이 20% 이하이어야 한다. 기대빈도가 5 이하인 셀이 많은데도 카이제곱 통계량을 사용하면 잘못된 결론을 내리기 쉽다. 표본의 수가 적어서 기대빈도가 5 이하인 셀이 많은 상태로 독립성검정을 하고자 하는 경우에는 피셔의 정확한 검정을 사용하거나 Monte Carlo 방법에 의한 검정을 하여야 한다. 또한 행과 열이 2개의 집단으로 구성되어 있는 경우에 피셔의 정확한 검정법을 이용하여 독립성검정을 시행한다. 다음의 [예제 12.4]는 피셔의 정확한 검정법을 이용하여 독립성검정을 실시한 예제이다.

예제 12.4 대학생의 성별과 봉사활동 지속성 유무에 대한 예제데이터 12.1과 같다. 대학생의 학년과 봉사활동 횟수에 차이가 있는지를 교차분석을 실시하여 검정하여라.

풀이 ① 아래와 같이 변수 입력 및 값 클릭 → 값, 레이블 입력 → 추가 → 확인

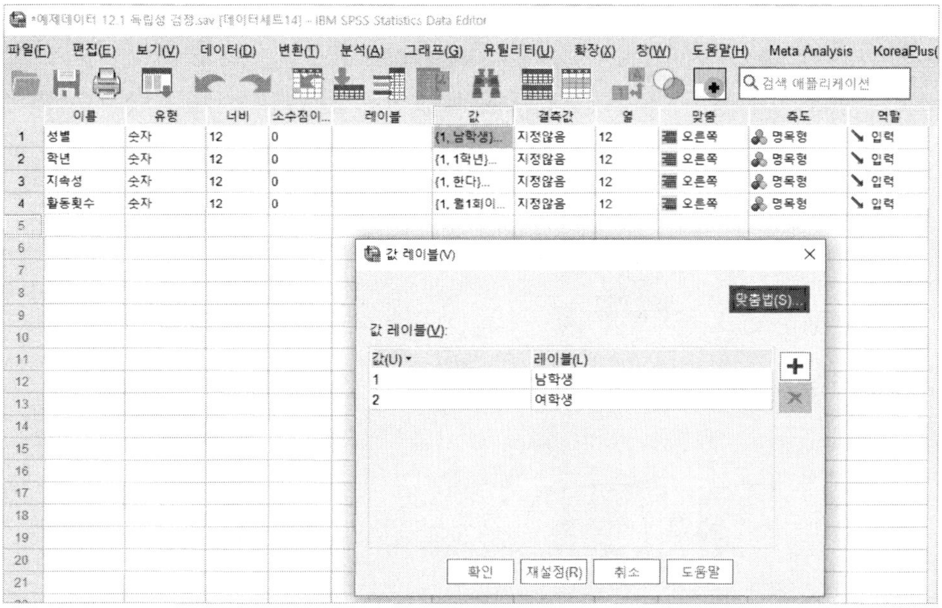

② 데이터 입력

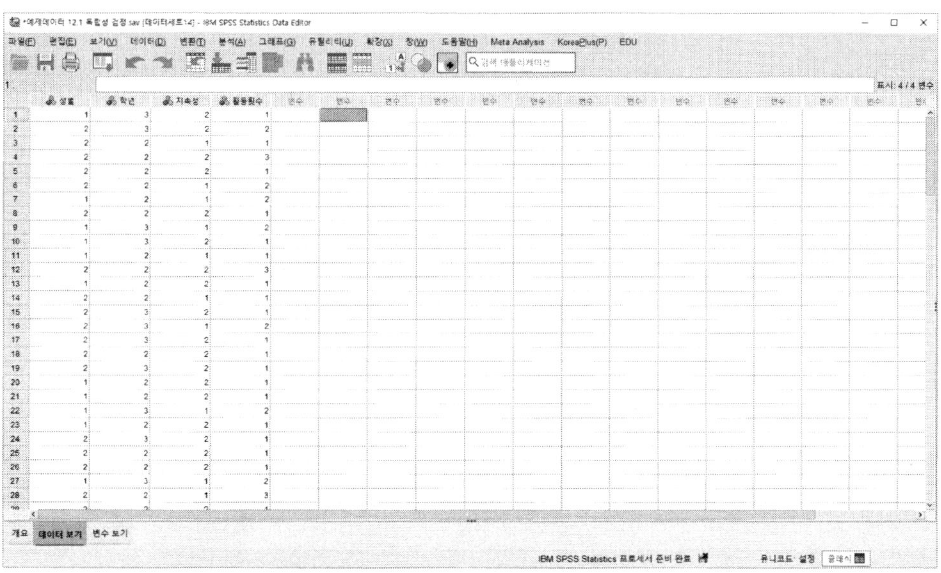

③ 상단 표시줄 분석 → 기술통계량 → 교차분석 → 행에 '학년', 열에 '활동횟수'

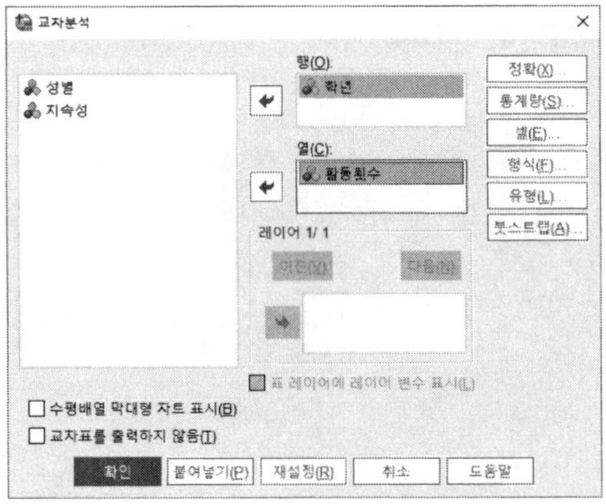

④ 통계량 → 카이제곱 체크 → 계속 → 확인

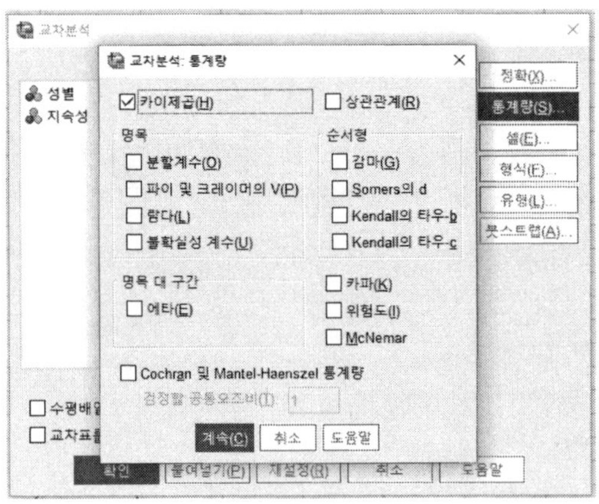

⑤ 정확 → 정확검정 체크 → 계속 → 확인

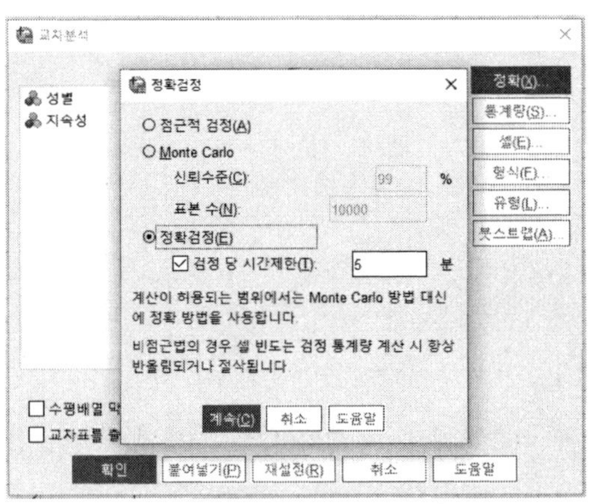

분석 결과

케이스 처리 요약

	케이스					
	유효		결측		전체	
	N	퍼센트	N	퍼센트	N	퍼센트
학년 * 활동횟수	99	100.0%	0	0.0%	99	100.0%

학년 * 활동횟수 교차표

			활동횟수					
			월1회이하	월2회	주1회	주2-3회	주4회이상	전체
학년	1학년	빈도	26	6	1	0	0	33
		학년 중 %	78.8%	18.2%	3.0%	0.0%	0.0%	100.0%
	2학년	빈도	35	5	4	3	0	47
		학년 중 %	74.5%	10.6%	8.5%	6.4%	0.0%	100.0%
	3학년	빈도	8	9	0	0	2	19
		학년 중 %	42.1%	47.4%	0.0%	0.0%	10.5%	100.0%
전체		빈도	69	20	5	3	2	99
		학년 중 %	69.7%	20.2%	5.1%	3.0%	2.0%	100.0%

카이제곱 검정

	값	자유도	근사 유의확률 (양측검정)	정확 유의확률 (양측검정)	정확 유의확률 (단측검정)	포인트 확률
Pearson 카이제곱	25.836[a]	8	.001	<.001		
우도비	24.834	8	.002	.001		
Fisher-Freeman-Halton의 정확검정	19.147			.002		
선형 대 선형결합	6.254[b]	1	.012	.012	.008	.003
유효 케이스 수	99					

a. 10 셀 (66.7%)은(는) 5보다 작은 기대 빈도를 가지는 셀입니다. 최소 기대빈도는 .38입니다.

b. 표준화 통계량은 2.501입니다.

교차분석표에서 기대빈도가 5 이하인 셀이 20% 이상(66.7%)이므로 Fisher의 정확검정법을 사용한다. 유의확률은 0.002로 유의수준 0.05보다 작으므로 귀무가설을 기각, 대립가설을 채택한다. 그러므로 학년과 봉사활동 활동횟수와는 서로 관련이 있음을 알 수 있다.

12.4 동질성검정

동질성검정(homogeneity test)은 r개의 부차모집단(sub-population)으로부터

미리 정하여진 크기의 표본을 추출하여 각 부차모집단들의 범주별 반응비율이 같은가를 검정할 때 적용하는 방법이다.

동질성검정과 독립성검정은 통계적 모형과 검정법의 이론적 유도과정은 다르지만 결과적으로 검정법은 동일하므로 즉, 동일한 카이제곱 검정통계량을 이용하여 검정하고 검정절차도 동일하므로 이론적인 유도과정은 생략한다.

동질성검정 절차를 요약하면 다음과 같다.

동질성검정 절차

1. 가설을 설정

   H_0 : 부차모집단(A)에서 요인 B의 확률모형은 모두 같다.

   H_1 : 부차모집단(A)에서 요인 B의 확률모형은 모두 같은 것은 아니다.

2. 검정통계량의 값을 계산한다.

$$\chi^2 = \sum_{i=1}^{r}\sum_{j=1}^{c}\frac{(O_{ij}-\hat{E}_{ij})}{\hat{E}_{ij}}$$

3. 유의수준 α에서 $\chi^2 \geq \chi^2_\alpha((r-1)(c-1))$이면 H_0를 기각한다.

SPSS를 이용한 동질성검정 절차는 다음과 같다.

- 동질성검정 절차

1. 가설을 설정

   H_0 : 부차모집단(A)에서 요인 B의 확률모형은 모두 같다.

   H_1 : 부차모집단(A)에서 요인 B의 확률모형은 모두가 같은 것은 아니다.

2. 검정통계량의 값$\chi^2 = \sum_{i=1}^{r}\sum_{j=1}^{c}\frac{(O_{ij}-\hat{E}_{ij})}{\hat{E}_{ij}}$, p값 계산

3. 유의수준 α와 유의확률 p값을 비교하여 유의확률값이 유의수준보다 작다면 귀무가설 H_0를 기각한다.

SPSS 실습

예제 12.6 어떤 회사에서 생산품을 세 가지 다른 크기의 캔으로 포장을 하고,

이들 각각은 서로 다른 생산 라인을 이용한다고 한다. 대부분의 캔은 분명하게 분류되지만 품질관리기사는 다음 몇몇 이유로 그 분류와 일치하지 않다는 것을 확인했다.

1. 캔의 결점
2. 캔의 갈라진 틈
3. 부적절한 탭의 위치
4. 탭을 빠뜨림
5. 기타

일치하지 않은 표본은 각 세 라인으로부터 선택되었고, 그것들은 다음 결과의 분할표 자료에서와 같이 다섯 가지 이유로 범주화되었다.

생산 라인	일치하지 않는 이유					표본 크기
	결점	틈	위치	빠뜨림	기타	
1	34	65	17	21	13	150
2	23	52	25	19	6	125
3	32	28	16	14	10	100
전체	89	15	58	54	29	375

위의 자료에서 각 범주에 속한 비율이 세 라인에 대해 동일하다고 할 수 있는가를 검정하여라(예제데이터 12.2 동질성 검정).

풀이

① 아래와 같이 변수 입력

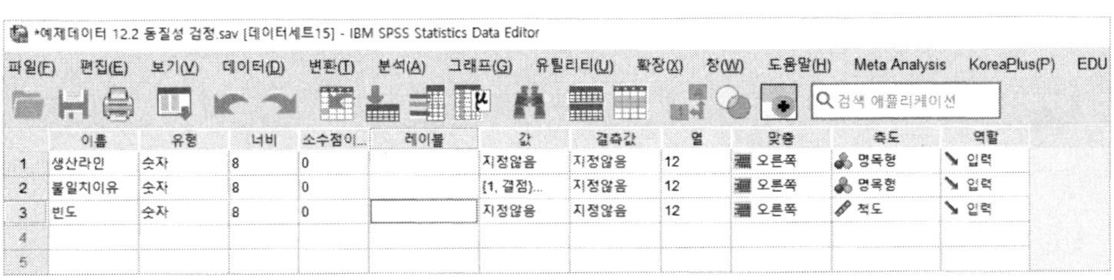

② 값 클릭 → 값, 레이블 입력 → 추가 → 확인

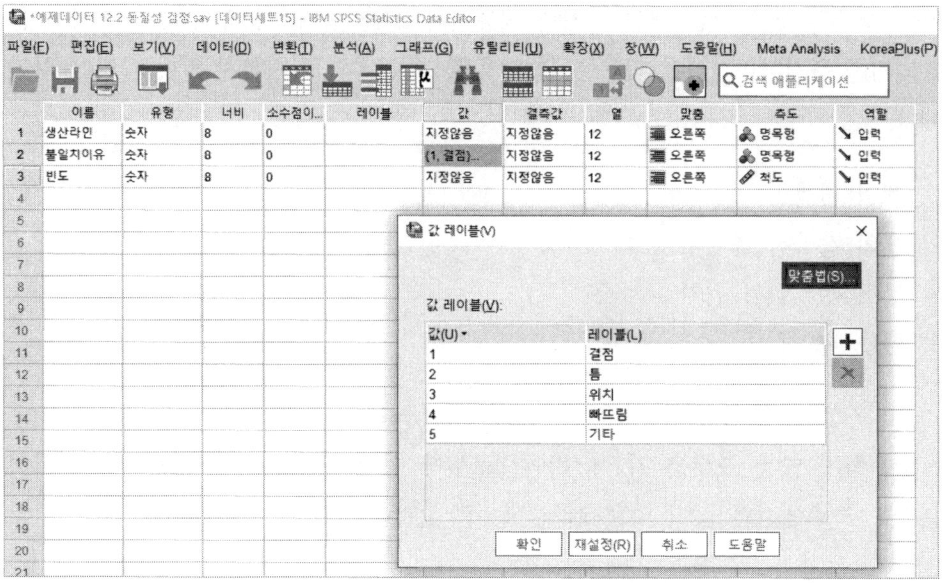

③ 데이터 입력

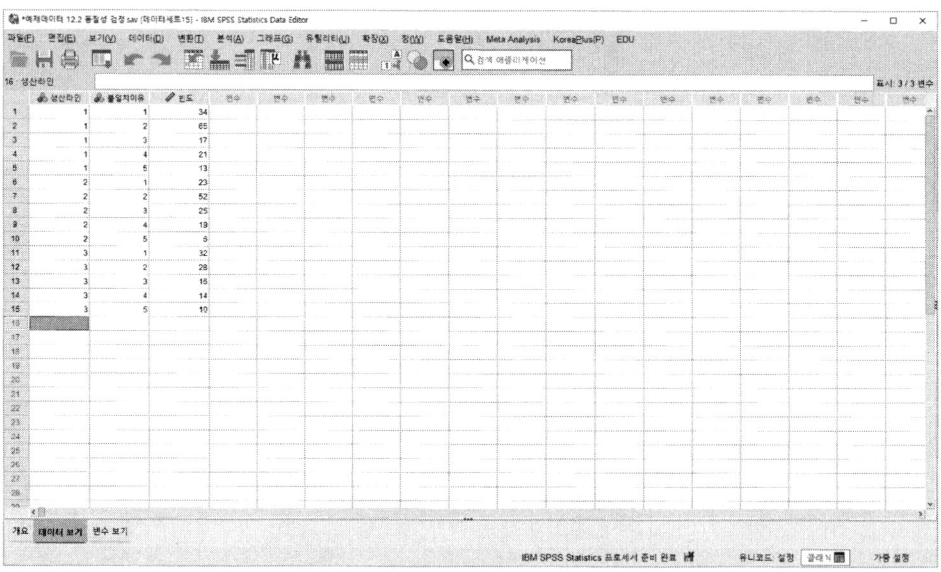

④ 상단 표시줄 데이터 → 가중치케이스 → '빈도'를 빈도 변수에 이동

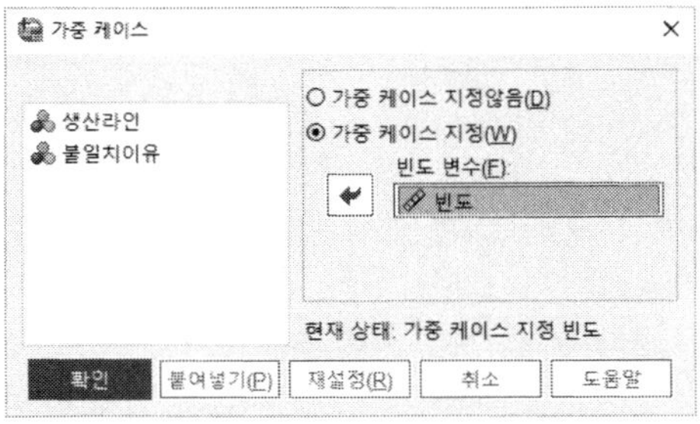

⑤ 상단 표시줄 분석 → 기술통계량 → 교차분석 → 행에 '생산라인', 열에 '불일치 이유'

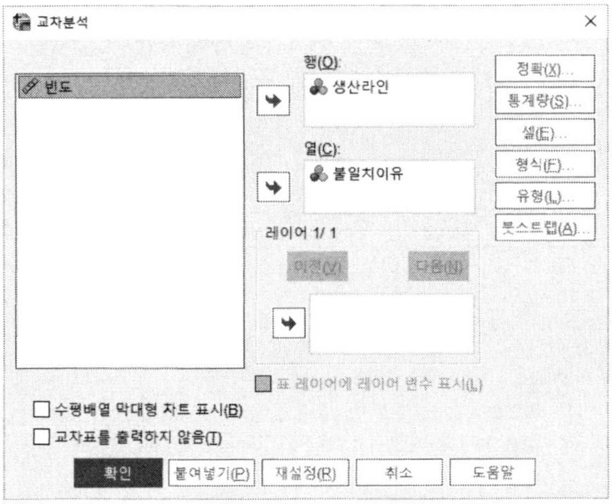

⑥ 통계 → 카이제곱 체크 → 계속 → 확인

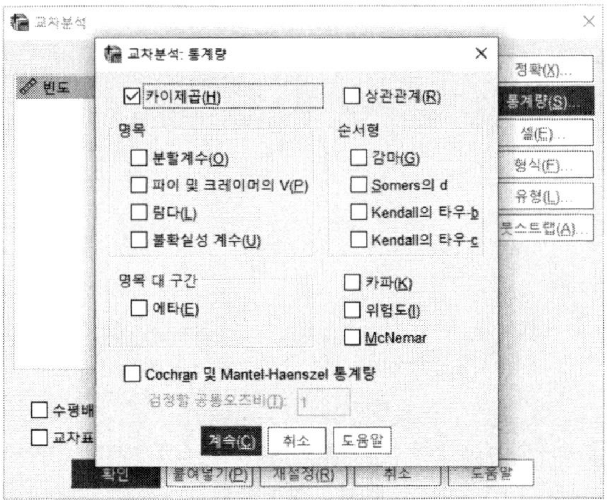

분석 결과

케이스 처리 요약

	케이스					
	유효		결측		전체	
	N	퍼센트	N	퍼센트	N	퍼센트
생산라인 * 불일치이유	375	100.0%	0	0.0%	375	100.0%

생산라인 * 불일치이유 교차표

			불일치이유					
			결점	틈	위치	빠뜨림	기타	전체
생산라인	1	빈도	34	65	17	21	13	150
		생산라인 중 %	22.7%	43.3%	11.3%	14.0%	8.7%	100.0%
	2	빈도	23	52	25	19	6	125
		생산라인 중 %	18.4%	41.6%	20.0%	15.2%	4.8%	100.0%
	3	빈도	32	28	16	14	10	100
		생산라인 중 %	32.0%	28.0%	16.0%	14.0%	10.0%	100.0%
전체		빈도	89	145	58	54	29	375
		생산라인 중 %	23.7%	38.7%	15.5%	14.4%	7.7%	100.0%

카이제곱 검정

	값	자유도	근사 유의확률 (양측검정)
Pearson 카이제곱	14.159[a]	8	.078
우도비	14.462	8	.070
선형 대 선형결합	.000	1	.994
유효 케이스 수	375		

a. 0 셀 (0.0%)은(는) 5보다 작은 기대 빈도를 가지는 셀입니다. 최소 기대빈도는 7.73입니다.

동질성 결과를 보면 Pearson 카이제곱 값이 14.159이고, 유의수준이 0.078로 유의수준 0.05보다 크므로 귀무가설은 기각되지 않는다.

즉, 생산라인들은 다섯 범주에 대해 동일한 값을 갖는다고 결론을 내린다.

제 13 장

타당도 분석

13.1 타당도 의의
13.2 타당도 측정방법
13.3 요인분석
13.4 SPSS 실습

13.1 타당도 의의

측정의 타당도(validity)란 측정하고자 하는 대상을 실제로 얼마나 정확히 측정했는가의 문제이다. 즉, 한 측정 방법이 개념의 실제 의미를 얼마나 적절하게 반영하고 있는지의 정도를 나타낸다. 예를 들어, 여성의 임신 여부를 판단하기 위한 어떤 테스트가 실제로 여성의 임신 여부를 정확히 판단할 수 있다면 그러한 테스트의 타당성은 매우 높다고 할 수 있다. 즉, 측정이 타당하기 위해서는 측정된 값이 실제의 진정한 값을 나타낼 수 있어야 한다. 그런데 측정의 타당성을 확인하기 위해서는 측정된 값과 진정한 값을 비교해야만 하는데 연구자는 진정한 값을 알 수 없다. 만약 연구자가 진정한 실제 값을 알고 있다면 측정할 필요가 없는 것이다. 따라서 연구자는 몇 가지 방법을 사용해 타당성을 검토한다.

13.2 타당도 측정방법

13.2.1 내용 타당도

내용 타당도(content validity)란 측정이 연구자가 의도하고 있는 속성의 범위를 충분히 포괄하고 대표하고 있는지에 관한 문제이다. 측정 도구가 측정 대상이 가지고 있는 무수한 속성들을 대표성 있게 포함하고 있으면 그 측정 도구는 내용 타당성이 높다. 예를 들어 조사방법론 기말 고사에서 만약 '과학적 지식의 특성'에 관한 문제만 3문제가 출제되었다면, 이러한 측정은 내적 타당도가 낮다. 학생들의 영어 실력을 측정하기 위해 단어 시험만을 치른다면 그러한 측정은 학생들의 실제 영어 실력을 제대로 평가했다고 볼 수 없다. 이처럼 측정 도구의 대표성 정도를 평가하려는 것이 내용 타당성이다. 내용 타당성은 측정 지표가 측정하고자 하는 개념을 대표할 만한 것인가에 대해 많은 사람들이 동의하는가, 혹은 전문가의 동의가 있는가를 기초로 판단된다. 내용 타당도는 논리적(logical) 타당도 · 표면(face) 타당도라고도 불린다.

내용 타당도는 통계적인 절차를 사용하지 않고 직접 이용할 수 있으며 적용이용이하고 시간이 많이 소요되지 않는다는 장점이 있다. 그러나 내용 타당도는 조사자의 주관적 해석과 판단에 의존하므로 판단에 오차나 착오가 발생할 수 있다. 또한 측정하려는 속성과 항목 간의 상관관계를 파악할 수 없으며, 통계적 검정이 어렵다. 내용 타당도는 측정 도구가 갖추어야 할 최소한의 타당도라고 할 수 있다.

13.2.2 기준 타당도

기준 타당도(criterion-related validity)란 하나의 측정 지표를 사용해 측정한 결과를 다른 기준 지표를 사용해 측정한 결과와 비교해 나타난 관련성의 정도를 의미한다. 내용 타당도가 평가자들의 주관적인 판단에 의해 이루어지는 것이라면, 기준 타당도는 경험적인 근거를 통해 타당도를 확인하는 방법이다. 예를 들어, 대학 입학 수능고사에서 A학생이 B학생보다 성적이 높게 나왔지만 두 사람은 모두 같은 대학, 같은 학과에 합격했다. 그런데 A, B학생이 모두 공부를 열심히 했는데, 대학에서는 B학생이 A학생보다 공부를 더 잘한 것으로 나타난다면 수능 시험은 원래의 목적인 입학 후의 학습 능력을 예측하는 데 실패했다고 볼 수 있다. 이 경우 대학에서의 성적이 수능 시험의 타당도를 평가하는 기준이 되는 것이다. 또한 공무원 채용 시험의 타당성을 평가하기 위해 시험 성적을 채용 후 근무 성적과 비교해 볼 수 있다. 즉, 근무 성적이 채용 시험의 타당성을 평가하는 기준이 되는 것이다.

이러한 기준 타당도는 두 가지의 측정 사이의 상관관계를 분석함으로써 평가될 수 있으며, 상관관계가 높을 때 측정은 타당도를 갖는다고 말할 수 있다. 기준 타당도는 미래의 현상을 예측해 주는 것이므로 예측적 타당도(predictive validity)라고도 불린다. 그런데 기준 타당도에서 외부 기준을 사용한다는 것은 조사 연구의 추가적인 부담을 발생시킨다. 또한 비교 기준으로 동원된 측정치 자체에 대한 타당도와 신뢰도의 문제도 고려해야 한다. 따라서 외부 기준을 사용할 때는 이미 타당도와 신뢰도를 널리 인정받은 측정들을 선택하는 것이 필요하다.

13.2.3 구성 타당도

구성 타당도(construct validity)는 측정 도구가 측정하고자 하는 본질을 얼마나 정확히 측정하고 있는지를 파악하는 방법으로 타당도의 가장 핵심적인 개념이다. 추상화의 정도가 높은 개념을 구성 개념이라 하는데, 연구자가 측정하고자 하는 추상적 개념이 측정 도구에 의해 제대로 측정되었는지의 정도를 의미한다. 예를 들어, 동기나 태도, 성격과 같은 개념은 일련의 추상적 개념으로 현상을 구성하는 구성 개념이라 할 수 있다. 구성 타당도는 다른 타당도와는 달리 이론과 구성 개념 및 가설적 관계를 검정한다는 점에서 타당도의 핵심적 요소가 된다. 더욱이 구성 타당도는 측정의 개념과 실제를 이론적 개념에 연관시켰다는 점에서 측정이론의 발전에 기여했다. 구성 타당도를 검정하는 방법에는 상관을 이용하는 방법과 요인 분석을 이용하는 방법이 있다.

상관을 이용한 구성적 타당화의 방법에는 수렴적 타당성과 차별적 타당성이 있다. 수렴적(convergent) 타당성이란 같은 개념을 측정하는 경우에는 상이한 측정 방법을 사용하더라도 그 측정값은 하나의 차원으로 수렴되어야 한다는 것이다. 예를 들어 학업 성취도를 측정하기 위해 주관식 시험, 상호 토론을 시켰을 경우 모두 상관관계가 높게 나타난다면 수렴 타당도가 높다. 반면 차별적(discriminant) 타당성이란 상이한 개념을 측정하는 경우에는 상이한 측정 방법을 사용하더라도 그 측정값 간에는 차별성이 나타나야 한다는 것이다. 예를 들어 진보주의, 보수주의를 측정하는 경우, 상관관계가 낮게 나타난다면 차별적 타당성은 높다.

구성 타당도를 측정하는 또 다른 방법으로는 요인분석(factor analysis) 방법이 있다. 요인분석은 다수의 상호 관련된 변수 · 문항들을 좀 더 제한된 수의 차원이나 공통 요인으로 분류하는 통계 분석 기법이다. 요인분석의 기본 원리는 항목들 간의 상관관계가 높은 것끼리 하나의 요인으로 묶어 내며, 요인들 간에는 상호 독립성을 유지하도록 하는 것이다. 하나의 요인으로 묶인 측정 항목들은 하나의 개념을 측정하는 것으로 간주할 수 있고, 요인들 간에는 서로 상관관계가 없으므로 각 요인들은 서로 상이한 개념이 된다. 요인 내의 항목들은 수렴적 타당성에 해당되며 요인들 간에는 차별적 타당성이 적용되는 것으로 해석할 수 있다.

13.3 요인분석

13.3.1 요인분석 의의

요인분석(factor analysis)은 변수들 간의 상관관계의 정도에 따라 유사한 변수들을 묶어 새로운 요인(factor)으로 구분, 축소해 주는 통계기법이다. 요인분석은 군집분석(cluster analysis)과 더불어 집단화(grouping) 통계기법의 일종이다.

요인분석이 변수(variables)들을 유사한 집단으로 구분하거나 묶어 주는 통계기법이라면 군집분석은 자료에서 응답자(case)들을 군집(cluster)으로 묶어 주는 통계기법이다. 예를 들어 이성 친구 선택 조건에서 1, 2학년의 경우에는 외모를 더 중요시하는 반면 3, 4학년의 경우에는 집안을 더 중요시한다면 1, 2학년과 3, 4학년은 서로 다른 군집으로 분류할 수 있다.

13.3.2 요인분석 목적 및 조건

요인분석은 다음과 같은 구체적인 몇 가지 목적을 갖는다.

첫째, 자료를 요약한다. 요인분석은 많은 변수들을 공통 요인으로 묶어줌으로써 자료의 복잡성의 문제를 해결하고 요약된 정보를 제공한다. 그리고 일련의 변수 집합들 속에 내재된 몇 개의 공통된 요인들을 밝혀내고 변수들 내에 존재하는 상호 독립적인 차원을 발견하는 데 사용된다.

둘째, 측정 도구의 타당성을 평가한다. 동일한 개념을 측정하기 위한 변수들 간에는 높은 상관관계가 있으므로 동일한 개념을 측정한 변수들이 동일한 요인으로 묶이는지의 여부를 확인함으로써 측정 도구의 타당성을 검정하는 데 이용될 수 있다. 또한 그렇지 못한 변수들은 상이한 개념을 측정하는 변수로 간주하여 다음 조사에서 제거할 수 있다.

셋째, 변수를 축약한다. 요인분석은 수많은 자료들을 적절한 수준으로 감축하기 위해 사용된다. 또한 변수의 숫자가 많을 경우 회귀분석 등 추가적인 분석을 실시할 때 다중 공선성과 같은 문제가 발생하기 때문에 분석의 어려움이 있다. 이와 같이 추가적인 분석을 용이하게 하기 위해 여러 개의 변수들을 소수의 새로운 용인으로 축소시키며 각각의 요인들이 독립적이 되게 하기 위해 요인 분석을 이용하기도 한다.

요인분석을 하기 위해서는 다음과 같은 몇 가지 조건을 충족시켜야 한다.

첫째, 가능한 한 모든 변수를 포함하는 것이 바람직하며, 표본의 수는 100r 이상(최소 50개), 최소 변수 수의 최소 3~4배 이상은 되어야 한다. 변수의 수에 비해 표본의 수가 부족하면 과다 적합(overfitting)의 문제가 발생할 수 있다.

둘째, 요인분석을 하기 이해서는 변수들 간의 상관관계가 일정 수준 이상이어야 한다. 만약 변수들 간의 상관관계가 매우 낮다면(±0.3 이하), 요인분석을 행하더라도 의미 없는 결과를 낳는다.

셋째, 요인분석은 모든 변수들 간의 관계를 분석함으로써 관련성이 있는 것들끼리 체계적으로 구분하는 것을 목적으로 하는 기술 통계기법이다. 따라서 추론 통계기법과는 달리 모수의 추정이나 가설 검정 등의 개념을 적용하지 않는다.

넷째, 요인분석에 이용되는 변수는 일반적으로 등간, 비율척도인 경우가 많으나 명목척도의 경우에도 가변수(Dummy variable)를 사용해 분석에 포함시킬 수도 있다.

다섯째, 각 변수는 정규분포를 이루어야 한다. 그리고 각 변수의 관찰치는 상호 독립적이며 각 변수의 분산이 같다는 등분산성의 가정을 만족시켜야 한다.

13.3.3 요인분석 수행 절차

요인분석을 수행하기 위해 변수를 선정하고, 표본의 크기를 결정한 이후에는 자료를 입력해야 한다. 요인분석 수행 시 필요한 자료의 입력은 각 변수들의 측정 단위에 상관없이 그대로 입력하면 된다. 이때 통계 프로그램은 표준화를 통해 측정 단위가 산출되는 결과에 미칠 수 있는 영향을 제거해 준다. 자료 입력 이후에는 다음과 같은 절차에 따라 요인분석을 하게 된다.

1) 요인 추출 방법 선정

요인분석의 기본원리는 상관관계가 높은 변수들을 서로 묶는 데 있다. 변수들 간의 상관관계를 파악해 이들을 묶는 방법에는 여러 종류가 있으나 대표적인 요인 추출 방법으로는 주성분 분석(principal component analysis: PCA)과 공통요인 분석(common factor analysis: CFA)이 있다. 연구자는 변수들의 분산에 대한 사전 지식을 고려해 두 방법 중 하나를 선택할 수 있다.

주성분 분석은 정보의 손실을 최대한으로 줄이면서 수많은 변수들을 가능한 한 적은 수의 요인으로 줄이는 데 그 목적이 있다. 주성분 분석에서는 모든 변수들 간에 공유되는 공통 분산(common variance), 특정 변수에만 관련되는 특정 분산(specific variance), 측정 오차 등 자료 수집 과정에서 발생하는 오차 분산(error variance) 모두를 활용한다. 공통 요인분석은 변수들 간에 존재하는 잠재적 구조를 파악하는 데 그 목적이 있다. 공통 요인분석은 공통 분산만을 분석에 이용하는데 분산의 구성에 대한 사전 지식이 별로 없는 경우에 적합하다. 일반적으로 주성분 분석이 가장 많이 사용된다.

2) 요인 수 결정

요인분석에서 요인의 수는 최대 변수의 수만큼 추출이 가능하다. 그러나 요인분석의 수행 목적이 변수의 숫자를 축소하는 데 있는 만큼 가능한 한 적은 수의 의미 있는 요인을 추출하는 것이 적절하다. 요인분석에서 요인의 수를 결정하는 방법에는 요인의 고유값인 아이겐값(Eigenvalue)을 사용하는 방법이 있다. 아이겐값이란 한 요인의 설명적으로써 이 값이 크다는 것은 그 요인이 변수들의 분산을 잘 설명한다는 것을 의미한다. 요인 수 결정에서는 아이겐값 1 이상을 갖는 요인의 수만큼을 추출한다. 아이겐값이 1 이하가 되면 해당 요인이 1개의 변수에 해당하는 분산도 설명해 주지 못해 주므로 요인의 의미가 사라지기 때문이다.

3) 요인회전

요인분석을 실시할 때 실질적으로 발생하는 문제점 중 하나는 각 변수들이 여러 요인에 비슷하게 상관관계를 보여 변수들을 어떤 요인에 분류할 것인가를 결정하기가 어려워지는 경우이다. 따라서 하나의 변수가 가능한 한 하나의 요인과 높은 상관관계를 나타내도록 요인을 조정하는 회전하는 작업이 필요하다.

요인회전의 방법에는 직각 요인회전(orthogonal factor rotation)과 사각 요인회전(oblique factor rotation)이 있다.

직각 요인회전은 직각을 유지하면서 요인 구조가 가장 뚜렷해질 때까지 요인을 회전시키는 방법인 반면, 사각 요인회전은 직각을 유지하지 않은 채 요인 구조가 가장 뚜렷해질 때까지 요인을 회전시키는 방법이다.

직각 요인회전은 요인들 간의 관계가 독립적이라고 가정(요인들 간의 상관관계가 0)하고 있다. 그런데 요인들이 완전히 독립적인 경우는 드물기 때문에 사각 요인 회전을 사용해서 변수들이 회전된 요인에 좀 더 가깝게 위치하는 최상의 변수 집합을 찾기도 한다.

회귀분석이나 판별분석과 같은 추가적인 분석을 위해서는 직각 요인회전을 해야만 다중 공선성을 방지할 수 있다. 따라서 일반적인 요인분석에서는 직각 요인 회전 방법이 더 많이 사용된다.

4) 요인명 부여 및 요인 점수 산출

요인분석의 결과 각 요인에 속하는 변수 집단이 정해지며, 추출된 요인에 대한 요인명을 부여할 필요가 있다. 요인명은 대개 요인으로 묶인 변수들의 공통적 특징을 조사해 연구자가 부여하거나 요인 점수를 이용한 추가적인 분석을 통해 규명할 수 있다.

요인분석 결과를 활용해서 회귀분석이나 판별분석과 같은 다른 분석을 실시하고자 할 때는 일반적으로 요인 점수(factor score)를 사용한다. 요인 점수는 각 응답자들이 최종 요인들에 대해 가지는 점수로서 회귀분석의 독립변수, 분산분석의 종속변수로서 사용한다.

13.4 SPSS 실습

요인분석 실습을 위한 데이터로 조직문화에서 우호, 협조, 사기는 친화적 문화에 해당하며, 공익, 목표, 규범은 합리적 문화에 해당한다.

해당 데이터에 대해 40명을 대상으로 6개의 설문항목에 대해 5점 척도로 조사하였다(예제데이터 13.1 요인분석).

1) 요인분석

요인분석에 앞서 상관계수행렬을 계산하기 위해 '분석 → 차원축소 → 요인분석'을 클릭한다.

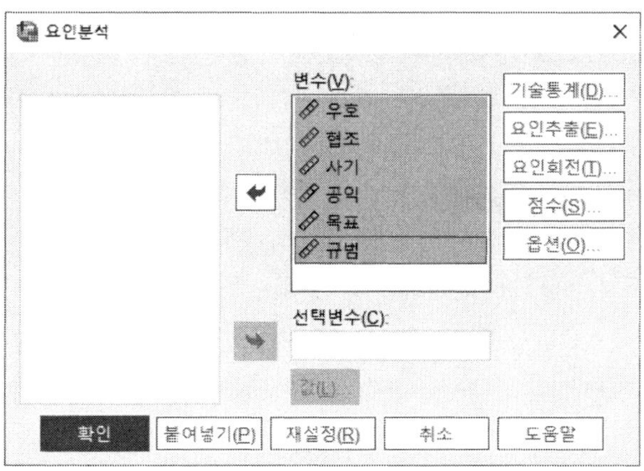

2) 상관계수행렬의 계산

5점 척도로 구성된 우호, 협조, 사기, 공익, 목표, 규범 변수들을 '변수' 박스에 넣고 '기술통계'를 클릭한다. '기술통계'를 클릭한 후 '상관 행렬' 박스에서 '계수'에 체크한 후 '계속'을 클릭한다.

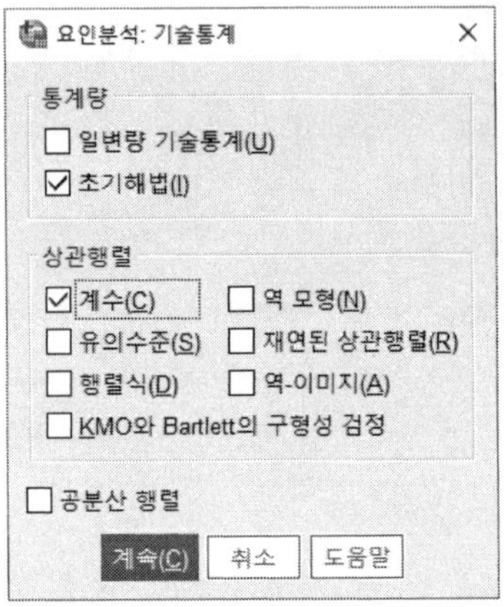

KMO와 Bartlett의 구형성 검정을 선택하여 요인분석의 진행 여부를 확인하기도 한다. KMO는 요인분석에서 사용한 변수의 수와 표본의 수가 적절한지 파악하는 방법으로 적어도 0.6 이상의 값을 요구하며, Bartlett의 구형성 검정은 요인분석 진행 시 변수들 간의 상관관계를 확인하는 것으로 P값이 0.05보다 작은 값을 요구한다.

3) 상관계수 행렬 결과 해석

결과를 보면 협조와 사기가 상관계수가 높고, 우호와 사기의 계수가 높다.

※ 이처럼 각 변수들의 상관계수를 봄으로써 서로 상관계수가 높은 변수들 간의 특징을 살펴본다.

상관행렬

		우호	협조	사기	공익	목표	규범
상관관계	우호	1.000	.675	.714	.259	.202	.356
	협조	.675	1.000	.800	.022	.077	.203
	사기	.714	.800	1.000	.097	.113	.286
	공익	.259	.022	.097	1.000	.538	.512
	목표	.202	.077	.113	.538	1.000	.560
	규범	.356	.203	.286	.512	.560	1.000

4) 요인추출 방법 결정

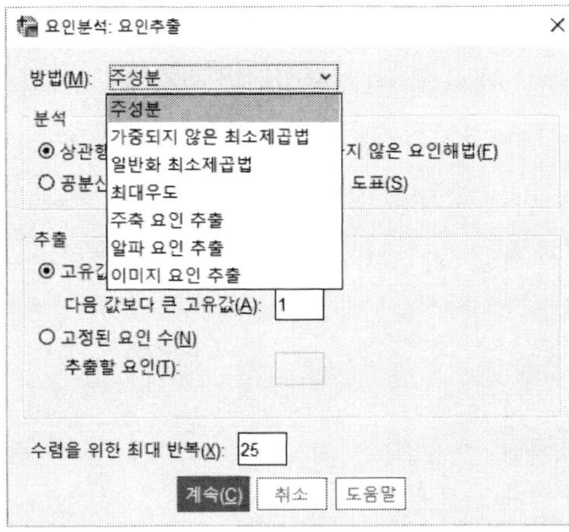

요인분석 창에서 '요인추출'을 클릭하면 '요인분석: 요인추출' 창이 나타난다. '방법'을 클릭하면 요인추출 방법들이 나온다. 가장 많이 쓰이는 요인추출 방법 3가지는 다음과 같다.

- 주성분: 데이터의 총분산을 이용하여 요인을 만드는 방법으로써 가장 많이 사용되는 방법이다.
- 최소제곱법: 요인수에 대한 가설을 설정하고자 할 때 이에 대한 가설검정이 가능하다.
- 최대우도 요인추출법: 표본수가 상대적으로 많을 때 많이 사용된다.

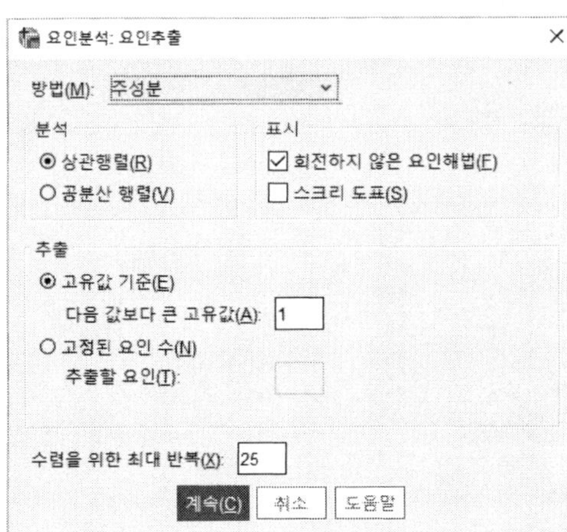

5) 요인수 결정

고유값이 1 이상일 때 요인을 생성하도록 하기 위해 '고유값 기준'에 체크하고 '다음값보다 큰 고유값' 박스에 1을 기재한다. 만약에 연구자의 주관적 판단에 의해 요인수를 지정해서 분석을 하고자 할 때는 '고정된 요인 수'에 체크하고 '추출한 요인' 박스에 자신의 생각하는 요인의 수를 기재한다. 본 실습에서는 '고유값 기준'으로 분석을 진행한다. 결과를 확인하기 위해 '계속'을 클릭한다.

분석 결과

공통성

	초기	추출
우호	1.000	.776
협조	1.000	.850
사기	1.000	.865
공익	1.000	.694
목표	1.000	.713
규범	1.000	.693

추출 방법: 주성분 분석.

설명된 총분산

	초기 고유값			추출 제곱합 적재량		
성분	전체	% 분산	누적 %	전체	% 분산	누적 %
1	2.855	47.580	47.580	2.855	47.580	47.580
2	1.735	28.921	76.501	1.735	28.921	76.501
3	.496	8.271	84.772			
4	.426	7.104	91.876			
5	.295	4.911	96.787			
6	.193	3.213	100.000			

추출 방법: 주성분 분석.

성분행렬[a]

	성분	
	1	2
우호	.835	-.281
협조	.750	-.536
사기	.804	-.467
공익	.499	.667
목표	.515	.669
규범	.660	.508

추출 방법: 주성분 분석.
a. 추출된 2 성분

설명된 총분산을 보면 성분 1은 전체 자료의 47.580%를 설명하고 있으며, 성분 2는 전체 자료의 28.921%를 설명하고 있다. 성분 1과 2의 누적이 전체 자료의 76.501%를 설명하므로 요인은 2개로 정한다. 고유값 1 이상 요인들의 누적 %가 60% 이상의 값으로 나타나지 않을 경우, 요인분석을 하는 목적이 흔들릴 수 있다.

성분행렬표는 회전시키는 전의 주성분분석 추출법을 통하여 얻은 2개의 요인에 대한 요인적재이다. 다시 말하면 해당변수와 해당 요인 사이의 상관계수를 말한다. 변수 j와 요인 i에 대한 요인적재값을 a_{ij}^2만큼 반영된다. 예를 들어 우호를 보면 요인1과의 상관계수가 0.835이다.

> 공통성(Communality): 설명된 총 분산 앞에 제시되는 요인 공통성은 모든 요인에 속한 특정변수의 분산의 크기(정보의 양)를 의미하며 0에서 1 사이의 값으로 나타난다. 1에 가까울수록 특정변수의 정보가 모든 요인에 많이 포함되었다는 의미로, 최소 기준은 일반적으로 0.4 이상으로 사용(그 이하 변수는 요인분석 시 제외하고 분석진행)한다.

어떤 변수에 담긴 분산이 n개의 요인들에 의하여 어느 정도 표현될 수 있는지의 비율을 나타내는 것을 변수의 공통성이라고 한다. 공통성이 1에 가까우면 가까울수록 요인들에 의하여 변수가 더 잘 설명될 수 있고, 요인의 수가 많아지면 공통성도 커진다.

6) 요인회전

X축과 Y축이 있다고 하면 요인들을 이 위에 올려 놓는다. 그 후 대부분의 경우 요인들은 회전되지 않은 요인의 해석에서 보여지는 불확실성을 줄여서 설명하기 편하게 하기 위해 요인회전을 한다. 요인회전의 종류는 사각회전과 직교회전이 있고 이들의 차이는 X축과 Y축에 올려진 요인들을 원점을 중심으로 90도(직각)로 회전하면 직교회전이고 그렇지 않으면 사각회전이라고 한다. 이는 회전되지 않은 요인의 결과에서 나타나는 해석의 어려움을 이롭게 한다.

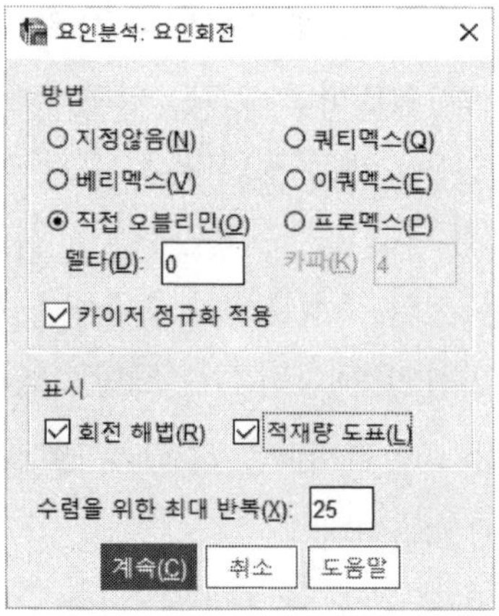

7) 요인회전 방법들

- 베리멕스: 직교회전에 해당되며 관찰변수의 적재값 제곱에 대한 분산이 가장 크게 하여 요인축을 회전시키는 방법이다.
- 직접 오블리민: 사각회전에 해당되며 척도화를 이용한 문항이나 특히 사회과학에서 나타나는 요인들은 서로 약간의 상관이 있다고 보이는 경우가 많은데, 이를 해결하기 위한 방법으로 많이 사용된다.
- 쿼티멕스: 직교회전이며 요인적재값이 작은 것은 더욱 작게, 큰 것은 더욱 크게 만들어 그 차이를 극대화시키는 방법이다.
- 이쿼멕스: 쿼티멕스와 베리멕스 방법을 포함시킨 방법이긴 하나 크게 인정되지 않는 방법으로 잘 사용하지 않는다.

8) 오블리민 요인회전

SPSS 요인분석 창에 있는 '회전' 메뉴를 클릭하면 요인회전 종류들이 나타난다. 이번 실습에서는 '직접 오블리민'을 선택하여 진행한다. '로딩도표'를 체크하면 회전된 요인들의 그래프가 나타난다(선택사항). '계속'을 클릭하고 요인분석 창의 '확인'을 클릭한다.

왼쪽은 요인회전(오블리민) 후의 결과로 회전하기 전의 결과보다 더욱 명확하게 변수들이 요인들에 의해 설명됨을 볼 수 있다. 패턴행렬과 구조행렬을 살펴보면 우호, 협조, 사기가 1 요인에서 더욱 잘 설명되어 있고, 공익, 목표, 규범이 2 요에서 가장 잘 설명되어 있다.

요인분석의 회전방법은 해당 분야의 주 회전방법과 연구자의 의견을 가장 잘 대변할 수 있는 방법을 선택하면 된다.
각 변수와 요인의 회전된 상관관계의 정보는 쿼티멕스, 베리멕스, 이쿼멕스는 회전된 성분행렬을 확인하고, 직접 오블리민과 프로멕스는 패턴행렬을 확인하면 된다.
요인분석>옵션>크기순 정렬, 작은 계수는 표시하지 않는다.
크기순 정렬은 1요인부터 내림차순(큰 것부터)으로 정렬해 주며, 작은 계수 표시 안 함은 성분행렬의 값 중 특정값 이하의 값을 출력결과에 표시하지 않도록 하는 것으로, 경우에 따라 요인과 변수의 상관관계가 낮다고 판단하여 0.4 이하의 값을 표시하지 않는 경우도 있다.

설명된 총분산

성분	초기 고유값			추출 제곱합 적재량			회전 제곱합 적재량[a]
	전체	% 분산	누적 %	전체	% 분산	누적 %	전체
1	2.855	47.580	47.580	2.855	47.580	47.580	2.591
2	1.735	28.921	76.501	1.735	28.921	76.501	2.221
3	.496	8.271	84.772				
4	.426	7.104	91.876				
5	.295	4.911	96.787				
6	.193	3.213	100.000				

추출 방법: 주성분 분석.
a. 성분이 상관된 경우 전체 분산을 구할 때 제곱합 적재량이 추가될 수 없습니다.

성분행렬[a]

	성분 1	성분 2
우호	.835	-.281
협조	.750	-.536
사기	.804	-.467
공익	.499	.667
목표	.515	.669
규범	.660	.508

추출 방법: 주성분 분석.
a. 추출된 2 성분

패턴 행렬[a]

	성분 1	성분 2
우호	.832	.163
협조	.938	-.107
사기	.934	-.019
공익	-.066	.844
목표	-.055	.854
규범	.165	.782

추출 방법: 주성분 분석.
회전 방법: 카이저 정규화가 있는 오블리민.
a. 4 반복계산에서 요인회전이 수렴되었습니다.

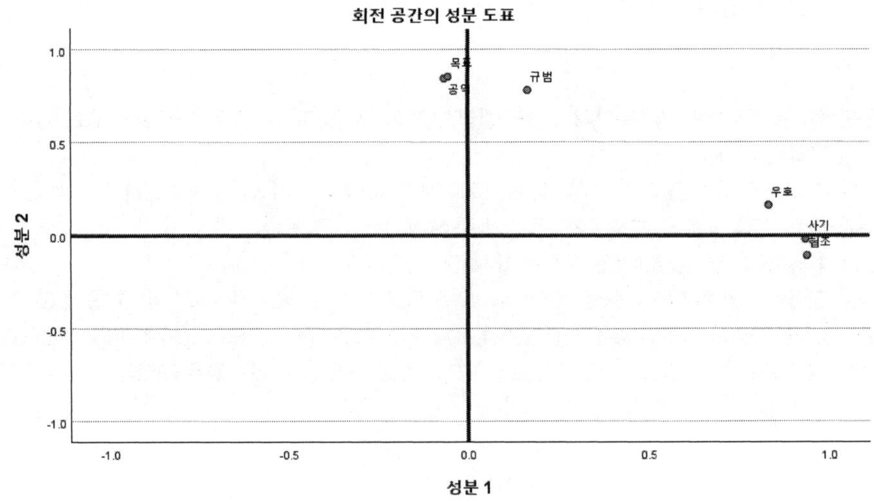

회전 공간의 성분 도표
1.0
0.5
0.0
-0.5
-1.0
성분 2
목표
공익
규범
우호
사기
협조
-1.0
-0.5
0.0
0.5
1.0
성분 1

제 14 장

신뢰도 분석

14.1 신뢰도 의의

우리가 접하는 거의 모든 측정은 항상 측정오차가 존재하며, 측정오차는 다시 체계적 오차(systemic error)와 무작위 오차(random error)로 구분된다. 체계적 오차는 측정대상에 대하여 어떠한 영향이 체계적으로 미침으로써 그 오차가 항상 일정한 방향으로 일어나 측정결과가 모두 높아지거나 또는 모두 낮아지는 경향을 보이는 것이다. 무작위 오차는 비체계적 오차라고도 하며 일관성 없이 영향을 미침으로써 발생하는 오차를 의미한다. 따라서 체계적 오차는 연구자의 세심한 주의로 제거할 수 있지만 무작위 오차는 제거하는 것이 불가능하기 때문에 크기에 대한 통제와 관리가 필요하다. 이러한 무작위 오차와 관련된 개념으로 측정의 신뢰도(reliability)를 사용한다.

측정의 신뢰도(reliability)란 동일한 대상에 대해 유사한 측정 도구를 사용해 반복 측정할 경우 유사한 결과를 얻을 수 있는 정도를 뜻한다. 측정을 반복할 때 동일한 결과가 나온다면 측정의 안정성이 높다고 할 수 있으며, 동일한 대상에 대한 측정의 결과가 동일하지 않다면 측정의 안정성이 낮다고 할 수 있다. 예를 들어, 어떤 체중계가 온도 변화에 민감해서 동일한 사람의 몸무게를 아침에 재면 실제보다 체중이 적게 표시되고, 한낮에 재면 실제보다 체중이 많이 표시된다면 이 체중계의 신뢰도는 낮다고 할 수 있다. 신뢰도는 측정에서 매우 중요한 요소는 아니지만 경시할 수는 없다. 즉, 신뢰도가 높다고 해서 훌륭한 연구 결과를 보장하는 것은 아니지만 신뢰도가 없는 훌륭한 연구 결과는 존재할 수 없다. 특히 사회과학에서처럼 측정환경에 대한 통제가 제대로 이루어지기 힘든 경우, 측정의 신뢰도에 대한 문제는 타당도의 문제 못지않게 중요하게 다루어진다.

14.2 신뢰도 측정방법

14.2.1 재검사법

재검사법(test−retest method)이란 측정방법이 하나밖에 없는 경우 신뢰도를 평가할 수 있는 방법이다. 특정의 측정 대상에 대하여 일정한 시간 간격을 두고 2회에 걸쳐 측정한 후 두 스코어의 상관성을 검토하여 상관관계가 높으면 신뢰도가 높고, 상관관계가 낮으면 신뢰도가 낮음을 의미한다. 이 방법은 동일한 방법을 두 번 적용함으로써 처음 측정 결과가 두 번째 측정 결과에 영향을 미칠 수 있다. 또한 검사-재검사 사이의 기간 간경에도 영향을 미치게 되어 측정 기간이 짧을수록 신뢰도가 높게 나타날 수 있는 문제점이 있다.

14.2.2 반분법

반분법(split-half method)은 측정에 사용되는 항목들을 두 그룹으로 적당히 나누어서 두 그룹의 상관계수를 이용하여 신뢰도를 평가하는 방법이다. 이 방법은 서로 다른 방법을 같은 시간에 사용하여 측정하는 기법이다. 반분법은 동일한 개념에 대해 여러 개의 문항으로 측정을 하는데, 무작위로 측정 도구를 두 집단으로 나누고 이들 측정치 간의 상관관계를 분석한다. 즉 조사항목의 반을 가지고 조사 결과를 획득한 다음, 항목의 다른 반쪽을 동일한 대상에 적용해 얻은 결과와 비교하는 방법이다. 예를 들어, 대상자의 영어실력을 측정하기 위해 TOEIC 시험을 실시할 때 40개 문항을 출제했으면 전체 항목을 20개씩 나누어 동일 집단에 실시해 보는 것이다. 반분법을 적용하기 위해서는 측정 도구의 동질성(homogeneity)이 확보되어야 한다. 즉, 측정 도구가 같은 개념을 측정한다는 것이 명백해야 한다. 또한 양분된 측정 도구의 문항, 항목 수는 그 자체가 완전한 척도를 이룰 수 있을 만큼 충분해야 한다. 반분법의 단점은 반분된 두 개의 측정 문항을 완전히 동등하게 만들기가 어렵다는 데 있다. 또한 측정 항목들의 숫자가 많아 반분이 가능한 경우에만 적용 가능하다.

그룹을 나누는 방법으로는 보통 항목을 짝수 항목과 홀수 항목으로 반분하거나 무작위로 항목의 반을 추출하여 반분한다. 이렇게 나눈 그룹의 상관계수를 r이라고 하면 반분법에 의한 신리성은 스피어만-브라운 신뢰계수(Spearman-Brown Reliability Coefficient, R_{SB})를 이용하는데 공식은 다음과 같다.

$$R_{SB} = \frac{2r}{1+r}$$

위 공식의 일반적인 형태로 원래 문항의 n배에 해당하는 측정에 대한 신뢰도는 다음과 같이 일반화된 스피어만-브라운 예측 공식(generalized Spearman-Brown prophecy formula)을 이용하여 구할 수 있다.

$$R = \frac{nr}{(n-1)+r}$$

여기서 r은 원래 문항의 신뢰도를 의미한다. 위 공식은 연구자가 일정한 신뢰도를 유지하면서 문항의 수를 결정하고자 할 때 문항수를 얻기 위해 사용하기도 한다.

반분법을 이용하기 위해서는 측정도구가 같은 개념을 측정한다는 것이 명백해야 하고 각 측정도구의 항목수는 그 자체가 완전한 척도를 이룰 수 있도록 충분히 많아야 한다는 전제조건이 필요하다. 반분법은 그룹을 나누는 방법에 따라 신뢰도가 달라질 수 있어 신뢰도를 정확히 파악할 수 없다는 단점이 있다.

14.2.3 상호교환적 검사를 이용하는 방법

상호교환적 검사를 이용하는 방법(split-half method)은 최대한 비슷한 두 가지 형태의 측정도구를 동일한 표본에 적용하여 이들의 상관성으로 신뢰도를 측정하는 방법이다. 같은 방법을 두 번 측정하는 것이 아니기 때문에 재검사 방법의 단점을 극복할 수 있지만 동일한 현상을 측정하는 데 있어서 두 개의 동등한 측정법을 개발하기 어렵다는 단점이 있다.

14.2.4 내적 일관성을 이용하는 방법

내적 일관성 분석(internal consistency analysis)은 반분법이 단일의 신뢰도 계수를 구할 수 없다는 점에 착안한 신뢰도 측정 방법이다. 내적 일관성 분석은 동일한 개념에 대해 여러 개의 항목으로 구성된 척도를 이용할 경우에 해당 문항을 가지고 할 수 있는 한 가능한 모든 반분 신뢰도 계수를 구하고 이의 평균치를 산출해 신뢰도를 측정하는 방법이다. 신뢰도 계수를 추정하는 가장 일반적 방법은 크론바흐(Cronbach)의 알파 계수(α coefficient)이다. 알파 계수는 리커트형의 점수나 이분 점수 등 다양한 측정 수준에 적용된다. 일반적으로 알파 계수는 0.90 이상이 되어야 신뢰롭다고 하며, 그 값은 적어도 0.60은 넘어야 만족한 수준이 된다. 내적 일관성 분석은 동일한 개념을 측정하는 항목인 경우에 그 측정 결과에 일관성이 있어야 한다는 논리에 따라 일관성이 없는 항목, 즉 신뢰도를 저해하는 항목을 배제한다. 내적 일관성 분석은 유일하게 신뢰도 계수를 구할 수 있으므로 현실적으로 가장 많이 사용된다.

14.3 신뢰도 증가방법

측정의 신뢰도를 높이기 위해서는 첫째, 측정 도구라 할 수 있는 문항을 가능한 한 명확히 기술하여 측정 도구의 모호성을 제거해야 한다. 왜냐하면, 문항의 내용이 모호하면 응답자는 무슨 뜻인지 정확히 알 수 없어 임의로 해석할 가능성이 있고 따라서 응답의 신뢰도가 낮아지기 때문이다.

둘째, 측정 도구는 가능한 한 표준화되고 통제되어 유사한 조건에서 적용되어야 한다. 예를 들어, 설문 조사에서 면접원들의 면접 방식과 태도에 일관성이 있어야 한다. 왜냐하면, 친절하게 면접을 하는 경우와 불친절한 태도로 면접을 하는 경우 같은 내용에 대해서도 다른 응답이 나올 수 있기 때문이다.

셋째, 측정 문항을 늘려야 한다. 문항 간의 상관관계가 유사할 경우 항목의 수를 늘리면 측정 도구의 신뢰도는 높아진다. 왜냐하면, 측정 도구가 충분히 믿을 만한 것이 못될 경우 동일한 종류와 질을 가진 항목을 추가로 사용함으로써 실제 측정치가 진실된 값에 더욱 근접할 가능성이 높아지기 때문이다. 신뢰도를 평가하는 방법에는 다음과 같은 측정 기법들이 있다.

14.4 SPSS 실습

일반적으로 측정도구로 자주 사용되는 설문지는 응답자가 문항에 대하여 느끼는 정도를 파악하는 (예를 들어, 1=매우 불만족, ... , 5=매우 만족) 리커트 척도(Likert scale)이며, 문항들은 간단한 질문이나 문장으로 구성되어 있다. 이 경우 연구자는 해당되는 수치를 각 응답자 별로 합산하여 추가적인 분석을 실시하는데, 이와 같이 합산한 수치의 척도를 합산평가척도(summated rating scale)라고 한다. 여러 문항으로 구성된 설문지를 이용하여 합산평가 척도를 사용하고자 하는 경우 척도에 대한 내적일관성을 나타내는 신뢰도를 파악할 목적으로 크론바하 알파를 사용한다.

내적일관성에 대한 분석은 두 가지 형태로 나눌 수 있다. 첫 번째는 문항과 문항 사이의 상관계수를 통하여 분석하는 것이며, 두 번째는 한 문항이 나타내는 리커트 척도의 값과 그 한 문항을 제외한 나머지의 합산평가척도의 값 사이의 상관계수를 계산하여 분석하는 것이다.

예제 14.1 A광역시 공무원의 직무에 대한 만족도를 조사하기 위한 설문내용이며, 설문지를 이용하여 조사한 자료를 바탕으로 신뢰도 분석 실행한다(예제데이터 14.1 신뢰도분석).

직 무 만 족	전 혀 그렇지 않 다	그렇지 않다	보통 이다	그렇다	매우 그렇다
1. 하루 일과에 대한 보람	1	2	3	4	5
2. 직장에 대한 만족	1	2	3	4	5
3. 일에 대한 성취감	1	2	3	4	5
4. 일에 대한 자부심	1	2	3	4	5
5. 일에 대한 헌신	1	2	3	4	5

풀이 신뢰도 계수를 사용할 때에는 점수의 방향을 주의하여야 한다. 만일 점수의 방향이 역으로 입력되어 있는 경우는 코딩 변환 기능을 이용하여 척도의 크기를 동일하게 맞춘 후 신뢰도를 평가하여야 한다. SPSS를 이용하여 신뢰도 분석을 하기 위해서 다음과 같은 과정을 거친다.

분석 → 척도 분석 → 신뢰도 분석

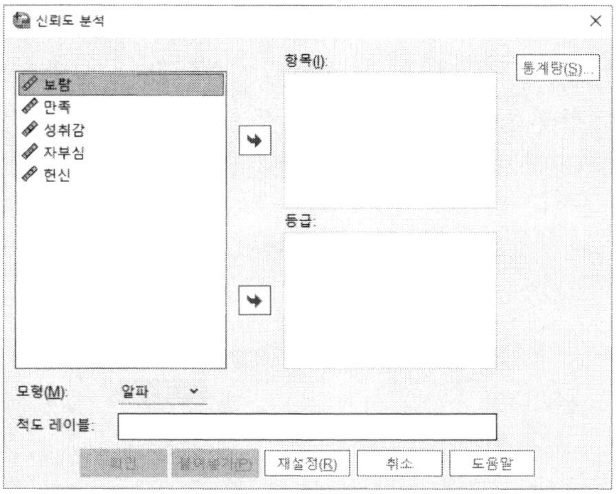

그림 14.1 신뢰도 분석

신뢰도 분석: 내적일관성을 나타내는 크론바하 알파 계수를 표시하기 위해서는「모형」에서 '알파'를 선택하고 하나의 개념을 나타낼 수 있는 여러 항목들을「항목」으로 보낸다.

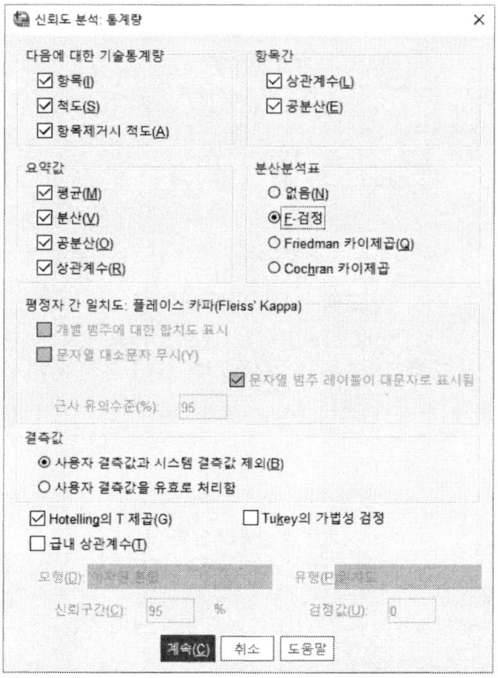

그림 14.2 신뢰도 분석: 통계량

신뢰도 분석: 통계량「기술통계량」은 각 항목의 평균이나 척도 등을 나타내며 이를 설정하

지 않으면 크론바하의 알파만을 보여주게 된다.「항목-내」는 문항 간의 상관계수와 공분산을 나타낸다. 「요약값」은 문항들에 대해서 선택된 기술통계량을 보여주고, 「Hotelling의 T 제곱」은 분산의 동질성에 대한 검정 결과를 보여 준다.

위의 과정을 통해서 분석한 결과 다음의 결과를 얻었다.

신뢰도 통계량

Cronbach의 알파	표준화된 항목의 Cronbach의 알파	항목 수
.774	.779	5

그림 14.3 크론바하 알파계수

5개 문항에 대한 크론바하 알파계수는 0.774로 신뢰도가 있다고 보이며, 전체 변수를 하나의 척도로 종합하여 분석할 수 있다는 것을 의미한다.

「Cronbach's Alpha Based on Standardized Items」는 0.7779로 표준화된 각 변수들로 신뢰도 분석하는 방법으로 주로 각 변수들의 척도가 큰 분산을 가지고 있을 때 이 방법을 이용한다.

항목 통계량

	평균	표준편차	N
보람	3.50	.678	50
만족	3.36	.598	50
성취감	3.26	.723	50
자부심	3.52	.646	50
헌신	3.24	.744	50

그림 14.4 항목통계량

각 문항에 대한 평균과 표준편차, 조사된 대상의 수 등이 표시되어 있다. 자부심에 대한 평균이 가장 높았고, 만족에 대한 편차가 가장 작게 나타났다. 조사대상자 50명 모두 5개의 질문에 모두 응답하였다.

항목간 공분산 행렬

	보람	만족	성취감	자부심	헌신
보람	.459	.184	.173	.204	.184
만족	.184	.358	.149	.176	.238
성취감	.173	.149	.523	.148	.161
자부심	.204	.176	.148	.418	.260
헌신	.184	.238	.161	.260	.553

그림 14.5 항목간 공분산 행렬

문항 간 공분산 행렬을 나타낸다.

항목간 상관행렬

	보람	만족	성취감	자부심	헌신
보람	1.000	.453	.354	.466	.364
만족	.453	1.000	.346	.456	.536
성취감	.354	.346	1.000	.316	.299
자부심	.466	.456	.316	1.000	.541
헌신	.364	.536	.299	.541	1.000

그림 14.6 항목간 상관행렬

각 문항 간 상관행렬을 나타냈다. 〈그림 14.5〉와 〈그림 14.6〉의 결과를 통해서 만족과 헌신, 자부심과 헌신의 상관관계가 다른 요인에 비하여 상대적으로 높게 나타났음을 볼 수 있다. 이는 공무원의 직무만족에 있어서 둘의 상관성을 고려할 수 있다.

척도 통계량

평균	분산	표준편차	항목 수
16.88	6.067	2.463	5

그림 14.7 척도 통계량

척도에 대한 통계량으로, 「척도통계량」은 분석변수를 하나로 간주한 가상변수인 척도에 관한 평균, 분산, 표준편차, 변수의 수가 나타나 있다.

요약 항목 통계량

	평균	최소값	최대값	범위	최대값 / 최소값	분산	항목 수
항목 평균	3.376	3.240	3.520	.280	1.086	.017	5
항목 분산	.462	.358	.553	.196	1.548	.006	5
항목간 공분산	.188	.148	.260	.113	1.762	.001	5
항목간 상관관계	.413	.299	.541	.242	1.811	.007	5

그림 14.8 요약 항목 통계량

각 문항들의 5개 평균을 이용하여 그것들의 평균, 최솟값, 최댓값, 범위, 최솟값과 최댓값의 비율, 분산의 기술통계를 보여주고, 「항목 분산」은 5개 분산들을 이용하여 기술통계를 나타낸 것이다. 「항목간 공분산」과 「항목간 상관관계」는 각 공분산행렬과 상관행렬에 제시된 상관계수들을 이용하여 그들의 기술통계를 같은 통계량으로 제시한 것이다.

항목 총계 통계량

	항목이 삭제된 경우 척도 평균	항목이 삭제된 경우 척도 분산	수정된 항목-전체 상관계수	제곱 다중 상관계수	항목이 삭제된 경우 Cronbach 알파
보람	13.38	4.118	.542	.316	.734
만족	13.52	4.214	.609	.388	.715
성취감	13.62	4.281	.422	.185	.776
자부심	13.36	4.072	.604	.393	.713
헌신	13.64	3.827	.579	.402	.721

그림 14.9 항목 총계 통계량

스케일과 각 문항에 대한 변수간의 관계를 나타내는 통계량으로, 「항목이 삭제된 경우 척도 평균」은 해당하는 하나의 변수를 분석대상에서 제외했을 경우에 그 변수 이외의 변수들로 구성되는 스케일의 평균으로, 예를 들어, 결과 〈그림 14.7〉에서 척도통계량의 평균 16.88에서 결과 〈그림 14.4〉의 보람 항목의 평균 3.50을 뺀 값이 13.38로 바뀌게 된다. 「항목이 삭제된 경우 척도 분산」은 해당하는 하나의 변수를 분석대상에서 제외했을 경우에 그 변수 이외의 변수들로 구성되는 척도의 분산으로, 성취감을 제외했을 때 가장 크다. 「수정된 항목-전체 상관관계」는 각 개별 변수와 그 변수를 제외한 나머지 변수로 구성된 척도와의 상관계수로 만족과 나머지 변수로 만들어진 척도의 상관계수가 가장 크다. 「제곱 다중 상관관계」는 각 개별 변수를 제외하고 구성된 척도가 전체 분산 중 얼마나 설명하는가를 나타내는 것으로, 헌신을 종속변수로 하는 회귀모형 '헌신=보람, 만족, 성취감, 자부심'을 중회귀모형에 적용시켰을 경우 결정계수이다. 「항목이 삭제된 경우 Cronabch 알파」는 각 변수를 제외했을 때의 크로바하 알파값을 보여주고 있다. 예를 들어, 성취감 항목을 제외하면 알파값이 0.776으로 커진다.

ANOVA

		제곱합	자유도	평균제곱	F	유의확률
개체 간		59.456	49	1.213		
개체 내	항목 간	3.416	4	.854	3.112	.016
	잔차	53.784	196	.274		
	전체	57.200	200	.286		
전체		116.656	249	.468		

총 평균 = 3.38

그림 14.10 분산분석표

분산분석표를 제시하여 각 항목, 즉 5개의 변수 간에 차이가 있다고 할 수 있는지를 살펴보는 것이다. 변수의 수가 5개이므로 변수 간의 차이를 보기 위한 자유도는 1을 뺀 값 4이며, 유의확률이 0.016으로 유의수준 0.05하에서 변수 간의 차이가 없다는 귀무가설을 기각하고, 대립가설을 취한다. 즉 개체 간의 차이가 있다는 것을 알 수 있다.

Hotelling T 제곱 검정

Hotelling의 T 제곱.	F	자유도1	자유도2	유의확률
12.580	2.953	4	46	.030

그림 14.11 Hotelling T 제곱 통계량

변수 간에 평균의 차이가 없는지를 살펴보는 것으로 유의확률이 0.03으로 유의수준 0.05 하에서 변수간의 평균에 대한 차이가 없다는 귀무가설이 기각된다. 따라서 평균 간에도 차이가 있다고 할 수 있다.

각 문항의 수치를 평균 0, 분산 1로 표준화시킨 후 크론바하 알파를 계산하게 되면 모든 문항의 영향력을 고르게 미치게 되지만, 표준화를 시키지 않는 경우는 분산이 큰 문항에 크게 의존하는 크론바하 알파값이 만들어진다. 따라서 모든 문항에 대해 차등을 두지 않고 공평하게 취급하여 계산을 한다는 측면에서 표준화된 문항의 크론바하 알파가 의미가 있을 수 있지만 표준화하게 되면 원래 자료의 특성을 잃어버린다는 문제점을 가지고 있다. 즉 항목마다 다른 변별력을 가짐으로써 나타나는 분산의 불일치성을 강제적으로 동일하게 취급한다는 문제점을 가지고 있다. 이러한 이유로 대부분의 연구에서는 표준화된 크론바하 알파보다는 원 자료를 이용하여 계산된 크론바하 알파값을 주로 사용한다.

제15장

실전 분석 (대학생 창업의지)

15.1 연구방법

15.1.1 자료수집 및 분석방법

1) 자료수집

본 분석 자료는 대학생을 대상으로 창업의지에 미치는 영향요인을 조사하기 위해 설문조사를 하였다. 조사 대상은 현재 대학에 재학중인 학생으로 일정한 형태의 질문지에 주관적인 생각을 자기기입식으로 기술하도록 하였다.

표본추출방법은 단순무작위추출법과 편의 표본추출법을 이용하였으며, 표본의 크기는 200명이다.

2) 설문 구성 및 분석방법

설문 구성은 인구통계학적 특성은 5개 항목으로 성별, 학년, 전공소속대학, 창업교육 유무, 경제수준으로 구분하였다. 독립변수로 민주적 가정 3개 항목, 성취감 3개 항목, 존경 3개 항목, 창업의지 4개 설문항목으로 모든 설문 항목은 5점 리커트 척도로 측정하였다.

분석방법은 기술통계분석으로 빈도분석과 자료의 분포를 알 수 있는 기술통계분석을 하였다. 자료의 측정 도구 검정으로 요인분석과 신뢰도 분석을 하였다.

추론통계 분석으로 집단 간의 평균 차이를 검정하는 T-검정 분석과 분산분석을 실행하며, 변수 간의 상관관계분석, 인과관계 분석을 위한 다중선형회귀분석을 실시한다.

15.1.2 연구모형 및 연구가설

1) 연구모형

대학생의 창업의지에 미치는 영향요인을 분석하기 위해 독립변수로 민주적 가정, 성취감, 존경을 설정하고, 종속변수로 창업의지를 설정하였다.

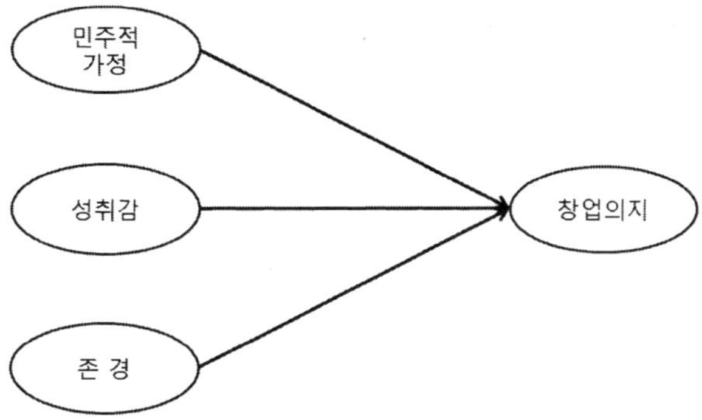

2) 연구가설

대학생의 창업의지에 미치는 영향요인에 대한 분석모형을 검증하기 위하여 다음과 같은 연구가설을 설정한다.

민주적 가정, 성취감, 존경 등의 독립변수가 종속변수인 창업의지에 긍정적인 영향을 미치는 것으로 가정한다. 특히 민주적 가정, 성취감, 존경 등의 독립변수가 종속변수인 창업의지에 유의미한 영향을 미친다고 가정할 때, 어떤 변수가 어느 정도의 영향력이 있는지를 파악한다. 구체적인 연구가설은 다음과 같다.

구 분	내 용
1. 민주적 가정	가설 1. 민주적 가정은 창업의지에 정(+)의 방향으로 영향을 미칠 것이다.
2. 성취감	가설 2. 성취감은 창업의지에 정(+)의 방향으로 영향을 미칠 것이다.
3. 존경 정도	가설 3. 존경 정도는 창업의지에 정(+)의 방향으로 영향을 미칠 것이다.

15.2 빈도분석 및 기술통계

15.2.1 빈도분석

1) 데이터

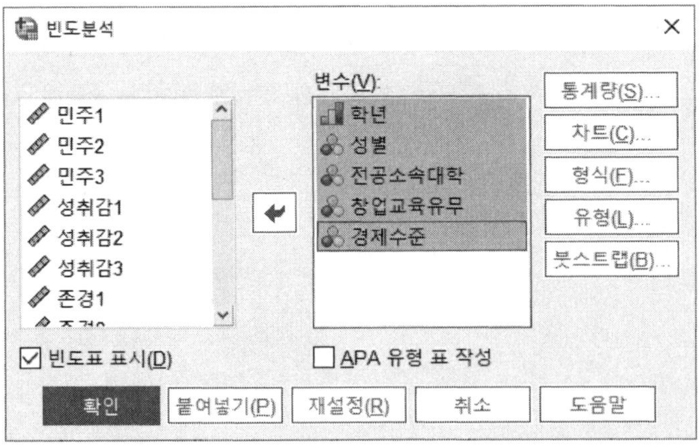

2) 분석결과

통계량

		학년	성별	전공소속대학	창업교육유무	경제수준
N	유효	200	200	200	200	200
	결측	0	0	0	0	0

빈도표

학년

		빈도	퍼센트	유효 퍼센트	누적 퍼센트
유효	1학년	87	43.5	43.5	43.5
	2학년	43	21.5	21.5	65.0
	3학년	55	27.5	27.5	92.5
	4학년	15	7.5	7.5	100.0
	전체	200	100.0	100.0	

성별

		빈도	퍼센트	유효 퍼센트	누적 퍼센트
유효	남성	147	73.5	73.5	73.5
	여성	53	26.5	26.5	100.0
	전체	200	100.0	100.0	

전공소속대학

		빈도	퍼센트	유효 퍼센트	누적 퍼센트
유효	인문사회대학	33	16.5	16.5	16.5
	자연과학대학	19	9.5	9.5	26.0
	공과대학	107	53.5	53.5	79.5
	경상대학	32	16.0	16.0	95.5
	예체능	9	4.5	4.5	100.0
	전체	200	100.0	100.0	

창업교육유무

		빈도	퍼센트	유효 퍼센트	누적 퍼센트
유효	있다	97	48.5	48.5	48.5
	없다	103	51.5	51.5	100.0
	전체	200	100.0	100.0	

경제수준

		빈도	퍼센트	유효 퍼센트	누적 퍼센트
유효	200미만	19	9.5	9.5	9.5
	200이상 300미만	29	14.5	14.5	24.0
	300이상 400미만	60	30.0	30.0	54.0
	400이상 500미만	32	16.0	16.0	70.0
	500이상	60	30.0	30.0	100.0
	전체	200	100.0	100.0	

3) 보고서 작성

학년은 1학년이 87명(43.5%)으로 가장 많았다. 성별은 총 200명 중 남성은 147명(73.5%), 여성은 53명(26.5%)이다. 전공소속대학은 공대가 107명(53.5%)으로 가장 많은 것으로 나타났다. 창업교육을 받은 사람은 97명(48.5%)이다. 경제 수준은 300 이상 400 이하와 500 이상인 사람이 60명(30.0%)으로 가장 많았다.

요인		빈도(명)	비율(%)	비교
학년	1학년	87	43.5	
	2학년	43	21.5	
	3학년	55	27.5	
	4학년	15	7.5	
성별	남성	147	73.5	
	여성	53	26.5	
전공소속대학	인문사회대학	33	16.5	
	자연과학대학	19	9.5	
	공과대학	107	53.5	
	경상대학	32	16.0	
	예체능	9	4.5	
창업교육유무	있다	97	48.5	
	없다	103	51.5	
경제수준	200 미만	19	9.5	
	200 이상 300 미만	29	14.5	
	300 이상 400 미만	60	30.0	
	400 이상 500 미만	32	16.0	
	500 이상	60	30.0	

15.2.2 기술통계

1) 데이터

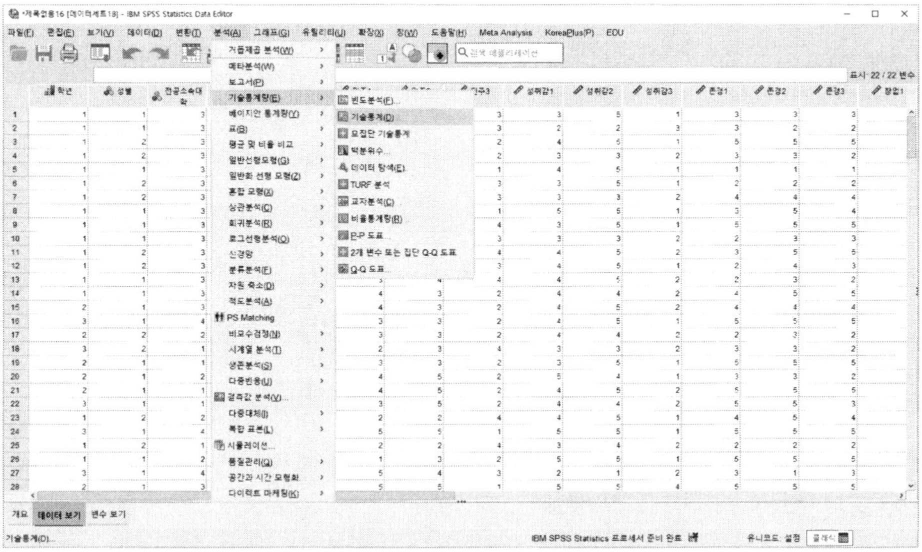

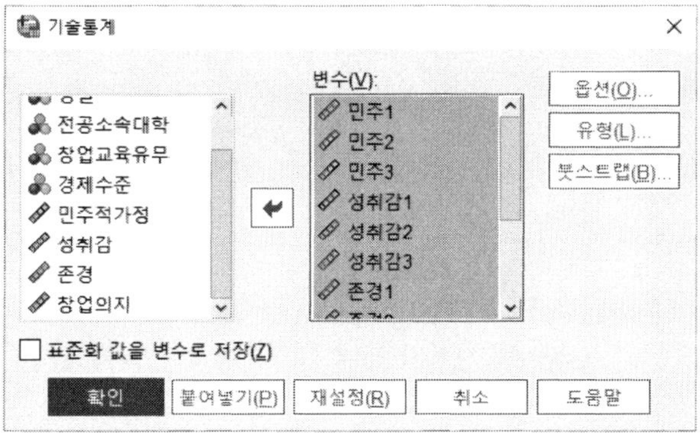

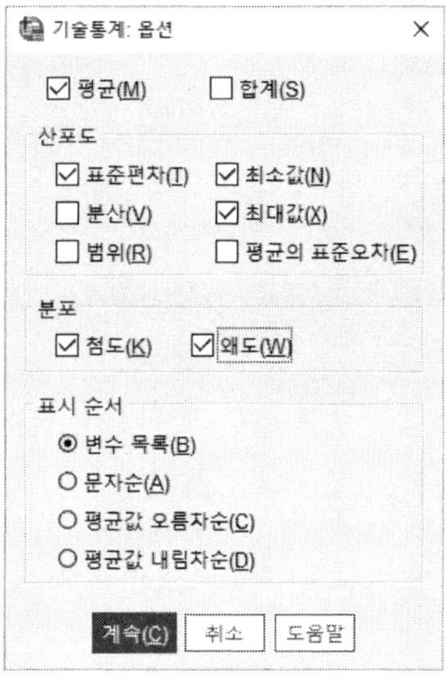

2) 분석결과

기술통계

기술통계량

	N	최소값	최대값	평균	표준편차	왜도		첨도	
	통계량	통계량	통계량	통계량	통계량	통계량	표준오차	통계량	표준오차
민주1	200	1	5	3.19	1.137	-.121	.172	-.652	.342
민주2	200	2	5	3.49	.972	-.088	.172	-.975	.342
민주3	200	1	5	3.44	1.035	-.387	.172	-.496	.342
성취감1	200	2	5	3.67	.832	-.226	.172	-.457	.342
성취감2	200	1	5	4.17	.988	-1.074	.172	.635	.342
성취감3	200	2	5	4.21	.761	-.858	.172	.659	.342
존경1	200	1	5	3.80	1.162	-.428	.172	-1.020	.342
존경2	200	1	5	3.98	1.175	-.777	.172	-.415	.342
존경3	200	1	5	3.67	1.253	-.380	.172	-1.164	.342
창업1	200	1	5	3.44	1.243	-.219	.172	-1.102	.342
창업2	200	1	5	3.64	1.048	-.204	.172	-.725	.342
창업3	200	1	5	3.00	1.220	.235	.172	-.724	.342
창업4	200	1	5	3.19	1.259	.115	.172	-.968	.342
유효 N(목록별)	200								

3) 보고서 작성

	N	M	S.D
민주1	200	3.19	1.137
민주2	200	3.49	0.972
민주3	200	3.44	1.035
성취감1	200	3.67	0.832
성취감2	200	4.17	0.988
성취감3	200	4.21	0.761
존경1	200	3.80	1.162
존경2	200	3.98	1.175
존경3	200	3.67	1.253
창업1	200	3.44	1.243
창업2	200	3.64	1.048
창업3	200	3.00	1.220
창업4	200	3.19	1.259

15.3 요인분석 및 신뢰도분석

15.3.1 요인분석

1) 데이터

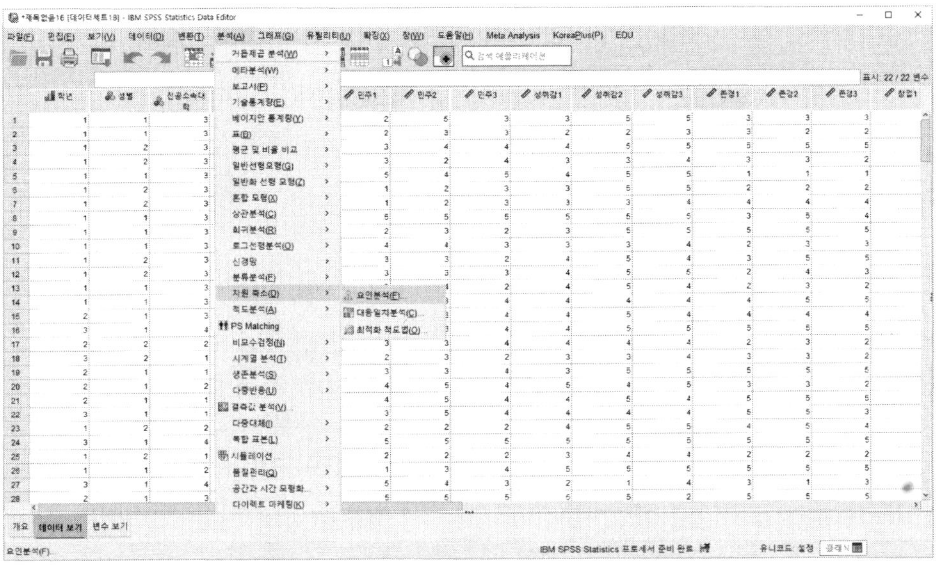

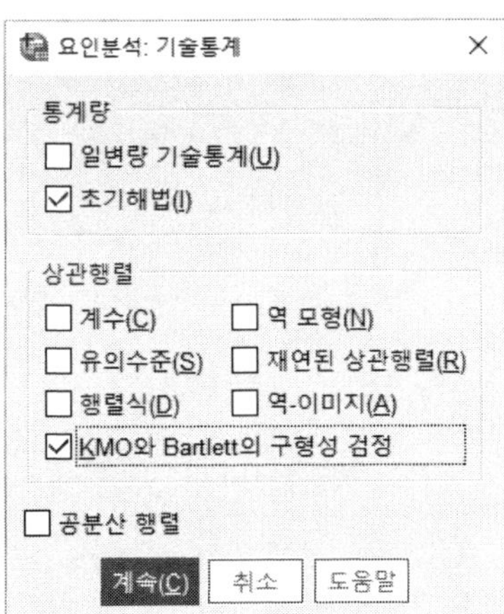

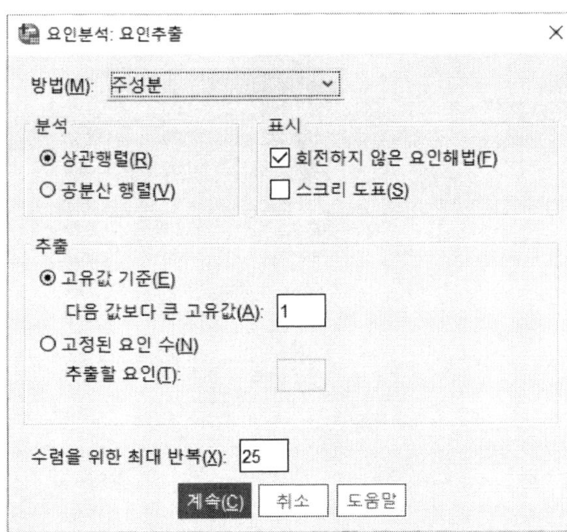

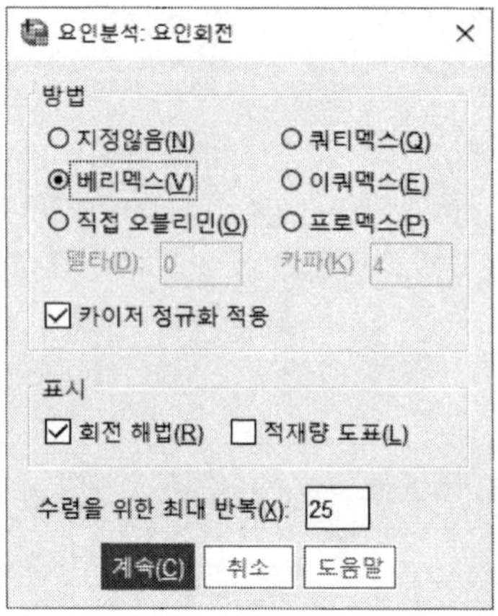

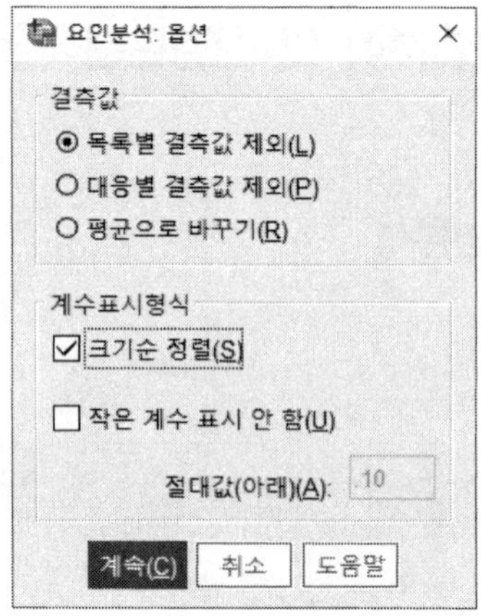

2) 분석 결과

KMO와 Bartlett의 검정

표본 적절성의 Kaiser-Meyer-Olkin 측도.		.648
Bartlett의 구형성 검정	근사 카이제곱	1526.618
	자유도	78
	유의확률	<.001

공통성

	초기	추출
민주1	1.000	.763
민주2	1.000	.587
민주3	1.000	.706
성취감1	1.000	.661
성취감2	1.000	.772
성취감3	1.000	.653
존경1	1.000	.780
존경2	1.000	.879
존경3	1.000	.812
창업1	1.000	.785
창업2	1.000	.771
창업3	1.000	.700
창업4	1.000	.772

추출 방법: 주성분 분석.

설명된 총분산

성분	초기 고유값			추출 제곱합 적재량			회전 제곱합 적재량		
	전체	% 분산	누적 %	전체	% 분산	누적 %	전체	% 분산	누적 %
1	4.346	33.432	33.432	4.346	33.432	33.432	3.041	23.391	23.391
2	2.430	18.689	52.121	2.430	18.689	52.121	2.513	19.329	42.720
3	1.613	12.408	64.529	1.613	12.408	64.529	2.194	16.874	59.594
4	1.253	9.638	74.167	1.253	9.638	74.167	1.894	14.573	74.167
5	.875	6.730	80.897						
6	.612	4.707	85.605						
7	.525	4.038	89.642						
8	.385	2.963	92.606						
9	.289	2.225	94.831						
10	.268	2.059	96.889						
11	.188	1.446	98.335						
12	.128	.988	99.324						
13	.088	.676	100.000						

추출 방법: 주성분 분석.

회전된 성분행렬[a]

	성분			
	1	2	3	4
창업2	.838	.145	.218	-.015
창업1	.836	-.101	.275	-.003
창업4	.824	.077	.126	.266
창업3	.819	.086	.105	.102
존경3	-.043	.899	.020	.040
존경2	.092	.896	.061	.253
존경1	.136	.859	.151	-.007
민주3	.056	.108	.812	.176
민주1	.333	-.001	.786	-.186
민주2	.337	.091	.681	-.044
성취감2	.120	.242	.077	.833
성취감3	.057	-.067	-.178	.783
성취감1	.118	.189	.488	.611

추출 방법: 주성분 분석.
회전 방법: 카이저 정규화가 있는 베리멕스.
a. 6 반복계산에서 요인회전이 수렴되었습니다.

3) 보고서 작성

KMO 값이 0.6 이상인 0.648이므로 요인분석의 결과를 사용할 수 있고, 설명된 총분산에서 고유값이 1이상인 개수가 4개이므로 13개의 변수를 4개의 변수로 축소한다.

새로 생성된 4개의 변수에 대한 요인적재값은 0.5 이상으로 타당도가 높다고 할 수 있다. 즉 4개의 변수의 정확도가 높다는 것을 알 수 있다.

변수명	요인	요인적재값	고유값	분산율(%)	누적분산율(%)
민주적 가정	민주1	.786	2.194	.169	.169
	민주2	.681			
	민주3	.812			
성취감	성취감1	.611	1.894	.146	.315
	성취감2	.833			
	성취감3	.783			
존경	존경1	.859	2.513	.193	.508
	존경2	.896			
	존경3	.899			
창업의지	창업1	.836	3.041	.234	.742
	창업2	.838			
	창업3	.819			
	창업4	.824			
Kaiser-Meyer-Olkin factor adequacy : .648					

15.3.2 신뢰도 분석

1) 데이터

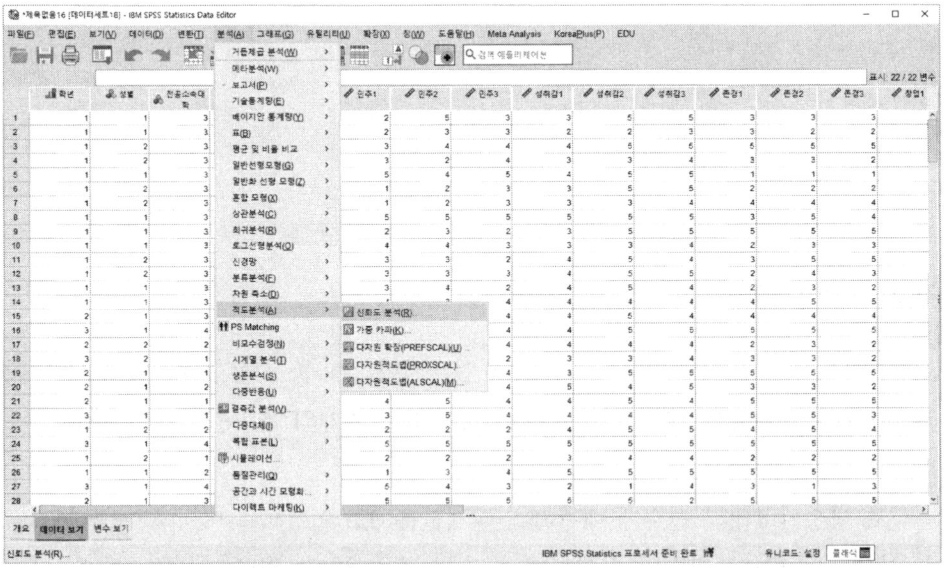

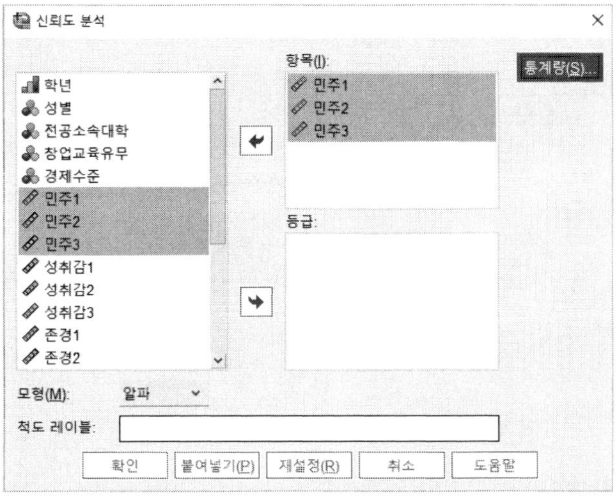

2) 분석 결과

케이스 처리 요약

		N	%
케이스	유효	200	100.0
	제외됨[a]	0	.0
	전체	200	100.0

a. 목록별 삭제는 프로시저의 모든 변수를 기준으로 합니다.

신뢰도 통계량

Cronbach의 알파	항목 수
.748	3

항목 총계 통계량

	항목이 삭제된 경우 척도 평균	항목이 삭제된 경우 척도 분산	수정된 항목-전체 상관계수	항목이 삭제된 경우 Cronbach 알파
민주1	6.93	2.759	.675	.538
민주2	6.64	3.680	.530	.715
민주3	6.69	3.473	.533	.711

케이스 처리 요약

		N	%
케이스	유효	200	100.0
	제외됨[a]	0	.0
	전체	200	100.0

a. 목록별 삭제는 프로시저의 모든 변수를 기준으로 합니다.

신뢰도 통계량

Cronbach의 알파	항목 수
.678	3

항목 총계 통계량

	항목이 삭제된 경우 척도 평균	항목이 삭제된 경우 척도 분산	수정된 항목-전체 상관계수	항목이 삭제된 경우 Cronbach 알파
성취감1	8.38	2.337	.421	.670
성취감2	7.89	1.479	.686	.281
성취감3	7.85	2.534	.409	.683

케이스 처리 요약

		N	%
케이스	유효	200	100.0
	제외됨[a]	0	.0
	전체	200	100.0

a. 목록별 삭제는 프로시저의 모든 변수를 기준으로 합니다.

신뢰도 통계량

Cronbach의 알파	항목 수
.879	3

항목 총계 통계량

	항목이 삭제된 경우 척도 평균	항목이 삭제된 경우 척도 분산	수정된 항목-전체 상관계수	항목이 삭제된 경우 Cronbach 알파
존경1	7.64	5.126	.746	.848
존경2	7.46	4.823	.812	.789
존경3	7.77	4.751	.746	.850

케이스 처리 요약

		N	%
케이스	유효	200	100.0
	제외됨[a]	0	.0
	전체	200	100.0

a. 목록별 삭제는 프로시저의 모든 변수를 기준으로 합니다.

신뢰도 통계량

Cronbach의 알파	항목 수
.877	4

항목 총계 통계량

	항목이 삭제된 경우 척도 평균	항목이 삭제된 경우 척도 분산	수정된 항목-전체 상관계수	항목이 삭제된 경우 Cronbach 알파
창업1	9.83	9.559	.730	.846
창업2	9.64	10.444	.764	.837
창업3	10.27	9.766	.716	.851
창업4	10.08	9.366	.747	.839

케이스 처리 요약

		N	%
케이스	유효	200	100.0
	제외됨[a]	0	.0
	전체	200	100.0

a. 목록별 삭제는 프로시저의 모든 변수를 기준으로 합니다.

신뢰도 통계량

Cronbach의 알파	항목 수
.823	13

3) 보고서 작성

4가지 모든 변수의 Cronbach's alpha 값이 0.6 이상으로 신뢰도가 높다고 할 수 있다. 즉 4개의 변수들이 대표성을 갖는다고 할 수 있다.

변 수	항목 수	Cronbach's alpha	비 고
민주적 가정	3	.748	
성취감	3	.678	
존경	3	.879	
창업의지	4	.877	
전체	13	.823	

15.4 T-검정분석

15.4.1 독립표본 T-test

1) 데이터

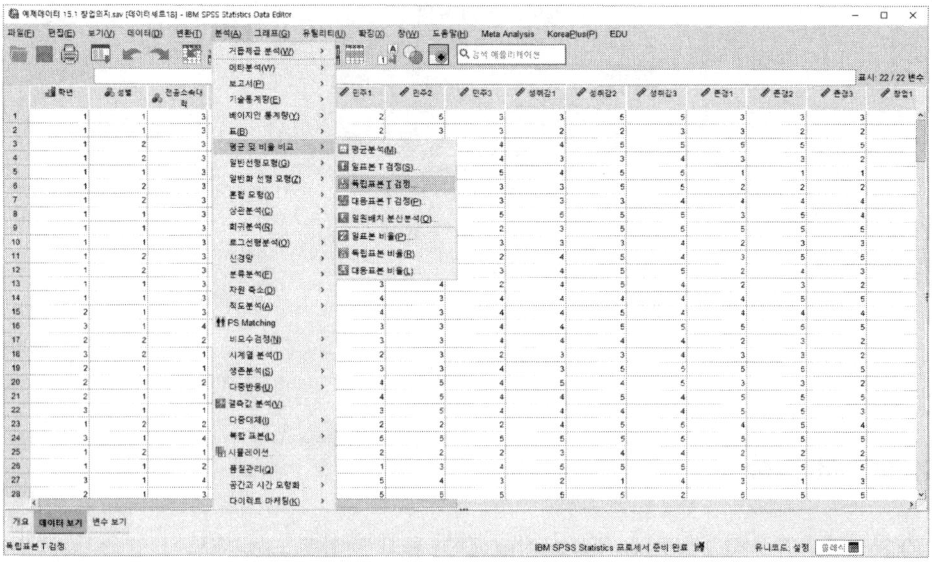

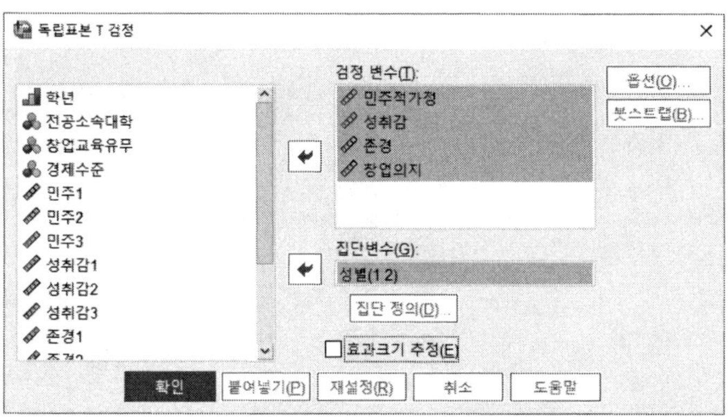

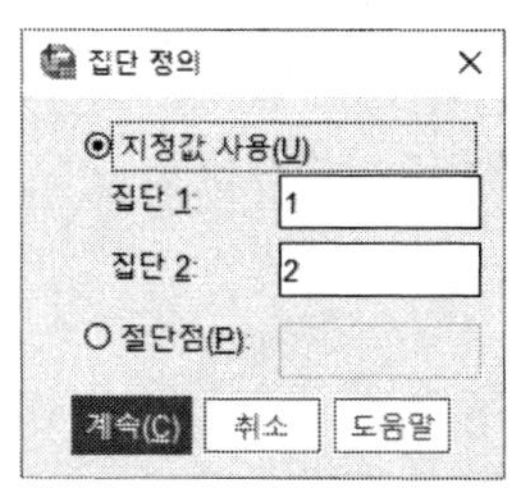

2) 분석결과

집단통계량

	성별	N	평균	표준편차	평균의 표준오차
민주적가정	남성	147	3.619	.8527	.0703
	여성	53	2.575	.6822	.0937
성취감	남성	147	4.0635	.66476	.05483
	여성	53	3.8931	.69422	.09536
존경	남성	147	3.9683	1.07435	.08861
	여성	53	3.3774	.95863	.13168
창업의지	남성	147	3.5204	.92922	.07664
	여성	53	2.7547	1.06461	.14624

독립표본 검정

		Levene의 등분산 검정		평균의 동일성에 대한 T 검정							
						유의확률				차이의 95% 신뢰구간	
		F	유의확률	t	자유도	단측 확률	양측 확률	평균차이	표준오차 차이	하한	상한
민주적가정	등분산을 가정함	2.634	.106	8.027	198	<.001	<.001	1.0436	.1300	.7872	1.3000
	등분산을 가정하지 않음			8.907	114.190	<.001	<.001	1.0436	.1172	.8115	1.2757
성취감	등분산을 가정함	.457	.500	1.581	198	.058	.115	.17041	.10777	-.04211	.38293
	등분산을 가정하지 않음			1.549	88.616	.062	.125	.17041	.11000	-.04816	.38899
존경	등분산을 가정함	.547	.461	3.529	198	<.001	<.001	.59090	.16746	.26066	.92114
	등분산을 가정하지 않음			3.723	102.289	<.001	<.001	.59090	.15872	.27609	.90570
창업의지	등분산을 가정함	1.625	.204	4.944	198	<.001	<.001	.76569	.15487	.46028	1.07110
	등분산을 가정하지 않음			4.638	82.278	<.001	<.001	.76569	.16510	.43727	1.09411

3) 보고서 작성

변 수	성 별	N	M	SD	t	P	채택여부
민주적 가정	남	147	3.626	0.787	7.888	〈.001**	채택
	여	53	2.679	0.630			
성취감	남	147	4.063	0.665	1.581	.115	기각
	여	53	3.893	0.694			
존경	남	147	3.968	1.074	3.529	〈.001**	채택
	여	53	3.377	0.959			
창업의지	남	147	3.520	0.929	4.944	〈.001**	채택
	여	53	2.755	1.065			

$* : p \leq .05, ** : p \leq .01$

성별에 따라 민주적 가정, 존경, 창업의지의 평균 차이가 있음을 알 수 있다.

성별에 따른 민주적 가정에서 남성의 평균은 3.626, 여성의 평균은 2.679로 가장 큰 차이를 보인다. t값은 7.888이고, p값이 0.05보다 작은 〈0.001이므로 성별에 따른 민주적 가정의 평균은 차이가 있다고 할 수 있다.

15.5 분산분석

15.5.1 일원배치 분산분석

1) 데이터

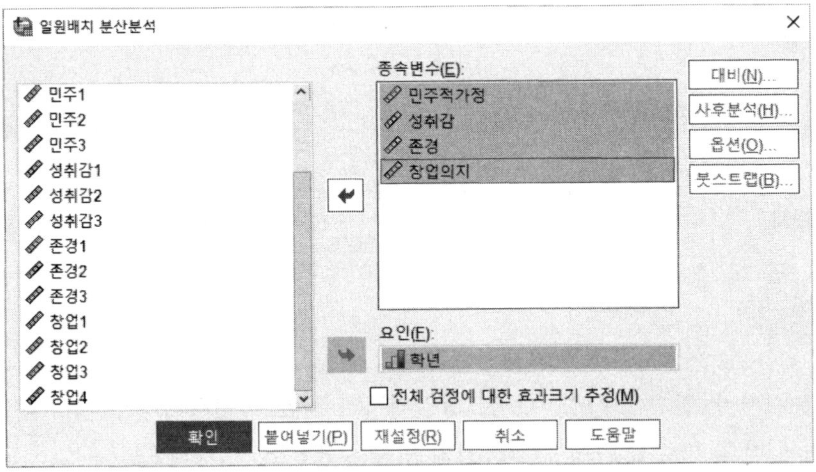

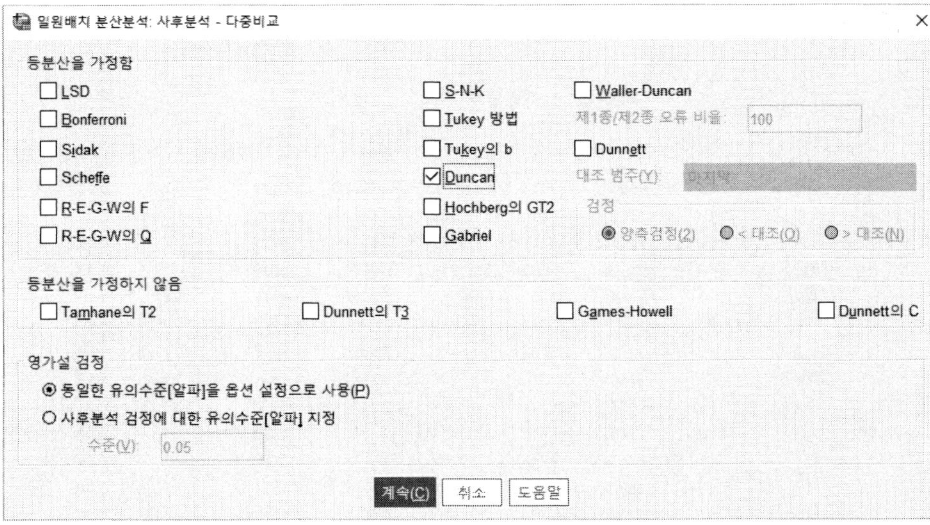
일원배치 분산분석: 사후분석 - 다중비교
등분산을 가정함
LSD
Bonferroni
Sidak
Scheffe
R-E-G-W의 F
R-E-G-W의 Q
S-N-K
Tukey 방법
Tukey의 b
Duncan
Hochberg의 GT2
Gabriel
Waller-Duncan
제1종/제2종 오류 비율:
100
Dunnett
대조 범주(Y):
마지막
검정
양측검정(2)
< 대조(O)
> 대조(N)
등분산을 가정하지 않음
Tamhane의 T2
Dunnett의 T3
Games-Howell
Dunnett의 C
영가설 검정
동일한 유의수준[알파]을 옵션 설정으로 사용(P)
사후분석 검정에 대한 유의수준[알파] 지정
수준(V):
0.05
계속(C)
취소
도움말

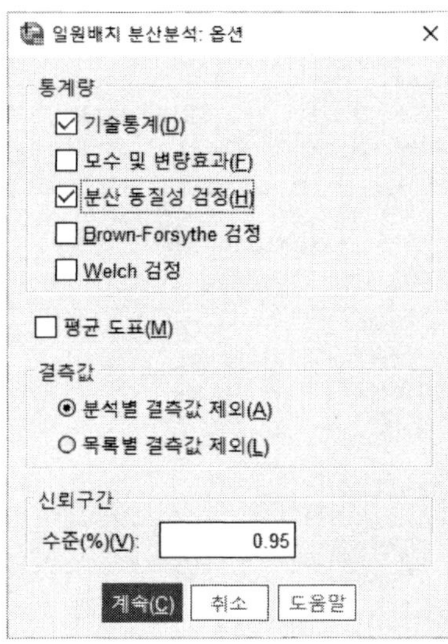
일원배치 분산분석: 옵션
통계량
기술통계(D)
모수 및 변량효과(F)
분산 동질성 검정(H)
Brown-Forsythe 검정
Welch 검정
평균 도표(M)
결측값
분석별 결측값 제외(A)
목록별 결측값 제외(L)
신뢰구간
수준(%)(V):
0.95
계속(C)
취소
도움말

2) 분석결과

기술통계

		N	평균	표준편차	표준오차	평균의 95% 신뢰구간 하한	평균의 95% 신뢰구간 상한	최소값	최대값
민주적가정	1학년	87	2.9693	.83933	.08999	2.7905	3.1482	2.00	5.00
	2학년	43	3.7209	.75918	.11577	3.4873	3.9546	2.00	5.00
	3학년	55	3.7576	.68028	.09173	3.5737	3.9415	2.33	5.00
	4학년	15	3.3333	.78680	.20315	2.8976	3.7690	2.00	4.33
	전체	200	3.3750	.85650	.06056	3.2556	3.4944	2.00	5.00
성취감	1학년	87	4.0498	.75488	.08093	3.8889	4.2107	2.00	5.00
	2학년	43	3.9922	.45709	.06971	3.8516	4.1329	3.00	4.67
	3학년	55	3.9758	.74219	.10008	3.7751	4.1764	2.33	5.00
	4학년	15	4.0667	.45774	.11819	3.8132	4.3202	3.33	4.67
	전체	200	4.0183	.67515	.04774	3.9242	4.1125	2.00	5.00
존경	1학년	87	3.4713	1.14746	.12302	3.2267	3.7158	1.00	5.00
	2학년	43	4.0000	1.01835	.15530	3.6866	4.3134	2.33	5.00
	3학년	55	4.2424	.88530	.11937	4.0031	4.4818	2.33	5.00
	4학년	15	3.6667	.78680	.20315	3.2310	4.1024	2.67	4.67
	전체	200	3.8117	1.07485	.07600	3.6618	3.9615	1.00	5.00
창업의지	1학년	87	3.0690	1.10014	.11795	2.8345	3.3034	1.00	5.00
	2학년	43	3.5581	.66332	.10116	3.3540	3.7623	2.50	4.75
	3학년	55	3.3909	1.00319	.13527	3.1197	3.6621	2.00	5.00
	4학년	15	3.8000	1.17337	.30296	3.1502	4.4498	2.25	5.00
	전체	200	3.3175	1.02197	.07226	3.1750	3.4600	1.00	5.00

분산의 동질성 검정

		Levene 통계량	df1	df2	CTT 유의확률
민주적가정	평균을 기준으로 합니다.	1.036	3	196	.378
	중위수를 기준으로 합니다.	.988	3	196	.400
	자유도를 수정한 상태에서 중위수를 기준으로 합니다.	.988	3	192.672	.400
	절삭평균을 기준으로 합니다.	1.115	3	196	.344
성취감	평균을 기준으로 합니다.	4.949	3	196	.002
	중위수를 기준으로 합니다.	3.063	3	196	.029
	자유도를 수정한 상태에서 중위수를 기준으로 합니다.	3.063	3	155.324	.030
	절삭평균을 기준으로 합니다.	4.427	3	196	.005
존경	평균을 기준으로 합니다.	4.870	3	196	.003
	중위수를 기준으로 합니다.	4.848	3	196	.003
	자유도를 수정한 상태에서 중위수를 기준으로 합니다.	4.848	3	188.043	.003
	절삭평균을 기준으로 합니다.	5.179	3	196	.002
창업의지	평균을 기준으로 합니다.	6.016	3	196	<.001
	중위수를 기준으로 합니다.	4.433	3	196	.005
	자유도를 수정한 상태에서 중위수를 기준으로 합니다.	4.433	3	185.702	.005
	절삭평균을 기준으로 합니다.	5.941	3	196	<.001

ANOVA

		제곱합	자유도	평균제곱	F	CTT 유의확률
민주적가정	집단-간	27.538	3	9.179	15.189	<.001
	집단-내	118.448	196	.604		
	전체	145.986	199			
성취감	집단-간	.250	3	.083	.181	.909
	집단-내	90.460	196	.462		
	전체	90.711	199			
존경	집단-간	22.127	3	7.376	6.958	<.001
	집단-내	207.779	196	1.060		
	전체	229.906	199			
창업의지	집단-간	11.652	3	3.884	3.880	.010
	집단-내	196.186	196	1.001		
	전체	207.839	199			

사후검정

동질적 부분집합

민주적가정

Duncan[a,b]

		유의수준 = 0.05에 대한 부분집합	
학년	N	1	2
1학년	87	2.9693	
4학년	15	3.3333	
2학년	43		3.7209
3학년	55		3.7576
CTT 유의확률		.057	.847

동질적 부분집합에 있는 집단에 대한 평균이 표시됩니다.

a. 조화평균 표본크기 33.445을(를) 사용합니다.

b. 집단 크기가 동일하지 않습니다. 집단 크기의 조화평균이 사용됩니다. I 유형 오차 수준은 보장되지 않습니다.

성취감

Duncan[a,b]

		유의수준 = 0.05에 대한 부분집합
학년	N	1
3학년	55	3.9758
2학년	43	3.9922
1학년	87	4.0498
4학년	15	4.0667
CTT 유의확률		.625

동질적 부분집합에 있는 집단에 대한 평균이 표시됩니다.

a. 조화평균 표본크기 33.445을(를) 사용합니다.

b. 집단 크기가 동일하지 않습니다. 집단 크기의 조화평균이 사용됩니다. I 유형 오차 수준은 보장되지 않습니다.

존경

Duncan[a,b]

		유의수준 = 0.05에 대한 부분집합		
학년	N	1	2	3
1학년	87	3.4713		
4학년	15	3.6667	3.6667	
2학년	43		4.0000	4.0000
3학년	55			4.2424
CTT 유의확률		.439	.187	.337

동질적 부분집합에 있는 집단에 대한 평균이 표시됩니다.

a. 조화평균 표본크기 33.445을(를) 사용합니다.

b. 집단 크기가 동일하지 않습니다. 집단 크기의 조화평균이 사용됩니다. I 유형 오차 수준은 보장되지 않습니다.

창업의지

Duncan[a,b]

학년	N	유의수준 = 0.05에 대한 부분집합 1	2
1학년	87	3.0690	
3학년	55	3.3909	3.3909
2학년	43	3.5581	3.5581
4학년	15		3.8000
CTT 유의확률		.059	.116

동질적 부분집합에 있는 집단에 대한 평균이 표시됩니다.

a. 조화평균 표본크기 33.445을(를) 사용합니다.

b. 집단 크기가 동일하지 않습니다. 집단 크기의 조화평균이 사용됩니다. I 유형 오차 수준은 보장되지 않습니다.

3) 보고서 작성

(1) 평균 및 유의성 검정

변 수	학 년	N	M	SD	F	P	채택여부
민주적 가정	1학년	87	2.969	0.839	15.189	⟨0.001**	채택
	2학년	43	3.721	0.759			
	3학년	55	3.758	0.680			
	4학년	15	3.333	0.787			
성취감	1학년	87	4.049	0.755	0.181	0.909	기각
	2학년	43	3.992	0.457			
	3학년	55	3.976	0.742			
	4학년	15	4.067	0.458			
존경	1학년	87	3.471	1.147	6.958	⟨0.001**	채택
	2학년	43	4.000	1.018			
	3학년	55	4.242	0.885			
	4학년	15	3.667	0.787			
창업의지	1학년	87	3.069	1.100	3.380	0.010*	채택
	2학년	43	3.558	0.663			
	3학년	55	3.391	1.003			
	4학년	15	3.800	1.173			

$* : p \leq .05, ** : p \leq .01$

학년에 따라 민주적 가정, 존경, 창업의지의 평균 차이가 있음을 알 수 있고, 성취감은 평균 차이가 없음을 알 수 있다.

학년에 따른 민주적 가정 평균 차이에서 1학년 평균은 2.969, 2학년의 평균은 3.721, 3학년의 평균은 3.758, 4학년의 평균은 3.333이다. 이때, F값은 15.189고, p값이 0.05보다 작은 〈0.001으로 학년에 따른 민주적 가정은 평균의 차이가 있다고 할 수 있다.

(2) 사후 검정

학 년	1	2	비 고
1학년	2.969		
4학년	3.333		
2학년		3.721	
3학년		3.758	

민주적 가정에서는 1학년과 4학년이 1집단, 2학년과 3학년이 2집단으로 차이가 있는 것으로 나타났다.

학 년	1	2	3	비고
1학년	3.471			
4학년	3.667	3.667		
2학년		4.000	4.000	
3학년			4.242	

존경에서 1학년과 4학년이 1집단, 2학년과 4학년이 2집단, 2학년과 3학년이 3집단으로 1학년과 2학년, 3학년 사이에 차이가 있는 것으로, 또, 4학년과 3학년 사이에 차이가 있는 것으로 나타났다.

학 년	1	2	비고
1학년	3.069		
3학년	3.391	3.391	
2학년	3.558	3.558	
4학년		3.800	

창업의지에서 1학년과 2학년, 3학년이 1집단, 2학년과 3학년, 4학년이 2집단으로 1학년과 4학년 사이에 차이가 있는 것으로 나타났다.

15.6 상관관계분석

15.6.1 피어슨 상관분석

1) 데이터

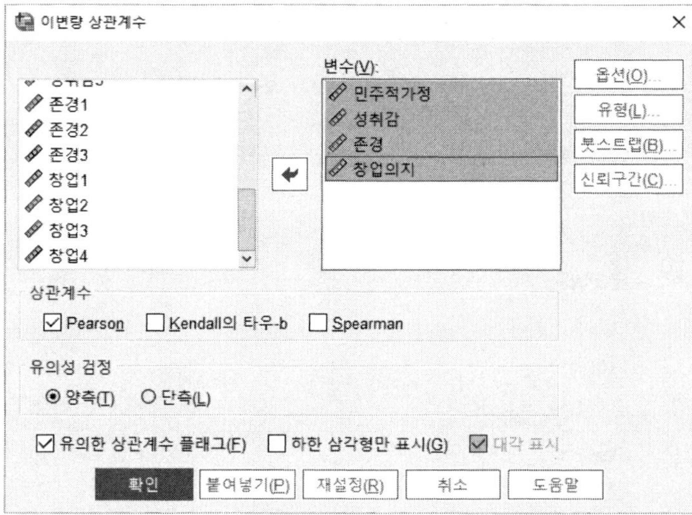

2) 분석결과

상관관계

		민주적가정	성취감	존경	창업의지
민주적가정	Pearson 상관	1	.177*	.180*	.478**
	유의확률 (양측)		.012	.011	<.001
	N	200	200	200	200
성취감	Pearson 상관	.177*	1	.290**	.266**
	유의확률 (양측)	.012		<.001	<.001
	N	200	200	200	200
존경	Pearson 상관	.180*	.290**	1	.146*
	유의확률 (양측)	.011	<.001		.039
	N	200	200	200	200
창업의지	Pearson 상관	.478**	.266**	.146*	1
	유의확률 (양측)	<.001	<.001	.039	
	N	200	200	200	200

*. 상관관계가 0.05 수준에서 유의합니다(양측).

**. 상관관계가 0.01 수준에서 유의합니다(양측).

3) 보고서 작성

모든 변수들끼리는 유의확률이 0.05보다 작기 때문에 두 변수 사이에 서로 선형으로 영향이 있다. 서로 상관이 있다고 할 수 있다. 이 중, 민주적 가정과 창업의지 사이의 상관계수가 0.478로 가장 큰 값을 보이므로 서로 가장 크게 선형성이 있다고 할 수 있다.

변 수		민주적 가정	성취감	존경	창업의지
민주적 가정	Pearson 상관계수	1.00	0.177	0.180	0.478
	유의확률	.	0.012	0.011	0.000
성취감	Pearson 상관계수		1.00	0.290	0.266
	유의확률		.	0.000	0.000
존경	Pearson 상관계수			1.00	0.146
	유의확률			.	0.039
창업의지	Pearson 상관계수				1.00
	유의확률				.

15.7 회귀분석

15.7.1 다중회귀분석

1) 데이터

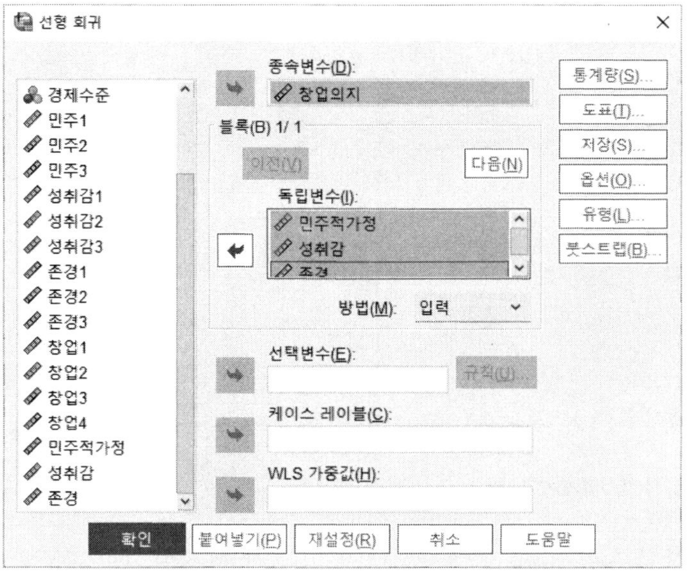

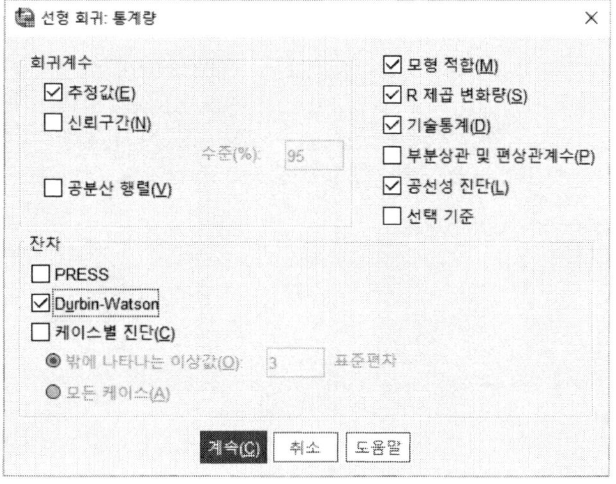

2) 분석결과

기술통계량

	평균	표준화 편차	N
창업의지	3.3175	1.02197	200
민주적가정	3.3750	.85650	200
성취감	4.0183	.67515	200
존경	3.8117	1.07485	200

상관계수

		창업의지	민주적가정	성취감	존경
Pearson 상관	창업의지	1.000	.478	.266	.146
	민주적가정	.478	1.000	.177	.180
	성취감	.266	.177	1.000	.290
	존경	.146	.180	.290	1.000
유의확률 (단측)	창업의지	.	<.001	<.001	.019
	민주적가정	.000	.	.006	.005
	성취감	.000	.006	.	.000
	존경	.019	.005	.000	.
N	창업의지	200	200	200	200
	민주적가정	200	200	200	200
	성취감	200	200	200	200
	존경	200	200	200	200

입력/제거된 변수[a]

모형	입력된 변수	제거된 변수	방법
1	존경, 민주적가정, 성취감[b]	.	입력

a. 종속변수: 창업의지

b. 요청된 모든 변수가 입력되었습니다.

모형 요약[b]

					통계량 변화량					
모형	R	R 제곱	수정된 R 제곱	추정값의 표준 오차	R 제곱 변화량	F 변화량	자유도1	자유도2	유의확률 F 변화량	Durbin-Watson
1	.512[a]	.262	.251	.88443	.262	23.235	3	196	<.001	1.571

a. 예측자: (상수), 존경, 민주적가정, 성취감

b. 종속변수: 창업의지

ANOVA[a]

모형		제곱합	자유도	평균제곱	F	유의확률
1	회귀	54.525	3	18.175	23.235	<.001[b]
	잔차	153.314	196	.782		
	전체	207.839	199			

a. 종속변수: 창업의지

b. 예측자: (상수), 존경, 민주적가정, 성취감

계수[a]

		비표준화 계수		표준화 계수			공선성 통계량	
모형		B	표준화 오류	베타	t	유의확률	공차	VIF
1	(상수)	.368	.431		.853	.395		
	민주적가정	.528	.075	.443	7.033	<.001	.950	1.052
	성취감	.279	.098	.184	2.848	.005	.900	1.112
	존경	.012	.062	.013	.201	.841	.899	1.113

a. 종속변수: 창업의지

공선성 진단[a]

				분산비율			
모형	차원	고유값	상태지수	(상수)	민주적가정	성취감	존경
1	1	3.895	1.000	.00	.00	.00	.00
	2	.055	8.387	.00	.41	.00	.70
	3	.037	10.308	.10	.54	.22	.29
	4	.013	17.122	.90	.05	.78	.00

a. 종속변수: 창업의지

3) 보고서 작성

변 수	회귀 계수		표준 오차	t값	p값	채택 여부
	비표준화 계수	표준화 계수				
민주적 가정→ 창업의지	.528	.443	.075	7.033	〈0.001	채택
성취감→ 창업의지	.279	.184	.098	2.848	0.005	채택
존 경→ 창업의지	.012	.013	.062	0.201	0.841	기각

$* : p \leq .05, ** : p \leq .01$

여러 변수들이 창업의지에 미치는 영향을 분석한 결과이다. 첫째, 민주적 가정의 t값은 7.033, p값은 0.05보다 작은 〈0.001이므로 창업의지에 유의미한 영향을 미치는 것으로 나타났다. 성취감의 t값은 2.848, p값은 0.05보다 작은 0.005이므로 창업의지에 유의미한 영향을 미치는 것으로 나타났다. 존경의 t값은 0.201 p값은 0.05보다 큰 0.841이므로 창업의지에 유의미한 영향을 미치지 않는 것으로 나타났다.

둘째, 이 중에서 가장 큰 영향을 미치는 변수는 표준화 계수가 가장 높은 0.443인 민주적 가정 변수이다.

부록

Ⅰ. 확률분포표

1. 이항분포표

$X \sim B(n,p)$일 때 $P(X \leq c)= \sum_{x=0}^{c} \binom{n}{r} p^{x}(1-p)^{n-x}$의 값을 표시한다.

		p										
	c	.05	.10	.20	.30	.40	.50	.60	.70	.80	.90	.95
$n=1$	0	.950	.900	.800	.700	.600	.500	.400	.300	.200	.100	.050
	1	1.000	1.000	1.000	1.000	1.000	1.000	1.000	1.000	1.000	1.000	1.000
$n=2$	0	.902	.810	.640	.490	.360	.250	.160	.090	.040	.010	.002
	1	.997	.990	.960	.910	.840	.750	.640	.510	.360	.190	.097
	2	1.000	1.000	1.000	1.000	1.000	1.000	1.000	1.000	1.000	1.000	1.000
$n=3$	0	.857	.729	.512	.343	.216	.125	.064	.027	.008	.001	.000
	1	.993	.972	.896	.784	.648	.500	.352	.216	.104	.028	.007
	2	1.000	.999	.992	.973	.936	.875	.784	.657	.448	.271	.143
	3	1.000	1.000	1.000	1.000	1.000	1.000	1.000	1.000	1.000	1.000	1.000
$n=4$	0	.815	.656	.410	.240	.130	.063	.026	.008	.002	.000	.000
	1	.986	.948	.819	.652	.475	.313	.179	.084	.027	.004	.000
	2	1.000	.996	.973	.916	.821	.688	.525	.348	.181	.052	.014
	3	1.000	1.000	.998	.992	.974	.938	.870	.760	.590	.344	.185
	4	1.000	1.000	1.000	1.000	1.000	1.000	1.000	1.000	1.000	1.000	1.000
$n=5$	0	.774	.590	.328	.168	.078	.031	.010	.002	.000	.000	.000
	1	.977	.919	.737	.528	.337	.188	.087	.031	.007	.000	.000
	2	.999	.991	.942	.837	.683	.500	.317	.163	.058	.009	.001
	3	1.000	1.000	.993	.969	.913	.813	.663	.472	.263	.081	.023
	4	1.000	1.000	1.000	.998	.990	.969	.922	.832	.672	.410	.226
	5	1.000	1.000	1.000	1.000	1.000	1.000	1.000	1.000	1.000	1.000	1.000
$n=6$	0	.735	.531	.262	.118	.047	.016	.004	.001	.000	.000	.000
	1	.967	.886	.665	.420	.233	.109	.041	.011	.002	.000	.000
	2	.998	.984	.901	.744	.544	.344	.179	.070	.017	.001	.000
	3	1.000	.999	.983	.930	.821	.656	.456	.256	.099	.016	.002
	4	1.000	1.000	.998	.989	.959	.891	.767	.580	.345	.114	.033
	5	1.000	1.000	1.000	.999	.996	.984	.953	.882	.738	.469	.265
	6	1.000	1.000	1.000	1.000	1.000	1.000	1.000	1.000	1.000	1.000	1.000
$n=7$	0	.689	.478	.210	.082	.028	.008	.002	.000	.000	.000	.000
	1	.956	.850	.577	.329	.159	.063	.019	.004	.000	.000	.000
	2	.996	.974	.852	.647	.420	.227	.096	.029	.005	.000	.000
	3	1.000	.997	.967	.874	.710	.500	.290	.126	.033	.003	.000
	4	1.000	1.000	.995	.971	.904	.773	.580	.353	.148	.026	.004

		p										
		.05	.10	.20	.30	.40	.50	.60	.70	.80	.90	.95
	c											
	5	1.000	1.000	1.000	.996	.981	.938	.841	.671	.423	.150	.044
	6	1.000	1.000	1.000	1.000	.998	.992	.972	.918	.790	.522	.302
	7	1.000	1.000	1.000	1.000	1.000	1.000	1.000	1.000	1.000	1.000	1.000
$n=8$	0	.663	.430	.168	.058	.017	.004	.001	.000	.000	.000	.000
	1	.943	.813	.503	.255	.106	.035	.009	.001	.000	.000	.000
	2	.994	.962	.797	.552	.315	.145	.050	.011	.001	.000	.000
	3	1.000	.995	.944	.806	.594	.363	.174	.058	.010	.000	.000
	4	1.000	1.000	.990	.942	.826	.637	.406	.194	.056	.005	.000
	5	1.000	1.000	.999	.989	.950	.855	.685	.448	.203	.038	.006
	6	1.000	1.000	1.000	.999	.991	.965	.894	.745	.497	.187	.057
	7	1.000	1.000	1.000	1.000	.999	.996	.983	.942	.832	.570	.337
	8	1.000	1.000	1.000	1.000	1.000	1.000	1.000	1.000	1.000	1.000	1.000
$n=9$	0	.630	.387	.134	.040	.010	.002	.000	.000	.000	.000	.000
	1	.929	.775	.436	.196	.071	.020	.004	.000	.000	.000	.000
	2	.992	.947	.738	.463	.232	.090	.025	.004	.000	.000	.000
	3	.999	.992	.914	.730	.483	.254	.099	.025	.003	.000	.000
	4	1.000	.999	.980	.901	.733	.500	.267	.099	.020	.001	.000
	5	1.000	1.000	.997	.975	.901	.746	.517	.270	.086	.008	.001
	6	1.000	1.000	1.000	.996	.975	.910	.768	.537	.262	.053	.008
	7	1.000	1.000	1.000	1.000	.996	.980	.929	.804	.564	.225	.071
	8	1.000	1.000	1.000	1.000	1.000	.998	.990	.960	.866	.613	.370
	9	1.000	1.000	1.000	1.000	1.000	1.000	1.000	1.000	1.000	1.000	1.000
$n=10$	0	.599	.349	.107	.028	.006	.001	.000	.000	.000	.000	.000
	1	.914	.736	.376	.149	.046	.011	.002	.000	.000	.000	.000
	2	.988	.930	.678	.383	.167	.055	.012	.002	.000	.000	.000
	3	.999	.987	.879	.650	.382	.172	.055	.011	.001	.000	.000
	4	1.000	.998	.967	.850	.633	.377	.166	.047	.006	.000	.000
	5	1.000	1.000	.994	.953	.834	.623	.367	.150	.033	.002	.000
	6	1.000	1.000	.999	.989	.945	.828	.618	.350	.121	.013	.001
	7	1.000	1.000	1.000	.998	.988	.945	.833	.617	.322	.070	.012
	8	1.000	1.000	1.000	1.000	.998	.989	.954	.851	.624	.264	.086
	9	1.000	1.000	1.000	1.000	1.000	.999	.994	.972	.893	.651	.401
	10	1.000	1.000	1.000	1.000	1.000	1.000	1.000	1.000	1.000	1.000	1.000
$n=15$	0	.463	.206	.035	0.005	.000	.000	.000	.000	.000	.000	.000
	1	.829	.549	.167	.035	.005	.000	.000	.000	.000	.000	.000
	2	.964	.816	.398	.127	.027	.004	.000	.000	.000	.000	.000
	3	.995	.944	.648	.297	.091	.018	.002	.000	.000	.000	.000

						p						
		.05	.10	.20	.30	.40	.50	.60	.70	.80	.90	.95
	c											
	4	.999	.987	.836	.515	.217	.059	.009	.001	.000	.000	.000
	5	1.000	.998	.939	.722	.403	.151	.034	.004	.000	.000	.000
	6	1.000	1.000	.982	.869	.610	.304	.095	.015	.001	.000	.000
	7	1.000	1.000	.996	.950	.787	.500	.213	.050	.004	.000	.000
	8	1.000	1.000	.999	.985	.905	.696	.390	.131	.018	.000	.000
	9	1.000	1.000	1.000	.996	.966	.849	.597	.278	.016	.002	.000
	10	1.000	1.000	1.000	.999	.991	.941	.783	.485	.164	.013	.001
	11	1.000	1.000	1.000	1.000	.998	.982	.909	.703	.352	.056	.005
	12	1.000	1.000	1.000	1.000	1.000	.996	.973	.873	.602	.184	.036
	13	1.000	1.000	1.000	1.000	1.000	1.000	.995	.965	.833	.451	.171
	14	1.000	1.000	1.000	1.000	1.000	1.000	1.000	.995	.965	0.794	.537
	15	1.000	1.000	1.000	1.000	1.000	1.000	1.000	1.000	1.000	1.000	1.000
$n=20$	0	.358	.122	.012	.001	.000	.000	.000	.000	.000	.000	.000
	1	.736	.392	.069	.008	.001	.000	.000	.000	.000	.000	.000
	2	.925	.677	.206	.035	.004	.000	.000	.000	.000	.000	.000
	3	.984	.867	.411	.107	.016	.001	.000	.000	.000	.000	.000
	4	.997	.957	.630	.238	.051	.006	.000	.000	.000	.000	.000
	5	1.000	.989	.804	.416	.126	.021	.002	.000	.000	.000	.000
	6	1.000	.998	.913	.608	.250	.058	.006	.000	.000	.000	.000
	7	1.000	1.000	.968	.772	.416	.132	.021	.001	.000	.000	.000
	8	1.000	1.000	.990	.887	.596	.252	.057	.005	.000	.000	.000
	9	1.000	1.000	.997	.952	.755	.412	.128	.017	.001	.000	.000
	10	1.000	1.000	.999	.983	.872	.588	.245	.048	.003	.000	.000
	11	1.000	1.000	1.000	.995	.943	.748	.404	.113	.010	.000	.000
	12	1.000	1.000	1.000	.999	.979	.868	.584	.228	.032	.000	.000
	13	1.000	1.000	1.000	1.000	.994	.942	.750	.392	.087	.002	.000
	14	1.000	1.000	1.000	1.000	.998	.979	.874	.584	.196	.011	.000
	15	1.000	1.000	1.000	1.000	1.000	.994	.949	.762	.370	.043	.003
	16	1.000	1.000	1.000	1.000	1.000	.999	.984	.893	.589	.133	.016
	17	1.000	1.000	1.000	1.000	1.000	1.000	.996	.965	.794	.323	.075
	18	1.000	1.000	1.000	1.000	1.000	1.000	.999	.992	.931	.608	.264
	19	1.000	1.000	1.000	1.000	1.000	1.000	1.000	.999	.988	.878	.642
	20	1.000	1.000	1.000	1.000	1.000	1.000	1.000	1.000	1.000	1.000	1.000
$n=25$	0	.277	.072	.004	.000	.000	.000	.000	.000	.000	.000	.000
	1	.642	.271	.027	.002	.000	.000	.000	.000	.000	.000	.000
	2	.873	.537	.098	.009	.000	.000	.000	.000	.000	.000	.000
	3	.966	.764	.234	.033	.002	.000	.000	.000	.000	.000	.000

	p										
	.05	.10	.20	.30	.40	.50	.60	.70	.80	.90	.95
c											
4	.993	.902	.421	.090	.009	.000	.000	.000	.000	.000	.000
5	.999	.967	.617	.193	.029	.002	.000	.000	.000	.000	.000
6	1.000	.991	.780	.341	.074	.007	.000	.000	.000	.000	.000
7	1.000	.998	.891	.512	.154	.022	.001	.000	.000	.000	.000
8	1.000	1.000	.953	.677	.274	.054	.004	.000	.000	.000	.000
9	1.000	1.000	.983	.811	.425	.115	.013	.000	.000	.000	.000
10	1.000	1.000	.994	.902	.586	.212	.034	.002	.000	.000	.000
11	1.000	1.000	.998	.956	.732	.345	.078	.006	.000	.000	.000
12	1.000	1.000	1.000	.983	.846	.500	.154	.017	.000	.000	.000
13	1.000	1.000	1.000	.994	.922	.655	.268	.044	.002	.000	.000
14	1.000	1.000	1.000	.998	.966	.788	.414	.098	.006	.000	.000
15	1.000	1.000	1.000	1.000	.987	.885	.575	.189	.017	.000	.000
16	1.000	1.000	1.000	1.000	.996	.946	.726	.323	.047	.000	.000
17	1.000	1.000	1.000	1.000	.999	.978	.846	.488	.109	.002	.000
18	1.000	1.000	1.000	1.000	1.000	.993	.926	.659	.220	.009	.000
19	1.000	1.000	1.000	1.000	1.000	.998	.971	.807	.383	.033	.001
20	1.000	1.000	1.000	1.000	1.000	1.000	.991	.910	.579	.098	.007
21	1.000	1.000	1.000	1.000	1.000	1.000	.998	.967	.766	.236	.034
22	1.000	1.000	1.000	1.000	1.000	1.000	1.000	.991	.902	.463	.127
23	1.000	1.000	1.000	1.000	1.000	1.000	1.000	.998	.973	.729	.358
24	1.000	1.000	1.000	1.000	1.000	1.000	1.000	1.000	.996	.928	.723
25	1.000	1.000	1.000	1.000	1.000	1.000	1.000	1.000	1.000	1.000	1.000

2. 포아송분포표

$X \sim Poisson(\lambda)$일 때 $P(X \leq c) = \sum_{x=0}^{c} \frac{e^{-\lambda}\lambda^{x}}{x!}$의 값을 표시한다.

c	λ = .1	.2	.3	.4	.5	.6	.7	.8	.9	1.0
0	.905	.819	.741	.670	.607	.549	.497	.449	.407	.368
1	.995	.982	.963	.938	.910	.878	.844	.809	.772	.736
2	1.000	.999	.996	.992	.986	.977	.966	.953	.937	.920
3	1.000	1.000	1.000	.999	.998	.997	.994	.991	.987	.981
4	1.000	1.000	1.000	1.000	1.000	1.000	.999	.999	.998	.996
5	1.000	1.000	1.000	1.000	1.000	1.000	1.000	1.000	1.000	.999
6	1.000	1.000	1.000	1.000	1.000	1.000	1.000	1.000	1.000	1.000

c	1.1	1.2	1.3	1.4	1.5	1.6	1.7	1.8	1.9	2.0
0	.333	.301	.273	.247	.223	.202	.183	.165	.150	.135
1	.699	.663	.627	.592	.558	.525	.493	.463	.434	.406
2	.900	.879	.857	.833	.809	.783	.757	.731	.704	.677
3	.974	.966	.957	.946	.934	.921	.907	.891	.875	.857
4	.995	.992	.989	.986	.981	.976	.970	.964	.954	.947
5	.999	.998	.998	.997	.996	.994	.992	.990	.987	.983
6	1.000	1.000	1.000	.999	.999	.999	.998	.997	.997	.995
7	1.000	1.000	1.000	1.000	1.000	1.000	1.000	.999	.999	.999
8	1.000	1.000	1.000	1.000	1.000	1.000	1.000	1.000	1.000	1.000

c	2.1	2.2	2.3	2.4	2.5	2.6	2.7	2.8	2.9	3.0
0	.122	.111	.100	.091	.082	.074	.067	.061	.055	.050
1	.380	.355	.331	.308	.287	.267	.249	.231	.215	.199
2	.650	.623	.596	.570	.544	.518	.494	.469	.446	.423
3	.839	.819	.799	.779	.758	.736	.714	.692	.670	.647
4	.938	.928	.916	.904	.891	.877	.863	.848	.832	.815
5	.980	.975	.970	.964	.958	.951	.943	.935	.926	.916
6	.994	.993	.991	.988	.986	.983	.979	.976	.971	.966
7	.999	.998	.997	.997	.996	.995	.993	.992	.990	.988
8	1.000	1.000	.999	.999	.999	.999	.998	.998	.997	.996
9	1.000	1.000	1.000	1.000	1.000	1.000	.999	.999	.999	.999
10	1.000	1.000	1.000	1.000	1.000	1.000	1.000	1.000	1.000	1.000

	λ									
c	3.1	3.2	3.3	3.4	3.5	3.6	3.7	3.8	3.9	4.0
0	.045	.041	.037	.033	.030	.027	.025	.022	.020	.018
1	.185	.171	.159	.147	.136	.126	.116	.107	.099	.092
2	.401	.380	.359	.340	.321	.303	.285	.269	.253	.238
3	.625	.603	.580	.558	.537	.515	.494	.473	.453	.433
4	.798	.781	.763	.744	.725	.706	.687	.668	.648	.629
5	.906	.895	.883	.871	.858	.844	.830	.816	.801	.785
6	.961	.955	.949	.942	.935	.927	.918	.909	.899	.889
7	.986	.983	.980	.977	.973	.969	.965	.960	.955	.949
8	.995	.994	.993	.992	.990	.988	.986	.984	.981	.979
9	.999	.998	.998	.997	.997	.996	.995	.994	.993	.992
10	1.000	1.000	.999	.999	.999	.999	.998	.998	.998	.997
11	1.000	1.000	1.000	1.000	1.000	1.000	1.000	.999	.999	.999
12	1.000	1.000	1.000	1.000	1.000	1.000	1.000	1.000	1.000	1.000

c	4.5	5.0	5.5	6.0	6.5	7.0	7.5	8.0	8.5	9.0
0	.011	.007	.004	.002	.002	.001	.001	.000	.000	.000
1	.061	.040	.027	.017	.011	.007	.005	.003	.002	.001
2	.174	.125	.008	.062	.043	.030	.020	.014	.009	.006
3	.342	.265	.202	.151	.112	.082	.059	.042	.030	.021
4	.532	.440	.358	.285	.224	.173	.132	.100	.074	.055
5	.703	.616	.529	.446	.369	.301	.241	.191	.150	.116
6	.831	.762	.686	.606	.527	.450	.378	.313	.256	.207
7	.913	.867	.809	.744	.673	.599	.525	.453	.386	.324
8	.960	.932	.894	.847	.792	.729	.662	.593	.523	.456
9	.983	.968	.946	.916	.877	.830	.776	.717	.653	.587
10	.993	.986	.975	.957	.933	.901	.862	.816	.763	.706
11	.998	.995	.989	.980	.966	.947	.921	.888	.849	.803
12	.999	.998	.966	.991	.984	.973	.957	.936	.909	.876
13	1.000	.999	.998	.996	.993	.987	.978	.966	.949	.926
14	1.000	1.000	.999	.999	.997	.994	.990	.983	.973	.959
15	1.000	1.000	1.000	.999	.999	.998	.995	.992	.986	.978
16	1.000	1.000	1.000	1.000	1.000	.999	.998	.996	.993	.989
17	1.000	1.000	1.000	1.000	1.000	1.000	.999	.998	.997	.995
18	1.000	1.000	1.000	1.000	1.000	1.000	1.000	.999	.999	.998
19	1.000	1.000	1.000	1.000	1.000	1.000	1.000	1.000	.999	.999
20	1.000	1.000	1.000	1.000	1.000	1.000	1.000	1.000	1.000	1.000

3. χ^2 분포의 임곗값

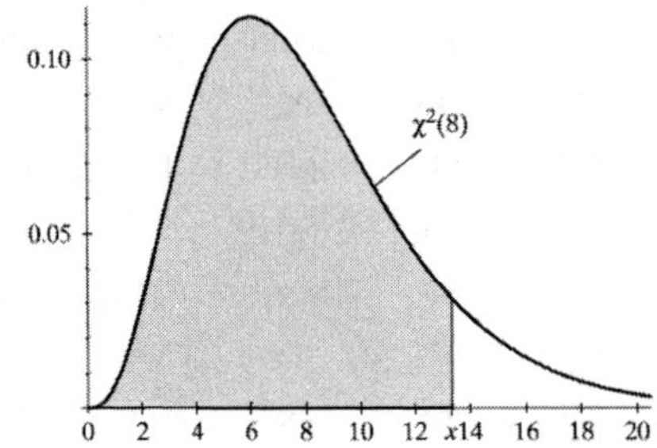

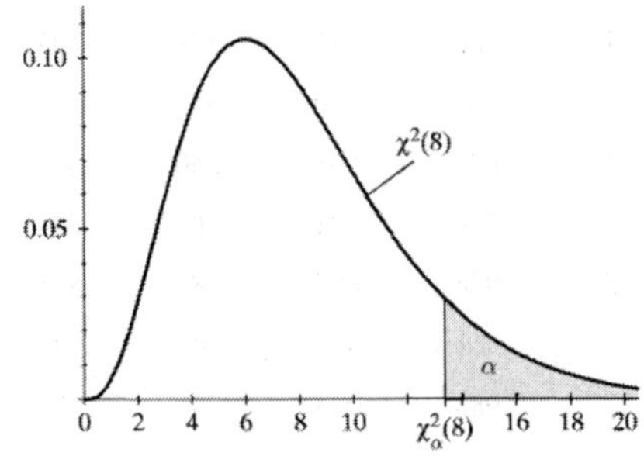

$$P(X \le x) = \int_0^x \frac{1}{\Gamma(r/2)2^{r/2}} w^{r/2-1} e^{-w/2} dw$$

	$P(X \le x)$							
	0.010	0.025	0.050	0.100	0.900	0.950	0.975	0.990
r	$\chi^2_{0.99}(r)$	$\chi^2_{0.975}(r)$	$\chi^2_{0.95}(r)$	$\chi^2_{0.90}(r)$	$\chi^2_{0.10}(r)$	$\chi^2_{0.05}(r)$	$\chi^2_{0.025}(r)$	$\chi^2_{0.01}(r)$
1	0.000	0.001	0.004	0.016	2.706	3.841	5.024	6.635
2	0.020	0.051	0.103	0.211	4.605	5.991	7.378	9.210
3	0.115	0.216	0.352	0.584	6.251	7.815	9.348	11.34
4	0.297	0.484	0.711	1.064	7.779	9.488	11.14	13.28
5	0.554	0.831	1.145	1.610	9.236	11.07	12.83	15.09
6	0.872	1.237	1.635	2.204	10.64	12.59	14.45	16.81
7	1.239	1.690	2.167	2.833	12.02	14.07	16.01	18.48
8	1.646	2.180	2.733	3.490	13.36	15.51	17.54	20.09
9	2.088	2.700	3.325	4.168	14.68	16.92	19.02	21.67
10	2.558	3.247	3.940	4.865	15.99	18.31	20.48	23.21
11	3.053	3.816	4.575	5.578	17.28	19.68	21.92	24.72
12	3.571	4.404	5.226	6.304	18.55	21.03	23.34	26.22
13	4.107	5.009	5.892	7.042	19.81	22.36	24.74	27.69
14	4.660	5.629	6.571	7.790	21.06	23.68	26.12	29.14
15	5.229	6.262	7.261	8.547	22.31	25.00	27.49	30.58
16	5.812	6.908	7.962	9.312	23.54	26.30	28.84	32.00
17	6.408	7.564	8.672	10.08	24.77	27.59	30.19	33.41
18	7.015	8.231	9.390	10.86	25.99	28.87	31.53	34.80
19	7.633	8.907	10.12	11.65	27.20	30.14	32.85	36.19
20	8.260	9.591	10.85	12.44	28.41	31.41	34.17	37.57
21	8.897	10.28	11.59	13.24	29.62	32.67	35.48	38.93
22	9.542	10.98	12.34	14.04	30.81	33.92	36.78	40.29
23	10.20	11.69	13.09	14.85	32.01	35.17	38.08	41.64
24	10.86	12.40	13.85	15.66	33.20	36.42	39.36	42.98
25	11.52	13.12	14.61	16.47	34.38	37.65	40.65	44.31
26	12.20	13.84	15.38	17.29	35.56	38.88	41.92	45.64
27	12.88	14.57	16.15	18.11	36.74	40.11	43.19	46.96
28	13.56	15.31	16.93	18.94	37.92	41.34	44.46	48.28
29	14.26	16.05	17.71	19.77	39.09	42.56	45.72	49.59
30	14.95	16.79	18.49	20.60	40.26	43.77	46.98	50.89
40	22.16	24.43	26.51	29.05	51.80	55.76	59.34	63.69
50	29.71	32.36	34.76	37.69	63.17	67.50	71.42	76.15
60	37.48	40.48	43.19	46.46	74.40	79.08	83.30	88.38
70	45.44	48.76	51.74	55.33	85.53	90.53	95.02	100.4
80	53.34	57.15	60.39	64.28	96.58	101.9	106.6	112.3

4. 표준정규확률변수의 누적분포표

(a) 표준정규분포함수

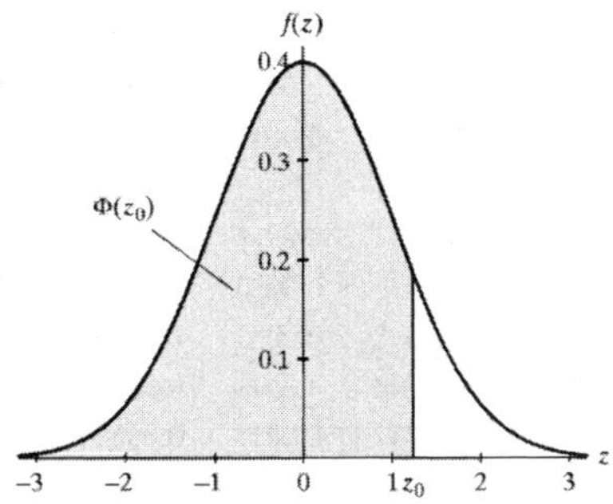

$$P(Z \le z) = \Phi(z) = \int_{-\infty}^{z} \frac{1}{\sqrt{2\pi}} e^{-w^2/2}\, dw$$

$$\Phi(-z) = 1 - \Phi(z)$$

z	0.00	0.01	0.02	0.03	0.04	0.05	0.06	0.07	0.08	0.09
0.0	0.5000	0.5040	0.5080	0.5120	0.5160	0.5199	0.5239	0.5279	0.5319	0.5359
0.1	0.5398	0.5438	0.5478	0.5517	0.5557	0.5596	0.5636	0.5675	0.5714	0.5753
0.2	0.5793	0.5832	0.5871	0.5910	0.5948	0.5987	0.6026	0.6064	0.6103	0.6141
0.3	0.6179	0.6217	0.6255	0.6293	0.6331	0.6368	0.6406	0.6443	0.6480	0.6517
0.4	0.6554	0.6591	0.6628	0.6664	0.6700	0.6736	0.6772	0.6808	0.6844	0.6879
0.5	0.6915	0.6950	0.6985	0.7019	0.7054	0.7088	0.7123	0.7157	0.7190	0.7224
0.6	0.7257	0.7291	0.7324	0.7357	0.7389	0.7422	0.7454	0.7486	0.7517	0.7549
0.7	0.7580	0.7611	0.7642	0.7673	0.7703	0.7734	0.7764	0.7794	0.7823	0.7852
0.8	0.7881	0.7910	0.7939	0.7967	0.7995	0.8023	0.8051	0.8078	0.8106	0.8133
0.9	0.8159	0.8186	0.8212	0.8238	0.8264	0.8289	0.8315	0.8340	0.8365	0.8389
1.0	0.8413	0.8438	0.8461	0.8485	0.8508	0.8531	0.8554	0.8577	0.8599	0.8621
1.1	0.8643	0.8665	0.8686	0.8708	0.8729	0.8749	0.8770	0.8790	0.8810	0.8830
1.2	0.8849	0.8869	0.8888	0.8907	0.8925	0.8944	0.8962	0.8980	0.8997	0.9015
1.3	0.9032	0.9049	0.9066	0.9082	0.9099	0.9115	0.9131	0.9147	0.9162	0.9177
1.4	0.9192	0.9207	0.9222	0.9236	0.9251	0.9265	0.9279	0.9292	0.9306	0.9319
1.5	0.9332	0.9345	0.9357	0.9370	0.9382	0.9394	0.9406	0.9418	0.9429	0.9441
1.6	0.9452	0.9463	0.9474	0.9484	0.9495	0.9505	0.9515	0.9525	0.9535	0.9545
1.7	0.9554	0.9564	0.9573	0.9582	0.9591	0.9599	0.9608	0.9616	0.9625	0.9633
1.8	0.9641	0.9649	0.9656	0.9664	0.9671	0.9678	0.9686	0.9693	0.9699	0.9706
1.9	0.9713	0.9719	0.9726	0.9732	0.9738	0.9744	0.9750	0.9756	0.9761	0.9767
2.0	0.9772	0.9778	0.9783	0.9788	0.9793	0.9798	0.9803	0.9808	0.9812	0.9817
2.1	0.9821	0.9826	0.9830	0.9834	0.9838	0.9842	0.9846	0.9850	0.9854	0.9857
2.2	0.9861	0.9864	0.9868	0.9871	0.9875	0.9878	0.9881	0.9884	0.9887	0.9890
2.3	0.9893	0.9896	0.9898	0.9901	0.9904	0.9906	0.9909	0.9911	0.9913	0.9916
2.4	0.9918	0.9920	0.9922	0.9925	0.9927	0.9929	0.9931	0.9932	0.9934	0.9936
2.5	0.9938	0.9940	0.9941	0.9943	0.9945	0.9946	0.9948	0.9949	0.9951	0.9952
2.6	0.9953	0.9955	0.9956	0.9957	0.9959	0.9960	0.9961	0.9962	0.9963	0.9964
2.7	0.9965	0.9966	0.9967	0.9968	0.9969	0.9970	0.9971	0.9972	0.9973	0.9974
2.8	0.9974	0.9975	0.9976	0.9977	0.9977	0.9978	0.9979	0.9979	0.9980	0.9981
2.9	0.9981	0.9982	0.9982	0.9983	0.9984	0.9984	0.9985	0.9985	0.9986	0.9986
3.0	0.9987	0.9987	0.9987	0.9988	0.9988	0.9989	0.9989	0.9989	0.9990	0.9990

α	0.400	0.300	0.200	0.100	0.050	0.025	0.020	0.010	0.005	0.001
z_α	0.253	0.524	0.842	1.282	1.645	1.960	2.054	2.326	2.576	3.090
$z_{\alpha/2}$	0.842	1.036	1.282	1.645	1.960	2.240	2.326	2.576	2.807	3.291

(계속)

z	0.00	0.01	0.02	0.03	0.04	0.05	0.06	0.07	0.08	0.09
-3.4	0.0003	0.0003	0.0003	0.0003	0.0003	0.0003	0.0003	0.0003	0.0003	0.0002
-3.3	0.0005	0.0005	0.0005	0.0004	0.0004	0.0004	0.0004	0.0004	0.0004	0.0003
-3.2	0.0007	0.0007	0.0006	0.0006	0.0006	0.0006	0.0006	0.0005	0.0005	0.0005
-3.1	0.0010	0.0009	0.0009	0.0009	0.0009	0.0008	0.0008	0.0008	0.0007	0.0007
-3.0	0.0013	0.0013	0.0013	0.0012	0.0012	0.0011	0.0011	0.0011	0.0010	0.0010
-2.9	0.0019	0.0018	0.0017	0.0017	0.0016	0.0016	0.0015	0.0015	0.0014	0.0014
-2.8	0.0026	0.0025	0.0024	0.0023	0.0023	0.0022	0.0021	0.0021	0.0020	0.0019
-2.7	0.0035	0.0034	0.0033	0.0032	0.0031	0.0030	0.0029	0.0028	0.0027	0.0026
-2.6	0.0047	0.0045	0.0044	0.0043	0.0041	0.0040	0.0039	0.0038	0.0037	0.0036
-2.5	0.0062	0.0060	0.0059	0.0057	0.0055	0.0054	0.0052	0.0051	0.0049	0.0048
-2.4	0.0082	0.0080	0.0078	0.0075	0.0073	0.0071	0.0069	0.0068	0.0066	0.0064
-2.3	0.0107	0.0104	0.0102	0.0099	0.0096	0.0094	0.0091	0.0089	0.0087	0.0084
-2.2	0.0139	0.0136	0.0132	0.0129	0.0125	0.0122	0.0119	0.0116	0.0113	0.0110
-2.1	0.0179	0.0174	0.0170	0.0166	0.0162	0.0158	0.0154	0.0150	0.0146	0.0143
-2.0	0.0228	0.0222	0.0217	0.0212	0.0207	0.0202	0.0197	0.0192	0.0188	0.0183
-1.9	0.0287	0.0281	0.0274	0.0268	0.0262	0.0256	0.0250	0.0244	0.0239	0.0233
-1.8	0.0359	0.0352	0.0344	0.0336	0.0329	0.0322	0.0314	0.0307	0.0301	0.0294
-1.7	0.0446	0.0436	0.0427	0.0418	0.0409	0.0401	0.0392	0.0384	0.0375	0.0367
-1.6	0.0548	0.0537	0.0526	0.0516	0.0505	0.0495	0.0485	0.0475	0.0465	0.0455
-1.5	0.0668	0.0655	0.0643	0.0630	0.0618	0.0606	0.0594	0.0582	0.0571	0.0559
-1.4	0.0808	0.0793	0.0778	0.0764	0.0749	0.0735	0.0722	0.0708	0.0694	0.0681
-1.3	0.0968	0.0951	0.0934	0.0918	0.0901	0.0885	0.0869	0.0853	0.0838	0.0823
-1.2	0.1151	0.1131	0.1112	0.1093	0.1075	0.1056	0.1038	0.1020	0.1003	0.0985
-1.1	0.1357	0.1335	0.1314	0.1292	0.1271	0.1251	0.1230	0.1210	0.1190	0.1170
-1.0	0.1587	0.1562	0.1539	0.1515	0.1492	0.1469	0.1446	0.1423	0.1401	0.1379
-0.9	0.1841	0.1814	0.1788	0.1762	0.1736	0.1711	0.1685	0.1660	0.1635	0.1611
-0.8	0.2119	0.2090	0.2061	0.2033	0.2005	0.1977	0.1949	0.1922	0.1894	0.1867
-0.7	0.2420	0.2389	0.2358	0.2327	0.2296	0.2266	0.2236	0.2206	0.2177	0.2148
-0.6	0.2743	0.2709	0.2676	0.2643	0.2611	0.2578	0.2546	0.2514	0.2483	0.2451
-0.5	0.3085	0.3050	0.3015	0.2981	0.2946	0.2912	0.2877	0.2843	0.2810	0.2776
-0.4	0.3446	0.3409	0.3372	0.3336	0.3300	0.3264	0.3228	0.3192	0.3156	0.3121
-0.3	0.3821	0.3783	0.3745	0.3707	0.3669	0.3632	0.3594	0.3557	0.3520	0.3483
-0.2	0.4207	0.4168	0.4129	0.4090	0.4052	0.4013	0.3974	0.3936	0.3897	0.3859
-0.1	0.4602	0.4562	0.4522	0.4483	0.4443	0.4404	0.4364	0.4325	0.4286	0.4247
-0.0	0.5000	0.4960	0.4920	0.4880	0.4840	0.4801	0.4761	0.4721	0.4681	0.4641

(b) 표준정규분포의 오른쪽 꼬리부분 확률

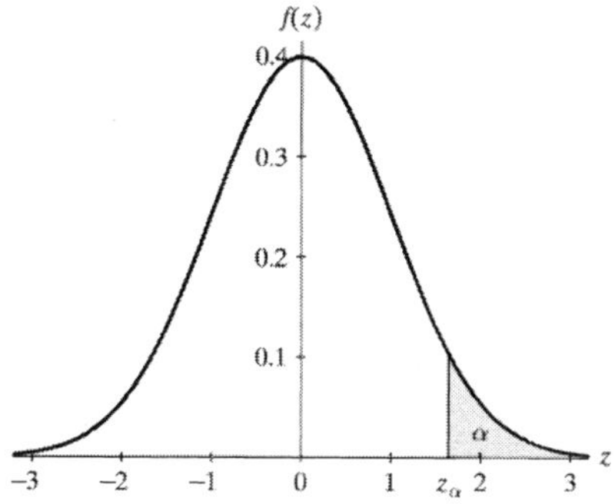

$$P(Z > z_\alpha) = \alpha$$

$$P(Z > z) = 1 - \Phi(z) = \Phi(-z)$$

z_α	0.00	0.01	0.02	0.03	0.04	0.05	0.06	0.07	0.08	0.09
0.0	0.5000	0.4960	0.4920	0.4880	0.4840	0.4801	0.4761	0.4721	0.4681	0.4641
0.1	0.4602	0.4562	0.4522	0.4483	0.4443	0.4404	0.4364	0.4325	0.4286	0.4247
0.2	0.4207	0.4168	0.4129	0.4090	0.4052	0.4013	0.3974	0.3936	0.3897	0.3859
0.3	0.3821	0.3783	0.3745	0.3707	0.3669	0.3632	0.3594	0.3557	0.3520	0.3483
0.4	0.3446	0.3409	0.3372	0.3336	0.3300	0.3264	0.3228	0.3192	0.3156	0.3121
0.5	0.3085	0.3050	0.3015	0.2981	0.2946	0.2912	0.2877	0.2843	0.2810	0.2776
0.6	0.2743	0.2709	0.2676	0.2643	0.2611	0.2578	0.2546	0.2514	0.2483	0.2451
0.7	0.2420	0.2389	0.2358	0.2327	0.2296	0.2266	0.2236	0.2206	0.2177	0.2148
0.8	0.2119	0.2090	0.2061	0.2033	0.2005	0.1977	0.1949	0.1922	0.1894	0.1867
0.9	0.1841	0.1814	0.1788	0.1762	0.1736	0.1711	0.1685	0.1660	0.1635	0.1611
1.0	0.1587	0.1562	0.1539	0.1515	0.1492	0.1469	0.1446	0.1423	0.1401	0.1379
1.1	0.1357	0.1335	0.1314	0.1292	0.1271	0.1251	0.1230	0.1210	0.1190	0.1170
1.2	0.1151	0.1131	0.1112	0.1093	0.1075	0.1056	0.1038	0.1020	0.1003	0.0985
1.3	0.0968	0.0951	0.0934	0.0918	0.0901	0.0885	0.0869	0.0853	0.0838	0.0823
1.4	0.0808	0.0793	0.0778	0.0764	0.0749	0.0735	0.0721	0.0708	0.0694	0.0681
1.5	0.0668	0.0655	0.0643	0.0630	0.0618	0.0606	0.0594	0.0582	0.0571	0.0559
1.6	0.0548	0.0537	0.0526	0.0516	0.0505	0.0495	0.0485	0.0475	0.0465	0.0455
1.7	0.0446	0.0436	0.0427	0.0418	0.0409	0.0401	0.0392	0.0384	0.0375	0.0367
1.8	0.0359	0.0351	0.0344	0.0336	0.0329	0.0322	0.0314	0.0307	0.0301	0.0294
1.9	0.0287	0.0281	0.0274	0.0268	0.0262	0.0256	0.0250	0.0244	0.0239	0.0233
2.0	0.0228	0.0222	0.0217	0.0212	0.0207	0.0202	0.0197	0.0192	0.0188	0.0183
2.1	0.0179	0.0174	0.0170	0.0166	0.0162	0.0158	0.0154	0.0150	0.0146	0.0143
2.2	0.0139	0.0136	0.0132	0.0129	0.0125	0.0122	0.0119	0.0116	0.0113	0.0110
2.3	0.0107	0.0104	0.0102	0.0099	0.0096	0.0094	0.0091	0.0089	0.0087	0.0084
2.4	0.0082	0.0080	0.0078	0.0075	0.0073	0.0071	0.0069	0.0068	0.0066	0.0064
2.5	0.0062	0.0060	0.0059	0.0057	0.0055	0.0054	0.0052	0.0051	0.0049	0.0048
2.6	0.0047	0.0045	0.0044	0.0043	0.0041	0.0040	0.0039	0.0038	0.0037	0.0036
2.7	0.0035	0.0034	0.0033	0.0032	0.0031	0.0030	0.0029	0.0028	0.0027	0.0026
2.8	0.0026	0.0025	0.0024	0.0023	0.0023	0.0022	0.0021	0.0021	0.0020	0.0019
2.9	0.0019	0.0018	0.0018	0.0017	0.0016	0.0016	0.0015	0.0015	0.0014	0.0014
3.0	0.0013	0.0013	0.0013	0.0012	0.0012	0.0011	0.0011	0.0011	0.0010	0.0010
3.1	0.0010	0.0009	0.0009	0.0009	0.0008	0.0008	0.0008	0.0008	0.0007	0.0007
3.2	0.0007	0.0007	0.0006	0.0006	0.0006	0.0006	0.0006	0.0005	0.0005	0.0005
3.3	0.0005	0.0005	0.0005	0.0004	0.0004	0.0004	0.0004	0.0004	0.0004	0.0003
3.4	0.0003	0.0003	0.0003	0.0003	0.0003	0.0003	0.0003	0.0003	0.0003	0.0002

5. F분포표

$F \sim F(n,m)$일 때 $P(F \leq F_{\alpha,n,m}) = \alpha$의 값을 표시한다.

$\alpha = 0.1$

m \ n	1	2	3	4	5	6	7	8	9	10	12	15	20	24	30	40	60	120	∞
1	39.86	49.50	53.59	55.83	57.24	58.20	58.91	59.44	59.86	60.19	60.71	61.22	61.74	62.00	62.26	62.53	62.79	63.06	63.33
2	8.53	9.00	9.16	9.24	9.29	9.33	9.35	9.37	9.38	9.39	9.41	9.42	9.44	9.45	9.46	9.47	9.47	9.48	9.49
3	5.54	5.46	5.39	5.34	5.31	5.28	5.27	5.25	5.24	5.23	5.22	5.20	5.18	5.18	5.17	5.16	5.15	5.14	5.13
4	4.54	4.32	4.19	4.11	4.05	4.01	3.98	3.95	3.94	3.92	3.90	3.87	3.84	3.83	3.82	3.80	3.79	3.78	3.76
5	4.06	3.78	3.62	3.52	3.45	3.40	3.37	3.34	3.32	3.30	3.27	3.24	3.21	3.19	3.17	3.16	3.14	3.12	3.10
6	3.78	3.46	3.29	3.18	3.11	3.05	3.01	2.98	2.96	2.94	2.90	2.87	2.84	2.82	2.80	2.78	2.76	2.74	2.72
7	3.59	3.26	3.07	2.96	2.88	2.83	2.78	2.75	2.72	2.70	2.67	2.63	2.59	2.58	2.56	2.54	2.51	2.49	2.47
8	3.46	3.11	2.92	2.81	2.73	2.67	2.62	2.59	2.56	2.54	2.50	2.46	2.42	2.40	2.38	2.36	2.34	2.32	2.29
9	3.36	3.01	2.81	2.69	2.61	2.55	2.51	2.47	2.44	2.42	2.38	2.34	2.30	2.28	2.25	2.23	2.21	2.18	2.16
10	3.29	2.92	2.73	2.61	2.52	2.46	2.41	2.38	2.35	2.32	2.28	2.24	2.20	2.18	2.16	2.13	2.11	2.08	2.06
11	3.23	2.86	2.66	2.54	2.45	2.39	2.34	2.30	2.27	2.25	2.21	2.17	2.12	2.10	2.08	2.05	2.03	2.00	1.97
12	3.18	2.81	2.61	2.48	2.39	2.33	2.28	2.24	2.21	2.19	2.15	2.10	2.06	2.04	2.01	1.99	1.96	1.93	1.90
13	3.14	2.76	2.56	2.43	2.35	2.28	2.23	2.20	2.16	2.14	2.10	2.05	2.01	1.98	1.96	1.93	1.90	1.88	1.85
14	3.10	2.73	2.52	2.39	2.31	2.24	2.19	2.15	2.12	2.10	2.05	2.01	1.96	1.94	1.91	1.89	1.86	1.83	1.80
15	3.07	2.70	2.49	2.36	2.27	2.21	2.16	2.12	2.09	2.06	2.02	1.97	1.92	1.90	1.87	1.85	1.82	1.79	1.76
16	3.05	2.67	2.46	2.33	2.24	2.18	2.13	2.09	2.06	2.03	1.99	1.94	1.89	1.87	1.84	1.81	1.78	1.75	1.72
17	3.03	2.64	2.44	2.31	2.22	2.15	2.10	2.06	2.03	2.00	1.96	1.91	1.86	1.84	1.81	1.78	1.75	1.72	1.69
18	3.01	2.62	2.42	2.29	2.20	2.13	2.08	2.04	2.00	1.98	1.93	1.89	1.84	1.81	1.78	1.75	1.72	1.69	1.66
19	2.99	2.61	2.40	2.27	2.18	2.11	2.06	2.02	1.98	1.96	1.91	1.86	1.81	1.79	1.76	1.73	1.70	1.67	1.63
20	2.97	2.59	2.38	2.25	2.16	2.09	2.04	2.00	1.96	1.94	1.89	1.84	1.79	1.77	1.74	1.71	1.68	1.64	1.61
21	2.96	2.57	2.36	2.23	2.14	2.08	2.02	1.98	1.95	1.92	1.87	1.83	1.78	1.75	1.72	1.69	1.66	1.62	1.59
22	2.95	2.56	2.35	2.22	2.13	2.06	2.01	1.97	1.93	1.90	1.86	1.81	1.76	1.73	1.70	1.67	1.64	1.60	1.57
23	2.94	2.55	2.34	2.21	2.11	2.05	1.99	1.95	1.92	1.89	1.84	1.80	1.74	1.72	1.69	1.66	1.62	1.59	1.55
24	2.93	2.54	2.33	2.19	2.10	2.04	1.98	1.94	1.91	1.88	1.83	1.78	1.73	1.70	1.67	1.64	1.61	1.57	1.53
25	2.92	2.53	2.32	2.18	2.09	2.02	1.97	1.93	1.89	1.87	1.82	1.77	1.72	1.69	1.66	1.63	1.59	1.56	1.52
26	2.91	2.52	2.31	2.17	2.08	2.01	1.96	1.92	1.88	1.86	1.81	1.76	1.71	1.68	1.65	1.61	1.58	1.54	1.50
27	2.90	2.51	2.30	2.17	2.07	2.00	1.95	1.91	1.87	1.85	1.80	1.75	1.70	1.67	1.64	1.60	1.57	1.53	1.49
28	2.89	2.50	2.29	2.16	2.06	2.00	1.94	1.90	1.87	1.84	1.79	1.74	1.69	1.66	1.63	1.59	1.56	1.52	1.48
29	2.89	2.50	2.28	2.15	2.06	1.99	1.93	1.89	1.86	1.83	1.78	1.73	1.68	1.65	1.62	1.58	1.55	1.51	1.47
30	2.88	2.49	2.28	2.14	2.05	1.98	1.93	1.88	1.85	1.82	1.77	1.72	1.67	1.64	1.61	1.57	1.54	1.50	1.46
40	2.84	2.44	2.23	2.09	2.00	1.93	1.87	1.83	1.79	1.76	1.71	1.66	1.61	1.57	1.54	1.51	1.47	1.42	1.38
60	2.79	2.39	2.18	2.04	1.95	1.87	1.82	1.77	1.74	1.71	1.66	1.60	1.54	1.51	1.48	1.44	1.40	1.35	1.29
120	2.75	2.35	2.13	1.99	1.90	1.82	1.77	1.72	1.68	1.65	1.60	1.55	1.48	1.45	1.41	1.37	1.32	1.26	1.19
∞	2.71	2.30	2.08	1.94	1.85	1.77	1.72	1.67	1.63	1.60	1.55	1.49	1.42	1.38	1.34	1.30	1.24	1.17	1.00

$\alpha = 0.05$

m \ n	1	2	3	4	5	6	7	8	9	10	12	15	20	24	30	40	60	120	∞
1	161.4	199.5	215.7	224.6	230.2	234.0	236.8	238.9	240.5	241.9	243.9	245.9	248.0	249.1	250.1	251.1	252.2	253.3	254.3
2	18.51	19.00	19.16	19.25	19.30	19.33	19.35	19.37	19.38	19.40	19.41	19.43	19.45	19.45	19.46	19.47	19.48	19.49	19.50
3	10.13	9.55	9.28	9.12	9.01	8.94	8.89	8.85	8.81	8.79	8.74	8.70	8.66	8.64	8.62	8.59	8.57	8.55	8.53
4	7.71	6.94	6.59	6.39	6.26	6.16	6.09	6.04	6.00	5.96	5.91	5.86	5.80	5.77	5.75	5.72	5.69	5.66	5.63
5	6.61	5.79	5.41	5.19	5.05	4.95	4.88	4.82	4.77	4.74	4.68	4.62	4.56	4.53	4.50	4.46	4.43	4.40	4.36
6	5.99	5.14	4.76	4.53	4.39	4.28	4.21	4.15	4.10	4.06	4.00	3.94	3.87	3.84	3.81	3.77	3.74	3.70	3.67
7	5.59	4.74	4.35	4.12	3.97	3.87	3.79	3.73	3.68	3.64	3.57	3.51	3.44	3.41	3.38	3.34	3.30	3.27	3.23
8	5.32	4.46	4.07	3.84	3.69	3.58	3.50	3.44	3.39	3.35	3.28	3.22	3.15	3.12	3.08	3.04	3.01	2.97	2.93
9	5.12	4.26	3.86	3.63	3.48	3.37	3.29	3.23	3.18	3.14	3.07	3.01	2.94	2.90	2.86	2.83	2.79	2.75	2.71
10	4.96	4.10	3.71	3.48	3.33	3.22	3.14	3.07	3.02	2.98	2.91	2.85	2.77	2.74	2.70	2.66	2.62	2.58	2.54
11	4.84	3.98	3.59	3.36	3.20	3.09	3.01	2.95	2.90	2.85	2.79	2.72	2.65	2.61	2.57	2.53	2.49	2.45	2.40
12	4.75	3.89	3.49	3.26	3.11	3.00	2.91	2.85	2.80	2.75	2.69	2.62	2.54	2.51	2.47	2.43	2.38	2.34	2.30
13	4.67	3.81	3.41	3.18	3.03	2.92	2.83	2.77	2.71	2.67	2.60	2.53	2.46	2.42	2.38	2.34	2.30	2.25	2.21
14	4.60	3.74	3.34	3.11	2.96	2.85	2.76	2.70	2.65	2.60	2.53	2.46	2.39	2.35	2.31	2.27	2.22	2.18	2.13
15	4.54	3.68	3.29	3.06	2.90	2.79	2.71	2.64	2.59	2.54	2.48	2.40	2.33	2.29	2.25	2.20	2.16	2.11	2.07
16	4.49	3.63	3.24	3.01	2.85	2.74	2.66	2.59	2.54	2.49	2.42	2.35	2.28	2.24	2.19	2.15	2.11	2.06	2.01
17	4.45	3.59	3.20	2.96	2.81	2.70	2.61	2.55	2.49	2.45	2.38	2.31	2.23	2.19	2.15	2.10	2.06	2.01	1.96
18	4.41	3.55	3.16	2.93	2.77	2.66	2.58	2.51	2.46	2.41	2.34	2.27	2.19	2.15	2.11	2.06	2.02	1.97	1.92
19	4.38	3.52	3.13	2.90	2.74	2.63	2.54	2.48	2.42	2.38	2.31	2.23	2.16	2.11	2.07	2.03	1.98	1.93	1.88
20	4.35	3.49	3.10	2.87	2.71	2.60	2.51	2.45	2.39	2.35	2.28	2.20	2.12	2.08	2.04	1.99	1.95	1.90	1.84
21	4.32	3.47	3.07	2.84	2.68	2.57	2.49	2.42	2.37	2.32	2.25	2.18	2.10	2.05	2.01	1.96	1.92	1.87	1.81
22	4.30	3.44	3.05	2.82	2.66	2.55	2.46	2.40	2.34	2.30	2.23	2.15	2.07	2.03	1.98	1.94	1.89	1.84	1.78
23	4.28	3.42	3.03	2.80	2.64	2.53	2.44	2.37	2.32	2.27	2.20	2.13	2.05	2.01	1.96	1.91	1.86	1.81	1.76
24	4.26	3.40	3.01	2.78	2.62	2.51	2.42	2.36	2.30	2.25	2.18	2.11	2.03	1.98	1.94	1.89	1.84	1.79	1.73
25	4.24	3.39	2.99	2.76	2.60	2.49	2.40	2.34	2.28	2.24	2.16	2.09	2.01	1.96	1.92	1.87	1.82	1.77	1.71
26	4.23	3.37	2.98	2.74	2.59	2.47	2.39	2.32	2.27	2.22	2.15	2.07	1.99	1.95	1.90	1.85	1.80	1.75	1.69
27	4.21	3.35	2.96	2.73	2.57	2.46	2.37	2.31	2.25	2.20	2.13	2.06	1.97	1.93	1.88	1.84	1.79	1.73	1.67
28	4.20	3.34	2.95	2.71	2.56	2.45	2.36	2.29	2.24	2.19	2.12	2.04	1.96	1.91	1.87	1.82	1.77	1.71	1.65
29	4.18	3.33	2.93	2.70	2.55	2.43	2.35	2.28	2.22	2.18	2.10	2.03	1.94	1.90	1.85	1.81	1.75	1.70	1.64
30	4.17	3.32	2.92	2.69	2.53	2.42	2.33	2.27	2.21	2.16	2.09	2.01	1.93	1.89	1.84	1.79	1.74	1.68	1.62
40	4.08	3.23	2.84	2.61	2.45	2.34	2.25	2.18	2.12	2.08	2.00	1.92	1.84	1.79	1.74	1.69	1.64	1.58	1.51
60	4.00	3.15	2.76	2.53	2.37	2.25	2.17	2.10	2.04	1.99	1.92	1.84	1.75	1.70	1.65	1.59	1.53	1.47	1.39
120	3.92	3.07	2.68	2.45	2.29	2.17	2.09	2.02	1.96	1.91	1.83	1.75	1.66	1.61	1.55	1.50	1.43	1.35	1.25
∞	3.84	3.00	2.60	2.37	2.21	2.10	2.01	1.94	1.88	1.83	1.75	1.67	1.57	1.52	1.46	1.39	1.32	1.22	1.00

$\alpha = 0.01$

m \ n	1	2	3	4	5	6	7	8	9	10	12	15	20	24	30	40	60	120	∞
1	4052	4999,5	5403	5625	5764	5859	5928	5981	6022	6056	6106	6157	6209	6235	6261	6287	6313	6339	6366
2	98,50	99,00	99,17	99,25	99,30	99,33	99,36	99,37	99,39	99,40	99,42	99,43	99,45	99,46	99,47	99,47	99,48	99,49	99,50
3	34,12	30,82	29,46	28,71	28,24	27,91	27,67	27,49	27,35	27,23	27,05	26,87	26,69	26,60	26,50	26,41	26,32	26,22	26,13
4	21,20	18,00	16,69	15,98	15,52	15,21	14,98	14,80	14,66	14,55	14,37	14,20	14,02	13,93	13,84	13,75	13,65	13,56	13,46
5	16,26	13,27	12,06	11,39	10,97	10,67	10,46	10,29	10,16	10,05	9,89	9,72	9,55	9,47	9,38	9,29	9,20	9,11	9,02
6	13,75	10,92	9,78	9,15	8,75	8,47	8,26	8,10	7,98	7,87	7,72	7,56	7,40	7,31	7,23	7,14	7,06	6,97	6,88
7	12,25	9,55	8,45	7,85	7,46	7,19	6,99	6,84	6,72	6,62	6,47	6,31	6,16	6,07	5,99	5,91	5,82	5,74	5,65
8	11,26	8,65	7,59	7,01	6,63	6,37	6,18	6,03	5,91	5,81	5,67	5,52	5,36	5,28	5,20	5,12	5,03	4,95	4,86
9	10,56	8,02	6,99	6,42	6,06	5,80	5,61	5,47	5,35	5,26	5,11	4,96	4,81	4,73	4,65	4,57	4,48	4,40	4,31
10	10,04	7,56	6,55	5,99	5,64	5,39	5,20	5,06	4,94	4,85	4,71	4,56	4,41	4,33	4,25	4,17	4,08	4,00	3,91
11	9,65	7,21	6,22	5,67	5,32	5,07	4,89	4,74	4,63	4,54	4,40	4,25	4,10	4,02	3,94	3,86	3,78	3,69	3,60
12	9,33	6,93	5,95	5,41	5,06	4,82	4,64	4,50	4,39	4,30	4,16	4,01	3,86	3,78	3,70	3,62	3,54	3,45	3,36
13	9,07	6,70	5,74	5,21	4,86	4,62	4,41	4,30	4,19	4,10	3,96	3,82	3,66	3,59	3,51	3,43	3,34	3,25	3,17
14	8,86	6,51	5,56	5,04	4,69	4,46	4,28	4,14	4,03	3,94	3,80	3,66	3,51	3,43	3,35	3,27	3,18	3,09	3,00
15	8,68	6,36	5,42	4,89	4,56	4,32	4,14	4,00	3,89	3,80	3,67	3,52	3,37	3,29	3,21	3,13	3,05	2,96	2,87
16	8,53	6,23	5,29	4,77	4,44	4,20	4,03	3,89	3,78	3,69	3,55	3,41	3,26	3,18	3,10	3,02	2,93	2,84	2,75
17	8,40	6,11	5,18	4,67	4,34	4,10	3,93	3,79	3,68	3,59	3,46	3,31	3,16	3,08	3,00	2,92	2,83	2,75	2,65
18	8,29	6,01	5,09	4,58	4,25	4,01	3,84	3,71	3,60	3,51	3,37	3,23	3,08	3,00	2,92	2,84	2,75	2,66	2,57
19	8,18	5,93	5,01	4,50	4,17	3,94	3,77	3,63	3,52	3,43	3,30	3,15	3,00	2,92	2,84	2,76	2,67	2,58	2,49
20	8,10	5,85	4,94	4,43	4,10	3,87	3,70	3,56	3,46	3,37	3,23	3,09	2,94	2,86	2,78	2,69	2,61	2,52	2,42
21	8,02	5,78	4,87	4,37	4,04	3,81	3,64	3,51	3,40	3,31	3,17	3,03	2,88	2,80	2,72	2,64	2,55	2,46	2,36
22	7,95	5,72	4,82	4,31	3,99	3,76	3,59	3,45	3,35	3,26	3,12	2,98	2,83	2,75	2,67	2,58	2,50	2,40	2,31
23	7,88	5,66	4,76	4,26	3,94	3,71	3,54	3,41	3,30	3,21	3,07	2,93	2,78	2,70	2,62	2,54	2,45	2,35	2,26
24	7,82	5,61	4,72	4,22	3,90	3,67	3,50	3,36	3,26	3,17	3,03	2,89	2,74	2,66	2,58	2,49	2,40	2,31	2,21
25	7,77	5,57	4,68	4,18	3,85	3,63	3,46	3,32	3,22	3,13	2,99	2,85	2,70	2,62	2,54	2,45	2,36	2,27	2,17
26	7,72	5,53	4,64	4,14	3,82	3,59	3,42	3,29	3,18	3,09	2,96	2,81	2,66	2,58	2,50	2,42	2,33	2,23	2,13
27	7,68	5,49	4,60	4,11	3,78	3,56	3,39	3,26	3,15	3,06	2,93	2,78	2,63	2,55	2,47	2,38	2,29	2,20	2,10
28	7,64	5,45	4,57	4,07	3,75	3,53	3,36	3,23	3,12	3,03	2,90	2,75	2,60	2,52	2,44	2,35	2,26	2,17	2,06
29	7,60	5,42	4,54	4,04	3,73	3,50	3,33	3,20	3,09	3,00	2,87	2,73	2,57	2,49	2,41	2,33	2,23	2,14	2,03
30	7,56	5,39	4,51	4,02	3,70	3,47	3,30	3,17	3,07	2,98	2,84	2,70	2,55	2,47	2,39	2,30	2,21	2,11	2,01
40	7,31	5,18	4,31	3,83	3,51	3,29	3,12	2,99	2,89	2,80	2,66	2,52	2,37	2,29	2,20	2,11	2,02	1,92	1,80
60	7,08	4,98	4,13	3,65	3,34	3,12	2,95	2,82	2,72	2,63	2,50	2,35	2,20	2,12	2,03	1,94	1,84	1,73	1,60
120	6,85	4,79	3,95	3,48	3,17	2,96	2,79	2,66	2,56	2,47	2,34	2,19	2,03	1,95	1,86	1,76	1,66	1,53	1,38
∞	6,63	4,61	3,78	3,32	3,02	2,80	2,64	2,51	2,41	2,32	2,18	2,04	1,88	1,79	1,70	1,59	1,47	1,32	1,00

α = 0.025

m \ n	1	2	3	4	5	6	7	8	9	10	12	15	20	24	30	40	60	120	∞
1	647.8	799.5	864.2	899.6	921.8	937.1	948.2	956.7	963.3	968.6	976.7	984.9	993.1	997.2	1001	1006	1010	1014	1018
2	38.51	39.00	39.17	39.25	39.30	39.33	39.36	39.37	39.39	39.40	39.41	39.43	39.45	39.46	39.46	39.47	30.48	39.49	39.50
3	17.44	16.04	15.44	15.10	14.88	14.73	14.62	14.54	14.47	14.42	14.34	14.25	14.17	14.12	14.08	14.04	13.99	13.95	13.90
4	12.22	10.65	9.98	9.60	9.36	9.20	9.07	8.98	8.90	8.84	8.75	8.66	8.56	8.51	8.46	8.41	8.36	8.31	8.26
5	10.01	8.43	7.76	7.39	7.15	6.98	6.85	6.76	6.68	6.62	6.52	6.43	6.33	6.28	6.23	6.18	6.12	6.07	6.02
6	8.81	7.26	6.60	6.23	5.99	5.82	5.70	5.60	5.52	5.46	5.37	5.27	5.17	5.12	5.07	5.01	4.96	4.90	4.85
7	8.07	6.54	5.89	5.52	5.29	5.12	4.99	4.90	4.82	4.76	4.67	4.57	4.47	4.42	4.36	4.31	4.25	4.20	4.14
8	7.57	6.06	5.42	5.05	4.82	4.65	4.53	4.43	4.36	4.30	4.20	4.10	4.00	3.95	3.89	3.84	3.78	3.73	3.67
9	7.21	5.71	5.08	4.72	4.48	4.32	4.20	4.10	4.03	3.96	3.87	3.77	3.67	3.61	3.56	3.51	3.45	3.39	3.33
10	6.94	5.46	4.83	4.47	4.24	4.07	3.95	3.85	3.78	3.72	3.62	3.52	3.42	3.37	3.31	3.26	3.20	3.14	3.08
11	6.72	5.26	4.63	4.28	4.04	3.88	3.76	3.66	3.59	3.53	3.43	3.33	3.23	3.17	3.12	3.06	3.00	2.94	2.88
12	6.55	5.10	4.47	4.12	3.89	3.73	3.61	3.51	3.44	3.37	3.28	3.18	3.07	3.02	2.96	2.91	2.85	2.79	2.72
13	6.41	4.97	4.35	4.00	3.77	3.60	3.48	3.39	3.31	3.25	3.15	3.05	2.95	2.89	2.84	2.78	2.72	2.66	2.60
14	6.30	4.86	4.24	3.89	3.66	3.50	3.38	3.29	3.21	3.15	3.05	2.95	2.84	2.79	2.73	2.67	2.61	2.55	2.49
15	6.20	4.77	4.15	3.80	3.58	3.41	3.29	3.20	3.12	3.06	2.96	2.86	2.76	2.70	2.64	2.59	2.52	2.46	2.40
16	6.12	4.69	4.08	3.73	3.50	3.34	3.22	3.12	3.05	2.99	2.89	2.79	2.68	2.63	2.57	2.51	2.45	2.38	2.32
17	6.04	4.62	4.01	3.66	3.44	3.28	3.16	3.06	2.98	2.92	2.82	2.72	2.62	2.56	2.50	2.44	2.38	2.32	2.25
18	5.98	4.56	3.95	3.61	3.38	3.22	3.10	3.01	2.93	2.87	2.77	2.67	2.56	2.50	2.44	2.38	2.32	2.26	2.19
19	5.92	4.51	3.90	3.56	3.33	3.17	3.05	2.96	2.88	2.82	2.72	2.62	2.51	2.45	2.39	2.33	2.27	2.20	2.13
20	5.87	4.46	3.86	3.51	3.29	3.13	3.01	2.91	2.84	2.77	2.68	2.57	2.46	2.41	2.35	2.29	2.22	2.16	2.09
21	5.83	4.42	3.82	3.48	3.25	3.09	2.97	2.87	2.80	2.73	2.64	2.53	2.42	237	2.31	2.25	2.18	2.11	2.04
22	5.79	4.38	3.78	3.44	3.22	3.05	2.93	2.84	2.76	2.70	2.60	2.50	2.39	2.33	2.27	2.21	2.14	2.08	2.00
23	5.75	4.35	3.75	3.41	3.18	3.02	2.90	2.81	2.73	2.67	2.57	2.47	2.36	2.30	2.24	2.18	2.11	2.04	1.97
24	5.72	4.32	3.72	3.38	3.15	2.99	2.87	2.78	2.70	2.64	2.54	2.44	2.33	2.27	2.21	2.15	2.08	2.01	1.94
25	5.69	4.29	3.69	3.35	3.13	2.97	2.85	2.75	2.68	2.61	2.51	2.41	2.30	2.24	2.18	2.12	2.05	1.98	1.91
26	5.66	4.27	3.67	3.33	3.10	2.94	2.82	2.73	2.65	2.59	2.49	2.39	2.28	2.22	2.16	2.09	2.03	1.95	1.88
27	5.63	4.24	3.65	3.31	3.08	2.92	2.80	2.71	2.63	2.57	2.47	2.36	2.25	2.19	2.13	2.07	2.00	1.93	1.85
28	5.61	4.22	3.63	3.29	3.06	2.90	2.78	2.69	2.61	2.55	2.45	2.34	2.23	2.17	2.11	2.05	1.98	1.91	1.83
29	5.59	4.20	3.61	3.27	3.04	2.88	2.76	2.67	2.59	2.53	2.43	2.32	2.21	2.15	2.09	2.03	1.96	1.89	1.81
30	5.57	4.18	3.59	3.25	3.03	2.87	2.75	2.65	2.57	2.51	2.41	2.31	2.20	2.14	2.07	2.01	1.94	1.87	1.79
40	5.42	4.05	3.46	3.13	2.90	2.74	2.62	2.53	2.45	2.39	2.29	2.18	2.07	2.01	1.94	1.88	1.80	1.72	1.64
60	5.29	3.93	3.34	3.01	2.79	2.63	2.51	2.41	2.33	2.27	2.17	2.06	1.94	1.88	1.82	1.74	1.67	1.58	1.48
120	5.15	3.80	3.23	2.89	2.67	2.52	2.39	2.30	2.22	2.16	2.05	1.94	1.82	1.76	1.69	1.61	1.53	1.43	1.31
∞	5.02	3.69	3.12	2.79	2.57	2.41	2.29	2.19	2.11	2.05	1.94	1.83	1.71	1.64	1.57	1.48	1.39	1.27	1.00

6. t 분포표

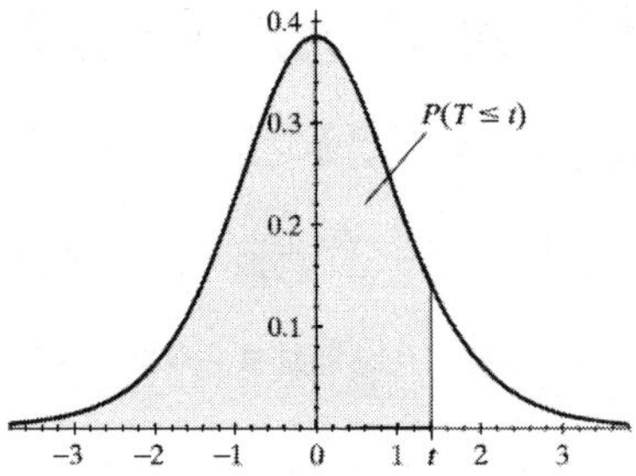

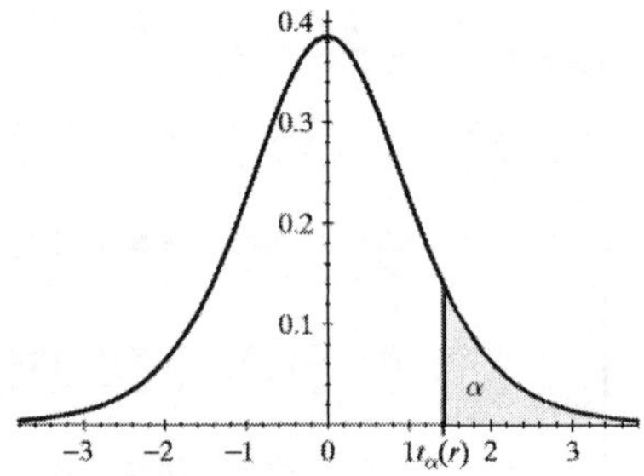

$$P(T \le t) = \int_{-\infty}^{t} \frac{\Gamma[(r+1)/2]}{\sqrt{\pi r}\,\Gamma(r/2)(1+w^2/r)^{(r+1)/2}}\,dw$$

$$P(T \le -t) = 1 - P(T \le t)$$

	$P(T \le t)$						
	0.60	0.75	0.90	0.95	0.975	0.99	0.995
r	$t_{0.40}(r)$	$t_{0.25}(r)$	$t_{0.10}(r)$	$t_{0.05}(r)$	$t_{0.025}(r)$	$t_{0.01}(r)$	$t_{0.005}(r)$
1	0.325	1.000	3.078	6.314	12.706	31.821	63.657
2	0.289	0.816	1.886	2.920	4.303	6.965	9.925
3	0.277	0.765	1.638	2.353	3.182	4.541	5.841
4	0.271	0.741	1.533	2.132	2.776	3.747	4.604
5	0.267	0.727	1.476	2.015	2.571	3.365	4.032
6	0.265	0.718	1.440	1.943	2.447	3.143	3.707
7	0.263	0.711	1.415	1.895	2.365	2.998	3.499
8	0.262	0.706	1.397	1.860	2.306	2.896	3.355
9	0.261	0.703	1.383	1.833	2.262	2.821	3.250
10	0.260	0.700	1.372	1.812	2.228	2.764	3.169
11	0.260	0.697	1.363	1.796	2.201	2.718	3.106
12	0.259	0.695	1.356	1.782	2.179	2.681	3.055
13	0.259	0.694	1.350	1.771	2.160	2.650	3.012
14	0.258	0.692	1.345	1.761	2.145	2.624	2.997
15	0.258	0.691	1.341	1.753	2.131	2.602	2.947
16	0.258	0.690	1.337	1.746	2.120	2.583	2.921
17	0.257	0.689	1.333	1.740	2.110	2.567	2.898
18	0.257	0.688	1.330	1.734	2.101	2.552	2.878
19	0.257	0.688	1.328	1.729	2.093	2.539	2.861
20	0.257	0.687	1.325	1.725	2.086	2.528	2.845
21	0.257	0.686	1.323	1.721	2.080	2.518	2.831
22	0.256	0.686	1.321	1.717	2.074	2.508	2.819
23	0.256	0.685	1.319	1.714	2.069	2.500	2.807
24	0.256	0.685	1.318	1.711	2.064	2.492	2.797
25	0.256	0.684	1.316	1.708	2.060	2.485	2.787
26	0.256	0.684	1.315	1.706	2.056	2.479	2.779
27	0.256	0.684	1.314	1.703	2.052	2.473	2.771
28	0.256	0.683	1.313	1.701	2.048	2.467	2.763
29	0.256	0.683	1.311	1.699	2.045	2.462	2.756
30	0.256	0.683	1.310	1.697	2.042	2.457	2.750
∞	0.253	0.674	1.282	1.645	1.960	2.326	2.576

II. 데이터 목록

1. 예제데이터 2.1 자료입력
2. 예제데이터 2.1 중간고사 성적
3. 예제데이터 3.1 성적과 학년
4. 예제데이터 3.2 기술통계분석
5. 예제데이터 4.1 데이터 입력
6. 예제데이터 4.2 인터넷 서비스
7. 예제데이터 8.2 일표본 T검정
8. 예제데이터 8.3 독립표본 T검정
9. 예제데이터 8.4 대응표본 T검정
10. 예제데이터 9.1 일원배치 분산분석
11. 예제데이터 9.2 이원배치 분산분석
12. 예제데이터 9.3 반복 이원배치 분산분석
13. 예제데이터 10.1 상관분석
14. 예제데이터 11.1 단순회귀분석
15. 예제데이터 11.2 다중회귀분석
16. 예제데이터 12.1 독립성 검정
17. 예제데이터 12.2 동질성 검정
18. 예제데이터 13.1 요인분석
19. 예제데이터 14.1 신뢰도분석
20. 예제데이터 15.1 실전 분석

III. 참고문헌

- 권경득·유성호·이모영·허태희. 사회과학통계분석(제2판), 법문사, 2011.
- 권용만·장인홍. 이공계를 위한 확률과 통계학, 자유아카데미, 2015.
- 김용대·박진경. SPSS 통계분석(제4판), 자유아카데미, 2013.
- 남기성 · 천영민, 통계분석은 어떻게?, 자유아카데미, 2014.
- 서의훈. SPSS 21을 이용한 통계분석, 자유아카데미, 2013.
- 이동수·송광윤·장인홍. R과 통계분석, 자유아카데미, 2017.
- 채서일. 사회과학조사방법론(3판), 비앤엠북스, 2013.
- Dovore, Jay L. *Probability and statistics for engineering and the sciences*, 5th ed. Duxbury, Thomson Learning., 2000.
- Hogg, R. V. and Tanis, E. A. *Probability and Statistical Inference*, 7th ed. Prentice Hall International, Inc., 2006.
- Johnson, R. A. *Miller and Freund's Probability and Statistics for Enginees*, 5th ed. Englewood Cliffs, New Jersey: Prentics-Hall, Inc., 1994.
- Mendenhall, W. and Sincich, T. Statistics for Engineering and the Sciences, 4th ed. Englewood Cliffs, New Jersey: Prentics-Hall International, Inc., 1995.
- Ostle, B., Turner, Jr. C. R. Hicks, C. R., and McElrath G. W. *Engineering Statistics - The Industrial Experience-* . Thomson Publishing, Inc., 1996.
- Ross, S. *A First Course in Probability*, 6th ed. Prentice Hall International, Inc., 2002.
- Walpole, R. E., and R. H. Myers. *Probability and Statistics for Engineers and Scientists*, 5th ed. New York: Macmillan Publishing Co. Inc., 1993.
- Williams R. H. E*lectrical Engineering Probability*, West Publishing Com., 1991.

찾아보기

SPSS를 활용한 실전 데이터분석

통계분석 이해 제2판

저 자 권용만·장인홍·이동수·송광윤
발행인 김지영
발행처 자유아카데미
주 소 경기도 파주시 회동길 37-42
파주출판도시
전 화 031-955-1321
팩 스 031-955-1322
홈페이지 www.freeaca.com
전자우편 main@freeaca.com (대표)
editor@freeaca.com (편집)
crm@freeaca.com (영업)
등 록 제406-2003-017호, 1980. 7. 12
제2판1쇄 2024년 2월 28일 발행

저자와의 협의하에 인지생략

ISBN 979-11-5808-577-3 93310